쉽게

E

531
PROJECT

효과 빠른 약점 처방전

국어 기본 E

STAFF

발행인 정선욱
퍼블리싱 총괄 남형주
개발 김태원 김한길 김성준 육인선
기획·디자인·마케팅 조비호 김정인
유통·제작 서준성 김경수

531 PROJECT 국어 기본 E 202306 초판 1쇄   202504 초판 3쇄
펴낸곳 이투스에듀(주) 서울시 서초구 남부순환로 2547
전화 1599-3225
등록번호 제2007-000035호
ISBN 979-11-389-1753-7 [53700]

531 PROJECT

효과 빠른 약점 처방전

531 프로젝트는
쉽게 익히고, 빠르게 다지고, 확실히 성적을 올릴 수 있는
영역별 단기 특강 교재입니다.

531 PROJECT 는
단기 특강 교재 중 가장 '쉽게' 개념을 익힐 수 있는 교재입니다.

01 영역별 꼭 알아야 하는 핵심 개념만을 선별하여 충실하게 기술한 교재입니다.

02 개념을 학습하고 이해한 내용을 확인해 보도록 문제를 명징하게 제시한 교재입니다.

03 문제 풀이를 통해 학습한 내용을 제대로 습득하도록 친절하고 상세한 해설과 첨삭을 덧붙인 교재입니다.

쉽게

531 PROJECT 는
단기 특강 교재 중 가장 '빠르게' 공부할 수 있는 교재입니다.

01 대충 훑어서 빠르게 공부하는 게 아니라 꼭 필요한 내용으로 구성함으로써 빠르게 실력을 향상시킬 수 있는 교재입니다.

02 국어 각 영역의 개념 학습, 기출 및 변형 등 다양한 형태의 문제로 12강을 구성하여 빠르게 국어 공부를 완성할 수 있는 교재입니다.

03 학생들의 효율적인 학습을 위해 3단계의 과정을 제시하여 눈에 띄게 빠른 실력 향상을 가능하게 해 주는 교재입니다.

빠르게

531 PROJECT 는
단기 특강 교재 중 가장 '우월하게' 실력을 향상시킬 수 있는 교재입니다.

01 엄선된 문제와 차별화된 구성으로 고난도 수능을 효과적으로 대비할 수 있는 교재입니다.

02 1등급이 되기 위해 필수적으로 학습해야 할 내용을 충실히 담은 교재입니다.
1등급을 쟁취하고 여러분의 꿈을 향해 도약해 봅시다!

우월하게

"531프로젝트 국어 기본 E"로
수능 국어의 기본 개념을 쉽고 빠르게 학습할 수 있습니다.

개념 학습

문학, 독서, 언어 영역을 공부할 때 가장 기본이 되는 개념을 쉽고 간단하게 설명합니다.

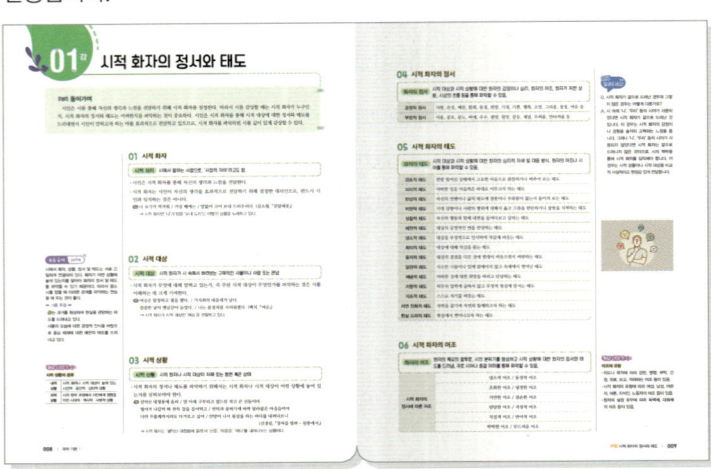

들어가며

해당 강에서 배울 내용을 안내하며 학습할 개념들을 한눈에 알아볼 수 있도록 정리하였습니다.

수능국어 point

수능에 실제 출제되는 국어 개념과 기출 유형을 정리하였습니다.

SOS 알려주세요!

국어 개념 관련하여 궁금해할 점에 대한 답변을 정리하여 추가 정보를 제공합니다.

개념 더하기

국어 핵심 개념에 대한 심화 학습이 가능하도록 추가 정보를 제공합니다.

개념 익히기

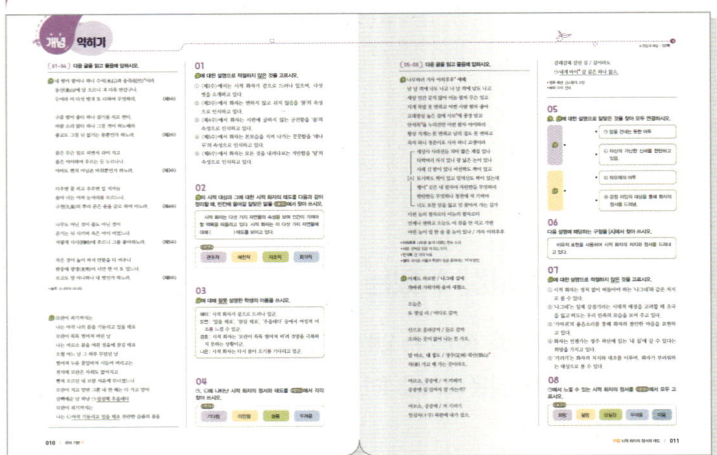

앞에서 배운 개념을 문학 작품 및 독서 제재, 언어 학습에 적용한 문제를 제시합니다.

개념을 적용한 다양한 문제 유형 학습을 통해 개념을 확실히 익히면서 실력을 다질 수 있습니다.

문제로 학습하기 / 문제로 학습하기 UP

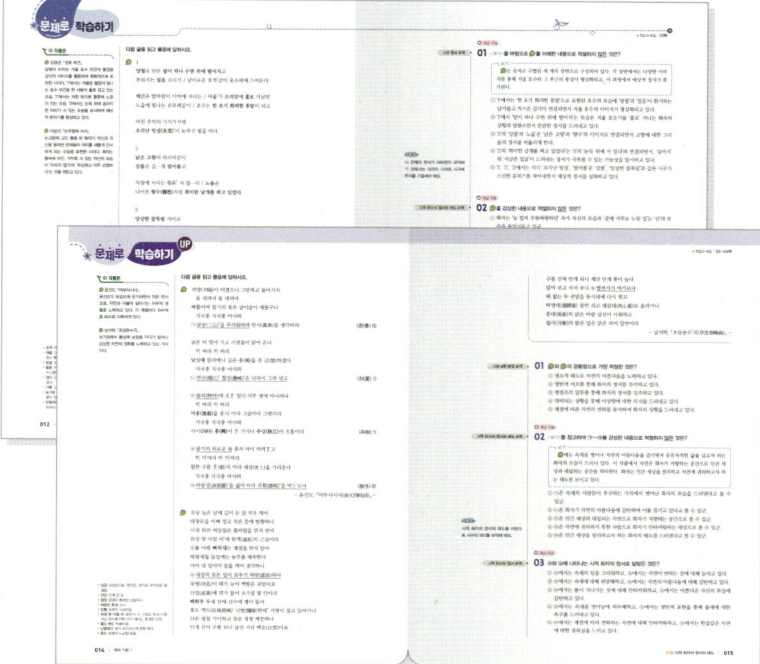

문제로 학습하기

실제 학력평가에 출제된 대표 기출문제를 풀어 봄으로써 출제 경향을 파악하고 실전 문제에 대한 접근 방법을 익힐 수 있습니다.

문제로 학습하기 UP

좀 더 심층적인 학습이 필요한 문제를 엄선하여 구성하였습니다.

이 작품(글)은

문학 작품이나 독서 지문 제재에 대한 설명을 제시하여 글에 대한 이해를 도왔습니다.

개념 적용

앞에서 설명한 개념이 적용된 대표 유형의 문제를 풀어봅니다.

수능 개념 마스터

개념과 관련한 핵심 내용을 시각화하여 정리하였습니다. 빈칸 문제를 풀어 보며 개념을 확장하여 이해할 수 있습니다.

정답과 해설

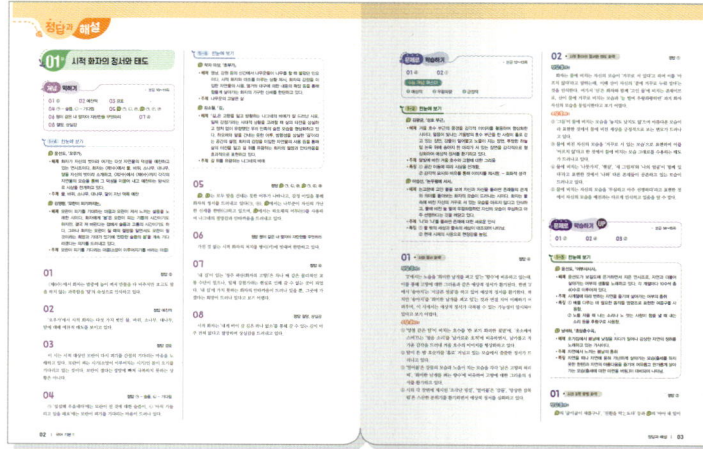

모든 문항의 정답 풀이 및 오답 풀이를 친절하게 설명하여 정확한 문제 해결을 할 수 있도록 하였습니다.

1-4 한눈에 보기

문학 작품, 독서 지문 제재에 대한 이해와 문제 해결에 필요한 지식을 제공합니다.

이 책의
차례

독서

언어

책속책 **정답과 해설**

시적 화자의 정서와 태도

🖹 들어가며

시인은 시를 통해 자신의 생각과 느낌을 전달하기 위해 시적 화자를 설정한다. 따라서 시를 감상할 때는 시적 화자가 누구인지, 시적 화자의 정서와 태도는 어떠한지를 파악하는 것이 중요하다. 시인은 시적 화자를 통해 시적 대상에 대한 정서와 태도를 드러내면서 시인이 말하고자 하는 바를 효과적으로 전달하고 있으므로, 시적 화자를 파악하면 시를 깊이 있게 감상할 수 있다.

01 시적 화자

> **시적 화자** 시에서 말하는 사람으로, '서정적 자아'라고도 함.

- 시인은 시적 화자를 통해 자신의 생각과 느낌을 전달한다.
- 시적 화자는 시인이 자신의 생각을 효과적으로 전달하기 위해 설정한 대리인으로, 반드시 시인과 일치하는 것은 아니다.
   - **예** 나 보기가 역겨워 / 가실 때에는 / 말없이 고이 보내 드리우리다. (김소월, 「진달래꽃」)
     - ➜ 시적 화자인 '나'가 임을 '보내 드리'는 이별의 상황을 노래하고 있다.

수능 국어 point

시에서 화자, 상황, 정서 및 태도는 서로 긴밀하게 연결되어 있다. 화자가 어떤 상황에 놓여 있는지를 알아야 화자의 정서 및 태도를 파악할 수 있기 때문이다. 따라서 평소 시를 접할 때 이러한 관계를 파악하는 연습을 해 두는 것이 좋다.

➡ 기출 유형 ➡

- ⑦는 과거를 회상하며 현실을 관망하는 태도를 드러내고 있다.
- 사물의 모습에 대한 긍정적 인식을 바탕으로 중심 제재에 대한 예찬적 태도를 드러내고 있다.

02 시적 대상

> **시적 대상** 시적 화자가 시 속에서 바라보는 구체적인 사물이나 사람 또는 관념

- 시적 화자가 무엇에 대해 말하고 있는가, 즉 주된 시적 대상이 무엇인가를 파악하는 것은 시를 이해하는 데 크게 기여한다.
   - **예** 여승은 합장하고 절을 했다. / 가지취의 내음새가 났다.
     쓸쓸한 낯이 옛날같이 늙었다. / 나는 불경처럼 서러워졌다. (백석, 「여승」)
     - ➜ 시적 화자가 시적 대상인 '여승'을 관찰하고 있다.

개념 더하기 ➕

시적 상황의 종류

내적 상황	시적 화자나 시적 대상이 놓여 있는 시간적·공간적·심리적 상황
외적 상황	시의 창작 과정에서 시인에게 영향을 미친 시대적·역사적·사회적 상황

03 시적 상황

> **시적 상황** 시적 화자나 시적 대상이 처해 있는 형편 혹은 상태

- 시적 화자의 정서나 태도를 파악하기 위해서는 시적 화자나 시적 대상이 어떤 상황에 놓여 있는지를 살펴보아야 한다.
   - **예** 설악산 대청봉에 올라 / 발 아래 구부리고 엎드린 작고 큰 산들이며
     떨어져 나갈까 봐 잔뜩 겁을 집어먹고 / 언덕과 골짜기에 바짝 달라붙은 마을들이며
     다만 무릎께까지라도 다가오고 싶어 / 안달이 나서 몸살을 하는 바다를 내려다보니
     (신경림, 「장자를 빌려 – 원통에서」)
     - ➜ 시적 화자는 '설악산 대청봉에 올라'서 '산들', '마을들', '바다'를 내려다보는 상황이다.

04 시적 화자의 정서

화자의 정서	시적 대상과 시적 상황에 대한 화자의 감정이나 심리. 화자의 어조, 화자가 처한 상황, 시상의 흐름 등을 통해 파악할 수 있음.
긍정적 정서	사랑, 존경, 예찬, 환희, 동경, 희망, 기대, 기쁨, 행복, 소망, 그리움, 여유 등
부정적 정서	미움, 공포, 분노, 비애, 우수, 절망, 원망, 갈등, 체념, 두려움, 안타까움 등

05 시적 화자의 태도

화자의 태도	시적 대상과 시적 상황에 대한 화자의 심리적 자세 및 대응 방식. 화자의 어조나 시어를 통해 파악할 수 있음.
관조적 태도	한발 떨어진 상태에서 고요한 마음으로 관찰하거나 비추어 보는 태도
의지적 태도	어떠한 일을 마음먹은 바대로 이루고자 하는 태도
반성적 태도	자신의 언행이나 삶의 태도에 잘못이나 부족함이 없는지 돌이켜 보는 태도
비판적 태도	시대 상황이나 사람의 행위에 대해서 옳고 그름을 판단하거나 잘못을 지적하는 태도
성찰적 태도	자신의 행동과 함께 내면을 들여다보고 살피는 태도
예찬적 태도	대상의 긍정적인 면을 찬양하는 태도
냉소적 태도	대상을 부정적으로 인식하여 차갑게 비웃는 태도
회의적 태도	대상에 대해 의심을 품는 태도
풍자적 태도	대상의 결점을 다른 것에 빗대어 비웃으면서 비판하는 태도
달관적 태도	사소한 사물이나 일에 얽매이지 않고 속세에서 벗어난 태도
체념적 태도	어떠한 것에 대한 희망을 버리고 단념하는 태도
저항적 태도	외부의 압력에 굴하지 않고 부정적 현실에 맞서는 태도
자조적 태도	스스로 자기를 비웃는 태도
자연 친화적 태도	자연을 즐기며 자연과 함께하고자 하는 태도
현실 도피적 태도	현실에서 벗어나고자 하는 태도

06 시적 화자의 어조

화자의 어조	화자의 특유의 말투로, 시의 분위기를 형성하고 시적 상황에 대한 화자의 정서와 태도를 드러냄. 주로 시어나 종결 어미를 통해 파악할 수 있음.
시적 화자의 정서에 따른 어조	냉소적 어조 / 동정적 어조
	온화한 어조 / 냉정한 어조
	거만한 어조 / 겸손한 어조
	담담한 어조 / 격정적 어조
	직설적 어조 / 반어적 어조
	딱딱한 어조 / 부드러운 어조

SOS 알려주세요!

Q. 시적 화자가 겉으로 드러난 경우와 그렇지 않은 경우는 어떻게 다른가요?

A. 시 속에 '나', '우리' 등의 시어가 사용되었다면 시적 화자가 겉으로 드러난 것입니다. 이 경우는 시적 화자의 감정이나 경험을 솔직히 고백하는 느낌을 줍니다. 그러나 '나', '우리' 등의 시어가 사용되지 않았다면 시적 화자는 겉으로 드러나지 않은 것이므로, 시의 맥락을 통해 시적 화자를 짐작해야 합니다. 이 경우는 시적 상황이나 시적 대상을 비교적 사실적이고 현장감 있게 전달합니다.

개념 더하기 ⊕

어조의 유형

• 의도나 목적에 따라 감탄, 명령, 부탁, 간청, 위로, 보고, 격려하는 어조 등이 있음.

• 시적 화자의 유형에 따라 여성, 남성, 어린이, 어른, 지식인, 노동자의 어조 등이 있음.

• 청자의 설정 유무에 따라 독백체, 대화체의 어조 등이 있음.

개념 익히기

[01~04] 다음 글을 읽고 물음에 답하시오.

가 내 벗이 몇이나 하니 수석(水石)과 송죽(松竹)*이라.
　　동산(東山)에 달 오르니 긔 더욱 반갑구나.
　　두어라 이 다섯 밧긔 또 더하여 무엇하리.　　〈제1수〉

　　구름 빛이 좋다 하나 검기를 자로 한다.
　　바람 소리 맑다 하나 그칠 적이 하노매라.
　　좋고도 그칠 뉘 없기는 물뿐인가 하노라.　　〈제2수〉

　　꽃은 무슨 일로 피면서 쉬이 지고
　　풀은 어이하여 푸르는 듯 누르나니
　　아마도 변치 아닐손 바위뿐인가 하노라.　　〈제3수〉

　　더우면 꽃 피고 추우면 잎 지거늘
　　솔아 너는 어찌 눈서리를 모르느냐.
　　구천(九泉)의 뿌리 곧은 줄을 글로 하여 아노라.　　〈제4수〉

　　나무도 아닌 것이 풀도 아닌 것이
　　곧기는 뉘 시키며 속은 어이 비었느냐.
　　저렇게 사시(四時)에 푸르니 그를 좋아하노라.　　〈제5수〉

　　작은 것이 높이 떠서 만물을 다 비추니
　　밤중에 광명(光明)이 너만 한 이 또 있느냐.
　　보고도 말 아니하니 내 벗인가 하노라.　　〈제6수〉

* 송죽 소나무와 대나무.

나 모란이 피기까지는
　　나는 아직 나의 봄을 기둘리고 있을 테요
　　모란이 뚝뚝 떨어져 버린 날
　　나는 비로소 봄을 여읜 설움에 잠길 테요
　　오월 어느 날 그 하루 무덥던 날
　　떨어져 누운 꽃잎마저 시들어 버리고는
　　천지에 모란은 자취도 없어지고
　　뻗쳐 오르던 내 보람 서운케 무너졌느니
　　모란이 지고 말면 그뿐 내 한 해는 다 가고 말아
　　삼백예순 날 하냥 ㉠섭섭해 우옵네다
　　모란이 피기까지는
　　나는 ㉡아직 기둘리고 있을 테요 찬란한 슬픔의 봄을

01
가에 대한 설명으로 적절하지 <u>않은</u> 것을 고르시오.

① 〈제1수〉에서는 시적 화자가 겉으로 드러나 있으며, 다섯 벗을 소개하고 있다.
② 〈제2수〉에서 화자는 변하지 않고 쉬지 않음을 '물'의 속성으로 인식하고 있다.
③ 〈제4수〉에서 화자는 시련에 굴하지 않는 굳건함을 '솔'의 속성으로 인식하고 있다.
④ 〈제5수〉에서 화자는 본모습을 지켜 나가는 꿋꿋함을 '대나무'의 속성으로 인식하고 있다.
⑤ 〈제6수〉에서 화자는 모든 것을 내려다보는 거만함을 '달'의 속성으로 인식하고 있다.

02
가의 시적 대상과 그에 대한 시적 화자의 태도를 다음과 같이 정리할 때, 빈칸에 들어갈 알맞은 말을 ⋅보기⋅에서 찾아 쓰시오.

> 시적 화자는 다섯 가지 자연물의 속성을 보며 인간이 가져야 할 덕목을 떠올리고 있다. 시적 화자는 이 다섯 가지 자연물에 대해 (　　　　) 태도를 보이고 있다.

⋅보기⋅
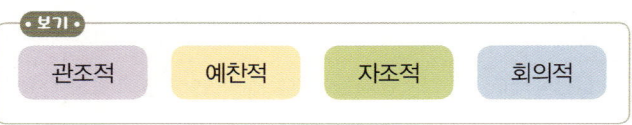

03
나에 대해 잘못 설명한 학생의 이름을 쓰시오.

> 해이: 시적 화자가 겉으로 드러나 있군.
> 도연: '있을 테요', '잠길 테요', '우옵네다' 등에서 여성적 어조를 느낄 수 있군.
> 경호: 시적 화자는 '모란이 뚝뚝 떨어져 버'려 절망을 극복하지 못하는 상황이군.
> 나은: 시적 화자는 다시 봄이 오기를 기다리고 있군.

04
㉠, ㉡에 나타난 시적 화자의 정서와 태도를 ⋅보기⋅에서 각각 찾아 쓰시오.

⋅보기⋅

[05~08] 다음 글을 읽고 물음에 답하시오.

가 나무하러 가자 이히후후˙ 에헤

남 날 적에 나도 나고 나 날 적에 남도 나고
세상 인간 같지 않아 이놈 팔자 무슨 일고
지게 목발 못 면하고 어떤 사람 팔자 좋아
고대광실 높은 집에 사모˙에 풍경 달고
만석록˙을 누리건만 이런 팔자 어이하리
항상 지게는 못 면하고 남의 집도 못 면하고
죽자 하니 청춘이요 사자 하니 고생이라
┌ 세상사 사라진들 치마 짧은 계집 있나
│ 다박머리 자식 있나 광 넓은 논이 있나
│ 사래 긴 밭이 있나 버선짝도 짝이 있고
[A] 토시짝도 짝이 있고 털먹신도 짝이 있는데
│ 쳉이˙ 같은 내 팔자야 자탄한들 무엇하리
│ 한탄한들 무엇하나 청천에 저 기럭아
└ 너도 또한 임을 잃고 임 찾아서 가는 길가
더런 놈의 팔자로다 이놈의 팔자로다
언제나 면하고 오늘도 이 짐을 안 지고 가면
어떤 놈이 밥 한 술 줄 놈이 있나 / 가자 이히후후

● 이히후후 나무를 할 때 내뱉는 한숨 소리.
● 사모 관복을 입을 때 쓰는 모자.
● 만석록 만 석의 녹봉.
● 쳉이 곡식을 끼불러 쭉정이 등을 골라내는 '키'의 방언.

나 어제도 하로밤 / 나그네 집에
가마귀 가왁가왁 울며 새웠소.

오늘은
또 몇십 리 / 어디로 갈까.

산으로 올라갈까 / 들로 갈까
오라는 곳이 없어 나는 못 가오.

말 마소, 내 집도 / 정주(定州) 곽산(郭山)˙
차(車) 가고 배 가는 곳이라오.

여보소, 공중에 / 저 기러기
공중엔 길 있어서 잘 가는가?

여보소, 공중에 / 저 기러기
열십자(十字) 복판에 내가 섰소.

갈래갈래 갈린 길 / 길이라도
ⓐ 내게 바이˙ 갈 길은 하나 없소.

● 정주 곽산 김소월의 고향.
● 바이 아주 전혀.

05

가, **나**에 대한 설명으로 알맞은 것을 찾아 모두 연결하시오.

가 •

• ㉠ 말을 건네는 듯한 어투

• ㉡ 자신의 가난한 신세를 한탄하고 있음.

• ㉢ 하오체의 어투

나 •

• ㉣ 감정 이입의 대상을 통해 화자의 정서를 드러냄.

06

[A]에서 다음 설명에 해당하는 구절을 찾아 쓰시오.

> 비유적 표현을 사용하여 시적 화자의 처지와 정서를 드러내고 있다.

07

나에 대한 설명으로 적절하지 <u>않은</u> 것을 고르시오.

① 시적 화자는 정처 없이 떠돌아야 하는 '나그네'와 같은 처지로 볼 수 있다.
② '나그네'는 일제 강점기라는 시대적 배경을 고려할 때 조국을 잃고 떠도는 우리 민족의 모습을 나타낸다고 볼 수 있다.
③ '가마귀'의 울음소리를 통해 화자의 불안한 마음을 표현하고 있다.
④ 화자는 언젠가는 정주 곽산에 있는 '내 집'에 갈 수 있다는 희망을 가지고 있다.
⑤ '기러기'는 화자의 처지와 대조를 이루며, 화자가 부러워하는 대상으로 볼 수 있다.

08

ⓐ에서 느낄 수 있는 시적 화자의 정서를 〈보기〉에서 모두 고르시오.

◆ 보기

| 희망 | 절망 | 상실감 | 두려움 | 미움 |

🌱 **이 작품은**

㉮ 김광균, 「성호 부근」
달빛이 비치는 겨울 호수 부근의 풍경을 감각적 이미지를 활용하여 회화적으로 표현한 시이다. '1'에서는 겨울밤 얼음이 빛나는 호수 부근을 한 사람이 홀로 걷고 있는 모습, '2'에서는 차창 밖으로 황혼에 노을이 지는 모습, '3'에서는 논둑 위에 송아지 한 마리가 서 있는 모습을 묘사하여 애상적 분위기를 형성하고 있다.

㉯ 이성선, 「논두렁에 서서」
논고랑에 고인 물을 본 화자가 자신과 자신을 둘러싼 존재들의 의미를 새롭게 인식하게 되는 모습을 표현한 시이다. 화자는 물속에 비친, 거꾸로 서 있는 자신의 모습이 '아프지 않'으며 '무심하고 아주 선명하다'는 것을 깨닫고 있다.

다음 글을 읽고 물음에 답하시오.

㉮ 1
양철로 만든 달이 하나 수면 위에 떨어지고
부숴지는 얼음 소리가 / 날카로운 호적˙같이 옷소매에 스며든다.

해맑은 밤바람이 이마에 서리는 / 여울˙가 모래밭에 홀로 거닐면
노을에 빛나는 은모래같이 / 호수는 한 포기 화려한 꽃밭이 되고

여윈 추억의 가지가지엔
조각난 빙설(氷雪)˙이 눈부신 빛을 하다.

2
낡은 고향의 허리띠같이
강물은 길——게 얼어붙고

차창에 서리는 황혼˙ 저 멀——리 / 노을은
나어린 향수(鄕愁)처럼 희미한 날개를 펴고 있었다.

3
앙상한 잡목림 사이로
한낮이 겨운˙ 하늘이 투명한 기폭(旗幅)˙을 떨어뜨리고

푸른 옷을 입은 송아지가 한 마리
조그만 그림자를 바람에 나부끼며
서글픈 얼굴을 하고 논둑 위에 서 있다.

– 김광균, 「성호 부근」 –

㉯ 갈아 놓은 논고랑˙에 고인 물을 본다. / 마음이 행복해진다.
나뭇가지가 꾸부정하게 비치고 / 햇살이 번지고
날아가는 새 그림자가 잠기고 / 나의 얼굴이 들어 있다.
늘 홀로이던 내가 / 그들과 함께 있다.
누가 높지도 낮지도 않다. / 모두가 아름답다.
그 안에 나는 거꾸로 서 있다.
거꾸로 서 있는 모습이
본래의 내 모습인 것처럼 / 아프지 않다.
산도 곁에 거꾸로 누워 있다.
늘 떨며 우왕좌왕하던˙ 내가
저 세상에 건너가 서 있기나 한 듯
무심하고 아주 선명하다.

– 이성선, 「논두렁에 서서」 –

◆ 호적 태평소.
◆ 여울 강이나 바다 따위의 바닥이 얕거나 폭이 좁아 물살이 세게 흐르는 곳.
◆ 빙설 얼음과 눈.
◆ 황혼 해가 지고 어스름해질 때. 또는 그때의 어스름한 빛.
◆ 겹다 정도나 양이 지나쳐 참거나 견뎌 내기 어렵다.
◆ 기폭 깃발.
◆ 논고랑 벼 포기를 줄지어 심은 둑과 둑 사이에 골이 진 곳.
◆ 우왕좌왕하다 일이나 나아가는 방향을 종잡지 못하다.

★ 개념 적용

시의 정서 파악 • **01** |보기|를 바탕으로 **가**를 이해한 내용으로 적절하지 <u>않은</u> 것은?

> ┌─ 보기 ────────────────────────────
>
> **가**는 숫자로 구별된 세 개의 장면으로 구성되어 있다. 각 장면에서는 다양한 이미지를 통해 겨울 호수와 그 부근의 풍경이 형상화되고, 이 과정에서 애상적 정서가 환기된다.

① '1'에서는 '한 포기 화려한 꽃밭'으로 표현된 호수의 모습에 '양철'과 '얼음'이 환기하는 날카롭고 차가운 감각이 연결되면서 겨울 호수의 이미지가 형상화되고 있다.

② '1'에서 '달이 하나 수면 위에 떨어지'는 모습은 겨울 호숫가를 '홀로' 거니는 화자의 상황과 맞물리면서 쓸쓸한 정서를 드러내고 있다.

③ '2'의 '강물'과 '노을'은 '낡은 고향'과 '향수'의 이미지로 연결되면서 고향에 대한 그리움의 정서를 떠올리게 한다.

④ '2'의 '희미한 날개를 펴고 있었다'는 '3'의 '논둑 위에 서 있다'와 연결되면서, '송아지'의 '서글픈 얼굴'이 드러내는 정서가 극복될 수 있는 가능성을 암시하고 있다.

⑤ '1', '2', '3'에서는 각각 '조각난 빙설', '얼어붙'은 '강물', '앙상한 잡목림'과 같은 시구가 스산한 분위기를 자아내면서 애상적 정서를 심화하고 있다.

도움말
시 전체의 정서가 어떠한지 파악하기 위해서는 각각의 시어와 시구에 주의를 기울여야 해요.

★ 개념 적용

시적 화자의 정서와 태도 파악 • **02** **나**를 감상한 내용으로 적절하지 <u>않은</u> 것은?

① 화자는 '늘 떨며 우왕좌왕하던' 과거 자신의 모습과 '곁에 거꾸로 누워 있는' '산'의 모습을 동일시하고 있군.

② '누가 높지도 낮지도 않'은 모습을 '아름답다'고 한 것에서 화자가 물에 비친 세상을 긍정적으로 보고 있음을 알 수 있군.

③ '거꾸로 서 있는 모습'을 '아프지 않'은 것으로 받아들이는 화자에게서 물에 비친 자신의 모습을 부정적이지 않은 것으로 수용하는 태도가 드러나는군.

④ '늘 홀로'라고 생각했던 화자는 '나뭇가지', '햇살', '새 그림자'와 '나의 얼굴'이 '함께 있'는 모습에서 자신이 다른 존재들과 공존하고 있음을 발견하는군.

⑤ 물에 비친 자신의 모습을 '무심하고 아주 선명하다'라고 한 것에서 화자가 물을 보는 행위를 통해 자기 자신에 대한 인식을 달리하게 되었음을 알 수 있군.

수능 개념 마스터

✿ 「성호 부근」의 시적 화자의 정서

> 겨울밤 호숫가 주변의 풍경, 황혼 무렵의 노을, '서글픈 얼굴'의 송아지 한 마리를 통해 쓸쓸하고 ❶[   ]인 정서를 드러내고 있음.

✿ 「논두렁에 서서」의 시적 화자의 정서 변화

물 밖 세상	물속 세상
• 늘 혼자인 '나' • 늘 떨며 ❷[ ]하던 '나'	• 그들(나뭇가지, 햇살, 새 그림자)과 함께인 '나' • 아프지 않고, 무심하고 아주 선명한 '나'

→ 물에 비친 자신의 모습을 통해 자신을 ❸[   ]으로 인식하게 됨.

이 작품은

가 윤선도, 「어부사시사」
윤선도가 보길도에 은거하면서 지은 연시조로, 자연과 더불어 살아가는 어부의 생활을 노래하고 있다. 각 계절마다 10수씩 총 40수로 이루어져 있다.

나 남석하, 「초당춘수곡」
초가집에서 봄날에 낮잠을 자다가 일어나 감상한 자연의 정취를 노래하고 있는 가사이다.

다음 글을 읽고 물음에 답하시오.

가 석양(夕陽)이 비꼈으니 그만하고 돌아가자
　　돛 내려라 돛 내려라
버들이며 물가의 꽃은 굽이굽이 새롭구나
　　지국총 지국총 어사와
㉠삼공(三公)*을 부러워하랴 만사(萬事)를 생각하랴 〈춘(春) 6〉

궂은 비 멎어 가고 시냇물이 맑아 온다
　　빈 떠라 빈 떠라
낚싯대 둘러메니 깊은 흥(興)을 못 금(禁)하겠다
　　지국총 지국총 어사와
㉡연강(煙江)* 첩장(疊嶂)*은 뉘라서 그려 냈고 〈하(夏) 1〉

㉢물외(物外)에 조흔 일이 어부 생애 아니러냐
　　빈 떠라 빈 떠라
어옹(漁翁)을 온디 마라 그림마다 그렷더라
　　지국총 지국총 어사와
사시(四時) 흥(興)이 흔 가지나 추강(秋江)이 으뜸이라 〈추(秋) 1〉

㉣물가의 외로운 솔 혼자 어이 씩씩흐고
　　빈 미여라 빈 미여라
험한 구름 흔(恨)치 마라 세상(世上)을 가리운다
　　지국총 지국총 어사와
㉤파랑성(波浪聲)*을 싫어 마라 진훤(塵喧)*을 막는도다 〈동(冬) 8〉
　　　　　　　　　　　　　　　　　　　　　－ 윤선도, 「어부사시사(漁父四時詞)」 －

나 초당 늦은 날에 깊이 든 잠 겨우 깨어
대창문을 바삐 열고 작은 뜰에 방황하니
시내 위의 버들잎은 봄바람을 먼저 얻어
위성 땅 아침 비*에 원객(遠客)의 근심이라
수풀 아래 뻐꾹새는 계절을 먼저 알아
태평세월 들일에는 농부를 재촉한다
아아 내 일이야 잠을 깨어 생각하니
ⓐ세상의 모든 일이 모두가 허랑(虛浪)하다
공명(功名)이 때가 늦어 백발은 귀밑이요
산업(産業)에 꾀가 없어 초가집 몇 칸이라
백화주 두세 잔에 산수에 정이 들어
홍도 벽도(紅桃碧桃)* 난발(爛發)한데* 지팡이 짚고 들어가니
산은 첩첩 기이하고 물은 청청 깨끗하다
안개 걷어 구름 되니 남산 서산 백운(白雲)이요

* 삼공 삼정승으로, 영의정, 좌의정, 우의정을 일컬음.
* 연강 안개 낀 강.
* 첩장 겹겹이 둘러싼 산봉우리.
* 파랑성 물결 소리.
* 진훤 속세의 시끄러움.
* 위성 땅 아침 비 왕유의 시 구절로 벗과 이별하던 장소에 아침 비가 내리는 풍경을 말함.
* 홍도 벽도 복숭아꽃.
* 난발하다 꽃이 흐드러지게 한창 피다.
* 춘수 봄철의 노곤한 졸음.

구름 걷혀 안개 되니 계산 안개 봉이 높다

앉아 보고 서서 보니 ⓑ별천지가 여기로다

때 없는 두 귀밑을 돌시내에 다시 씻고

탁영대(濯纓臺) 잠깐 쉬고 세심대(洗心臺)로 올라가니

풍대(風臺)의 맑은 바람 심신이 시원하고

월사(月榭)의 밝은 달은 맑은 의미 일반이라

－ 남석하, 「초당춘수곡(草堂春睡曲)」 －

시의 표현 방법 파악

01 **㉮**와 **㉯**의 공통점으로 가장 적절한 것은?

① 냉소적 태도로 자연의 아름다움을 노래하고 있다.

② 영탄적 어조를 통해 화자의 정서를 부각하고 있다.

③ 명령조의 말투를 통해 화자의 정서를 강조하고 있다.

④ 대비되는 상황을 통해 이상향에 대한 의지를 드러내고 있다.

⑤ 계절에 따른 자연의 변화를 묘사하여 화자의 상황을 드러내고 있다.

⭐ 개념 적용

화자의 정서와 태도 파악

02 |보기|를 참고하여 ㉠~㉤을 감상한 내용으로 적절하지 **않은** 것은?

┌─ 보기 ─

　㉮에는 속세를 벗어나 자연의 아름다움을 즐기면서 유유자적한 삶을 살고자 하는 화자의 모습이 드러나 있다. 이 작품에서 자연은 화자가 지향하는 공간으로 인간 세상과 대립되는 공간을 의미한다. 화자는 인간 세상을 멀리하고 자연에 귀의하고자 하는 태도를 보이고 있다.

① ㉠은 속세의 사람들이 추구하는 가치에서 벗어난 화자의 모습을 드러낸다고 볼 수 있군.

② ㉡은 화자가 자연의 아름다움에 감탄하며 이를 즐기고 있다고 볼 수 있군.

③ ㉢은 인간 세상과 대립되는 자연으로 화자가 지향하는 공간으로 볼 수 있군.

④ ㉣은 자연에 귀의하지 못한 사람으로 화자가 안타까워하는 대상으로 볼 수 있군.

⑤ ㉤은 인간 세상을 멀리하고자 하는 화자의 태도를 드러낸다고 볼 수 있군.

도움말

시적 화자의 정서와 태도를 바탕으로 시구의 의미를 파악해 봐요.

⭐ 개념 적용

시적 화자의 정서 파악

03 ⓐ와 ⓑ에 나타나는 시적 화자의 정서로 알맞은 것은?

① ⓐ에서는 속세의 일을 그리워하고, ⓑ에서는 자연이 변하는 것에 대해 놀라고 있다.

② ⓐ에서는 속세에 대해 허망해하고, ⓑ에서는 자연의 아름다움에 대해 감탄하고 있다.

③ ⓐ에서는 봄이 지나가는 것에 대해 안타까워하고, ⓑ에서는 아름다운 자신의 모습에 감탄하고 있다.

④ ⓐ에서는 속세를 벗어남에 허무해하고, ⓑ에서는 영탄적 표현을 통해 출세에 대한 욕구를 드러내고 있다.

⑤ ⓐ에서는 계절에 따라 변화하는 자연에 대해 안타까워하고, ⓑ에서는 한결같은 자연에 대한 경외심을 느끼고 있다.

시어의 의미와 특성

🔖 들어가며

시어는 지시적 의미 외에 시인이 부여한 새로운 의미인 함축적 의미를 지닌다. 그러므로 독자가 시어에 담긴 시인의 의도나 본뜻을 이해하기 위해서는 시어의 함축적 의미에 주목하여야 한다. 또한 시어를 통해 음악적 리듬감을 느낄 수 있고, 마음속에 이미지를 떠올려 시를 더 잘 이해할 수 있다. 이러한 시어의 의미와 특성을 파악하면 시를 깊이 있게 감상할 수 있다.

개념 더하기 ➕

시어의 특징
- 음악성을 지님.
- 함축적 의미를 지님.
- 정서 표현에 중점을 둠.

01 시어의 의미(함축성)

> **시어** 시에 쓰인 언어. 시어는 사람들이 보편적으로 이해하는 언어의 의미인 지시적 의미 외에도 시의 문맥에 따라 부여된 새로운 의미인 함축적 의미를 지님.

지시적 의미	사전에 나타나는 뜻 그대로의 직접적이고 객관적인 의미 예 아이가 호수에 조약돌을 던졌다. → '땅이 우묵하게 들어가 물이 고여 있는 곳'을 의미함.
함축적 의미	사전적 의미에 덧붙어서 연상이나 관습 등에 의해 형성되는 복합적인 의미 예 내 마음은 호수요 / 그대 노 저어 오오 → '고요함, 평화로움, 아늑함, 깊음' 등을 의미함.

개념 더하기 ➕

운율
- 운율에서 '운'은 특정 위치에서 같거나 비슷한 소리가 반복되는 것을, '율'은 소리의 높낮이나 강약 등이 반복되는 것을 말함.

개념 더하기 ➕

운율의 효과
- 전체적인 분위기나 주제를 형상화하는 데 기여함.
- 반복을 통해 시어나 구절 등의 의미를 강조함.
- 일상어에서 느낄 수 없는 리듬을 느끼게 해 줌.

수능 국어 point ✨

시어의 함축적 의미를 파악하는 것은 시를 이해하는 첫걸음이라고 할 수 있으며, 시의 운율을 파악하면 시의 분위기를 가늠할 수 있다. 그리고 시에서 이미지는 주제를 효과적으로 드러내는 데 기여하므로 시의 이미지를 파악하는 것은 작품 이해를 위해 꼭 필요한 과정이다.

➡ 기출 유형 ➡
- ㉮와 ㉯는 모두 동일한 시구의 반복과 변주를 통해 시적 분위기를 고조하고 있다.
- ㉮는 시각적 이미지를 통해 자연의 위대함을, ㉯는 청각적 이미지를 통해 자연에 대한 두려움을 표현하고 있다.

02 시어의 음악성(운율)

> **운율** 시에서 느껴지는 음악적 리듬감. 일정한 요소가 규칙적으로 배열되거나 반복될 때 형성됨.

• 운율의 형성

음운의 반복	특정 모음이나 자음을 반복적으로 사용하는 것 예 갈래갈래 갈린 길 / 길이라도 / 내게 바이 갈 길은 하나 없소 → 'ㄱ, ㄹ'의 반복
음절과 단어의 반복	특정한 글자, 단어, 구절을 반복적으로 사용하는 것 예 나는 바쁘게 바쁘게 거리를 헤매고도
음절 수의 반복	시어의 글자 수를 일정하게 반복적으로 사용하는 것 예 나 보기가 역겨워 / 가실 때에는 / 말없이 고이 보내 드리우리다. 7 5 7 5 → 7·5조의 반복
음보의 반복	일정한 음보를 반복적으로 사용하는 것 예 세상의/ 버린 몸이/ 시골에서/ 늙어 가니 바깥일/ 내 모르고/ 하는 일/ 무슨 일고. → 4음보의 반복
통사 구조의 반복	같거나 비슷한 문장 구조를 반복적으로 사용하는 것 예 땅으로 땅으로 파고드는 뿌리는 / 날카롭지만 하늘로 하늘로 뻗어가는 가지는 / 뾰족하지만
음성 상징어의 사용	음의 성질이나 높낮이 또는 강약에 따라, 다른 단어와 구별되는 어감이나 뜻을 나타내는 말(의성어, 의태어)을 사용하는 것 예 찰랑찰랑 강물 소리가 들린다.
시적 허용	시어를 의도적으로 문법에 맞지 않게 써서 변화를 주는 것 예 모진 비바람에 부대끼며 / 머언 세월을 살아오신

• 운율의 종류

외형률	시에서 외적으로 드러나는 운율. 주로 정형시에서 나타남. • 음위율: 일정한 위치에 같거나 비슷한 음을 배치하는 것(두운, 요운, 각운) • 음수율: 비슷한 글자 수를 규칙적으로 반복하는 것(3·4조, 4·4조, 7·5조 등) • 음보율: 일정한 음보를 규칙적으로 반복하는 것(주로 3음보는 고려 가요, 4음보는 시조나 가사에서 나타남.) **예** 가시리/ 가시리/잇고// 나는 　　　　이 몸이/ 죽고 죽어/ 일백 번/ 고쳐 죽어 　　　가시리/ 가시리/잇고// 나는 　　　　백골이/ 진토되어/ 넋이라도/ 있고 없고 　　　위 증즐가 태평성대 　　　　　　　임 향한/ 일편단심이야/ 가실 줄이/ 있으랴 　　　　　　　 – 작자 미상, 「가시리」 　　　　　　　　 – 정몽주, 「단심가」 　　　→ 3음보의 고려 가요 　　　　　　　　→ 4음보의 시조
내재율	시에서 내적으로 드러나는 운율. 시어, 시행, 연, 작품 전체를 통해 느낄 수 있는 주관적이고 개성적인 운율로, 주로 자유시에서 나타남.

Q. 시어는 시에서 어떤 역할을 하나요?

A. 시어는 다양한 의미를 함축하고 있으며, 이를 바탕으로 시의 주제를 형상화합니다. 또한 시적 화자의 어조를 형성하여 정서와 태도를 드러내고, 시의 분위기를 조성하며, 음악적 효과를 만들어 내기도 합니다.

03 시어의 이미지(심상)

> **이미지(심상)** 시어에 의해 마음속에 떠오르는 구체적 영상이나 감각적 인상

• 이미지의 효과
① 시적 상황이나 정서를 형상화한다.
② 시적 대상의 인상을 선명하게 해 준다.
③ 시의 분위기를 구체적이고 감각적으로 환기시켜 의미를 보다 생생하게 전달한다.

• 이미지의 종류

비유적 이미지	직유나 은유 등의 수사적 표현 방법을 통해 드러나는 이미지
상징적 이미지	구체적인 대상을 통해 특정 의미나 관념을 떠올리도록 하는 이미지로, 추상적인 관념을 환기하는 이미지
감각적 이미지	시각, 청각, 후각, 미각, 촉각 등 인간의 감각과 관련된 이미지

• 감각적 이미지의 종류

시각적 이미지	눈으로 볼 수 있는 색깔, 명암, 모양 등으로 느낄 수 있는 이미지 **예** 어깨와 등과 손 끝에 / 자잘한 꽃들 노랗게 피어나는데
청각적 이미지	귀로 들을 수 있는 여러 소리로 느낄 수 있는 이미지 **예** 발자취 소리를 들을 수 있도록 / 나는 총명했던가요.
후각적 이미지	냄새와 같이 코를 통해 느낄 수 있는 이미지 **예** 연어의 살결에선 강물 냄새가 나는 것이다.
미각적 이미지	맛과 같이 혀를 통해 느낄 수 있는 이미지 **예** 메마른 입술에 쓰디쓰다.
촉각적 이미지	피부의 감촉이나 덥다, 춥다처럼 감각으로 느낄 수 있는 이미지 **예** 굳어지기 전까지 저 딱딱한 것들은 물결이었다.
공감각적 이미지	어떤 감각을 다른 감각으로 옮겨 표현하는 이미지 **예** 밥을 짓고 국 끓이며 / 어쩌다 생선 한 토막의 비린내를 구웠으나. 　→ 후각의 시각화
복합 감각적 이미지	서로 다른 감각이 나열되어 나타나는 이미지 **예** 술 익는 마을마다 타는 저녁 놀 　→ 후각적 이미지와 시각적 이미지가 나란히 나타남.

개념 더하기
공감각적 이미지와 복합 감각적 이미지
• 공감각적 이미지는 두 가지 이상의 감각이 결합되어 하나의 감각이 다른 감각으로 전이되는 것이고, 복합 감각적 이미지는 감각이 전이되어 나타나는 것이 아니라 나열되어 함께 나타나는 것임. 감각의 전이가 일어나는지의 여부에 따라 두 이미지를 구별할 수 있음.

개념 더하기
그 외의 이미지
• 동적·정적 이미지: 힘차게 움직이거나 활기찬 느낌을 주거나(동적), 움직임이 없거나 고요한 모습으로 제시되는(정적) 이미지
• 상승·하강 이미지: 낮은 데서 높은 데로 올라가는 느낌을 주거나(상승), 높은 데서 낮은 데로 내려가는 느낌을 주는(하강) 이미지
• 생성·소멸 이미지: 없었던 대상이 생겨나거나 어떤 소망이 이루어지는 느낌을 주거나(생성), 이미 있던 대상이 사라지거나 어떤 소망이 좌절되는 느낌을 주는(소멸) 이미지
• 긍정적·부정적 이미지: 시의 앞뒤 맥락을 통해 시적 화자가 긍정적 의미를 부여한 시어에 의해 형성되거나(긍정적), 부정적 의미를 부여한 시어 또는 하강과 소멸의 의미를 지닌 시어에 의해 형성되는(부정적) 이미지

[01~04] 다음 글을 읽고 물음에 답하시오.

가 해는 출렁거리는 빛으로

내려오며
제 빛에 겨워 흘러 넘친다
모든 초록, 모든 꽃들의 / 왕관이 되어
자기의 왕관인 초록과 꽃들에게
웃는다, 비유의 아버지답게
초록의 샘답게
하늘의 푸른 넓이를 다해 웃는다
하늘 전체가 그냥 / 기쁨이며 신전이다

ⓐ해여, 푸른 하늘이여,
그 빛에, 그 공기에
취해 찰랑대는 자기의 즙에 겨운,
공중에 뜬 물인
나뭇가지들의 초록 기쁨이여

흙은 그리고 깊은 데서
큰 향기로운 눈동자를 굴리며
넌지시 주고받으며 / 싱글거린다

오 이 향기
싱글거리는 흙의 향기
내 코에 댄 깔대기와도 같은
하늘의, 향기
나무들의 향기!

나 들길은 마을에 들자 붉어지고

마을 골목은 들로 내려서자 푸르러졌다
바람은 넘실 천 이랑 만 이랑
이랑 이랑 햇빛이 갈라지고
보리도 허리통이 부끄럽게 드러났다
꾀꼬리는 엽태 혼자 날아 볼 줄 모르나니
암컷이라 쫓길 뿐
수놈이라 쫓을 뿐
황금빛 난 길이 어지럴 뿐
얇은 단장하고 아양 가득 차 있는
ⓑ산봉우리야 오늘밤 너 어디로 가 버리런?

01

가, **나**의 공통점에 대한 설명으로 적절한 것을 고르시오.

① 자연물을 의인화하여 운율을 형성하고 있군.
② 동일한 시어를 반복하여 운율을 형성하고 있군.
③ 7·5조의 음수율의 반복으로 운율을 형성하고 있군.
④ 현재형 종결 어미를 반복하여 운율을 형성하고 있군.

02

다음 시구에 알맞은 심상을 연결하시오.

(1) 해는 출렁거리는 빛으로 • • ㉠ 시각적 심상

(2) 큰 향기로운 눈동자를 굴리며 • • ㉡ 후각적 심상

(3) 나무들의 향기 • • ㉢ 촉각적 심상

(4) 들길은 마을에 들자 붉어지고 • • ㉣ 공감각적 심상

(5) 황금빛 난 길이 어지럴 뿐 • • ㉤ 복합 감각적 심상

03

가의 '해'와 관련 **없는** 표현을 **보기**에서 고르시오.

보기

| 출렁거리는 빛 | 비유의 아버지 | 초록의 샘 | 공중에 뜬 물 |

04

ⓐ, ⓑ에 대한 설명이 맞으면 ○표, 틀리면 ×표 하시오.

(1) ⓐ: 화자가 관심을 갖고 긍정적으로 인식하고 있는 대상이다.
( )

(2) ⓐ: 기쁨을 느끼는 화자와 동일시되는 대상이다.
( )

(3) ⓑ: 화자가 밤이 되면 볼 수 없어서 안타까워하는 대상이다.
( )

(4) ⓑ: 화자가 관심을 갖고 주관적으로 인식하는 대상이다.
( )

[05~09] 다음 글을 읽고 물음에 답하시오.

가 겨울산에 가면

밑둥만 남은 채 눈을 맞는 나무들이 ㉠있다

쌓인 눈을 손으로 헤쳐내면

드러난 나이테가 나를 ㉡보고 있다

들여다볼수록

비범하게 생긴 넓은 이마와

도타운 귀, 그 위로 오르는 외길이 보인다

그새 쌓인 눈을 다시 쓸어내리면

거무스레 습기에 **지친 손등**이 있고

신열에 들뜬 입술 위로

물처럼 맑아진 **눈물**이 흐른다

잘릴 때 쏟은 **톱밥 가루**는 지금도

마른 껍질 속에 흩어져

해산한 여인의 땀으로 맺혀 빛나고,

그 옆으로는 아직 나이테도 생기지 않은

꺾으면 문드러질 만큼 어린것들이

뿌리박힌 곳에서 ㉢자라고 있다

도끼로 찍히고

베이고 눈 속에 묻히더라도

고요히 남아서 기다리고 계신 어머니,

눈을 맞으며 산에 들면

처음부터 끝까지 나를 바라보는

나이테가 있다.

나 어리고 성근 가지 너를 믿지 않았더니

눈 기약(期約) 능(能)히 지켜 두세 송이 피었구나

촛불 잡고 가까이 사랑할 때 암향부동(暗香浮動)●하더라

〈제2수〉

빙자옥질(氷姿玉質)●이여 눈 속에 네로구나

가만히 향기 놓아 황혼월(黃昏月)을 기약하니

아마도 아치고절(雅致高節)●은 너뿐인가 하노라

〈제3수〉

동쪽 누각에 숨은 꽃이 철쭉인가 두견화(杜鵑花)인가

온 세상이 눈이어늘 제 어찌 감히 피리

알괘라 백설 양춘(白雪陽春)●은 매화밖에 뉘 있으리

〈제8수〉

● **암향부동** 그윽한 향기가 은근히 떠돎.
● **빙자옥질** 얼음같이 맑고 깨끗한 살결과 구슬같이 아름다운 자질.
● **아치고절** 우아하고 높은 절개.
● **백설 양춘** 흰 눈이 날리는 이른 봄.

05

가의 시구에 대한 이해로 적절하지 **않은** 것을 고르시오.

① '비범하게 생긴 넓은 이마'와 '도타운 귀'는 자상한 어머니의 모습을 의미한다고 볼 수 있어.

② '지친 손등', '신열에 들뜬 입술', '눈물'은 힘들고 고단한 어머니의 삶을 의미한다고 볼 수 있어.

③ '톱밥 가루'는 어머니가 자식을 낳을 때의 해산의 고통을 의미한다고 볼 수 있어.

④ '베이고 눈 속에 묻히더라도'는 산 속에서 기다리고 계신 어머니의 상황을 의미한다고 볼 수 있어.

06

·보기·를 참고하여 ㉠~㉢에 대한 설명으로 맞으면 ○표, 틀리면 ×표 하시오.

─ 보기 ─

서정 갈래의 현재 시제는 물리적 시간으로서의 현재가 아닌 가상적 현재를 의미하며 시적 효과를 유발한다. 즉, 특정할 수 없는 어느 시점에서의 시적 대상과 상황에 대한 화자의 시적 체험을 현재 시제로 표현하면, 독자는 화자의 상황이 마치 지금 여기에서 벌어지고 있는 듯한 생생함을 느낄 수 있다.

(1) ㉠: 밑둥만 남아 눈을 맞고 있는 나무들에 대한 인상을 물리적 시간인 현재로 표현하고 있다. （　　　）

(2) ㉡: 나이테가 자신을 보고 있다는 화자의 인식을 가상적 현재로 표현하고 있다. （　　　）

(3) ㉢: 밑둥 옆에 어린 나무가 자라고 있는 상황을 생생하게 느끼도록 하는 시적 효과를 얻고 있다. （　　　）

07

가에서 '어머니의 사랑'을 떠올리게 하는 대상을 찾아 한 단어로 쓰시오.

08

나의 대조적 소재를 다음과 같이 정리할 때 빈칸에 들어갈 알맞은 시어를 순서대로 쓰시오.

눈 속에서 꽃을 피움.	↔	눈을 피해 숨어 있음.
□□		□□, □□□□

09

나의 〈제3수〉에서 '매화'의 기품을 더욱 높여 주는 소재를 다음에서 모두 고르시오.

빙자옥질	눈	향기	황혼월	아치고절

다음 글을 읽고 물음에 답하시오.

가 까마득한 날에
　　하늘이 처음 열리고
　　어데 닭 우는 소리 들렸으랴

　　모든 산맥들이
　　바다를 연모해 휘달릴 때도
　　차마 이곳을 범하던 못하였으리라

　　끊임없는 광음*을
　　부지런한 계절이 피어선 지고
　　큰 강물이 비로소 길을 열었다

　　지금 눈 나리고
　　매화 향기 홀로 아득하니
　　내 여기 **가난한 노래의 씨**를 뿌려라

　　다시 천고의 뒤에
　　백마 타고 오는 ㉠초인이 있어
　　이 광야에서 목 놓아 부르게 하리라

　　　　　　　　　　　　　　　　　　　－ 이육사, 「광야」 －

나 머리가 마늘쪽같이 생긴 고향의 **소녀**와
　　한여름을 알몸으로 사는 고향의 **소년**과
　　같이 낯이 설어도 사랑스러운 **들길**이 있다

　　그 길에 아지랑이가 피듯 태양이 타듯
　　제비가 날듯 길을 따라 물이 흐르듯 그렇게
　　그렇게

　　천연(天然)히*

　　울타리 밖에도 ㉡화초를 심는 마을이 있다
　　오래오래 **잔광**이 부신 마을이 있다
　　밤이면 더 많이 **별**이 뜨는 **마을**이 **있다**

　　　　　　　　　　　　　　　　　　　－ 박용래, 「울타리 밖」 －

* 광음 햇빛과 그늘. 즉 낮과 밤이라는 뜻으로, 시간이나 세월을 이르는 말.
* 천연히 생긴 그대로 조금도 꾸밈이 없이.

☆ 개념 적용

시어의 의미 파악 •

01 ㉠과 ㉡에 대한 이해로 가장 적절한 것은?

① ㉠은 화자를 각성하게 하는 존재이며, ㉡은 화자를 성찰하게 하는 대상이다.

② ㉠은 공간의 황폐함을 심화하는 존재이며, ㉡은 공간에 생명력을 부여하는 대상이다.

③ ㉠은 공간의 변화를 가져오는 존재이며, ㉡은 공동체의 인식 전환을 일으키는 대상이다.

④ ㉠은 화자가 위화감을 느끼게 하는 존재이며, ㉡은 화자가 애상감을 느끼게 하는 대상이다.

⑤ ㉠은 화자가 지향하는 이상을 실현하는 존재이며, ㉡은 화자가 지향하는 공동체의 모습을 드러내는 대상이다.

(도움말)
시어의 문맥적, 함축적 의미에 주의를 기울여 보세요.

시어를 통한 화자의 태도 파악 •

02 |보기|를 바탕으로 **가**, **나**를 감상한 내용으로 적절하지 않은 것은?

┌─ 보기 ─────────────────────────────
시에서의 시간 양상은 화자의 지향성을 내포하고 있다. 화자가 미래 지향성을 보이는 경우, 시에서의 시간은 현재에서 미래로 나아가는 순방향의 흐름을 보인다. 이때 화자는 현재의 결핍을 인식하고 과거로의 회귀 대신 발전된 미래에 대한 신뢰를 바탕으로 부정적인 현재 상황을 적극적으로 극복하려 한다. 화자가 과거 상황을 긍정적으로 인식하는 과거 지향성을 보이는 경우, 화자는 미래에 대한 신뢰 없이 과거의 공간을 훼손되지 않은 원형으로 여기는 모습을 보인다. 이때 화자의 과거 회상이 현재 시제로 표현되기도 하는데, 이는 과거 공간이 존속하기를 소망하는 화자의 심리가 반영된 것으로 볼 수 있다.
────────────────────────────────────

① **가**의 화자는 '큰 강물이 비로소 길을' 연 것을 통해 발전된 미래를 향한 희망을 확인하여 극복의 자세를 드러낸 것이겠군.

② **가**의 화자가 '가난한 노래의 씨'를 뿌리고자 하는 것은 현재의 결핍을 인식하고 있기 때문이겠군.

③ **나**의 '소녀', '소년', '들길'이 존재하는 고향의 모습을 통해 화자가 고향을 훼손되지 않은 원형으로 여기고 있음을 알 수 있겠군.

④ **나**의 '잔광'이 부시고 '별'이 뜨는 마을의 모습을 통해 화자가 마을을 긍정적으로 인식하고 있음을 알 수 있겠군.

⑤ **나**의 '마을'을 '있다'로 표현하는 것은 마을의 모습이 존속하기를 소망하는 화자의 심리를 드러낸 것이겠군.

수능 개념 마스터

✿ 「광야」에 나타난 시어의 의미, 심상

시어의 의미	❶ [ ] – 일제 강점기의 암담한 현실 / ❷ [ ] – 조국 광복의 기운 / ❸ [ ] – 광복을 실현할 존재
심상	닭 우는 소리 – ❹ [ ] 심상 / 매화 향기 – ❺ [ ] 심상

✿ 「울타리 밖」에 나타난 시어의 의미, 심상

시어의 의미	❻ [ ] – 인위적이지 않은 마을의 모습 강조 / ❼ [ ] – 타인을 배려하는 따뜻한 마음
심상	오래오래 잔광이 부신 – ❽ [ ] 심상

이 작품은

가 한용운, 「달을 보며」
화자는 달을 보며 부재하는 대상인 '당신'을 그리워하고 있다. '당신'을 생각하며 '뜰'로 나온 화자에게 '달'은 점점 '당신의 얼굴'로 보인다. 또한 화자의 얼굴 역시 '달(당신을 그리워하다 야윈 '그믐달')'이 되었다고 표현하며 '당신'과 합일을 이루고자 함을 보여 주고 있다.

나 박남준, 「이사, 악양」
'결국' (어쩔 수 없이) 남쪽으로 이사한 화자가 여전히 '밥상머리 맞은편'에 앉을 대상이 부재하는 상태로 살아가는 모습을 담고 있다. 화자는 별들과 불빛들이 밤마다 한 몸이 되는 것을 부러워하기도 했으나 시간이 흐를수록 점차 무심해지며 결핍과 부재의 삶을 이어 가고 있다.

다음 글을 읽고 물음에 답하시오.

가 달은 밝고 당신이 하도 기루었습니다[*]
자던 옷을 고쳐 입고 뜰에 나와 퍼지르고 앉아서 달을 한참 보았습니다

달은 차차차 당신의 얼굴이 되더니 넓은 이마 둥근 코 아름다운 수염이 역력히[*] 보입니다
간 해에는 당신의 얼굴이 달로 보이더니 오늘 밤에는 달이 당신의 얼굴이 됩니다

당신의 얼굴이 달이기에 나의 얼굴도 달이 되었습니다
나의 얼굴은 그믐달이 된 줄을 당신이 아십니까
아아 당신의 얼굴이 달이기에 나의 얼굴도 달이 되었습니다

– 한용운, 「달을 보며」 –

나 결국 남쪽 악양 방면으로 길을 꺾었다
하루 종일 해가 들었다
밥을 짓고 국 끓이며
어쩌다 생선 한 토막의 비린내를 구웠으나
밥상머리 맞은편
내 뼈를 발라 살점 얹어 줄 사람의
늘 비어 있던 자리는 달라지지 않았다
이따금 아직도 낯선 아랫마을 밤 개가
컹컹거리며 그 부재의 이유를 묻기도 했다
별들과 산마을의 불빛들은
결코 나뉠 수 없는 우주의 경계로 인해
밤마다 한 몸이 되고는 했다
부럽기도 했다 해가 바뀔수록
검던 머리 더욱 희끗거리고
희끗거리며 날리는 눈발을 봐도
점점 무심해졌다
겨울바람이 처마 끝을 풀썩 뒤흔들다 간다
아침이 드는 창을 비워 두는 것은 옛 버릇이나
무덤을 앞둔 여우들이 그러했듯이
나 또한 북쪽 그리운 창을 향해 머리를 눕히고
길고 먼 꿈길을 청한다

– 박남준, 「이사, 악양」 –

• 기루었습니다 그리웠습니다.
• 역력히 자취 · 낌새 · 기억 따위가 환히 알 수 있게 또렷하게.

시의 표현 방법 파악 **01** 가와 나에 대한 설명으로 가장 적절한 것은?

① 가는 동일한 종결 어미를 반복하여 운율감을 드러내고 있다.

② 나는 설의적 표현을 활용하여 화자의 의지를 강조하고 있다.

③ 가는 나와 달리 공감각적 심상을 활용하여 자연을 묘사하고 있다.

④ 나는 가와 달리 말을 건네는 방식으로 청자의 공감을 유도하고 있다.

⑤ 가와 나 모두 연쇄적 표현으로 역동적인 분위기를 형성하고 있다.

⭐ 개념 적용

시어의 의미 파악 **02** 가, 나의 시어에 대한 이해로 적절하지 않은 것은?

① 가에서는 '하도'와 '한참'이 연결되면서, 감정의 크기와 행위의 지속 시간이 조응하고 있다.

② 가에서는 '차차차'와 '역력히'가 연결되면서, 외부 사물에 투영된 화자의 인식이 드러나고 있다.

③ 나에서는 '어쩌다'와 대비되는 '늘'을 통해, 변함없는 상황이 지속되고 있음이 강조되고 있다.

④ 나에서는 '이따금'과 '아직도'의 대비를 통해, 상황의 변화 가능성이 암시되고 있다.

⑤ 나에서는 '더욱'과 '점점'이 연결되면서, 시간의 흐름에 따른 변화가 나타나고 있다.

외적 준거에 따른 감상 **03** 보기를 바탕으로 가와 나를 감상한 내용으로 적절하지 않은 것은?

> ┌ 보기 ┐
>
> 가와 나는 모두 대상의 부재에 관한 화자의 태도를 드러내고 있다. 가의 화자는 부재하는 대상과 재회하기를 소망하여, 자연물을 매개로 대상과의 합일을 바란다. 나의 화자는 부재하는 대상의 빈자리를 느끼며 살아가는 가운데, 자연물 간의 합일을 부러워하는 모습을 보이기도 한다.

① 가의 화자는 '뜰'에 앉아 밝은 '달'을 보며, 나의 화자는 밥상에 놓인 '생선 한 토막'을 보며 대상의 부재를 느끼고 있군.

② 가에서는 '넓은 이마 둥근 코 아름다운 수염'으로, 나에서는 '내 뼈를 발라 살점 얹어 줄 사람'으로 대상이 표현되고 있군.

③ 가의 화자는 '간 해'의 경험을 '오늘 밤'과, 나의 화자는 '아랫마을 밤 개'가 짖던 상황과 '겨울바람'이 '풀썩'이는 현재를 대비하여 재회에 대한 확신을 드러내고 있군.

④ 가의 화자는 '당신의 얼굴이 달이기에' 자신의 얼굴도 '달'이 된다고 표현함으로써, 자연물을 매개로 대상과 합일하고 싶은 마음을 드러내고 있군.

⑤ 나의 화자는 '밤마다 한 몸이 되'는 '별들'과 '불빛들'을 바라보며, 자신의 처지와 달리 합일을 이루는 자연물에 대한 부러움을 드러내고 있군.

03강 시의 표현과 시상 전개

⊜

🔖 들어가며

시의 주제를 효과적으로 드러내기 위해 시인이 자신의 생각을 시어로 구체화하는 과정을 시의 표현이라고 하고, 시인이 전달하고자 하는 생각이나 정서인 시상을 일정한 질서에 따라 조직한 것을 시상 전개라고 한다. 시의 표현 방법과 시상 전개 방식을 살펴보면, 시인이 전달하고자 하는 바를 더 깊이 있게 이해할 수 있다.

개념 더하기 ➕

그 외의 시의 표현 방법

- 언어 유희: 소리나 의미의 유사성을 이용하여 말놀이하듯 재치 있게 표현하는 것. 비문법적 조합, 발음하기 어려운 말의 나열, 동음이의어의 활용, 말꼬리 잡기 등이 있음.
- 음성 상징어: 모양·동작을 흉내 내는 의태어와 소리를 흉내 내는 의성어를 통해 구체적이고 감각적으로 표현함.
- 시적 허용: 시에서 풍부한 의미 전달을 위해 문법에 어긋난 표현을 사용하는 것을 의미함. 리듬감을 살려 줄 뿐만 아니라, 의미가 깊어지는 효과가 있음.

01 시의 표현

비유법	표현하려는 대상을 다른 대상에 빗대어 표현하는 방법
직유법	'~처럼', '~같이', '~듯이' 등의 연결어를 사용하여 원관념을 보조 관념에 직접적으로 빗대어 표현하는 방법
은유법	'A(원관념)는 B(보조 관념)이다.'의 형태로, 원관념을 나타내기 위해 비슷한 성질을 가진 보조 관념을 끌어다 간접적으로 견주어 표현하는 방법
대유법	대상의 일부분이나 속성을 통해 그 대상 전체를 나타내는 표현 방법
활유법	무생물을 생물인 것처럼 표현하는 방법
의인법	사람이 아닌 대상에 인격을 부여하여 사람처럼 표현하는 방법

강조법	어떤 내용을 특별히 두드러지게 하거나 뚜렷하게 구별되게 하는 표현 방법
과장법	대상을 실제보다 더 크거나 작게, 혹은 많거나 적게 표현하는 방법
점층법	표현하고자 하는 내용을 뒤로 갈수록 점점 더 크고 강하게 표현하는 방법
비교법	성질이 비슷한 두 가지 이상의 사물이나 내용을 견주어 다른 한쪽을 강조하는 방법
대조법	상반되는 대상이나 내용을 맞대어 놓아 서로 다름을 두드러지게 비교하여 표현하는 방법
반복법	같거나 비슷한 말, 어구, 문장 등을 되풀이하여 의미를 강조하고 운율을 형성하는 표현 방법
열거법	의미가 비슷하거나 같은 계열의 말, 구절을 나열하여 내용을 강조하는 표현 방법
영탄법	슬픔, 기쁨, 놀라움, 감동, 공포 등의 감정을 감탄사나 감탄형 어미 등을 통해 강하게 표현하는 방법

수능 국어 point 🔅

시의 표현 방법이나 시상 전개 방식은 제시된 작품들의 공통점이나 차이점, 표현상의 특징을 묻는 유형으로 출제된다. 따라서 표현 방법과 시상 전개 방식을 종류별로 구분하고 시를 분석할 때마다 관련된 개념을 정리해 두면 좋다.

➡ 기출 유형 ➡

- 나는 개와 달리 자연물에 빗대어 화자의 움직임을 드러내고 있다.
- 개와 나는 화자의 시선이 화자 내면에서 외부 세계로 이동하는 방식으로 시상을 전개하고 있다.

변화법	글의 단조로움을 피하고 신선함을 주기 위해 변화를 주는 표현 방법
역설법	표면적으로 모순되는 표현을 통해 그 속의 진실(진리)을 드러내는 표현 방법
반어법	나타내고자 하는 원래의 의미나 의도와 반대로 표현하는 방법
설의법	누구나 다 알거나 예측 가능한 사실을 의문문의 형식으로 표현하여 독자 스스로의 판단을 통해 결론을 내리게 하는 방법
대구법	같거나 비슷한 문장 구조를 나란히 배열하여 대응 구조를 이루게 하는 표현 방법
도치법	정상적인 문장의 어순을 바꾸어 표현하는 방법

상징	구체적인 사물로 추상적인 대상이나 관념을 표현하는 방법
관습적 상징	어떤 문화권이나 시대에서 오랜 시간 사용되어 그 내용이 관습적으로 보편화된 상징
개인적 상징	어떤 한 작품에만 나타나는 단일한 상징이거나 어떤 시인이 자신의 작품에서만 독창적이고 특수하게 사용한 상징
원형적 상징	역사, 종교, 신화 등에 되풀이되어 나타나 인간의 무의식 속에 내재되어 이어져 내려온 상징. 시대를 초월하여 인류 공통적인 보편성을 가짐.

SOS 알려주세요!

Q. 시의 표현 방법과 시상 전개는 시에서 어떤 역할을 하나요?

A. 시인은 시의 표현 방법을 통해 화자의 정서나 태도를 효과적으로 드러낼 수 있고, 시상 전개를 통해 시의 분위기와 정서를 형성할 수 있어요. 따라서 이를 파악하여 시를 이해하는 것이 중요해요.

객관적 상관물	화자의 감정을 직접적으로 드러내지 않고 객관화하여 다른 대상이나 정황에 빗대어 표현할 때, 그 대상물을 가리킴.
감정 이입	객관적 상관물 중 화자가 자신의 감정을 특정 사물에 직접 투영하여 화자와 동일시하는 것을 말함. (감정 이입 ⊂ 객관적 상관물)

02 시상 전개

시상 전개	시인이 전달하고자 하는 생각이나 정서인 시상을 일정한 질서에 따라 조직한 것
시간의 흐름	① 순행적 전개 방식: 선후 관계가 드러나는 시간의 순차적인 흐름에 따라 장면을 묘사하거나 시적 화자의 정서를 드러내는 시상 전개 방식 ② 역행·역순행적 전개 방식: 하루의 흐름, 계절의 흐름 등 일반적인 시간의 순차적인 흐름을 '미래 → 현재 → 과거', '현재 → 과거 → 현재' 등과 같이 뒤바꾸어 시상을 전개하는 방식 ③ 과거와 현재의 대비: 시적 화자의 정서 및 태도, 시적 화자의 처지, 주변 상황, 분위기 등에 대해 과거와 현재를 대조적으로 보여 주며 시상을 전개하는 방식
공간이나 시선의 이동	① 공간의 이동: 화자나 시적 대상의 이동 경로를 바탕으로 시상을 전개하는 방식 ② 시선의 이동: 화자는 직접 이동하지 않고 화자의 시선이 이동함에 따라 시상을 전개하는 방식 ③ 대조적 공간 활용: 상반되는 시적 의미를 가지는 공간의 의미를 활용하여 시상을 전개하는 방식
대조(대비)	상반되는 의미나 이미지를 가진 요소들을 대조하여 시의 주제나 분위기를 선명하게 드러내는 시상 전개 방식
수미상관	시의 첫 구나 첫 연이 시의 마지막에서 완전히 동일하거나 혹은 유사하게 변주되어 반복되는 시상 전개 방식
선경후정	시상의 전반부에서는 풍경이나 배경을 묘사하고(선경), 후반부에서는 화자의 정서나 생각을 드러내는(후정) 시상 전개 방식
기승전결	시상을 제기하고(기), 그것을 이어받아 발전시키다가(승), 시상을 전환하고(전), 시를 마무리짓는(결) 순서로 시상을 전개하는 방식. 주로 한시에서 활용되지만 현대시에서도 확인할 수 있음.
시상의 전환	시인의 생각이나 정서가 작품 속에서 전환되면서 시상이 전개되는 방식
대칭 구조	특정 부분이 유사한 문장 구조 등을 바탕으로 대응 및 대칭을 이루도록 시상을 전개하는 방식
점층적 전개	화자의 정서, 시적 의미, 시적 상황 등이 점차 강조되거나 고조되도록 시상을 전개하는 방식

개념 더하기 ⊕
공간의 이동에 따른 시상 전개의 효과
· 공간의 이동에 따라 시상을 전개하면 시에서 역동적인 느낌을 얻을 수 있음.

개념 더하기 ⊕
그 외의 시상 전개 방식
· 이야기를 들려주는 방식
· 의식의 흐름에 따른 전개 방식
· 화자의 심리 변화에 따른 전개 방식
· 대상에 대한 관찰을 통한 전개 방식
· 인물 간의 대화를 통한 전개 방식
· 통념을 제시한 후 반박하는 방식
· 자기의 체험이나 정서를 고백하는 방식
· 특정 소재에 대해 언급하며 시상을 여는 방식

[01~05] 다음 글을 읽고 물음에 답하시오.

가 사개 틀린° 고풍(古風)의 툇마루에 없는 듯이 앉아

　　┌ 아직 떠오를 기척도 없는 달을 기다린다
　[A] 아무런 생각 없이
　　└ 아무런 뜻 없이

　　┌ 이제 저 감나무 그림자가
　　│ 사뿐 한 치씩 옮아 오고
　[B]│ 이 마루 위에 **빛깔의 방석**이
　　└ 보시시 깔리우면

나는 내 하나인 외론 벗
가냘픈 내 그림자와
말없이 몸짓 없이 서로 맞대고 있으려니
이 밤 옮기는 발짓이나 들려오리라

° **사개 틀린** 사개가 틀어진 한옥에서 못을 사용하지 않고 목재의 모서리를 깎아 요철을 끼워 맞추는 부분을 '사개'라고 함.

나 우수° 날 저녁
그 전날 저녁부터
오늘까지 연 닷새 간을
고향, 내 새벽 산 여울을
찰박대며 뛰어 건너는
이쁜 발자욱 소리 하날
듣고 지내었더니
그 새끼발가락 하날
가만가만 만지작일 수도 있었더니
나 실로 정결한 말씀만 고를 수 있었더니
그가 왔다.
진솔° 속곳을 갈아입고
그가 왔다.
이른 아침, 난 그를 위해 닭장으로 내려가고
따뜻한 달걀
두 알을 집어내었다.
경칩°이 멀지 않다 하였다.

° **우수(雨水), 경칩(驚蟄)** 입춘(立春)과 춘분(春分) 사이에 드는 절기. 우수는 눈이 그치고 봄비가 오기 시작하는 시기, 경칩은 벌레가 깨어나고 겨울잠을 자던 개구리가 땅 밖으로 나오는 시기임.
° **진솔** 옷이나 버선 따위가 한 번도 빨지 않은 새것 그대로인 것.

01

가의 [A], [B]에 대한 설명으로 가장 적절한 것을 고르시오.

① [A]에서는 부사어를, [B]에서는 음성 상징어를 사용하여 화자와 대상간의 거리감을 드러내었다.
② [A]에서는 현재형 시제를 사용하여 기다림을, [B]에서는 미래형 시제를 사용하여 기대감을 드러내었다.
③ [A]에서는 도치법을 통해 시에 변화를 주었고, [B]에서는 감나무 그림자의 이동을 통해 시간의 흐름을 나타내었다.
④ [A]에서는 말의 차례를 바꾸는 방법을, [B]에서는 비슷한 문장 구조를 대응하는 방법을 사용하여 정서를 환기하였다.

02

가, **나**에 대한 설명이 맞으면 ○표, 틀리면 ×표 하시오.

(1) **가**에서는 가정의 진술을 활용하고 있다. 　(　)
(2) **가**에서는 원경과 근경을 대비하여 심리적 거리감을 표현하고 있다. 　(　)
(3) **나**에서는 음성 상징어를 활용하여 움직임의 정도를 드러내고 있다. 　(　)
(4) **나**에서는 추측을 나타내는 표현으로 시상을 종결하여 시의 여운을 자아내고 있다. 　(　)

03

가, **나**의 시어 중, 의도적으로 문법에 맞지 않게 써서 변화를 준 것을 **보기**에서 고르시오.

보기

| 툇마루 | 외론 | 실로 | 따뜻한 |

04

가, **나**의 시구에 사용된 표현 방법을 연결하시오.

(1) 빛깔의 방석 ●　　　　● ㉠ 의인법

(2) 그가 왔다 ●　　　　● ㉡ 은유법

05

가, **나**의 시어 중, 음성 상징어에 해당하지 **않는** 것을 **보기**에서 고르시오.

보기

| 사뿐 | 몸짓 | 찰박 | 가만가만 |

[06~09] 다음 글을 읽고 물음에 답하시오.

가 여승(女僧)은 합장(合掌)하고 절을 했다
가지취의 내음새가 났다 / 쓸쓸한 낯이 옛날같이 늙었다
나는 불경(佛經)처럼 서러워졌다

평안도(平安道)의 어늬 산(山) 깊은 금점판●
나는 파리한 여인(女人)에게서 옥수수를 샀다
여인은 나어린 딸아이를 따리며 가을밤같이 차게 울었다

섶벌●같이 나아간 지아비 기다려 십 년(十年)이 갔다
지아비는 돌아오지 않고
어린 딸은 도라지꽃이 좋아 돌무덤으로 갔다

산(山)꿩도 설게 울은 슬픈 날이 있었다
산(山)절의 마당귀에 여인의 머리오리가 눈물방울과 같이 떨어진 날이 있었다

● 금점판 금광의 일터.
● 섶벌 재래종의 일벌.

나 김천의료원 6인실 302호에 산소마스크를 쓰고 암 투병 중인 그녀가 누워 있다
바닥에 바짝 엎드린 **가재미**처럼 그녀가 누워 있다
나는 그녀의 옆에 나란히 한 마리 가재미로 눕는다
가재미가 가재미에게 눈길을 건네자 그녀가 울컥 눈물을 쏟아낸다
한쪽 눈이 다른 한쪽 눈으로 옮아 붙은 야윈 그녀가 운다
그녀는 죽음만을 보고 있고 나는 그녀가 살아온 파랑 같은 날들을 보고 있다
좌우를 흔들며 살던 그녀의 물속 삶을 나는 떠올린다
그녀의 오솔길이며 그 길에 돋아나던 대낮의 뻐꾸기 소리며 가늘은 국수를 삶던 저녁이며 흙담조차 없었던 그녀 누대●의 가계를 떠올린다
두 다리는 서서히 멀어져 가랑이지고
폭설을 견디지 못하는 나뭇가지처럼 등뼈가 구부정해지던 그 겨울 어느 날을 생각한다
그녀의 숨소리가 **느릅나무 껍질**처럼 점점 거칠어진다
나는 그녀가 죽음 바깥의 세상을 이제 볼 수 없다는 것을 안다
한쪽 눈이 다른 쪽 눈으로 캄캄하게 쏠려 버렸다는 것을 안다
나는 다만 좌우를 흔들며 헤엄쳐 가 그녀의 물속에 나란히 눕는다

산소호흡기로 들이마신 물을 마른 내 몸 위에 그녀가 가만히 적셔 준다

● 누대 여러 대.

06

가, **나**에 대한 설명으로 알맞지 않은 것을 고르시오.

① **가**는 역순행적 구성으로 시상을 전개하고 있다.
② **가**는 음성 상징어를 사용하여 화자의 정서를 드러내고 있다.
③ **나**는 현재형 어미를 사용하여 상황을 현장감 있게 제시하고 있다.
④ **나**는 참신한 비유를 활용하여 죽음을 앞둔 삶을 개성 있게 표현하고 있다.
⑤ **가**, **나** 모두 비유적 표현을 통해 시적 상황을 효과적으로 나타내고 있다.

07

가에서 알 수 있는 '여인의 삶'을 시간 순서대로 재배열하시오.

⊙ 여인은 여승이 됨.　　　ⓒ 화자가 여인과 재회함.
ⓒ 여인의 어린 딸이 죽음.　　ⓔ 여인에게 화자가 옥수수를 삼.
ⓜ 여인의 남편이 일거리를 찾아 떠남.

08

가, **나**의 소재 중, 다음 설명에 해당하는 것을 **보기**에서 고르시오.

화자가 자신의 감정을 특정 대상에 투영하여 마치 대상의 감정인 듯이 표현하는 방법이다.

● 보기

불경　　도라지꽃　　산꿩　　뻐꾸기　　산소 호흡기

09

나에 나타난 비유적 표현과 그 의미를 연결하시오.

(1) 가재미　　　　　　　　⊙ 그녀의 숨소리

(2) 폭설을 견디지 못하는 나뭇가지　　　ⓒ 그녀

(3) 느릅나무 껍질　　　　　ⓒ 구부정해진 등뼈

이 작품은

가 정지용, 「춘설」
화자는 이른 봄 눈이 내린 자연의 모습을 관찰하고 있으며, 이를 생동감 있게 표현하고 있다. 이 시에서 '춘설'은 봄을 알리는 매개체의 역할을 하고 있다.

나 고재종, 「첫사랑」
한겨울 흔들리는 나뭇가지에 힘들게 눈꽃이 피었던 자리에 봄이 되자 꽃이 피어난다. 사랑을 이루기 위해 노력했던 '눈'의 모습과 눈꽃이 피었던 '덴 자리'(첫사랑의 상처)에 다시 피어난 '세상에서 가장 아름다운 상처'인 '꽃'(성숙한 사랑)의 모습을 통해 성숙의 과정을 보여 주고 있다.

다음 글을 읽고 물음에 답하시오.

가 문 열자 선뜻!
먼 산이 이마에 차라.

우수절(雨水節)* 들어
바로 초하루 아침,

새삼스레 눈이 덮인 멧부리와
서늘옵고 빛난 이마받이하다.

얼음 금 가고 바람 새로 따르거니
흰 옷고름 절로 향기로워라.

옹숭거리고* 살아난 양이
아아 꿈 같기에 설어라.

미나리 파릇한 새순 돋고
옴짓 아니 기던 고기 입이 오물거리는,

꽃 피기 전 철 아닌 눈에
핫옷* 벗고 도로 춥고 싶어라.

– 정지용, 「춘설(春雪)」 –

나 흔들리는 나뭇가지에 꽃 한 번 피우려고
눈은 얼마나 많은 도전을 멈추지 않았으랴

싸그락 싸그락 두드려 보았겠지
난분분* 난분분 춤추었겠지
미끄러지고 미끄러지길 수백 번,

바람 한 자락 불면 휙 날아갈 사랑을 위하여
햇솜 같은 마음을 다 퍼부어 준 다음에야
마침내 피워 낸 저 황홀 보아라

봄이면 가지는 그 한 번 덴 자리에
세상에서 가장 **아름다운 상처**를 터뜨린다

– 고재종, 「첫사랑」 –

* 우수절 24절기의 하나로, 봄비가 내리기 시작하는 시기임.
* 옹숭거리고 춥거나 두려워 몸을 궁상맞게 몹시 움츠려 작게 하고.
* 핫옷 안에 솜을 두어 지은 겨울 옷.
* 난분분 눈이나 꽃잎 따위가 어지럽게 흩날리는 모양.

☆ 개념 적용

시의 표현 방법 파악

01 가, 나에 대한 설명으로 가장 적절한 것은?

① 가는 명암의 대비를 통해 화자의 내면을 드러내고 있다.
② 나는 수미상관의 방식으로 시적 안정감을 드러내고 있다.
③ 가는 공간의 이동에 따라, 나는 시간의 흐름에 따라 시적 분위기를 조성하고 있다.
④ 가와 나는 모두 설의적 표현을 사용하여 화자의 정서를 드러내고 있다.
⑤ 가와 나는 모두 계절감을 드러내는 시어를 사용하여 주제를 형상화하고 있다.

(도움망)
각 시에 사용된 표현 방법에 주의를 기울여 봐요.

☆ 개념 적용

표현 방법의 효과 파악

02 보기를 참고하여 가, 나를 감상한 것으로 적절하지 않은 것은?

> ─ 보기 ─
>
> 시에서 '낯설게 하기'는 반복과 변형, 역설, 이질적인 대상 간의 결합, 언어의 비유적인 결합, 감각의 전이 등을 통해 사물을 재인식하거나 그 이면에 주목하여 새로운 의미를 형성하는 방법이다.

① 가의 '흰 옷고름 절로 향기로워라.'에서는 흰 옷고름의 시각적 이미지를 향기로움이라는 후각적 이미지로 표현함으로써 봄에 대한 화자의 느낌을 나타내고 있군.
② 가의 '꽃 피기 전 철 아닌 눈'에서는 서로 어울리지 않는 봄과 눈을 결합함으로써 다시 돌아올 겨울에 대한 화자의 기대감을 드러내고 있군.
③ 나의 '난분분 난분분'과 '미끄러지고 미끄러지길'에서는 시어를 반복하거나 변형함으로써 눈꽃을 피우기 위해 노력하는 눈의 모습을 표현하고 있군.
④ 나의 '마침내 피워 낸 저 황홀 보아라'에서는 가지에 피어난 눈꽃을 '황홀'과 비유적으로 결합함으로써 눈의 노력이 결실을 맺는 기쁨을 드러내고 있군.
⑤ 나의 '아름다운 상처'에서는 표면적으로 모순이 되는 두 시어를 연결하는 역설의 방법을 사용함으로써 시련을 겪고 피어나는 것의 아름다움을 강조하고 있군.

수능
개념
마스터

✿ 「춘설」의 표현 방법

❶	선뜻! / 먼 산이 이마에 차라. / 흰 옷고름 절로 향기로워라. / 아아 꿈 같기에 설어라.

✿ 「첫사랑」의 표현 방법

❷ [ ], 의인법	눈은 얼마나 많은 도전을 멈추지 않았으랴
❸ [ ]	싸그락 싸그락(❹ [ ] 사용), 난분분 난분분, 미끄러지고 미끄러지길
❺ [ ]	(바람 한 자락 불면 휙 날아갈) 사랑, (마침내 피워 낸 저) 황홀 (세상에서 가장 아름다운) 상처 → '꽃'을 비유함.
❻ [ ]	햇솜 같은 마음
❼ [ ]	세상에서 가장 아름다운 상처

✿ 「춘설」과 「첫사랑」의 시상 전개

「춘설」	문을 열고 먼 산을 바라본 후 가까운 자연의 모습을 바라보는 화자의 ❽ [ ]의 이동에 따라 시상을 전개하고 있다.
「첫사랑」	'겨울'에서 '봄'으로 ❾ [ ]의 흐름에 따라 시상을 전개하고 있다.

이 작품은

가 오세영, 「열매」
화자가 나무의 '열매'를 관찰하며 바람직한 삶의 자세를 깨닫는 과정을 나타내고 있다. 열매의 둥근 모습에서 원만한 삶의 자세를 깨닫고, 먹히는 능금의 부드러움을 통해 자기희생적 삶의 자세를 깨닫고 있다. 또한 이를 통해 세상의 모든 존재가 둥글다는 것으로까지 깨달음을 확장하고 있다.

나 김광규, 「대장간의 유혹」
현대 사회에서 존재 가치를 상실하고 살아가는 화자의 자기 성찰을 담은 시로, 물건을 마구 쓰다가 쉽게 버리는 현대 사회에 대한 비판적 태도도 나타난다. 화자는 대장간에서 단련의 과정을 통해 태어나는 '무쇠낫'과 '호미'처럼 의미 있고 가치 있는 존재가 되고 싶다는 소망을 드러내고 있다.

다음 글을 읽고 물음에 답하시오.

가 세상의 열매들은 왜 모두
둥글어야 하는가.
가시나무도 향기로운 그의 탱자만은 둥글다.

땅으로 땅으로 파고드는 뿌리는
날카롭지만
하늘로 하늘로 뻗어가는 가지는
뾰족하지만
스스로 익어 떨어질 줄 아는 열매는
모가 나지 않는다.

덥썩 / 한입에 물어 깨무는
탐스런 한 알의 능금
먹는 자의 이빨은 예리하지만
먹히는 능금은 부드럽다.

그대는 아는가,
모든 생성하는 존재는 둥글다는 것을
스스로 먹힐 줄 아는 열매는
모가 나지 않는다는 것을

– 오세영, 「열매」 –

나 제 손으로 만들지 않고 / 한꺼번에 싸게 사서
마구 쓰다가 / 망가지면 내다 버리는
플라스틱 물건처럼 느껴질 때
나는 당장 **버스**에서 뛰어내리고 싶다
현대 아파트가 들어서며 / **홍은동 사거리**에서 사라진
털보네 대장간을 찾아가고 싶다
풀무질로 이글거리는 불 속에
시우쇠*처럼 나를 달구고
모루* 위에서 벼리고
숫돌에 갈아
시퍼런 무쇠낫으로 바꾸고 싶다
땀 흘리며 두들겨 하나씩 만들어 낸
꼬부랑 호미가 되어
소나무 자루에서 송진을 흘리면서
대장간 벽에 걸리고 싶다
지금까지 살아온 인생이 / 온통 부끄러워지고
직지사 해우소

* 시우쇠 무쇠를 불에 달구어 단단하게 만든 쇠붙이.
* 모루 대장간에서 불린 쇠를 올려놓고 두드릴 때 받침으로 쓰는 쇳덩이.

아득한 나락으로 떨어져 내리는 / 똥덩이처럼 느껴질 때
나는 **가던 길**을 멈추고 문득
어딘가 걸려 있고 싶다

– 김광규, 「대장간의 유혹」 –

★ 개념 적용

시의 표현 방법 파악

01 가에 대한 설명으로 가장 적절한 것은?

① 자연물에 감정을 이입하여 시적 정서를 드러내고 있다.
② 청각적 심상을 활용하여 시적 상황을 구체화하고 있다.
③ 유사한 통사 구조의 반복으로 시적 의미를 강조하고 있다.
④ 색채어의 대비를 통해 대상에서 받은 인상을 부각하고 있다.
⑤ 계절의 흐름을 활용하여 대상의 변화 과정을 드러내고 있다.

화자의 정서와 태도 파악

02 나에 대한 이해로 적절하지 않은 것은?

① '버스'에서 뛰어내리고 싶다고 한 것을 통해 부정적 상황에서 벗어나고 싶어 하는 태도를 드러내고 있다.
② '홍은동 사거리'의 변화로 인해 사라진 공간을 찾아가고 싶은 심정을 드러내고 있다.
③ '털보네 대장간'을 통해 자신을 단련하여 탈바꿈하고 싶은 마음을 드러내고 있다.
④ '직지사 해우소'와 관련된 소재를 통해 자신의 삶에 대한 반성적 인식을 보여 주고 있다.
⑤ '가던 길'을 멈추는 행동을 통해 현실과 일시적으로 타협하려는 모습을 보여 주고 있다.

시의 표현의 효과 파악

03 |보기|를 바탕으로 가와 나를 감상한 내용으로 적절하지 않은 것은?

> 보기
>
> 가와 나는 모두 상징적 소재를 통해 바람직한 삶의 자세에 대한 깨달음을 그리고 있다. 가는 나무의 모습을 관찰하며 원만한 삶의 태도와 자기희생적 정신을 발견하고, 이를 통해 얻은 깨달음을 확장하고 있다. 나는 플라스틱 제품과 대장간의 농기구를 통해 무가치하고 소모품적인 존재가 아니라 자기만의 의미와 가치를 지닌 존재가 되고 싶다는 소망을 보여 주고 있다.

① 가 : 날카로운 '뿌리'와 대비되는 둥근 '열매'의 모습에서 원만한 삶의 태도를 발견할 수 있군.
② 가 : '스스로 먹힐 줄 아는 열매'에서 다른 생명을 위한 자기희생의 자세를 볼 수 있군.
③ 가 : '모든 생성하는 존재'가 둥글다는 인식은 열매의 모습에서 얻은 깨달음을 확장한 것으로 볼 수 있군.
④ 나 : '망가지면 내다 버리는' 물건은 무가치하고 소모품적인 존재를 의미한다고 볼 수 있군.
⑤ 나 : '꼬부랑 호미'가 '송진'을 흘리며 벽에 걸린 모습에서 무가치한 존재로 머물러 있음을 알 수 있군.

04강 종합적 이해와 감상

🔗

📖 들어가며

시인은 시대적 상황을 반영하여 시를 쓰기도 하고 시인 자신의 개성을 드러내는 시를 창작하기도 한다. 시를 감상하는 관점에는 작품 자체의 내적 구성과 의미를 파악하는 내재적 관점과 작품에 반영된 사회 현실이나 시대상, 작가의 사상이나 가치관, 시가 독자에게 미치는 영향 등을 파악하는 외재적 관점, 그리고 내재적 관점과 외재적 관점을 모두 적용하는 종합적 관점이 있다. 이러한 관점을 시의 감상에 적절히 적용하면 시를 깊이 있게 이해하고 감상할 수 있다.

01 관점에 따른 감상과 종합적 이해

> **시 감상의 관점** 작가, 작품, 독자, 현실 등 어느 요소에 중점을 두느냐에 따라 나뉨.

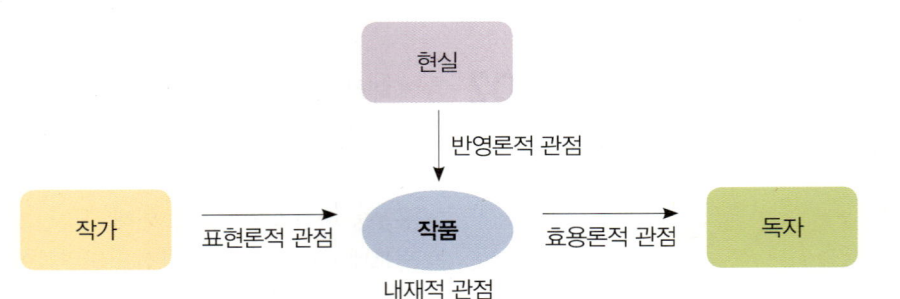

현실
↓ 반영론적 관점
작가 → 표현론적 관점 → 작품 → 효용론적 관점 → 독자
내재적 관점

수능 국어 point

| 보기 |의 내용을 바탕으로 작품을 감상하는 문항은 우선 | 보기 |에서 말하고자 하는 바를 파악한 후 작품에 적용해 본다.

➡ **기출 유형** ➡

· | 보기 |를 참고할 때 [A]~[E]에 대한 이해로 적절하지 않은 것은?

· | 보기 |를 바탕으로 윗글을 감상한 내용으로 가장 적절한 것은?

· **내재적 관점** : 작품을 그 자체로서 완결된 의미를 가진 구조로 보고 감상함.

내재적 관점	작품의 화자, 시어, 어조, 운율, 심상, 표현, 구조, 주제 등 작품 자체의 내적 요소들에 주목하여 감상하는 관점. 절대론적(절대주의적) 관점. 구조론적 관점이라고도 함. **예** 누가 내 속에 가시나무를 심어 놓았다 　그 위를 말벌이 날아다닌다 　몸 어딘가, 쏘인 듯 아프다 　생(生)이 벌겋게 부어오른다 잉잉거린다 　이건 지독한 노역(勞役)이다 　나는 놀라서 멈칫거린다 　지상에서 생긴 일을 나는 많이 몰랐다 　모르다니! 이젠 가시밭길이 끔찍해졌다 　이 길, 지나가면 다시는 안 돌아오리라 　돌아가지 않으리라 　가시나무에 기대 다짐하는 나여 　이게 오늘 나의 희망이니 　가시나무는 얼마나 많은 가시를 　감추고 있어서 가시나무인가 　나는 또 얼마나 많은 나를 　감추고 있어서 나인가 　가시나무는 가시가 있고 　나에게는 가시나무가 있다 　　　　　　　　　　　　　　　 - 천양희, 「가시나무」 → 이 시는 고통을 상징하는 '가시'의 이미지를 바탕으로 화자의 내면 풍경과 삶의 과정을 성찰하고 있다. 화자는 자신을 고통스럽게 만드는 삶의 고난에서 벗어나고 싶어 하지만, 그런 생각조차 '가시나무에 기대'어 하는 모습에서 화자가 결국 고통을 인정하고 있음을 드러낸다. 화자는 고통이 존재의 본질임을 깨닫고 고통과 함께하는 삶을 수용하게 된다.

- 외재적 관점 : 작품의 외적 요소에 중점을 두어 감상함.

표현론적 관점	시인의 창작 의도, 전기적(傳記的) 사실, 심리 상태 등 작가에 주목하여 감상하는 관점 **예** 연하(煙霞)로 집을 삼고 풍월(風月)로 벗을 삼아 태평성대에 병으로 늙어 가네 이 중에 바라는 일은 허물이나 없고자　　　　〈언지 제2수〉 　　　　　　　　　　　　　　　　　　　－ 이황, 「도산십이곡」 → 「도산십이곡」은 〈언지〉 여섯 수와 〈언학〉 여섯 수로 이루어진 연시조로서, 창작 의도를 밝힌 발문(跋文)이 함께 전해진다. 〈언지〉에는 자연 속에 살며 인간의 선한 본성을 회복하기를 바라는 뜻이, 〈언학〉에는 선한 본성 회복을 위해 학문에 힘쓰겠다는 의지가 나타나 있다. 작가의 창작 의도를 참고할 때, '연하'와 '풍월'을 가까이 하며 '허물'이 없기를 바라는 것은 자연 속에 살며 선한 본성을 회복하기를 바라는 것으로 볼 수 있다.
반영론적 관점	작품과 현실의 관계에 주목하여 사회 현실이나 시대 상황 등이 어떻게 반영되었는지를 살펴보고 감상하는 관점 **예** 매운 계절의 채찍에 갈겨 마침내 북방으로 휩쓸려 오다. 하늘도 그만 지쳐 끝난 고원(高原) 서릿발 칼날진 그 위에 서다. 어데다 무릎을 꿇어야 하나 한 발 재겨 디딜 곳조차 없다. 이러매 눈 감아 생각해 볼밖에 겨울은 강철로 된 무지갠가 보다. 　　　　　　　　　　　　　　　　　　　－ 이육사, 「절정」 → 이 시의 창작 시기가 일제 강점기임을 고려할 때, '매운 계절'은 일제 강점기의 혹독한 현실을 의미한다고 볼 수 있다.
효용론적 관점	작품이 독자에게 주는 감동이나 교훈 등에 주목하여 감상하는 관점 **예** 청산(靑山)은 어찌하여 만고(萬古)에 푸르르며 유수(流水)는 어찌하여 주야(晝夜)에 그치지 아니난고 우리도 그치지 마라 만고상청(萬古常靑) 호리라　　〈제11수〉 우부(愚夫)도 알며 하거니 그 아니 쉬운가 성인(聖人)도 못다 하시니 그 아니 어려운가 쉽거나 어렵거나 중에 늙는 줄을 몰라라　　　〈제12수〉 　　　　　　　　　　　　　　　　　　　－ 이황, 「도산십이곡」 → 청산과 유수처럼 그치지 않는 모습을 통해 독자는 학문의 길을 걷는 사람이 지녀야 하는 삶의 태도(끊임없이 학문에 정진하는 자세)를 깨달을 수 있다.

- 종합적 관점 : 내재적 관점(화자, 시어, 어조, 표현, 구조 등에 대한 종합적 이해)과 외재적 관점을 모두 포괄하여 종합적으로 작품을 감상하는 방법

02 그 외의 감상 방법

- 시 엮어 읽기 : 시적 맥락을 고려하여 다른 시를 서로 비교하며 감상함으로써 작품 감상의 폭을 넓히는 방법
- 다른 장르와 연결하여 감상하기 : 시를 그림으로 표현하거나 소설, 시나리오 등으로 표현할 때 변화를 통해 강조되는 시의 내용이나 주제를 감상할 수 있음.

Q. 시를 여러 가지 관점에 따라 감상하는 이유는 무엇인가요?

A. 작가, 작품, 독자, 현실은 독자적인 것이 아니라 서로 간에 영향을 주는데, 이 중 어느 요소에 중점을 두느냐에 따라 시의 이해나 감상이 달라져요. 다양한 관점으로 시를 감상함으로써 보다 깊이 있는 감상을 할 수 있어요.

개념 더하기 ⊕

외적 준거를 바탕으로 한 감상의 예

- |보기|에 내재적 관점이나 외재적 관점에서 작품을 해석한 내용을 제시하고, 이를 바탕으로 작품을 감상하게 하는 방법
- |보기|에 비교 대상이 되는 작품을 제시하고, 작품들을 서로 비교하며 감상하게 하는 방법
- |보기|에 감상 방법의 예를 제시하고, 이에 따라 작품을 감상하게 하는 방법
- |보기|에 작품의 장르적 특징을 제시하고, 그에 맞게 작품을 감상하게 하는 방법
- |보기|에 다른 장르에 대한 해설을 제시하고, 장르적 차이점에 주목하여 작품을 감상하게 하는 방법

[01~04] 다음 글을 읽고 물음에 답하시오.

어두운 방 안엔
빠알간 숯불이 피고,

외로이 늙으신 할머니가
애처로이 잦아드는 어린 목숨을 지키고 계시었다.

이윽고 눈 속을
아버지가 약을 가지고 돌아오시었다.

아 아버지가 눈을 헤치고 따 오신
그 붉은 산수유 열매 -

나는 한 마리 어린 짐승,
젊은 아버지의 서느런 옷자락에
열로 상기한 볼을 말없이 부비는 것이었다.

이따금 뒷문을 눈이 치고 있었다.
그날 밤이 어쩌면 성탄제의 밤이었을지도 모른다.

어느새 나도
그때의 아버지만큼 나이를 먹었다.

옛것이라곤 찾아볼 길 없는
성탄제 가까운 도시에는
이제 반가운 그 옛날의 것이 내리는데,

서러운 서른 살 나의 이마에
불현듯 아버지의 서느런 옷자락을 느끼는 것은,

눈 속에 따 오신 산수유 붉은 알알이
아직도 내 혈액 속에 녹아 흐르는 까닭일까.

01

다음 괄호 안에서 알맞은 말을 골라 ○표 하시오.

> 이 시에서 '나'는 성탄제 무렵, (눈 , 비)이/가 내리는 모습을 바라보며 (어린 시절 , 현재)을/를 회상하고 있다. '나'가 아팠던 때 아버지가 눈 속을 헤치고 (숯불 , 산수유 열매)을/를 구해 온 상황을 떠올리며 아버지의 (나이 , 사랑)을/를 그리워하고 있다.

02

보기 를 참고하여 빈칸에 들어갈 말을 순서대로 쓰시오.

> **보기**
>
> 이 시는 색채 대비를 통해 이미지를 보다 선명하게 형상화하고 있다.

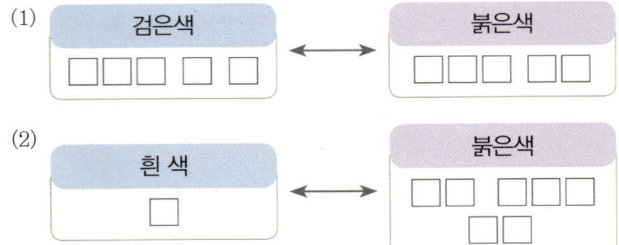

03

다음 시어 및 시구와 알맞은 설명을 연결하시오.

(1) 눈 •　　• ㉠ 아버지의 사랑이 담김.

(2) 붉은 산수유 열매 •　　• ㉡ 연약한 존재인 '나'를 의미함.

(3) 어린 짐승 •　　• ㉢ 시련과 고난을 의미함.

(4) 성탄제의 밤 •　　• ㉣ 아버지의 사랑을 숭고한 사랑으로 승화시킴.

04

다음 감상 내용이 외재적 관점에 해당하면 '외'를, 내재적 관점에 해당하면 '내'를 쓰시오.

(1) '외로이 늙으신 할머니'가 어린 화자를 돌보고 있는 모습은 시인의 성장 배경과 관련이 있겠군. (　　)

(2) '눈 속'을 헤치고 '약'을 구해 온 아버지의 사랑은 삭막한 현실을 극복할 수 있는 인간애로 확장될 수 있겠군. (　　)

(3) '옛것이라곤 찾아볼 길 없는 / 성탄제 가까운 도시'라는 표현을 통해 삭막한 현실을 반영하고 있군. (　　)

(4) '반가운 그 옛날의 것'은 화자에게 어린 시절을 떠올리게 하는 역할을 하겠군. (　　)

(5) '서느런 옷자락'은 화자가 과거에 경험한 아버지의 사랑을 형상화한 것이겠군. (　　)

(6) '내 혈액 속에 녹아 흐르는' 산수유는 과거에서 현재까지 이어져 온 가족애를 의미한다고 볼 수 있겠군. (　　)

[05~08] 다음 글을 읽고 물음에 답하시오.

가 봄은 푸른 수레를 타고 바다 건너 머언 산맥을 넘어서 어느 삼림에 투숙(投宿)을 했다가는 기어코 언덕길을 돌아오리라고 한다

아침에도 나리꽃같이 흰 안개가 걷기 전부터 **사람들**은 언덕길에서 만날 때마다 푸른 **봄**이 오리라는 **즐거운 이야기**를 했건만 헤어질 때마다 전설같이 믿을 수 없는 제 자신들의 슬픈 이야기에 목메어 울었다

그 중 어떤 젊은 친구는 말하기를 봄은 지구에서 아주 자취를 감추었으리라고 단념을 하기도 하였다

또 **어떤 친구**는 말하기를 봄은 어느 아득한 성좌로 **멀리 떠나 버렸다**고도 하였다

그러면서도 **그들**은 **봄**은 어느 성좌에서 **다시 오지 않나** 하고 모조리 전설 같은 이야기를 **부질없이 소곤대기**도 하였다 그러나 아무리 **옥같이 흰 백매**(白梅)가 핀다기로서니 이미 계절이 떠나간 이 빈 지구에 봄이 온다는 이야기를 믿을 수야 있겠느냐고 제각기 만나는 대로 심장을 앓았다

푸른 계절을 잃어버린 / 이 몹쓸 지구에 서서
도시 봄을 부르는 자는 누구냐?

나 백두산에 도착하자 눈이 내리기 시작했다
흰 자작나무 사이로
외롭게 걸려 있던 낮달은 어느새 사라지고
잣까마귀들이 떼지어 날던 하늘 사이로
서서히 **함박눈**은 퍼붓기 시작했다
바람은 점점 어두워지고 / 멀리 백두폭포를 뒤로 하고
우리들은 말없이 천지를 향해 길을 떠났다
눈 속에 핀 흰 **두견화**를 만날 때마다
사랑한다 사랑한다고 속삭이며
우리들은 저마다 하나씩 백두산이 되어 갔다
눈보라가 **장백송** 나뭇가지를 후려 꺾는 풍구(風口)에서
마침내 운명을 사랑하는 사람이 되는 일은 어려운 일이었다
⎡ 올라갈수록 더 이상 올라갈 수 없는
│ 내려갈수록 더 이상 내려갈 수 없는
[A] 눈보라치는 백두산을 오르며
│ 우리들은 다시 천지처럼
⎣ 함께 살아가야 할 날들을 생각했다

05

가가 창작된 시기를 '일제 강점기'라고 할 때, 감상 내용으로 적절하지 않은 것을 고르시오.

① '봄'에 대해 '즐거운 이야기'를 하는 '사람들'은 해방을 소망하는 민족 공동체 구성원이라고 볼 수 있겠군.
② '어떤 친구'가 '봄'은 '멀리 떠나 버렸다'라고 말한 것에서 현실에 체념하는 모습이 드러난다고 볼 수 있겠군.
③ '봄'은 '다시 오지 않나' 하고 '부질없이 소곤대'는 것에서 실천적 노력 없이 소망을 이야기하기만 하는 모습이 드러난다고 볼 수 있겠군.
④ '옥같이 흰 백매'는 자연이 순환하듯 민족의 운명이 회복될 것이라는 '그들'의 믿음을 보여 준다고 볼 수 있겠군.

06

가와 **나**에 대한 설명이 맞으면 ○표, 틀리면 ×표 하시오.

(1) **가** : 의문형 어미를 통해 시적 긴장감을 유발하고 있다.
( )
(2) **가** : 의성어를 활용하여 상황을 생동감 있게 묘사하고 있다.
( )
(3) **나** : 수미상관의 방식을 통해 구조적 안정감을 부여하고 있다.
( )
(4) **가**, **나** : 색채어를 활용하여 대상을 감각적으로 제시하고 있다.
( )

07

나에서 '시련'을 의미하는 시어를 •보기•에서 모두 고르시오.

•보기•

| 함박눈 | 바람 | 두견화 | 눈보라 | 장백송 |

08

다음은 [A]에 대한 감상이다. 빈칸에 알맞은 말을 쓰시오.

시 전체의 주제에 대한 내용을 담고 있는 부분으로, 시련을 극복하기 위해 '함께'하는 ▢▢▢적 삶에 대한 화자의 바람을 알 수 있어.

이 작품은

가 박재삼, 「추억에서」
어린 오누이를 골방(집)에 두고 신새벽에 진주 장터에 나가 생선을 팔고 밤늦게 돌아오며 힘겹게 살아가던 어머니의 한과 슬픔을 노래하고 있다.

나 최두석, 「담양장」
담양장에서 대바구니를 팔아 힘겹게 살아가던 어머니를 마중 갔었던 일에 대한 회상과 요즘도 담양장에서 대바구니를 팔고 계신 어머니를 노래하고 있다.

다음 글을 읽고 물음에 답하시오.

가
진주 장터 생어물전에는
바닷밑이 깔리는 해 다 진 어스름을,

울 엄매의 장사 끝에 남은 고기 몇 마리의
빛 발(發)하는 눈깔들이 속절없이
은전(銀錢)만큼 손 안 닿는 한(恨)이던가.
울 엄매야 울 엄매,

별 밭은 또 그리 멀리
우리 오누이의 머리 맞댄 골방 안 되어
손 시리게 떨던가 손 시리게 떨던가,

진주 남강 맑다 해도
오명 가명
신새벽이나 밤빛에 보는 것을,
울 엄매의 마음은 어떠했을꼬,
달빛 받은 옹기전의 옹기들같이
말없이 글썽이고 반짝이던 것인가.

— 박재삼, 「추억에서」 —

나
죽장*의 김삿갓은 죽고
참빗으로 이 잡던 시절도 가고
대바구니 전성* 시절에

　새벽 서리 밟으며 어머니는 바구니 한 줄 이고 장에 가시고 고구마로 점심 때운 뒤 기다리는 오후, 너무 심심해 아홉 살 내가 두 살 터울 동생 손 잡고 신작로를 따라 마중 갔었다. 이십 리가 짱짱한 길, 버스는 하루에 두어 번 다녔지만 ㉠꼬박꼬박 걸어오셨으므로 가다 보면 도중에 만나겠지 생각하며 낯선 아줌마에게 길도 물어 가면서 ㉡하염없이…… 그런데 이 고개만 넘으면 읍이라는 곳에서 해가 ㉢덜렁 졌다. 배는 고프고 으스스 무서워져 ㉣한참 망설이다가 되짚어 돌아오는 길은 한없이 멀고 캄캄 어둠에 동생은 울고 기진맥진 한밤중에야 호롱 들고 찾아나선 어머니를 만났다. — 어머니는 그날 따라 버스로 오시고

아, 요즘도 장날이면
허리 굽은 어머니
플라스틱에 밀려 시세도 없는 대바구니 옆에 쭈그려 앉아
㉤멀거니 팔리기를 기다리는
담양장.

— 최두석, 「담양장」 —

* 죽장 대나무 지팡이.
* 전성 형세나 세력 따위가 한창 왕성함.

🔹 개념 적용

엮어 읽기를 통한 감상

01 | 보기 |의 수업 상황에서 선생님이 제시한 과제를 수행한 것으로 적절하지 **않은** 것은?

> ─ 보기 ─
>
> 선생님 : 「추억에서」와 「담양장」은 '시 엮어 읽기'의 방법으로 감상하기에 좋은 작품입니다. 시 엮어 읽기란 시적 맥락을 고려하여 다른 시를 서로 비교하며 감상함으로써 작품 감상의 폭을 넓히는 방법입니다. 여러분, 이 두 작품의 시적 상황, 정서, 소재, 배경 등을 고려하면서 시 엮어 읽기를 해 볼까요?

① **가**의 '고기'와 **나**의 '대바구니'는 어머니가 가족들의 생계 유지를 위하여 장터에서 팔아야 하는 소재라는 점에서 유사합니다.

② **가**의 '울 엄매야 울 엄매'와 **나**의 '허리 굽은 어머니'에는 고단한 삶을 살아온 어머니에 대한 연민의 정이 담겨 있다는 점에서 유사합니다.

③ **가**의 '골방'에 비해 **나**의 '신작로'는 어머니를 기다리는 마음이 더 능동적인 행위로 나타나는 공간이라는 점에서 차이가 있습니다.

④ **가**의 '신새벽'과 **나**의 '한밤중'은 어머니의 부재로 인해 어린 화자가 느끼는 불안감이 해소되는 시간적 배경이라는 점에서 유사합니다.

⑤ **가**의 '말없이 글썽이고 반짝이던 것인가'에서는 어머니의 과거 삶을, **나**의 '아, 요즘도 장날이면'에서는 과거로부터 이어지는 어머니의 현재 삶을 떠올리고 있는 시적 상황이라는 점에서 차이가 있습니다.

도움말
각 시의 시어의 의미와 역할에 주의를 기울여 봐요.

🔹 개념 적용

시어의 기능 파악

02 | 보기 |를 참고하여 ㉠~㉤을 이해한 내용으로 적절하지 **않은** 것은?

> ─ 보기 ─
>
> 시에서는 정서나 상황 등을 효과적으로 표현하기 위해 부사어를 사용하기도 한다. 따라서 부사어를 사용한 의도를 파악해 보면 시적 의미를 섬세하게 해석할 수 있어 감상의 묘미가 높아진다.

① ㉠: 늘 걸어서 장에 다니시는 어머니의 일상을 강조한다.

② ㉡: 어머니를 마중 갔던 길이 길고 멀었다는 것을 부각한다.

③ ㉢: 갑작스럽게 해가 져 놀라고 겁이 난 심리를 강조한다.

④ ㉣: 더 갈지 돌아가야 할지 주저하는 내적 갈등을 부각한다.

⑤ ㉤: 장이 끝나 가서 장사를 마쳐야 하는 아쉬움을 강조한다.

수능 개념 마스터

✿ 「추억에서」와 「담양장」에 대한 종합적 이해와 감상

표현상 공통점	• 동일한 ❶ [ ]('-ㄴ가', '-고' 등)를 반복하며 운율을 형성하고 있다. • ❷ [ ]('-ㄴ가', '아' 등)을 사용하여 감정을 표현하고 있다.
내용상 공통점	두 시의 시적 화자 모두 ❸ [ ]했던 어린 시절을 ❹ [ ]하고 있다. **가**에서 오누이가 있던 공간인 ❺ '[ ]'과 **나**에서 화자가 점심으로 때운 ❻ '[ ]'는 가난했던 화자의 어린 시절을 보여 준다. **가**의 ❼ '[ ]'과 **나**의 ❽ '[ ]'은 어머니가 장에 나가시던 시간으로, 고달픈 어머니의 삶을 드러낸다. 두 시의 어머니는 모두 ❾ [ ]에서 물건(생선, 대바구니)을 팔아 생계를 꾸려 나갔다는 공통점이 있다.

다음 글을 읽고 물음에 답하시오.

⑦ 황혼이 짙어지는 길모금에서
　하루 종일 시들은 귀를 가만히 기울이면
　땅검*의 옮겨지는 발자취 소리,

　발자취 소리를 들을 수 있도록 / 나는 총명했던가요.

　이제 어리석게도 모든 것을 깨달은 다음
　오래 마음 깊은 속에 / **괴로워하던 수많은 나**를
　하나, 둘, **제고장으로 돌려보**내면 / 거리 모퉁이 어둠 속으로
　소리 없이 사라지는 흰 그림자,

　흰 그림자들 / **연연히 사랑**하던 흰 그림자들,

　내 모든 것을 돌려보낸 뒤 / **허전**히 뒷골목을 돌아
　황혼처럼 물드는 내 방으로 돌아오면

　신념이 깊은 의젓한 양(羊)처럼
　하루 종일 **시름없이 풀포기나 뜯자.**

　　　　　　　　　　　　　　　　　　　　　－ 윤동주, 「흰 그림자」 －

⑭ 잘라 놓은 ㉠연어의 살 속엔
　나이테 무늬가 있다
　연하디 연한 연어의 살결에
　나무처럼 단단한 **한 시절**이 있었다는 뜻이리라
　중력을 거부하고 하늘로 **솟구치던 나무**를
　눈바람이 주저앉히려 할 때마다
　제 근육에 새겨 넣은 굴렁쇠같이 단단한 것이
　나무의 나이테이듯이
　한사코 아래로만 흐르려는 물길을 거슬러
　㉡폭포수를 뛰어넘는 연어를
　㉢사나운 물살이 저 바닥으로 내동댕이칠 때마다
　열 번이고 스무 번이고 솟구쳐
　여린 살 속에 쓰라린 햇살이 나이테로 쌓였으리라
　켜 놓은 원목의 나이테가
　제가 맞은 눈바람을 **순한 향기**로 뿜어내 놓듯이
　그래서 / 연어의 살결에선 ㉣강물 냄새가 나는 것이다
　죽은 어미 연어의 나이테를 먹은 새끼 연어가
　폭포수를 뛰어넘어 ㉤몇 만 년을 두고
　다시 그 강에 회귀하는 것은 다 그 때문이 아니겠는가

　　　　　　　　　　　　　　　　　　　－ 복효근, 「연어의 나이테」 －

* 땅검 땅거미.

시의 공통점 파악 ● **01** 가와 나의 표현상의 공통점으로 가장 적절한 것은?

① 동일한 시행을 반복하여 운율감을 형성하고 있다.
② 의문형 어미를 활용하여 시적 의미를 드러내고 있다.
③ 색채어를 활용하여 대상의 이미지를 구체화하고 있다.
④ 명령형 어조를 활용하여 화자의 강한 의지를 표출하고 있다.
⑤ 음성 상징어를 활용하여 대상의 모습에 생동감을 부여하고 있다.

⭐ 개념 적용

시어의 상징적 의미를 바탕으로 한 감상 ● **02** |보기|를 바탕으로 가를 감상한 내용으로 적절하지 않은 것은?

┌─ 보기 ┐

'흰 그림자'는 암담한 시대 현실에서 고뇌로 지친 화자의 분신인 분열된 자아를 상징한다. 이는 공존과 애정의 대상인 동시에 내면에 갈등을 유발하는 대상이기도 하다. 화자는 지난날의 자신을 반성하고 분열된 자아를 떠나보냄으로써 갈등을 극복하는데, 이로써 번민에서 벗어나 묵묵히 자신의 삶을 지탱해 나가고자 한다.

① '하루 종일 시들은 귀', '오래', '괴로워하던' 것을 통해 시대 현실 속 고뇌로 지친 화자의 모습을 확인할 수 있겠군.
② '수많은 나'를 '제고장으로 돌려보'낸다는 것을 통해 분열된 자아를 떠나보내는 화자의 모습을 확인할 수 있겠군.
③ '흰 그림자들'을 '연연히 사랑'했었다는 것을 통해 자신의 분신에 대한 화자의 애정을 짐작할 수 있겠군.
④ '황혼처럼 물드는 내 방으로 돌아오면'서 '허전'함을 느끼는 것을 통해 내면의 갈등을 유발하는 대상과 공존할 수밖에 없는 화자의 상황을 짐작할 수 있겠군.
⑤ '신념이 깊은 의젓한 양처럼' '시름없이 풀포기'를 '뜯'겠다는 것을 통해 번민에서 벗어나 묵묵히 자신의 삶을 지탱해 나가고자 하는 화자의 모습을 짐작할 수 있겠군.

⭐ 개념 적용

시적 의미 파악 ● **03** 다음은 나에 대한 |학습 활동|이다. 이를 수행한 결과로 적절하지 않은 것은?

┌─ 학습 활동 ┐

「연어의 나이테」는 생의 형식이라는 측면에 착안하여 연어와 나무 사이의 유사성을 중심으로 두 대상을 연결한 작품이다. '낯선 대상'과 '낯익은 대상'을 연결함으로써 시적 효과를 극대화하고 있는데, 두 대상이 연결되는 양상과 시적 의미를 탐구해 보자.

① ㉠과 '제 근육'은 유사한 형태의 무늬를 지녔다는 점에서 연결되어, 연어의 무늬에 나무의 나이테와 같은 단단함이 있음을 드러내고 있다.
② ㉡과 '솟구치던 나무'는 자신에게 가해지는 아래로 향하는 힘을 거부한다는 점에서 연결되어, 연어에게 나무와 같은 강인함이 있음을 드러내고 있다.
③ ㉢과 '눈바람'은 대상에게 가해지는 반복적인 시련이라는 점에서 연결되어, 연어가 나무처럼 부단히 반복되는 시련을 겪어 내는 존재임을 드러내고 있다.
④ ㉣과 '순한 향기'는 대상이 시련을 겪은 결과 지니게 된 것이라는 점에서 연결되어, 연어가 나무처럼 시련을 승화시켜 간직하는 존재임을 드러내고 있다.
⑤ ㉤과 '한 시절'은 대상이 자연의 순리를 따르고 있다는 점에서 연결되어, 강으로 회귀하는 연어가 나무처럼 생을 마감하는 존재임을 드러내고 있다.

05강 인물과 갈등

들어가며

작가는 이야기를 전달하기 위해 여러 인물들을 만들어 다양한 성격을 부여하고, 그 인물들은 소설에서 사건을 일으킨다. 그들은 내적으로 고민하기도 하고, 외적으로 다른 인물들과 갈등하기도 하면서 이야기를 전개한다. 이때 갈등은 인물들의 성격을 보여 주고 사건을 전개하는 데 매우 중요한 역할을 한다. 특히 인물이 갈등을 겪고 해결하는 과정을 통해 소설의 주제가 드러나는 경우가 많다.

01 인물의 유형

> **인물** 작품에 등장하는 존재로, 각각의 역할과 개성을 지님.

성격의 개성에 따라	전형적 인물	계층, 직업, 세대 등을 대표하는 성격을 지닌 인물
	개성적 인물	전형적이지 않은 개성을 가진 인물
성격의 변화에 따라	평면적 인물	작품 속에서 성격이 변하지 않는 인물
	입체적 인물	작품 속에서 성격이 변하는 인물
역할에 따라	주동 인물	작품 속의 주인공으로 사건을 주도하는 인물
	반동 인물	작품 속의 주인공과 대립하는 인물
중요도에 따라	주요 인물	주인공과 그에 버금가는 인물
	주변 인물	주인공을 돕거나 돋보이게 하는 부수적인 인물

02 인물의 제시 방법

> **인물 제시 방법** 인물의 성격이 어떠한지 보여 주는 방식

직접적 제시 방법 (말하기)	• 서술자가 작품 안에서 인물에 대해 직접 설명하는 방식 • 인물의 성격이 명확하게 드러나 인물의 성격을 빠르고 쉽게 파악할 수 있음. • 서술자의 주관이 개입될 수 있고, 독자의 상상력이 제한됨. **예** 옹은 말을 할 때면 장황하게 하면서, 이리저리 둘러대었다. 하지만 어느 것 하나 꼭 들어맞지 않는 것이 없었고 그 속에 풍자를 담고 있었으니, 달변가라 하겠다. – 박지원, 「민옹전」 ➔ 서술자의 서술을 통해 옹이 말을 능숙하고 막힘없이 잘하는 달변가임을 직접적으로 드러내고 있다.
간접적 제시 방법 (보여 주기)	• 인물의 말과 행동을 통해 인물의 성격을 보여 주는 방식 • 인물을 보다 생생하게 묘사할 수 있음. • 서술자의 개입을 배제하여, 독자가 상상할 수 있는 여지가 많아짐. **예** 조 원장은 이제 좀 맥이 빠진 표정이었다. 하지만 그는 원래 여유가 만만한 사내였다. 그는 바야흐로 열이 오르기 시작한 상욱을 방해하려 하진 않았다. 맥이 좀 빠진 듯하면서도 이젠 그 상욱을 향해 빙긋빙긋 장난기 어린 미소까지 지어 보이고 있었다. – 이청준, 「당신들의 천국」 ➔ 행동을 통해 조 원장의 여유만만한 성격을 간접적으로 드러내고 있다.

수능 국어 point

인물의 태도를 묻는 문항을 해결하기 위해서는 우선 제시된 인물이 처한 상황을 파악하고, 인물의 말과 행동을 통해 내면 심리나 대응 방식을 파악해야 한다.

➡ 기출 유형 ➡

· 갑자기 가족을 떠날 수밖에 없는 상황에서 가족에 대한 청산댁 남편의 걱정을 엿볼 수 있다.
· 전우치가 왕에게 말하는 태도는 [A]에서는 근엄하였으나, ㉯에서는 거드름을 피우는 것으로 변화하였다.
· 홍 씨의 모욕에 죽을 생각을 했던 서희가 홍 씨의 눈을 똑바로 주시한 것으로 보아, 홍 씨와 서희는 대립 관계를 이어 가겠군.

03 인물의 태도

태도	인물이 자신이 처해 있는 상황에 대응하여 보이는 심리적 자세 또는 대응 방식
낙관적 태도	미래에 대한 긍정적 전망이나 생각을 드러내는 태도
절망적 태도	부정적 상황에서 희망을 잃고 좌절하는 태도
의지적 태도	부정적 상황을 극복하고자 하는 굳은 의지가 드러나는 태도
긍정적 태도	어떠한 사건, 상황, 인물에 대해 옳다고 인정하는 태도
부정적 태도	어떠한 사건, 상황, 인물에 대해 옳지 않다고 반대하는 태도
호의적 태도	인물을 긍정적, 우호적으로 바라보는 태도
비판적 태도	대상의 옳고 그름을 가리어 판단하거나 밝히는 태도

04 갈등

갈등	인물이 사건 속에서 겪게 되는 대립적인 심리 상태

<table>
<tr><td colspan="2">내적 갈등</td><td>한 인물의 내면에서 발생하는 심리적 모순과 가치관의 대립에 의한 갈등

예 '그것'이 회사 생활을 어떻게 했을지는 뻔했다. '여러 가지 일을 잘하는 사람, 갑자기 정신 차리고 완벽하게 변한 사람.' 업체가 자랑하는 그대로 활약했을 것이다. 몇 년 동안 일해 온 곳이고 함께 지낸 사람들인데 열흘 만에 쌓아 온 세월이 다 와해된 기분이었다. 그들을 어떤 시선으로 바라보고 어떻게 행동하고 말해야 할지 혼란스러웠다. 모든 게 막막했지만 그 와중에도 한 가지만은 확실히 알 수 있었다. 그건 지금 사무실에 있는 사람들이 원하는 게 내가 아니라는 점이었다.   ─ 서유미, 「저건 사람도 아니다」
➜ '나'는 '그것'(로봇 도우미─사이보그)으로 인해 회사에서 자신의 가치를 상실하고, 정체성의 혼란을 느끼며 갈등하고 있다.</td></tr>
<tr><td rowspan="4">외적
갈등</td><td>인물과
인물</td><td>인물들 사이의 대립에 의한 갈등

예 ─ 할머니, 에반 병원 데려가야 할 것 같다고.
    할머니가 버럭 소리를 질렀다. / ─ 무슨 개를 병원에 데리고 가. 사람도 못 가는 걸. 그러니까 내가 개새끼 도로 갖다 놓으라 했어 안 했어? 할머니 화병 나기 전에 얼른 가서 자. 개장수한테 백구 팔아 버리기 전에. 얼른!
    ─ 백구 아니야! / 찬성이 전에 없이 큰소리를 냈다. ─ 김애란, 「노찬성과 에반」
➜ '에반'을 병원에 데려가고 싶은 찬성과 개를 병원에 데려가는 것을 못마땅하게 생각하는 할머니와의 갈등이 인물 간의 대화를 통해 나타난다.</td></tr>
<tr><td>인물과
사회</td><td>인물이 사회·문화와 충돌하여 겪는 갈등

예 "사람이 세상에 나매 임금을 충성으로 섬기고 어버이를 효도로 섬겨 공명을 일세에 누리고 이름을 백세에 전하옴이 떳떳하온지라, 소녀가 비록 여자의 몸이오나 뜻은 세상의 용렬한 남자를 비웃나니, 원컨대 여복을 벗고 남복으로 갈아입고 부모를 모셔 아들의 도를 행코자 하나이다." ─ 작자 미상, 「이학사전」
➜ '소녀(주인공)'는 당대의 성 역할에 대한 통념으로 인해 사회와 갈등을 겪고 있다.</td></tr>
<tr><td>인물과
자연</td><td>인물이 자연물이나 자연환경과 부딪치며 겪게 되는 갈등

예 모를 낸 후 비 같은 비 한 방울 구경 못 한 무서운 가뭄에 시달려 그렇지 않아도 쪼그라졌던 고목 잎이 볼 모양 없이 배배 틀려서 잘못하면 돌배나무로 알려질 판이다. 그래도 그것이 구심 도가 넘게 쩌 내리는 팔월의 태양을 가리어, 누더기 같으나마 밑둥치에는 제법 넓은 그늘을 지웠다.   ─ 김정한, 「사하촌」
➜ 극심한 가뭄이라는 자연 현상으로 인한 인간의 갈등이 드러나 있다.</td></tr>
<tr><td>인물과
운명</td><td>인물이 타고난 운명으로 인해 겪는 갈등</td></tr>
</table>

개념 더하기 ➕))

인물의 태도가 드러나는 방식
· 인물의 말: 인물의 다양한 말하기 방식
  ─ 감정에 호소하기, 설득적 말하기, 우회적 말하기, 권위에 기대어 말하기 등
· 인물의 행동: 사건이나 상황에 대한 인물의 행동
· 서술자의 목소리: 전지적 작가 시점의 서술자가 인물의 심리 및 태도를 직접 서술하는 경우
  ─ 서술자의 직접적 개입(인물과 사건 등에 대한 평가) 등

〈내적 갈등〉

〈외적 갈등〉

[01~04] 다음 글을 읽고 물음에 답하시오.

[앞부분 줄거리] 시골 학교로 전학 온 '나'는 힘으로 학급을 장악하고 있던 석대에게 저항하다 이내 굴복한다. 그러나 김 선생이 부임한 후 아이들이 석대의 비행을 폭로하고 석대는 학교를 떠난다. 학교를 떠난 석대는 학교 밖에서 아이들을 괴롭힌다.

가 그렇지만 시간이 흐르면서 ㉠안팎의 도전들은 차츰 해결되어 갔다. 먼저 해결된 것은 석대 쪽이었는데, ⓐ그 해결을 유도한 담임 선생님의 방식은 좀 특이했다. 우리에게는 거의 불가항력적이었건만 어찌 된 셈인지 담임 선생님은 석대 때문에 결석한 아이들을 그 어느 때보다 호된 매질과 꾸지람으로 다루었다.

"다섯 놈이 하나한테 하루 종일 끌려 다녀?"

"너희들은 두 손 묶어 놓고 있었어? 멍청한 놈들."

그렇게 소리치며 마구잡이 매질을 해댈 때는 마치 사람이 갑자기 변한 것처럼 보였다. 우리는 영문을 몰랐으나 그 효과는 오래잖아 나타났다. ㉡우리 중에서 좀 별나고 당찬 소전 거리 아이들 다섯이 마침내 석대와 맞붙은 것이었다. 석대는 전에 없이 표독을 떨었지만 상대편 아이들도 이판사판으로 덤비자 결국은 혼자서 다섯을 당해 내지 못하고 꽁무니를 뺐다. 선생님은 그 아이들에게 그 당시 한창 인기 있던 케네디 대통령의 『용기 있는 사람들』이란 ㉢책 한 권씩을 나눠 주며 우리 모두가 부러워할 만큼 여럿 앞에서 그들을 추켜세웠다. 그러자 다음 날 미창 쪽에서도 똑같은 일이 벌어지고 그 뒤 석대는 다시는 아이들 앞에 나타나지 않았다.

나 거기 비해 ⓑ우리 내부에서 일어나는 혼란을 대하는 담임 선생님의 태도는 또 앞서와 전혀 달랐다. 잘못된 이해나 엇갈리는 의식 때문에 아무리 교실 안이 시끄럽고 학급의 일이 갈팡질팡해도 담임 선생님은 철저하게 모르는 척했다. 토요일 오후 자치회가 끝없는 입씨름으로 서너 시간씩 계속돼도, 급장 부급장이 건의함을 통해 밀고된 대단치 않은 잘못으로 한 달에 한 번씩 갈리는 소동이 나도 언제나 가만히 지켜보고 있을 뿐 충고 한마디 하는 법이 없었다.

다 그 바람에 우리 학급이 정상으로 돌아가는 데는 거의 한 학기가 다 소비된 뒤였다. 여름방학이 지나자 벌써 서너 달 앞으로 닥친 중학 입시가 말깨나 할 만한 아이들의 주의를 온통 그리로 끌어들인 까닭도 있지만, 그보다는 경험의 교훈이 자정 능력을 길러 준 덕분이 아닌가 한다. 서로 다투고 따지고 부대끼고 시달리는 그 대여섯 달 동안에 우리는 차츰 스스로가 스스로를 규율한다는 게 어떤 것인가를 배우게 된 것이었다. 하지만 그때껏 그런 우리를 지켜보기만 했던 담임 선생님의 깊은 뜻을 이해하는 데는 아직도 훨씬 더 많은 세월이 지나야 했다.

01

이 글의 등장인물에 대한 설명으로 적절하지 <u>않은</u> 것을 고르시오.

① '나'는 회상의 방식을 통해 과거 사건의 의미에 대해 서술하고 있다.

② '석대'는 학교 내에서 절대 권력을 지닌 존재였으나 김 선생이 부임한 후 학교를 떠난다.

③ '아이들'은 석대가 괴롭히는 것을 당연하게 여기고 결국 갈등을 극복하지 못했다.

④ '담임 선생님'은 학교 안팎의 사건에 대한 상반된 행동을 통해 아이들의 주체성을 키워 주었다.

02

㉠~㉢에 대한 설명이 맞으면 ○표, 틀리면 ×표 하시오.

(1) ㉠: 석대의 통제를 대신할 질서를 찾지 못한 교실 안에서의 혼란과 교실 밖에서 일어나는 석대의 괴롭힘을 의미한다.

( )

(2) ㉡: 석대와 처음으로 맞붙은 인물들의 특성을 나타낸다.

( )

(3) ㉢: 형편이 어려운 아이들도 책을 열심히 읽을 수 있도록 하는 효과를 가져왔다.

( )

03

ⓐ와 ⓑ에 나타난 담임 선생님의 태도를 빈칸에 쓰시오.

	ⓐ		ⓑ
행동	석대 때문에 결석한 아이들을 호되게 야단침.	↔ 대조적	학급의 일이 갈팡질팡해도 철저하게 모르는 척함.
태도	□□□		□□□

04

다의 내용을 바르게 이해한 인물의 이름을 쓰시오.

혜영: 학급이 정상적으로 돌아가기까지의 갈등과 해결 과정을 구체적으로 드러내고 있군.

연주: 한 학기 정도는 경험을 통해 스스로가 스스로를 규율한다는 게 어떤 것인가를 배우게 된 시간이었군.

수진: 많은 세월이 지나 담임 선생님을 만나 선생님의 깊은 뜻에 대해 듣게 되었군.

동은: 공간의 이동과 그로 인해 생긴 갈등에 대해 요약적으로 제시하고 있군.

[05~08] 다음 글을 읽고 물음에 답하시오.

㉠하지만 사내는 여자가 그렇게 선학동을 떠나가고 나서도 그녀의 소리가 여전히 귓전을 맴돌고 있었다. 그 소리가 귓전을 울려올 때마다 선학동은 다시 포구가 되었고, 그녀의 소리는 한 마리 선학과 함께 물 위를 노닐었다. 아니 이제는 그 소리가 아니라 여자 자신이 한 마리 학이 되어 선학동 포구 물 위를 끝없이 노닐었다.

그래 사내는 이따금 말했다.

　┌ "여자는 어디로 떠나간 것이 아니여. 그 여자는 이 선학동의
[A]　학이 되어 버린 거여. 학이 되어서 언제까지나 이 고을 하늘
　└ 을 떠돈단 말이여." (중략)

이야기를 끝내고 난 주인 쪽 역시 마찬가지였다. ㉡가슴속에 지녀 온 이야기들을 손 앞에 모두 털어놓은 것만으로 주인은 이제 자기 할 일을 다해 버린 사람 같았다. 손이 뭐라고 대꾸를 해 오든 안 해 오든 그로서는 전혀 괘념을 할 일이 아니라는 태도였다.

주인은 완전히 손의 반응을 무시하고 있었다. 뒷산 고개를 넘어오는 솔바람 소리가 아직도 이따금 두 사람의 귓전을 멀리 스쳐가고 있었다. 그 솔바람 소리에 멀리 둑 너머 바닷물 소리가 섞이는 듯하였다.

㉢침묵을 견디지 못한 건 이번에도 결국 손 쪽이 먼저였다.

"주인장 이야긴 고맙게 들었소."

이윽고 손이 먼저 주인에게 말했다. ㉣그의 어조는 이제 아무것도 숨길 것이 없다는 듯 낮고 차분했다.

"하지만 아까 이야기 가운데서 주인장께선 일부러 사람을 하나 빠뜨려 놓고 있었지요."

주인이 달빛 속으로 손을 이윽히 건너다보았다.

손이 다시 말을 이었다.

"주인장 어렸을 적에 이 마을에 찾아들었다는 그 소리꾼 부녀의 이야기 말이오. 그때 그 ㉮어린 계집아이에겐 소리 장단을 잡아 주던 ㉯오라비가 하나 있었을 겝니다. 그런데 주인장께선 일부러 그 오라비 이야길 빼놓고 있었지요."

추궁하듯 손이 주인의 얼굴을 마주 바라보았다. ㉤주인도 이젠 더 사실을 숨길 것이 없다는 듯 고개를 두어 번 깊이 끄덕여 보였다.

"그렇지요. 난 그 오라비가 뒷날 늙은 아비와 어린 누이를 버리고 혼자 도망을 쳤다는 이야기까지도 여자에게 다 듣고 있었으니께요."

"그렇담 주인장은 그 오누이가 서로 아비의 피를 나누지 않은 남남 한가지 사이란 것도 알고 있었겠구만요. 그리고 그 어린 오라비가 부녀를 버리고 떠난 것은 차마 그 원망스런 의붓아비를 죽여 없앨 수가 없어서였다는 것도 말이오."

주인이 다시 고개를 무겁게 끄덕여 보였다.

05

이 글의 등장인물에 대한 설명으로 적절하지 **않은** 것을 고르시오.

① 손은 주인 사내에게 소리꾼 여자의 이야기를 듣고 있군.

② 손은 여자의 오라비가 가족을 떠난 이유를 주인 사내에게 이야기하고 있군.

③ 주인 사내는 여자와 그 오라비가 아비의 피를 나누지 않은 사이라는 사실을 알고 있었군.

④ 손은 소리꾼 여자의 소리를 들었을 때, 소리꾼 여자 자신이 한 마리 학이 된 것처럼 느꼈군.

06

㉠~㉤에 대한 설명이 맞으면 ○표, 틀리면 ×표 하시오.

(1) ㉠ : 사내는 인상적이었던 과거의 사건을 잊지 못한다.

(　　　)

(2) ㉡ : 주인은 하고 싶었던 행동을 모두 마쳤다. (　　　)

(3) ㉢ : 손은 자리를 빨리 떠나고 싶어 한다. (　　　)

(4) ㉣ : 주인은 더 이상 숨길 것이 없다. (　　　)

(5) ㉤ : 주인은 상대방의 말에 수긍하고 있다. (　　　)

07

다음은 [A]에 대한 설명이다. 빈칸에 들어갈 단어를 **•보기•**에서 찾아 쓰시오.

'여자'가 선학동의 학이 되어서 언제까지나 이 고을 하늘을 떠돈다고 사내가 이따금 말하는 모습에서 '여자'의 소리에 대한 (　　　　　)을 가지게 된 사내의 모습을 확인할 수 있어.

•보기•

| 한 | 아픔 | 믿음 | 절망 |

08

㉮와 ㉯가 가리키는 인물끼리 바르게 연결하시오.

(1) ㉮ 어린 계집아이 •

(2) ㉯ 오라비 •

• ⓐ 사내
• ⓑ 손
• ⓒ 주인
• ⓓ 누이

다음 글을 읽고 물음에 답하시오.

칠백만 원이든 천칠백만 원이든 남과 남 사이에 벌어진 일이었다. 내가 참견할 만한 일도, 참견할 수도 없는 일이었다. 그저 누군지 모를 사람의 망신을 한 번 보았을 뿐, 저러다가 금세 말겠지. 나는 그렇게 생각했다. 나는 학교에 도착한 후 인터넷으로, 죽은 아이의 아빠가 단식을 시작했다는 기사와, 교육부에서 대학의 구조 조정 로드맵을 발표했다는 기사를 차례로 읽었고, 교무처와 인재개발원 팀장들과 길게 통화를 했다. 그러다 보니 어느 순간 점심시간이 되었고, 자연스레 아침에 보았던 남자를 잊을 수 있었다.

그러나 저러다가 말겠지, 했던 남자는 내 예상과는 다르게 몇 날 며칠 그 자리에 계속 앉아 있었다. 그사이 파란 천막 모서리에는 커튼처럼 얇은 비닐이 사면으로 매달렸고, 돗자리 위에는 새로 스티로폼 두 장이 깔렸다. 밤이 되면 비닐을 내리고, 스티로폼 위에 침낭을 깔고 자는 모양이었다. 그리고 다시 아침이 되면 비닐을 둘둘 말아 올린 후, 합판에 붙인 대자보를 자신의 무릎 앞에 세웠다. 남자는 여전히 말이 없었고, 아파트 단지 안으로 들어오는 일도 없었으며, 아파트로 들어가는 사람들을 붙잡고 말을 거는 일도 없었다.

(중략)

뭘 한 것도 없지만 몇 달 동안 매일매일 얼굴 보고 인사했는데…… / 그나마 첫서리 내리기 전에 일이 이렇게 돼서 얼마나 다행이에요. 저러다가 겨울 맞으면 큰일 나죠. / 502호 할머니는 나서지 않을 거 같으니까 우리가 직접 전하는 거로 하죠, 뭐. 절차가 따로 필요 있나요?

나는 거기까지만 듣고 '참좋은 마트'를 나섰다. 바로 집으로 들어가려다가 말고 나는 걸음을 멈춘 채 뒤돌아 남자를 한 번 바라보았다. 남자는 대자보 판을 아예 양팔로 끌어안은 채 꾸벅꾸벅 졸고 있었다. 남자는 이제 어디로 가게 될까? 인천으로 돌아가겠지. 나는 남자의 인천 거처가 그때까지도 무사히 남아 있기를 바라 보았다. 거기까지가 내가 남자를 위해 할 수 있는 전부라고 생각했다.

후에, 호프집 여주인으로부터 전해들은 이야기에 따르면, 다음날 그 남자는, 권순찬 씨의 행동은, 편지 봉투에 정성껏 오만원권 지폐로 칠백만 원을 마련해 간 아파트 입주민들을 충분히 당혹스럽게 만들었다고 한다.

입주민 대표는 여비 조로 따로 이십만 원이 든 편지 봉투도 들고 갔고, '참좋은 마트' 사장이 스마트폰으로 그 모든 과정을 동영상으로 남기기로 했고, 사람들은 남자와 일일이 악수를 하며 박수를 칠 생각이었으며, 기꺼이 남자의 천막 철거 작업을 도울 작정이었지만……

하지만, 남자는 사람들의 그 모든 선의를 거부했다.

저는 이 돈을 받을 수가 없습니다.

남자는 그렇게 말하고 다시 대자보 판을 잡고 제자리에 앉았다.

아니, 권순찬 씨. 이게 우리가 다른 뜻이 있는 게 아니고요. 502호 할머니 대신해서 전해드리는 겁니다. 여기 502호 할머니 돈도 포함되어 있어요.

입주민 대표가 그렇게 말했지만, 남자는 요지부동이었다.

저는 원래 그 할머니한테 돈을 받을 생각이 없었습니다. 저는 김석만 씨를 만나러 온 거예요. 그 사람을 직접 만나서 일을 해결하려고요……

모여 있던 사람들의 탄식이 흐르고, 몇 번의 실랑이가 더 오갔지만, 남자는 뜻을 굽히지 않았다. 그는 아무 일 아니라는 듯 천연스럽게 스티로폼 위로 올라온 모래를 손바닥으로 쓸어 내리기도 했다.

그만 갑시다! 사람들의 성의를 원 저렇게 무시해서야……

누군가 그렇게 외쳤고, 사람들은 하나둘 다시 단지 정문 쪽으로 되돌아왔다. 그것이 내가 전해 들은 그날 일의 전부였다.

㉠아파트엔 그가 칠백만 원에 대한 이자를 받으려 한다는 소문이 돌기 시작했다.

– 이기호, 「권순찬과 착한 사람들」 –

⭐ 개념 적용

인물의 심리와 태도 파악

01 윗글의 내용과 일치하는 것은?

① 권순찬은 아파트로 들어가는 사람들을 붙잡고 김석만의 행방을 물었다.
② 권순찬은 502호 할머니에게 자신의 일을 해결해 달라고 호소하고 있다.
③ 나는 권순찬의 인천 거처가 권순찬이 돌아갈 때까지 무사히 남아 있기를 바라고 있다.
④ 나는 처음부터 권순찬이 아파트 단지 앞에서 오랫동안 머물 것이라고 예상하고 있었다.
⑤ 나는 작성해야 할 서류에 대한 생각 때문에 권순찬의 일에 참견하는 것을 다음으로 미루고 있다.

⭐ 개념 적용

사건과 갈등 파악

02 |보기|를 참고할 때, ㉠을 통해 추론할 수 있는 내용으로 가장 적절한 것은?

┌─ 보기 ─

선생님: 이 작품의 뒷부분에서 권순찬은 누군가의 신고로 아파트에서 쫓겨납니다. 그후, '나'는 외제차를 타고 나타난 김석만 씨를 목격하고 자신과 입주민들의 모습을 돌아보게 됩니다. 입주민들은 작품의 제목처럼 착한 사람들입니다. 그러나 문제의 원인과 해결책을 자신들의 입장에서만 찾은 입주민들은 자신들이 베푼 선의를 거절하였다는 이유로 권순찬에게 화를 냅니다. 이 작품은 문제의 진짜 원인을 보지 못하고 애꿎은 사람에게 화를 냈던 우리의 모습을 반성하게 합니다.

① 입주민들과 권순찬의 관계가 회복될 것임을 알 수 있군.
② 권순찬이 입주민들의 관심을 끌고 싶어 함을 알 수 있군.
③ 권순찬에 대한 입주민들의 생각이 바뀌고 있음을 알 수 있군.
④ 권순찬이 기다리는 김석만이 아파트에 나타날 것임을 알 수 있군.
⑤ 입주민들이 권순찬을 오해했던 자신들의 실수를 인정하고 있음을 알 수 있군.

수능 개념 마스터

✿ 인물

'나'	• 관찰자의 입장에서 ❶〔　　〕과 아파트 ❷〔　　〕 간에 일어나는 일을 ❸〔　　〕에게 전달함. • 다른 사람의 일에 ❹〔　　〕하고 싶어 하지 않음.
권순찬	❺〔　　〕을 직접 만나기 위해 아파트 앞에서 1인 시위를 함.
아파트 주민들	처음에는 ❻〔　　〕을 불쌍히 여겼으나 나중에는 자신들의 성의를 무시한다고 화를 냄.

✿ 갈등

아파트 입주민들		권순찬
권순찬을 돕기 위해 ❼〔　　〕라고 생각하고 돈을 모아 전달함.	⟷	❽〔　　〕을 직접 만나 해결하고자 하는 마음으로 아파트 주민들의 돈을 거절함.

이 작품은

연작 소설 『난장이가 쏘아 올린 작은 공』 중 한 작품이다. 1970년대 산업화의 물결 속에 소외된 빈민층을 대표하는 난장이 가족의 가난한 삶을 통해 1970년대 사회를 비판적 시각으로 그려 내고 있다. 지문에서는 은강 공장의 사건 이후 아버지가 그린 세상에 대해 공감하는 '나'의 모습이 드러나 있다.

다음 글을 읽고 물음에 답하시오.

[앞부분 줄거리] 달에 가서 천문대 일을 보겠다는 것이 꿈이었던 아버지는 권리는 인정하지 않고 의무만 강요하는 시대를 살다가 벽돌 공장 굴뚝에서 떨어져서 생을 마감했다. **아버지가 꿈꾼 세상**은 사랑으로 사는 세상이다. 사랑으로 일하고, 사랑으로 자식을 키운다. 사랑으로 비를 내리게 하고, 사랑으로 평형을 이루고, 사랑으로 바람을 불러 작은 미나리아재비 꽃줄기에까지 머물게 한다. 아버지는 사랑을 갖지 않은 사람을 벌하기 위해 법을 제정해야 한다고 했으나 '나'는 법 대신 교육을 통해 누구나 고귀한 사랑을 갖도록 한다는 생각을 했다.

근로자 1: "아녜요. 궁금해서 모여 서 있는 거예요. 설혹 무슨 일이 일어난다고 해도 저희들은 하나를 잘못하게 되는 겁니다. 그러나 사용자는 달라요. 저희가 어쩌다 하나인데 비해 사용자는 날마다 열 조항의 법을 어기고 있습니다."

사용자 1: "문을 닫으세요."

사용자 2: "양쪽 문을 다 닫으십시오. **얘들을 내보내면 안 돼요.**"

아버지: "영수를 당분간 내보내지 말아요." / **어머니:** "네."

영희: "큰오빠가 뭘 잘못했어? 잘못한 건 그 집 아이야."

아버지: "그 아이가 뭘 잘못했니?" / **영희:** "아버지를 난장이라고 놀려 댔어."

아버지: "그 아이는 돌멩이를 던져 우리 집 창문을 깨뜨리지 않았다. 그 아이에겐 잘못이 없어. 아버지는 난장이다."

그래서, 나는 사흘 동안이나 밖에 나가 놀 수 없었다. 나는 어머니의 실패에서 바느질 바늘을 빼어 낚싯바늘을 만들었다. 불에 달구어 끝을 정확히 꼬부려 만들었다. 실을 두 겹으로 꼬아 초를 먹이고 그 끝에 바늘을 달았다. 어머니가 나가 놀아도 좋다고 한 날 나는 뒷산으로 달려 올라갔다. 긴 싸리나무를 꺾어다 낚싯대를 만들었다. 그해에도 가뭄이 들었다. 아버지는 날마다 펌프일을 나갔다. 방죽* 물도 바짝 줄었다. 나는 방죽 중간쯤에 들어가 낚시질을 했다. 내가 낚아 올린 붕어는 벽돌 공장 굴뚝 그림자 속에서 팔딱팔딱 뛰었다. 아버지가 당신의 입으로 난장이라고 한 말을 나는 그래서 꼭 한 번 들었다. 어머니는 **펌프가에 앉아 보리쌀을 씻다 말고 부엌으로 들어갔다.** 나에게 무슨 일이 있었다면 어머니까지 돌아갔을 것이다. 나는 그날 밤늦게 집으로 돌아갔다. 은강 전체가 저기압권에 들어 숨을 쉬기가 아주 어려운 밤이었다. 어머니는 꼼짝도 않고 앉아 있었다. 먼저 영이에 대해 묻고 영희를 물었다. 어머니는 영희에게 했던 것처럼 영이에게 **여자가 가져야 할 가족과 가정에 대한 전통적 의무**가 어떤 것인지 이야기하고 싶어 했다. 영이가 얼마 동안 고생을 하게 될지 나는 알 수 없었다. 영이의 흰 원피스는 그날로 더러워졌다. 영희는 하룻밤 두 낮의 단식과 구호, 그리고 근로자의 노래만 부르면 되었다. 나는 혼자 돌아왔다. 나는 그날 밤 **아버지가 그린 세상**을 다시 생각했다. 아버지가 그린 세상에서는 지나친 부의 축적을 사랑의 상실로 공인하고, 사랑을 갖지 않은 사람 집에 내리는 햇빛을 가려 버리고, 전깃줄도 잘라 버리고, 수도선도 끊어 버린다. 그 세상 사람들은 사랑으로 일하고, 사랑으로 자식을 키운다. 비도 사랑으로 내리게 하고, 사랑으로 평형을 이루고, 사랑으로 바람을 불러 작은 미나리아재비 꽃줄기에까지 머물게 한다. 아버지는 사랑을 갖지 않은 사람을 벌하기 위해 법을 제정해야 한다고 믿었다. 나는 그것이 못마땅했었다. 그러나 그날 밤 ㉠나는 나의 생각을 수정하기로 했다. 아버지가 옳았다. 모두 잘못을 저지르고 있었다. 예외란 있을 수 없었다. 은강에서는 신도 예외가 아니었다.

— 조세희, 「잘못은 신에게도 있다」 —

* 방죽 물이 밀려들어 넘치는 것을 막기 위해 쌓은 둑.

사건과 갈등 파악 ●

⭐ 개념 적용

01 윗글에 대한 이해로 적절하지 <u>않은</u> 것은?

① 아버지는 자신이 난장이임을 나에게 자주 말하며 현실이 준 상처를 드러내곤 했다.

② 어머니는 영이에게 가족에 대한 전통적 의무에 대해 말하고 싶어 했다.

③ 나는 아버지를 놀린 아이와 관련된 일로 사흘 동안 밖에 나가 놀지 못했다.

④ 영희는 나에게는 잘못이 없고 아버지를 놀린 아이에게 잘못이 있다고 생각했다.

⑤ 어머니가 나가 놀아도 좋다고 한 날, 나는 긴 싸리나무를 꺾어다 낚싯대를 만들었다.

⭐ 개념 적용

인물의 태도 파악 ●

02 ㉠에 대한 이해로 적절하지 <u>않은</u> 것은?

① 사랑을 기반으로 한 세상을 바라고 있다.

② 자신의 생각을 바꾸고 아버지의 생각을 따르려 한다.

③ 법률을 제정하여 사람들이 사랑을 지키도록 하려 한다.

④ 은강에서는 신도 은강의 법에 따라 세상을 다스려야 한다고 여긴다.

⑤ 사랑을 갖지 않은 사람 집의 전깃줄을 자르고 수도선도 끊어 버리는 세상이 필요하다 생각한다.

외적 준거를 통한 감상 ●

03 | 보기 |를 바탕으로 윗글을 감상한 내용으로 적절하지 <u>않은</u> 것은?

┌─ 보기 ┐

　이 작품에서는 시간적으로 거리가 먼 사건들이 하나의 단락 안에서 명확히 구분되지 않고 시제가 구별되지 않은 채 서술된다. 또한 서로 다른 공간에서 벌어지는 사건들이 유사한 장면으로 연결되기도 한다. 이러한 서술 방식들은 작품에 대한 독자의 이해를 지연시켜 독자로 하여금 사건의 이면에 숨겨진 의미를 파악하도록 노력하게 한다. 한편 이 작품은 주제 의식을 효과적으로 전달하기 위해 단어나 구절 등을 반복하거나 다른 갈래의 형식을 삽입하기도 하고, 비현실적 세계와 현실적 세계를 연결하기도 한다.

① '아버지가 꿈꾼 세상'의 모습이 '아버지가 그린 세상'의 모습에서 반복되어 서술되는데, 이는 인물이 바라는 이상적인 사회의 모습을 강조하는 것으로 볼 수 있겠군.

② 근로자와 사용자의 대화 장면과 우리 가족의 대화 장면은 극의 형식으로 서술되고 있는데, 이는 다른 갈래의 형식을 삽입하여 작품의 주제 의식을 전달하는 것으로 볼 수 있겠군.

③ '달에 가서 천문대 일을 보겠다'는 비현실적인 꿈을 '여자가 가져야 할 가족과 가정에 대한 전통적 의무'라는 실현 가능한 꿈과 관련지은 것은, 현실에서 실현된 이상 세계를 보여 주어 주제 의식을 드러낸 것으로 볼 수 있겠군.

④ '얘들을 내보내면 안 돼요.'라는 사용자의 말과 '영수를 당분간 내보내지 말아요.'라는 아버지의 말을 연결한 것은, 서로 다른 공간에서 벌어지는 두 사건이 유사한 장면으로 연결되는 것으로 볼 수 있겠군.

⑤ 어머니가 '펌프가에 앉아 보리쌀을 씻다 말고 부엌으로 들어'가는 장면은 시간적으로 거리가 먼 두 사건 사이에 명확한 시간 구분 없이 삽입되어 해당 부분에 대한 독자의 이해를 지연시킬 수 있다고 볼 수 있겠군.

06강 서술자, 시점, 서술 방식

🔲 들어가며

소설 안에서 이야기를 전달하는 역할을 하는 사람을 서술자라고 한다. 이 서술자가 사건을 바라보는 방식이나 관점에 따라, 이 야기를 서술해 나가는 방식에 따라 이야기가 독자에게 전달되는 효과가 달라진다. 또한 서술자의 시점에 따라 서술자와 독자, 소 설 속 등장인물 간의 심리적 간격도 달라진다. 따라서 소설을 읽을 때에는 서술자가 누구인지, 서술자의 시점과 서술 방식은 어 떠한지 등을 파악하면서 읽는 자세가 중요하다.

01 서술자

> **서술자** 소설 안에서 사건과 인물 등에 대해서 이야기하며 소설의 흐름을 이끌어 가는 사람으로, 작 가가 창조한 허구적 인물(서술자≠작가)

개념 더하기 ➕

시점의 전환

• 한 작품 내에서 1인칭 시점과 3인칭 시점 을 혼용하여 쓰는 경우도 있음. 1인칭 시점 은 사건의 모든 부분을 객관적으로 파악하 기 어렵기 때문에 사건의 실상을 전달해야 할 때는 1인칭 시점에서 3인칭 시점으로 전환하는 경우가 많음.

02 소설의 시점

> **시점** 소설에서 서술자의 위치와 서술자가 인물과 사건을 보는 시각

구분		서술자가 주인공의 내면세계를 알고 있는지 여부	
		알고 있음	모름
서술자의 위치	작품 안	1인칭 주인공 시점	1인칭 관찰자 시점
	작품 밖	전지적 작가 시점	작가(3인칭) 관찰자 시점
서술자, 독자, 인물 간의 거리		서술자 / 가깝다 가깝다 / 독자 — 멀다 — 인물	서술자 / 멀다 멀다 / 독자 — 가깝다 — 인물

개념 더하기 ➕

시점에 따른 서술자의 태도

• 1인칭 주인공 시점
• 전지적 작가 시점 → **주관적**

• 1인칭 관찰자 시점
• 작가(3인칭) 관찰자 시점 → **객관적**

수능 국어 point

서술자의 태도나 서술 방식을 묻는 문제는 글의 전개 양상이나 시점에 따른 서술상의 특징을 파악해야 한다.

➡ 기출 유형 ➡

• 대화의 방법을 사용하여 갈등을 드러내거 나 요약적 제시 방법을 사용하여 내용을 제시한다.
• 사건을 체험한 서술자가 중심인물과 관련 된 자신의 생각을 드러내고 있다.
• 서술자가 주인공으로 등장하여 자신의 체 험을 이야기하고 있다.

03 소설의 시점에 따른 서술상의 특징

> **서술상의 특징** 인물의 성격이 어떠한지 보여 주는 방식

1인칭 주인공 시점	• 소설 속 주인공인 '나'가 자신이 직접 겪은 이야기를 서술하는 것 • 주인공이 자신이 겪은 이야기를 독자들에게 직접 전달하는 방식 • 주인공의 내면세계를 그리는 데 효과적이며, 독자에게 친근감과 신뢰감을 줌. • 독자는 주인공인 '나'가 보고 느낀 점만 알 수 있다는 한계가 있음.

1인칭 관찰자 시점	• 소설 속 인물인 '나'가 관찰자의 입장에서 주인공에 대한 이야기를 서술하는 것 • 주인공이나 '나'를 제외한 등장인물의 내면세계가 직접적으로 드러나지 않아 신비감과 긴장감을 줌. • 독자는 '나'가 전해 주는 이야기를 바탕으로 다른 등장인물의 내면세계를 추측해야 한다는 한계가 있음. • 1인칭 시점이기 때문에 사건이나 다른 인물에 대한 서술자의 주관적인 인식이 드러나기도 함.
작가(3인칭) 관찰자 시점	• 소설 밖에 존재하는 서술자가 소설의 사건이나 인물의 행동을 관찰자의 위치에서 서술하는 것 • 서술자가 객관적인 입장에서 서술하기 때문에 독자는 사건 전개나 등장인물의 내면세계 등을 적극적으로 상상하면서 읽게 됨. • 독자는 서술자가 전해 주는 이야기를 바탕으로 등장인물의 내면세계를 추측해야 한다는 한계가 있음.
전지적 작가 시점	• 소설 밖에 존재하는 서술자가 소설 속의 모든 사건과 등장인물의 심리나 행동 등을 모두 알고 서술하는 것 • 서술자가 모든 것을 알고 이야기를 전달하기 때문에 독자는 상상력을 발휘하지 않고 소설을 읽게 된다는 한계가 있음. • 고전 소설에서는 서술자를 통해 인물이나 상황에 대한 작가의 생각, 작가가 작품에서 전달하고자 하는 주제까지 직접적으로 드러내기도 함.

04 소설의 서술 방식

서술 방식	소설에서 서술자가 인물과 사건에 대해 전달하는 방식

서술		• 서술자가 독자에게 인물, 사건, 배경 등을 직접적으로 설명하는 방식 • 작품에서 대화나 묘사가 아닌 것은 모두 서술이라고 볼 수 있음. • 대화나 묘사의 방식에 비해 내용의 전개 속도가 빠름.
	의식의 흐름	• 인물의 심리를 무의식적인 것까지, 인과 관계 없이 그대로 드러내는 서술 방식 • 내적 독백이 작품 전체 혹은 일부에 걸쳐 지속적으로 드러나는 것을 말함. • 인물의 의식에 대해 여과 없이 알 수 있음.
	독백적 진술	• 인물의 심리를 그대로 드러내는 서술 방식으로, 서술자의 목소리 중간 중간에 인물이 이야기하는 것처럼 나타남. • 내적 독백이라고도 하며, 인용 부호는 사용하거나 생략할 수 있음. • 독자는 인물이 직접 이야기하는 것같이 느낌.
	서술자의 개입	• 작품 밖의 서술자가 자신의 시각을 드러내거나 작가 의식을 표출하는 것 • 서술자의 목소리가 두드러져 독자가 서술자의 생각을 알 수 있음. (인물의 심리 분석, 서술자 논평, 요약적 제시)
대화		• 등장인물이 주고받는 말을 통해 사건의 내용과 갈등 관계 등을 전달하는 서술 방식 • 사건을 전개하고 인물의 행동과 심리를 드러냄. • 인물의 성격을 서술자 없이 간접적으로 드러낼 수 있음.
묘사		• 시각, 청각 등의 감각을 활용하여 특정 사건이나 장면을 구체적으로 묘사하는 서술 방식 • 산문 문학에서는 특히 인물의 외양과 심리, 행동, 배경 등을 주로 묘사함. • 눈으로 보는 것 같은 생생한 느낌을 주고, 내용의 전개 속도가 느림.

Q. 서술자는 소설에서 어떤 역할을 하나요?

A. 서술자는 소설에서 이야기를 이끌어 가는 역할을 해요. 서술자의 시점과 태도 등이 독자와 서술자, 등장인물 사이의 거리에 영향을 미치며, 이 거리에 따라 독자의 작품 감상이 달라진다는 점에서 중요해요.

개념 더하기
서술상의 특징
• 시점, 사건과 인물 제시 방식, 서술자의 태도와 어조 등을 통해 알 수 있음.

개념 더하기
서술자의 개입
• 인물의 심리 분석: 서술자가 인물들의 내면이나 심리를 모두 알고 독자에게 직접 말해 주는 방식으로, 독자는 인물의 심리 및 사건의 상황 등을 더욱 생생하게 알 수 있음.
• 서술자 논평: 서술자가 인물과 사건에 대해 직접 개입하여 자신의 생각을 밝혀 평가하는 방식. 주로 고전 소설에서 자주 나타나며, 문장이 '-리오, -이오다' 등의 의문형이나 감탄형으로 끝나는 경우가 많음. (서술자의 직접 개입, 편집자적 논평 등이라고도 함.)
• 요약적 제시: 여러 사건, 혹은 긴 시간 동안 일어난 일 등을 압축적으로 제시하는 서술 방식. 독자가 간략하게 사건의 정황 등에 대해 알 수 있고, 내용의 전개 속도가 빠름.

[01~04] 다음 글을 읽고 물음에 답하시오.

가 안경은 돈을 좀 주무르던 시절에 장만한 것이라 테만 오륙 원 먹는 것이어서 50전만으로 그런 다리는 어림도 없었다. 50전짜리 다리도 있지만 살 바에는 조촐한 것을 택하던 초시의 성미라 더구나 면상에서 짝짝이로 드러나는 것을 사기가 싫었다. (중략)

딸은 며칠 뒤에 50전을 주었다. 그러면서 어떻게 들으라고 하는 소리인지,

"아버지 보험료만 해두 한 달에 3원 80전씩 나가요."

하였다. 보험료나 타 먹게 어서 죽어 달라는 소리로도 들리었다.

"그게 내게 상관있니?"

"아버지 위해 들었지, 누구 위해 들었게요 그럼?"

초시는 '정말 날 위해 하는 거면 살아서 한 푼이라두 다오. 죽은 뒤에 내가 알 게 뭐냐' 소리가 나오는 것을 억지로 참았다.

"50전이문 왜 안경다릴 못 고치세요?"

⊙초시는 설명하지 않았다.

"지금 아버지가 좋고 낮은 것을 가리실 처지야요?"

그러나 50전은 또 담배 값으로 다 나갔다. 이러기를 아마 서너 번째다.

ⓛ"자식도 소용없어. 더구나 딸자식…… 그저 내 수중에 돈이 있어야……."

초시는 돈의 긴요성을 날로날로 더욱 심각하게 느끼었다.

나 1년이 지났다.

ⓒ모두 꿈이었다. 꿈이라도 너무 악한 꿈이었다. 3천 원어치 땅을 사 놓고 날마다 신문을 훑어보며 수소문을 하여도 거기는 항구가 생긴단 말이 신문에도, 소문에도 나지 않았다. 용당포(龍塘浦)와 다사도(多獅島)에는 땅값이 30배가 올랐느니 50배가 올랐느니 하고 졸부들이 생겼다는 소문이 있어도 여기는 감감소식일 뿐 아니라 나중에 역시 이것도 박희완 영감을 통해 알고 보니 그 관변 모씨에게 박희완 영감부터 속아 떨어진 것이었다. 항구 후보지로 측량까지 하기는 하였으나 무슨 결점으로인지 중지되고 마는 바람에 너무 기민하게 거기다 땅을 샀던, 그 모씨가 그 땅 처치에 곤란하여 꾸민 연극이었다.

다 "재물이란 친자 간의 의리도 배추 밑 도리듯 하는 건가?"

탄식할 뿐이었다. 밥보다는 술과 담배가 그리웠다. 물론 안경 다리는 그저 못 고치었다. 그러나 이제는 50전짜리는커녕 단 10전짜리도 얻어 볼 길이 없다.

[A]
추석 가까운 날씨는 해마다의 그때와 같이 맑았다. 하늘은 천리같이 트였는데 조각구름들이 여기저기 널리었다. 어떤 구름은 깨끗이 바래 말린 옥양목처럼 흰빛이 눈이 부시다. 안 초시는 이번에도 자기의 때 묻은 적삼 생각이 났다. 그러

나 이번에는 소매 끝을 불거나 떨지는 않았다. 고요히 흘러내리는 눈물을 그 더러운 소매로 닦았을 뿐이다.

01

가, **나**에 대한 설명으로 알맞은 것을 골라 연결하시오.

가 •

나 •

• ① 대화와 서술을 통해 인물 간의 갈등이 드러나고 있다.

• ② 외양 묘사를 통해 인물의 성격을 드러내고 있다.

• ③ 작품 속 서술자가 사건에 대해 평가하고 있다.

• ④ 요약적 서술을 통해 사건의 전모가 드러나고 있다.

02

다음 괄호 안에서 알맞은 말을 골라 ○표 하시오.

이 글은 (1인칭 관찰자 , 전지적 작가) 시점의 소설로 서술자와 등장인물의 심리적 거리는 (가깝고 , 멀고), 독자와 등장인물의 심리적 거리는 (가깝다 , 멀다).

03

⊙~ⓒ에 대한 설명이 맞으면 ○표, 틀리면 ×표 하시오.

(1) ⊙: 서술을 통해 아버지가 딸을 걱정하는 마음을 보여 주고 있다. (　　　)

(2) ⓛ: 대화를 통해 돈을 중시하는 인물의 가치관을 드러내고 있다. (　　　)

(3) ⓒ: 반복적인 서술을 통해 꿈이 이루어진 현실 상황을 강조하고 있다. (　　　)

04

[A]의 서술상 특징을 바르게 설명한 학생의 이름을 쓰시오.

민수: 시간의 흐름에 역행하여 사건이 진행되고 있어.
예성: 상징적인 소재를 사용하여 사건의 의미를 드러내고 있어.
가영: 대비되는 이미지를 가진 소재를 활용하여 인물의 삶을 표현하고 있어.
채은: 배경 묘사를 통해 인물 간의 갈등을 효과적으로 드러내고 있어.

[05~08] 다음 글을 읽고 물음에 답하시오.

[이전 줄거리] 나는 삼촌의 연락을 받고 멧돼지 사냥에 동참하게 된다. 물망초 카페 윤 마담과의 사랑을 이루지 못하고 방황하던 삼촌은 사냥에 취미를 붙이고 살아간다. 나와 삼촌, 도라꾸 아저씨는 새끼를 거느린 어미 멧돼지와 리기다소나무 숲에서 마주치나 사냥에 실패한다. 도라꾸 아저씨는 부상당한 삼촌을 업고 숲길을 걷는다.

가 두 번째 리기다소나무 숲을 지나는 동안, 내 마음속에는 궁금증이 일었다. 감정 정리를 하는지 삼촌의 만담도 더 이상 이어지지 않았으므로 나는 궁금증을 참지 못하고 말했다.

"그런데 도라꾸 아저씨는 아까 왜 멧돼지를 안 죽였어여? 아저씨도 쏠 수 있었잖아여?"

내 물음에 도라꾸 아저씨는 영 딴소리였다.

"호식이가 새끼 관절 물고 늘어진 모양이라. 그라만 어미가 도망 못 가거든. 사냥개 중에는 그런 짓 하는 놈들 참 많아여."

"저게 원체 영물이라 캉께."

코맹맹이 소리로 훌쩍거리며 삼촌이 말했다. 조금 전까지 사랑이 어쩌네 수면제가 어쩌네 징징거리던 삼촌이 주인을 닮아 어디가 부러졌는지 오른쪽 뒷발을 들고 껑충껑충 뛰어가는 놈을 가리켜 영물 운운했다. 호식이 얘기가 나오니까 또 만담을 시작할 모양이었다. 삼촌 가슴속은 암만해도 푸른색인가 보다.

나 ⓐ새끼만 노리고 다섯 마리쯤 죽인 뒤에 도라꾸 아저씨는 일행에게 다시 돌아가자고 말했다고 한다. 그때는 이미 능선을 따라 북쪽으로 삼십 킬로미터 정도는 올라간 뒤였다. 도라꾸 아저씨는 며칠간의 사냥으로 거지꼴이 된 채 그냥 돌아갈 수 없다고 불평하는 일행을 이끌고 다시 능선을 따라 돌아오기 시작했다.

다 "사람들이야 몰랐지만 나는 알고 있었다. 필시 쫓아온다는 거를 말이라. 뭐긴 뭐, 어미 멧돼지지. 우리가 새끼들을 들쳐 메고 가니까 어미가 계속 그래 일정한 간격을 두고 쫓아왔어여. 죽을 줄 알면서도 계속 그래 쫓아오더라. 그래, 한 여섯 시간을 걸어가다가 새끼들 내려놓고 다시 몰이를 시작했어여. 그래갖꼬? 잡았지. 죽을라고 쫓아온 놈이니까. 그란데 봐라, 잡는 그 순간에 나도 너맨치로 그놈하고 눈이 딱 마주쳤다. 그 눈에 뭐가 보였는가 아나? 아무것도 안 보이더라. 텅 비었더라. 결국 너는 못 쐈지? 나도 한참을 못 쐈다. 그래 벌써 죽은 놈이라 카는 거를 아는 이상은 못 쏘는 거라. 쏠만 안 되는 거라. 하지만 일행이 지켜보는데다가 공명심도 있응께 안 쏠 수가 없었다. 살아생전 총 한 번 제대로 안 쏘고 잡은 멧돼지는 그게 처음이자 마지막이라."

05

이 글의 서술상 특징으로 가장 적절한 것을 고르시오.

① 빈번하게 장면을 전환하여 사건을 속도감 있게 전개하고 있다.

② 인물의 회상을 통해 과거와 현재를 매개하는 경험을 전달하고 있다.

③ 요약적 서술과 대화를 교차하여 사건이 반전되는 양상을 보여 주고 있다.

④ 공간의 이동에 따라 인물 간의 갈등이 해소되는 과정을 보여 주고 있다.

06

빈칸에 들어갈 말을 **보기**에서 찾아 쓰시오.

> ⓐ에서는 서술자가 도라꾸 아저씨의 말을 (   )에게 전달하고 있다.

보기

| 나 | 삼촌 | 독자 | 호식이 |

07

다에 대한 설명이 맞으면 ○표, 틀리면 ×표 하시오.

(1) 방언을 사용하여 현장감을 느끼게 한다.　(　　　)

(2) 서술자가 개입하여 상황에 대해 평가하고 있다.　(　　　)

(3) 대화의 방법을 통해 인물의 경험을 알려 주고 있다.
　　　　　　　　　　　　　　　　　　(　　　)

08

이 글의 시점에 대한 설명을 **보기**에서 모두 찾아 기호를 쓰시오.

보기

㉠ 독자와 인물 간의 심리적 거리가 멀다.

㉡ 서술자와 독자 간의 심리적 거리가 멀다.

㉢ 서술자와 인물 간의 심리적 거리가 멀다.

㉣ 서술자와 독자 간의 심리적 거리가 가깝다.

㉤ 주인공의 내면세계를 그리는 데 효과적이다.

㉥ 소설 속 인물인 '나'가 관찰자의 입장에서 주인공에 대한 이야기를 서술한다.

㉦ 소설 밖의 서술자가 소설 속의 모든 사건과 등장인물의 심리나 행동 등을 모두 알고 서술한다.

이 작품은

제목 '도도한 생활'은 중의적 표현으로, 피아노 음계 '도'의 반복되는 소리와 피아노를 자유롭게 연주하며 살아가는 '도도한 삶'을 의미한다. 엄마는 어린 시절 '나'에게 조금 더 나은 환경을 만들어 주고 싶은 마음에 피아노를 사 준다. 비록 피아노가 놓인 장소는 어울리지 않게 만두 가게였으나, '나'는 삶의 질이 세련되어진 것 같다고 생각한다. 후에 반지하로 이사를 가게 된 상황에서도 피아노를 가지고 가는 것은 피아노가 엄마와 '나'의 자존심이기 때문이라고 볼 수 있다. '나'가 반지하방에서도 집주인의 말을 어기고 피아노를 연주하는 것은 열악한 상황에서도 '도도한 생활'을 영위하려는 행동으로 볼 수 있다.

다음 글을 읽고 물음에 답하시오.

㉠ 일과 중 가장 중요한 일이 '엄마 100원만'인 줄 알았던 때이긴 했지만. 나는 헨델이 없는 헨델의 방에서 음악을 했고, 엄마는 베토벤같이 풀린 파마머리를 한 채 귀머거리처럼 만두를 빚었다. ㉠마침 동네에 음악 학원이 생겼고, 엄마의 만두가 불티나게 팔리던 시절이라 가능했던 일인지도 모른다.

㉡ 엄마는 내게 피아노를 사 줬다. 읍내서부터 먼짓길을 달려 온 **파란 트럭**이 집 앞에 섰을 때, 엄마가 무척 기뻐했던 기억이 난다. **세탁기도 냉장고도 아닌 피아노라니.** 어쩐지 우리 삶의 질이 한 뼘쯤 세련돼진 것 같았다. 피아노는 노릇한 원목으로 돼, 학원에 있는 어떤 것보다 좋아 보였다. ㉡원목 위에 양각된 우아한 넝쿨무늬, 은은한 광택의 금속 페달, 건반 위에 깔린 레드 카펫은 또 얼마나 선정적인 빛깔이던지. 그것은 우리 집에 있는 가재들과 때깔부터 달랐다. 다만 좀 멋쩍은 것은 피아노가 가정집 '거실'이 아닌, ⓐ만두 가게 안에 놓인다는 사실이었다. 우리 가족은 **생계와 주거**를 한 건물 안에서 해결하고 있었다. ㉢낮에는 방에 손님을 들이고, 밤에는 식구들이 이불을 펴고 자는 식으로 말이다.

㉢ 찜통에선 수증기가 푹푹 나고, 홀에서는 장사꾼과 농부들이 흙 묻은 장화를 신은 채 우적우적 만두를 씹고 있는 공간에서, 누구라도 만두를 삼키다 말고 울고 가게 만들었을 그런 연주를. 쉽고 아름답지만 촌스러워서 누구라도 가게 앞을 지나다 **얼굴을 붉게 만들었을**, 그러나 좀더 정직한 사람이라면 만두 접시를 집어던지며 '다 때려치우라 그래!' 소리쳤을 그런 연주를 말이다. 한번은 연주가 끝난 뒤 박수 소리가 들려 고개를 돌린 적이 있다. 홀에서 웬 백인 남자가 **손뼉을 치**며 "원더풀"이라 외치고 있었다. 외국인과 나 사이에 어정쩡한 침묵이 흘렀다. 나는 부끄러웠지만 수줍게 한마디 했다. 땡큐……

㉣ 언니의 표정은 뜨악했다. 외삼촌이 담배를 피우는 사이, 나는 사정을 설명하느라 애를 먹었다. 엄마가 다 얘기한 줄 알았는데, 언니는 아무것도 모르고 있었다. 언니가 답답한 듯 말했다.

"여기, ⓑ반지하야." / 나는 조그맣게 대꾸했다. / "나도 알아."

우리는 트럭 앞에 모여 피아노를 올려다봤다. ㉣그것은 몰락한 러시아 귀족처럼 끝까지 체면을 차리며 우아하고 담담하게 서 있었다. **외삼촌의 트럭**은 길 한가운데를 막고 있었다. 우리는 서둘러 목장갑을 꼈다. 외삼촌이 피아노의 한쪽 끝을, 언니와 내가 반대쪽을 잡았다. 외삼촌이 신호를 보냈다. 나는 깊은 숨을 쉰 뒤 피아노를 번쩍 들어 올렸다. (중략) 사람들이 **우리를 흘깃거**렸다. 뒤에서 승용차 한 대가 비켜 달라는 듯 경적을 울려댔다. 곧 건물 2층에 사는 집주인이 체육복 차림으로 내려왔다. 동글동글한 체구에, 아침 체조를 빼먹지 않을 것 같이 생긴 50대 중반의 사내였다. 그는 집 앞에서 벌어진 풍경이 믿기지 않는다는 듯 아연한 표정으로 서 있었다. 나는 피아노를 든 채 어색하게 웃으며 목례했다. 언니 역시 눈치껏 사내에게 인사했다. **좁고 가파른 계단** 아래로 피아노가 천천히 머리를 디밀고 있었다. 세탁기도, 냉장고도 아닌 피아노라니. 우리 삶이 세 뼘쯤 민망해지는 기분이었다. 갑자기 **쿵— 하는 소리**가 났다. 외삼촌이 피아노를 놓친 모양이었다. 우당탕탕— 피아노가 계단을 미끄러져 나갔다. 언니와 나는 다급하게 피아노 다리를 붙잡았다. (중략) 나는 외삼촌의 부상이나 피아노의 상태가 걱정되지 않았다. 그보다는 쿵— 소리, 내가 처음 도착한 도시에 울려 퍼지는 그 사실적이고, 커다랗고, 노골적인 소리에 **얼굴이 붉**어졌다. 집주인은 어이없고 못마땅하다는 표정으로 ㉤언니와, 나와, 피아노와, 외삼촌과, 다시 피아노를 번갈아 쳐다봤다.

— 김애란, 「도도한 생활」—

✿ **개념 적용**

서술상의 특징 파악 • **01** 윗글의 서술상 특징으로 가장 적절한 것은?

① 동일한 사건을 여러 인물의 관점에서 다양하게 서술하고 있다.
② 서술자가 교체되면서 인물 간의 갈등을 다각적으로 조명하고 있다.
③ 이야기 외부의 서술자가 특정 인물의 관점에서 사건을 해석하고 있다.
④ 사건에 개입되지 않은 인물의 관점을 통해 사건을 객관적으로 전달하고 있다.
⑤ 이야기 내부의 서술자가 인물의 행위를 묘사하며 자신의 내면을 드러내고 있다.

표현상 특징 파악 • **02** ㉠~㉤에 대한 이해로 적절하지 <u>않은</u> 것은?

① ㉠은 추측과 짐작을 드러내는 표현을 사용하여 현재의 시각에서 지나간 일의 의미를 진술하고 있다.
② ㉡은 외양에 대한 묘사를 나열하여 인물이 대상에서 받은 인상의 근거를 제시하고 있다.
③ ㉢은 앞서 언급한 내용을 부연하여 자신의 경험에 대한 이해의 폭이 확장되었음을 강조하고 있다.
④ ㉣은 비유적인 표현을 사용하여 어울리지 않는 곳에 놓이게 된 대상을 바라보는 마음을 드러내고 있다.
⑤ ㉤은 쉼표를 빈번하게 사용하여 예기치 않은 상황에 대한 인물의 불편한 심리를 부각하고 있다.

도움말

서술을 통해 전달하려는 내용이 무엇인가에 주의를 기울여 봐요.

소재 및 배경의 의미 파악 • **03** ⓐ와 ⓑ를 바탕으로 윗글을 이해한 내용으로 적절하지 <u>않은</u> 것은?

① '파란 트럭'에 의해 ⓐ로 옮겨져 엄마를 기쁘게 했던 피아노는, '외삼촌의 트럭'에 의해 ⓑ로 옮겨지면서 언니를 당황하게 했다.
② ⓐ에서 '나'는 '손뼉을 치'는 사람이 부끄러워하는 모습을 발견하고 있고, ⓑ에서 '나'는 '우리를 흘깃거'리는 시선에서 부끄러움을 느끼고 있다.
③ ⓐ는 우리 가족이 '생계와 주거'를 모두 해결해야 했던 공간이고, ⓑ는 '나'와 언니가 '좁고 가파른 계단'을 오르내리며 살아야 하는 공간이다.
④ ⓐ에서 '나'가 누구라도 '얼굴을 붉히게 만들었을' 연주를 했던 피아노는 ⓑ로 옮겨지는 과정에서 '쿵— 하는 소리'로 '나'의 '얼굴이 붉어'지게 했다.
⑤ ⓐ에서 피아노에 대한 반가움을 드러내던 '세탁기도 냉장고도 아닌 피아노라니.'라는 표현은, ⓑ로 피아노가 옮겨지는 과정에서 나타나는 무안함을 드러내는 데 활용되고 있다.

수능 개념 마스터

💬

✿ **시정과 서술 방식**

시점	❶ [_____] [_____] 시점
	– 주인공이 자신이 겪은 이야기를 직접 전달하는 방식이므로, 독자에게 ❷ [_____]과 신뢰감을 줌.
	– 서술자는 주변 인물의 심리나 상황에 대해 정확히 알지 못하고 ❸ [_____]과 짐작을 할 뿐임.
서술 방식	• ❹ [_____] 표현을 사용하여 인물의 상황이나 심리를 표현하고 있다.
	• 유년 시절과 현재의 이야기를 ❺ [_____]체로 서술하고 있다.

이 작품은

천상 선녀였던 월영이 호원의 딸로 태어나 최희성과 정혼하나, 위현의 청혼으로 죽었다는 소문을 내고 금안으로 떠나는 등의 고난을 겪는다. 후에 희성을 만났으나 설영의 시기를 받는 등의 고난을 겪고, 마침내 희성과 행복을 누리며 살게 된다는 내용의 가정 소설이다.

다음 글을 읽고 물음에 답하시오.

[앞부분 줄거리] 선녀였던 월영은 호원의 딸로 태어나 최 상서 아들 희성과 정혼하고 월귀탄 귀걸이를 징표로 준다. 모해로 부모를 잃은 월영은 상을 치르려고 소주에 이르는데, 월영의 현숙함을 듣고 소주 자사 위현은 차인을 보내 혼인하려는 뜻을 전한다.

㉮ "낭자의 말씀이 그른지라. 이제 낭자의 부모 친척이 없고 천리원정에 최생 소식을 통할 길이 없거늘, 헛되이 신의를 지키고 평생을 그르게 하니 어찌 아깝지 아니하리오. 또한 위 자사는 청춘에 부귀영화 일국에 진동하니 이제 낭자 결혼하여 빛난 가문에 아름다운 부인이 되어 생남생녀하시며 부귀영화 누리다가 백년해로하시고 위로 부모의 제사를 받들고 아래로 평생을 온전케 할 것이니 어찌 즐겁지 아니하리오. 사생을 돌아보지 아니하고 쓸데없는 최생을 따르고져 하시나이까. 낭자는 깊이 생각하소서. 불연즉 도리어 큰 화가 있을지라. 후회하여도 미치지 못하리라." / 하거늘 낭자 변색 대로 왈,

"비록 규중에 있어 배운 것은 없으나 인륜대절은 아나니, 어찌 불측한 말로 감히 욕되게 하느뇨? 그대는 자사의 형세를 자세히 알거니와 나도 사대부 여자로 도리가 있거늘, 비례를 행하라 희롱하니 어찌 방자치 않으리오."

㉯ "우리 등은 위 자사의 명을 받아 낭자를 모시려 왔사오니 낭자는 바삐 가시면 좋거니와 불연즉 이 비수 아래 놀란 혼백이 될 것이니, 어찌 청춘이 아깝지 아니하리오. 후회하여도 미치지 못하리니 낭자는 길이 생각하소서." / 낭자가 정색 대 왈,

"내 비록 여자나 너희 등 비수는 두렵지 아니하나, 어찌 죽기를 저어하리오마는 지금까지 목숨을 보전하기는 이유 없도다. 부모의 유언도 있을뿐더러 후사를 근심함일러니, 이제 너희 등의 핍박을 보니 어찌 소소한 일을 생각하고 잔명을 구차히 살아 무엇에 쓰리오. 또한 내 벌써 죽어 너희 자사의 더러운 욕을 씻고져 하였더니 이제 너희 등 손에 죽느니 차라리 내 먼저 자결하여 더러운 욕을 면하리라."

하고 언파*에 비수를 빼어 우선 자객 삼 인을 베니, 관군 오십 인 등이 수각이 황란하여 손을 놀리지 못하고 각각 몸을 빼쳐 도망하더라.

규중에 조그마한 처자로 어찌 자객 삼사인을 베리오마는 이는 반드시 범인*이 아니요. 조화가 무궁한 연고로 이러함이라. 관군 등이 낭자를 해치지 못하고 도망함은 목숨을 아낌이라. 낭자 관군 등을 물리치고 인하여 자결하는 체하니, 관군 등이 몸을 감추어 그 낭자 하는 거동을 보고 자사에게 돌아오니라.

이때 낭자 계교*로써 관군을 물리치고 노복을 불러 자객의 주검을 자사 부중에 버리고 오너라 하거늘, 노복 등이 그 경상을 보고 대경 왈,

"이 어찐 신체오며 낭자는 어찌하여 살아 계시이까."

낭자 소 왈, "지금 ㉠여차여차하였노라." 하거늘 노복 등이 낭자의 의견과 담대함을 하례하더라.

㉰ 이때 관군 등이 돌아가 자사를 보고 전후 수말을 고한대, 자사 듣기를 다하매 오래 침음하다가 또 흉계를 내어 친히 와서 해치려 하더라. 낭자는 본대 지혜 용맹 있는 여자라. 자사의 흉계를 짐작하고 일변 남복(男服)을 짓고 상복을 지으며, 초상을 치르게 준비한 후에 거짓말을 내어 왈,

"호 낭자 병이 깊이 들어 만분 위중타 하니라." / 이때 자사 듣고 허실을 탐지하더라.

낭자 가만히 유모와 시비 사인을 데리고 금안이라 하는 골로 가서 부모의 친구를 찾아 의지코져 할새, 노복을 불러 왈,

◆ 언파 말을 끝냄.
◆ 범인 평범한 사람.
◆ 계교 요리조리 생각해 낸 교묘한 꾀.
◆ 개착하다 (옷을) 갈아입다.

"오래지 않아 자사 올 것이니 ⓛ여차여차하면 너희 등은 화를 면하리라"

하고 각각 이별 후 낭자 남복을 개착하고* 월야를 타서 금안으로 달아나니라.

– 작자 미상, 「월영낭자전」 –

⭐ 개념 적용

서술상의 특징 파악 · **01** 윗글에 대한 설명으로 가장 적절한 것은?

① 꿈과 현실이 교차되면서 낭만적인 분위기가 조성되고 있다.

② 서술자가 사건과 인물에 대한 주관적 평가를 드러내고 있다.

③ 우의적 기법으로 대상에 대한 풍자적 태도를 드러내고 있다.

④ 액자식 구성을 통해 사건의 전모를 구체적으로 밝히고 있다.

⑤ 섬세하고 치밀한 묘사로 인물의 외양과 행동을 부각하고 있다.

⭐ 개념 적용

표현상 특징 파악 · **02** ㉠, ㉡에 대한 설명으로 가장 적절한 것은?

① ㉠은 앞에서 일어났던 사건의 주요 내용을 생략하여 반복적 진술을 피하게 한다.

② ㉠은 인물 간의 내재된 갈등을 직접 언급하여 사건 전개의 방향을 뚜렷하게 한다.

③ ㉡은 인물이 앞으로 취할 행동을 알려 주어 독자들이 인물의 성격을 짐작하게 한다.

④ ㉡은 인물의 성격이 변화됨을 암시하여 그에 따른 행동에 대한 독자의 호기심을 이끌게 한다.

⑤ ㉡은 여러 사건에 대한 인물들의 다양한 입장을 예상하게 하여 인물 간의 관계를 추론하게 한다.

외적 준거에 따른 감상 · **03** | 보기 |를 바탕으로 윗글을 감상한 내용으로 적절하지 <u>않은</u> 것은?

┌ 보기 ┐

「월영낭자전」은 주인공의 결연 과정에서 혼사를 어렵게 만드는 혼사 장애 모티프를 바탕으로 이야기가 전개되고 있다. 반동 인물이 지위, 재물 등을 이용해 주인공과 강제 결혼을 시도하는 과정에서 권력의 폭력성이 드러나고 대립이 심화된다. 한편 반동 인물에게 용기 있게 맞서는 데서 주인공의 윤리적 가치관, 비범함과 지략이 부각되며 흥미가 더욱 고조되는 서사적 특징을 보인다. 고난을 주체적으로 극복해 나가는 주인공의 모습이 당대 여성 독자들의 호응을 얻었고, 근대적 여성상을 제시한 작품으로 평가받고 있다.

① 부귀영화를 누리는 위 자사가 지위와 재물을 이용하여 강제 결혼을 하려는 모습에서 혼사 장애 모티프가 드러나 있군.

② 무기를 든 관군들이 위 자사의 명령에 따라 낭자를 납치하려는 데서 권력의 폭력성이 자행되는 모습이 드러나 있군.

③ 사대부 여자의 도리를 들며 위 자사의 위력에 저항하는 모습에서 인륜을 중시하는 주인공의 가치관이 드러나 있군.

④ 부모의 유언을 따르고 후사를 잇기 위해 목숨을 보전하려는 데서 근대적 여성으로서 주인공의 면모가 드러나 있군.

⑤ 병이 위중하다고 꾸민 후 남복으로 갈아입고 금안으로 떠나며 위기를 벗어나는 데서 주인공의 지략이 드러나 있군.

📖 들어가며

  등장인물이 사건을 벌이는 시간이나 공간 등의 배경과 소설에서 사용된 소재들은 인물의 심리를 드러내 주기도 하고, 소설의 주제를 상징적으로 드러내 주기도 한다. 이러한 배경과 소재들을 사용하여 인물, 사건을 짜임새 있게 구성하면 소설의 주제를 효과적으로 전달할 수 있다. 소설을 읽을 때는 배경이 형성하는 분위기나 정조를 바탕으로 소재의 의미 등을 파악하며 읽는 것이 중요하다.

01 소설의 소재

> **소재** 작가가 의도한 바를 나타내기 위해 선택한 작품의 재료. 소재는 인물의 상황이나 심리, 소설의 주제 및 분위기 등과 연관됨.

• 소재의 기능

① 인물 간의 갈등을 유발하거나 해소한다.
  예 염상섭, 「삼대」
  → 돈을 들여 '족보'를 사는 문제로 인해 조 의관과 조상훈 부자가 갈등함.

② 인물의 성격을 드러내거나 심리를 표현한다.
  예 황석영, 「삼포 가는 길」
  → 영달이 잠시 동행했던 백화와 헤어지며 '빵'과 '찐 달걀'(친절, 배려)을 건넴.

③ 다음에 이어질 사건을 암시하거나 주제를 상징한다.
  예 김동리, 「역마」
  → 실연으로 괴로워하던 성기는 어머니에게 '엿판(방랑하는 삶을 살 것을 암시)'을 맞춰 달라고 함.

④ 장면의 전환을 유도하거나 새로운 분위기를 조성한다.
  예 이기호, 「권순찬과 착한 사람들」
  → 아파트 사람들이 선의에서 '(돈이 든) 편지 봉투'를 권순찬에게 건넸으나, 권순찬이 이를 거절하자 아파트 사람들의 권순찬에 대한 태도가 차가워짐.

⑤ 여러 장면을 자연스럽게 이어 주는 역할을 한다.
  예 박완서, 「해산 바가지」
  → '나'는 요양원을 알아보러 가던 중 초가지붕 위의 박을 발견하고, 시어머니가 자신을 위해 해산 바가지를 구해 왔던 모습을 떠올림.

02 소설의 배경

> **배경** 인물이 사건을 벌이는 구체적인 시간과 공간. 작품 전체의 분위기를 형성하고 인물의 성격, 심리 등을 간접적으로 제시하기도 함.

• 배경의 유형

자연적 배경	인물들의 행동이 발생하는 구체적인 시간(시간적 배경)이나 장소(공간적 배경)
사회적 배경	인물이 활동하는 시대적 상황이나 역사적 상황. 정치, 종교, 문화, 계층 등 다양한 사회적 문제가 포함됨.
심리적 배경	인물의 심리 상황이나 인물의 독특한 내면세계. 사건 전개보다는 인물의 심리를 중심으로 이야기를 전개하는 소설에 주로 등장함.
상황적 배경	질병, 죽음, 전쟁 등과 같은 인간의 실존적인 상황을 배경으로 설정함.

개념 더하기 ➕

배경의 변화
• 인물의 갈등이나 성격 등에 변화가 생길 수 있음.
• 장면이 전환되어 이야기의 흐름 등에 변화가 생길 수 있음.

수능 국어 point

소재나 배경의 기능을 묻는 문항은 우선 내용의 흐름상 소재나 배경이 인물의 행동이나 심리에 어떠한 영향을 주고 있는지를 파악해야 한다.

➡ 기출 유형 ⬅
• 소재가 인물에게 주는 의미를 보여 주고 있다.
• 배경 묘사를 통해 장면을 선명하게 제시하고 있다.

- **배경의 기능**
  ① 작품 내용에 사실감을 부여한다.　② 작품의 전반적인 분위기를 형성한다.
  ③ 인물의 심리 혹은 사건의 전개 방향을 암시한다.　④ 소설의 주제를 암시한다.

03 소설의 구성

> **구성**　소설의 주제를 효과적으로 나타내기 위하여 여러 요소를 짜임새 있게 배열해 놓은 것

- **소설 구성의 3요소**

인물	소설이나 극 속에서 어떠한 일을 겪는 사람
사건	소설이나 극 속에서 구체적으로 전개되는 모든 일
배경	소설이나 극 속에서 이야기가 펼쳐지는 구체적인 시간과 장소

- **소설의 구성 단계**

발단	인물과 배경이 제시되고 사건의 실마리를 제공함.
전개	사건이 본격적으로 시작되면서 갈등이 시작됨.
위기	갈등이 고조되고 심화됨.
절정	갈등 해결의 실마리가 보이면서 갈등이 최고조에 이름.
결말	갈등이 해소되면서 사건이 마무리됨.

- **사건의 구성 방식**

중심 사건의 수에 따라	단일 구성	하나의 중심 사건만으로 이야기가 구성됨. 단편 소설에서 주로 사용됨.
	복합 구성	두 가지 이상의 사건이 얽혀 이야기가 구성됨. 장편 소설에서 주로 사용됨.
시간적 순서에 따라	평면적 구성 (순행적 구성)	사건이 시간적인 순서에 따라 진행되는 구성 예 조정래, 「청산댁」 → 일제 강점기부터 월남전이 일어났던 시기까지를 시간의 흐름에 따라 구성함.
	입체적 구성 (역순행적 구성)	시간의 순서를 바꾸어 사건을 진행하는 구성으로, 주로 등장인물의 회상이나 서술자의 서술로 과거와 현재를 연결함. 예 작자 미상, 「월왕전」 → '현재 – 과거 – 현재'와 같이 내용이 전개됨.
그 외	액자식 구성	• 외부 이야기 속에 내부 이야기가 들어 있는 구성 • 보통 외부 이야기가 이야기를 둘러싸는 액자의 역할을 하고, 내부 이야기가 핵심 내용이 됨. 예 문순태, 「철쭉제」 → '나'와 박판돌이 대립하는 외부 이야기와 '나'의 할아버지, 아버지와 박쇠, 넙순의 갈등이 드러나는 내부 이야기로 구성되어 있음.
	일대기적 구성	인물의 일생에 초점을 두어 내용을 전개하는 구성으로, 주로 고전 소설에서 영웅적 인물을 주인공으로 할 때 사용함. 예 작자 미상, 「소대성전」 → 영웅 소대성의 일대기를 다루고 있음.
	의식의 흐름에 따른 구성	인물의 내면 심리를 묘사할 때 서술자의 의식에 의해 떠오르는 대로 서술하는 구성 예 박태원, 「소설가 구보씨의 일일」 → 구보가 떠올리는 의식의 흐름에 따라 구성되어 있음.

Q. 소설에서 배경은 어떤 역할을 하나요?
A. 소설의 분위기를 조성하고, 이야기의 흐름과 밀접하게 연결되어 인물의 행동과 심리에 영향을 주는 역할을 해요.

개념 더하기 ➕
- 장면: 인물이 공간 안에서 벌이는 사건의 광경
- 장면의 초점화: 특정 인물이 처한 상황이나 심리에 초점을 맞추어 서술하는 것
- 장면의 삽입: 이야기의 진행 도중 특정 장면을 끼워 넣어 이야기를 서술하는 것

개념 더하기 ➕
환몽 구조
주인공이 꿈속 세계에서 새로운 인물로 태어나 새로운 삶을 산 뒤 꿈에서 깨어 다시 현실 세계로 돌아와 깨달음을 얻게 되는 구조로, 일종의 액자식 구조임.
예 김만중의 「구운몽」: 성진이라는 불제자가 하룻밤의 꿈속에서 세상의 온갖 부귀영화를 누리고 깨어나, 인간의 부귀영화는 일장춘몽에 불과하다는 것을 느껴 불법의 진리를 깨닫는 내용임.

[01~04] 다음 글을 읽고 물음에 답하시오.

훗날 문성현이 어른이 되어서까지 그의 이부자리 밑에 간직하고 있었던 장난감 활은 바로 막냇동생 승현의 돌상에 돌잡이로 올렸던 것이었다. 대나무를 별러 노끈으로 묶은 그것은 그의 어린 시절 희망의 상징이었다. 일부러 누가 그에게 가져다준 것은 아니었다. 방구석에 활이 놓여 있는 것을 보고 그가 몸을 뒤치어 자신의 요 밑에 집어넣었던 것이다. 우현의 나이가 여섯 살이었으니 아마도 어른들을 피해 성현이 있는 건넌방에 가지고 와서 놀다가 무심코 놓고 간 것이 분명했다.

앗따따 활이다 활! 큰 장군이 될라. 그 작고 조잡한 활에는 누군가의 목소리가 묻어 있었다. 그는 몇 번이고 되풀이했다. 하아, 하, 화, 화아아알. 화아알. 활.

조용해지고부터, 체머리를 흔들지 않고부터, 입을 다물고부터 그는 ㉠텔레비전을 보기 시작했다. 그 속에 산과 들, 밀림이 있었다. 몸집이 큰 코끼리, 기린, 갖가지 색깔의 크고 작은 새들이 있었다. 현미경으로나 보일 만한 조그만 나비, 개구리알도 있었다. 먼 나라에는 이상한 풍습을 가진 이상한 사람들이 있었다. 세상은 볼수록 흥미진진한 것들로 가득 차 있었다. 다른 이처럼 앉지도 서지도 걸어다닐 수도 없는 그에게는 텔레비전을 통해 보는 다른 이들의 삶이 한편으로는 가슴 떨리는 열망이었으나 또 한편으로는 부서뜨리고 싶은 안타까움이기도 했다.

그래도 어린 그에게는 희망이 있었다. 다른 이와 결코 같을 수는 없지만, 너무나 더디고 서투르기는 했지만 그는 조금씩 달라지고 있었다. 벋버듬한 채로 자라는 그의 몸피, 그는 그때 고작 십대였던 것이다. 힘겹기 짝이 없었지만 그는 텔레비전으로 기어가 자신이 보고 싶을 때 그것을 켤 수 있게 되었다. 그리고 라디오를 켜고 끌 줄 알게 되었다. 선풍기도 작동할 수 있게 되었다. 그 후, 그는 무엇보다도 중요한 ㉡결심을 하게 되었다. 혼자 앉는 법을 익히기로 결심했던 것이다.

노력해서 안 되는 일이란 없다고 그는 뇌까렸다. 가슴속에 희망을 품은, 한창 자라고 있는 십대의 사내아이에게는 스스로 앉는 연습이란 단지 모든 것의 시작에 불과했다. 자유롭게 앉을 수 있게 된 후에는 서는 연습을 할 계획이었다. 두 다리로 선 후에는 조심조심 발을 떼고, 그리고 걷고, 뛸 예정이었다. 개켜 놓은 옷처럼 축 처진 자신의 아랫도리가 풍선처럼 부풀어, ㉢머지않아 그는 다른 아이들처럼 거리를 활보할 것이며 신이 나면 춤이라도 멋지게 추어 댈 참이었다. 그리고… 말을 타고 들판을 가로질러 활시위를 당길 생각이었다. 까마득히 보이는 들판 끝 과녁에 예리한 화살을 날리면 쏘는 것마다 명중, 명중. 앗따따 활이다 활! 큰 장군이 될라. 그는 조용히 입을 떼었다. 하아, 하, 화, 화아아알. 화아알. 활.

01

다음 빈칸에 들어갈 소재를 찾아 쓰시오.

( )은 문성현의 어린 시절 희망의 상징으로, 미래 자신의 모습에 대해 기대와 희망을 품게 하고, 문성현이 자신의 장애를 극복하고자 노력하게 되는 동기를 부여한다.

02

㉠에 대한 설명으로 알맞지 않은 것을 고르시오.

① 문성현과 바깥세상을 연결해 주는 매개체이다.
② 문성현과 그의 동생 간의 정서적 유대감을 느끼게 한다.
③ 문성현이 자신의 장애를 극복하고자 노력하는 계기가 된다.
④ 문성현이 다른 이들의 삶을 보면서 희망과 절망을 동시에 느끼게 한다.

03

㉡에 해당하는 내용을 이 글에서 찾아 4어절로 쓰시오.

04

〈보기〉를 참고하여, 다음의 괄호 안에서 알맞은 말을 골라 ○표 하시오.

〈보기〉

「착한 사람 문성현」은 뇌성 마비를 앓는 주인공의 삶을 탄생, 희망, 혼란, 평온, 분노, 살아 있음 등 6개의 소제목으로 나눠 그린 작품이다. 끊임없는 시련 속에서도 자신의 한계를 극복하기 위해 노력하는 주인공과 이를 따뜻하게 감싸 주는 집안사람들의 모습을 통해 삶의 존엄성과 희망의 의미를 감동적으로 그리고 있다. 또한 이 작품은 전지적 작가 시점이지만 주인공의 입장에 초점을 맞춘 서술과 객관적인 사실 전달을 통해 독자로 하여금 스스로 삶의 의미를 성찰하게 하고 있다.

이 글은 중심인물의 탄생부터 죽음까지의 일생을 기록한 (액자식 구성 , 일대기적 구성)의 소설이다. ㉢은 다른 아이들처럼 행동할 수 있으리라는 주인공의 바람으로, 소제목 '희망'의 의미를 (추상적 , 구체적)으로 보여 주고 있다.

(05~08) 다음 글을 읽고 물음에 답하시오.

가 "흥, 가네모도상은 그렇게 들이 긁어 먹구두, 되려 승찰해서 부장이 된 건 어떡하구?"

"며칠 가나."

"그렇게만 생각허믄 뱃속은 무척 편하겠수. 여주루 내려갔든 기노시다상넨, 이살 해 오는데, 재봉틀이 인장표루다 손틀 발틀 두 개에, 방 안 짐이 여덟 개에, 옷이 옥상옷만 도랑꾸루 열다섯 도랑꾸드래요. 그리구두 서울루 뻐젓이 와서 기계방아 사 놓구 돈벌이만 잘 허믄서, 활개 펴구 삽다. 죽길 어째 죽으며, 팔대리가 부러질 팔대린 어딨어?"

"그런 게 글쎄 다 불한당질루 장만한 거 아냐?"

"뱃속에서 꼬록 소리가 나두, 만날 청백야?"

"아무렴, 사람이 청백하면, 가난해두 두려울 게 없는 법야, 헴."

맹 순사는 마침내 양복장 문을 연다. 연방 청백을 뇌던 끝에, 이 양복장을 보자니 얼굴이 간지러웠다. 유치장 간수로 있을 때에, 가구 장수 하나가 경제범으로 들어와 있었는데, 서분이가 쪽지 한 장을 그에게다 주어 달라고 졸랐다. 못 이기는 체하고 전해 주었다. 그런 지 이틀 만에 이 양복장이 방 윗목에 가 처억 놓여진 것을 보았으나, 그는 내력을 물으려고 아니하였다.

양복점 안에서 떼어 입은 대마직 국민복은 양복장보다도 조금 더 청백 순사를 얼굴 간지럽게 하였다.

[중략 부분의 줄거리] 해방 직후 순사를 그만두고 사람들을 피해 다니던 맹 순사는 생활고로 인해 다시 순사가 되어 파출소 첫 출근을 한다.

나 옛날의 순사와 꼭 같이 차리고 하였건만 맹 순사는 웬일인지 우선 스스로가 위엄도 없고, 신도 나는 줄을 모르겠고 하였다. 만나거나 지나치는 행인들의 동정이, 전처럼 조심하는 것 같은, 무서워하는 것 같은 기색이 없고, 그저 본숭만숭이었다. 더러는 다뿍 적의와 경멸의 눈초리로 흘겨보기까지 하였다.

함부로 체포도 아니하고, 위협도 아니하고, 뺨 같은 것은 물론 때리지 못하게 되었고 하니, 전보다 친근스럽고 안심한 얼굴로 대하고 하여야 할 것인데, 대체 웬일인지를 모르겠었다. 걸으면서 곰곰 생각하여 보았다.

'전에 많이들 행악을 했대서?'

정녕 그것인 성싶었다.

'애먼 사람, 불쌍한 사람한테 못 할 짓도 많이 했지.'

'쯧, 지금 와서 푸대접받아도 한무내하지.'

'화무십일홍이요, 달도 차면 기우는 법인데, 한때 잘들 해먹었으니 인제는 그 대갚음도 받아야겠지.'

무엇인지 모를 한숨이 절로 내쉬어졌다.

05

이 글의 공간에 따라 나타나는 인물의 심리에 대한 설명으로 알맞은 것끼리 연결하시오.

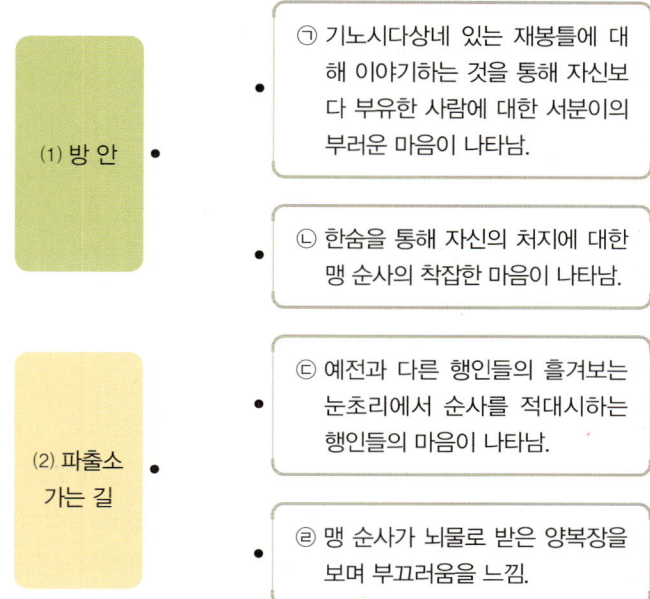

(1) 방 안		⊙ 기노시다상네 있는 재봉틀에 대해 이야기하는 것을 통해 자신보다 부유한 사람에 대한 서분이의 부러운 마음이 나타남.
		ⓒ 한숨을 통해 자신의 처지에 대한 맹 순사의 착잡한 마음이 나타남.
(2) 파출소 가는 길		ⓒ 예전과 다른 행인들의 흘겨보는 눈초리에서 순사를 적대시하는 행인들의 마음이 나타남.
		② 맹 순사가 뇌물로 받은 양복장을 보며 부끄러움을 느낌.

06

가의 소재 중, 맹 순사에게 부끄러움을 느끼게 하는 것을 **보기**에서 골라 쓰시오.

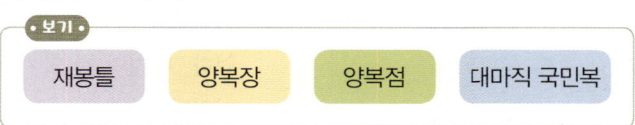

보기

| 재봉틀 | 양복장 | 양복점 | 대마직 국민복 |

07

나에 대한 설명으로 가장 적절한 것을 고르시오.

① 인물의 심리가 드러나 있다.
② 인물 간의 대화로 구성되어 있다.
③ 현재와 과거의 이야기가 교차되어 나타난다.
④ 인물의 일생에 초점을 두어 내용을 전개하고 있다.

08

가, **나**와 같은 글에서 배경이 하는 역할로 알맞지 <u>않은</u> 것을 ⊙~②에서 모두 골라 기호로 쓰시오.

⊙ 전반적인 분위기를 형성함.
ⓒ 작품 내용의 사실감을 부여함.
ⓒ 인물 간의 갈등을 유발함.
② 주제를 직접적으로 드러냄.

이 작품은

1991년에 발표된 소설로, '나'의 남편이 폐암에 걸려 투병을 하다 사망하기까지의 이야기와 남편과의 젊은 시절의 이야기, 남편이 사망한 이후의 '나'의 이야기로 구성되어 있다. 사랑하는 이의 죽음을 맞이하는 태도를 엿볼 수 있다.

다음 글을 읽고 물음에 답하시오.

그런 옛일에 얽힌 농담이라면 얼마든지 재미나게도 그윽하게도 할 수 있었으련만 나는 고약한 성깔에 잔뜩 치받쳐 있었다. 여북해야 그가 딱하다는 듯이 그러나 역시 농담으로 받았다.

"당신이야말로 왜 그래? 꼭 틈바구니에 낀 쥐 같잖아."

그리고 피식 웃더니 탄식하듯 덧붙였다. / "생전 ㉠틈바구니에 끼여 봤어야지."

그의 목소리가 하도 연민에 차 있어서 나는 대꾸하지 못했다. 죽어 가는 사람으로부터의 연민은 감동적이었다. **울어 버릴 것 같았다.**

CT 촬영은 참으로 놀라운 첨단 과학이었다. 뇌를 가로세로 여러 장으로 슬라이스하듯이 나누어 찍은 단면 사진은 내 눈으로도 고루 퍼진 암을 확인할 수 있을 만큼 선명했다. 뇌는 혈관의 회로가 달라서 항암제가 미치지 못한다고 했다. 그에게 남아 있는 유일한 치료법은 방사선을 뇌에다 쬐는 거였다. 방사선 치료란 죽는 연습이었다. 그 치료엔 아무도 입회하지 못했다. 방사선과 의사까지도 그를 치료대에 혼자 고정시켜 놓고 나와서 밖에서 컴퓨터 화면을 보며 조종했다. 그 안에서 그는 어떤 기분으로 고립되어 있으며, 방사선이란 어떻게 생긴 빛일까? 그 깊이 모를 외로움과, 너무 밝아 차라리 **암흑과 상통할 것 같은 빛에 대한 공포감**은 죽음에 대한 상상력과 너무도 유사했다. (중략)

나는 막내에게 모자를 사 오라고 말했다. 최고급으로 사 오라는 말도 잊지 않았다. 과연 막내가 사 온 모자는 내 마음속에 있는 그의 모자의 원형과 가장 가까웠다. 순모로 된 통짜 중절모였고 비단 리본이 달려 있었다. 그러나 테가 너무 넓어 신사 모자라기보다는 카우보이 모자를 연상시켰다. 아니나 다를까, 네 살짜리 손자 녀석이 그 모자를 보더니 "와아, 장고 모자다." 하면서 그걸 빼앗고 싶어 했다. 녀석이 좋아하는 만화 영화의 주인공 장고가 그런 모자를 쓰고 있다고 했다. 그는 모자를 쓴 채 안 빼앗기려고 이리저리 도망을 다녔다. 여전히 비틀대며, 손자가 울음을 터뜨려도 그는 그 모자를 내놓지 않았다. **손자와의 마지막 장난**이었다. 마지막 한 달가량 자리보전하고 있을 때를 빼고는 그는 집에서도 줄창 그 모자를 쓰고 있었다. 막내에 대한 사랑 때문에도 그 모자를 아꼈겠지만, 넓은 테는 방사선 치료로 시꺼멓게 탄 이마를 가려 주는 데 안성맞춤이었다. 그 장고 모자가 그의 여덟 번째 모자이자 마지막 모자가 되었다.

나는 요새도 가끔 그가 남긴 여덟 개의 모자를 꺼내 본다. 그 안에서 **머리카락 한 오라기**라도 찾아보려고 더듬어 보지만 번번이 헛손질로 끝난다. 그 여러 개의 모자는 멋이나 체면을 위한 것이 아니라, 단지 민머리를 가리기 위한 것이었다. 그의 몸을 차디찬 땅속에 묻은 건 확실한데 아침마다 우수수 지던 그 숱한 머리카락은 지금 어느 만큼 멀리 흩어져 티끌로 떠도는 걸까. 생명의 가엾음이 티끌과 다를 바 없다는 속절없는 생각에 잠기기도 한다. (중략)

오직 틈바구니만이 예외다. 내가 생전 틈바구니에 끼여 보지 않았다는 게 무슨 뜻일까? 그런 생각이 나를 자꾸 심각하게 한다. 그가 나 대신 가 주던 동사무소나 세무서에 볼일 보러 가서 똑똑지 못하게 굴다가 구박 맞으면 이게 틈바구닌가 싶기도 하고, 사용자와 노동자, 가진 자와 못 가진 자, 칼자루 쥔 자와 칼날 쥔 자, 통일꾼과 반통일꾼이 서로 목청을 높여 싸우는 걸 봐도 전처럼 선뜻 어느 쪽이 옳거니 양자택일*이 안 되고, 또 그놈의 틈바구니에 사로잡히게 된다. 여봐란듯이 틈바구니에 끼기 위해선 거친 두 목청 사이에 낀 틈바구니의 숨결을 찾아내야만 할 것 같다. 어쩌면 그는 그때 삶과 죽음의 틈바구니에서 어느 만큼은 내 원색적*인 분노를 관조*할 수도 있었기에 해 본 단순한 연민의 소리일 뿐인 것을 내가 괜히 심각하게 굴었는지도 모르겠다. 그래도 여전히 틈바구니는 아무것도 아닌 게 되지 않는다.

* 양자택일 둘 가운데 하나를 고름. 이자택일.
* 원색적 말·행동이나 차림새 따위가 직접적이고 노골적인.
* 관조 조용한 마음으로 대상의 본질을 바라봄.

그가 남긴 모자가 나에겐 모자라는 **물질 이상**이듯이 틈바구니란 말 또한 말뜻 이상의 것, 한 없이 추구해야 할 화두임을 면할 수가 없다.

– 박완서, 「여덟 개의 모자로 남은 당신」 –

⭐ 개념 적용

소재의 기능 파악 • **01** ㉠의 기능에 대한 설명으로 가장 적절한 것은?

① 이야기의 초점을 '남편'에서 '막내'로 전환하고 있다.
② '나'에게 쉽게 해결할 수 없는 고민을 유발하고 있다.
③ '남편'의 죽음에 대한 '나'의 미안함을 보여 주고 있다.
④ '막내'에게 '남편'의 죽음을 이해하는 실마리를 제공하고 있다.
⑤ '나'의 가족에게 공동체적 삶의 의미를 성찰하게 하는 계기를 제공하고 있다.

도움말
'틈바구니'가 글의 내용상 어떠한 역할을 하고 있는지에 주의를 기울여 봐요.

작품 감상 • **02** 보기 를 바탕으로 윗글을 감상한 내용으로 적절하지 <u>않은</u> 것은?

┌ 보기 ┐

이 작품은 죽음을 앞둔 남편의 모습을 관찰하고 남편의 내면을 들여다보는 '나'의 시선을 통해 남편에 대한, 그리고 죽음에 대한 '나'의 인식을 드러내고 있다. '나'는 죽은 남편이 남기고 간 모자를 간직하며 남편에 대한 사랑과 그리움을 드러낸다. 또한 남편의 죽음을 앞두고 있는 가족들의 모습을 통해 따뜻한 가족애를 보여 주기도 한다.

① 남편의 모자를 '물질 이상'의 것으로 여기며 모자를 모두 간직하는 '나'의 모습에서, 남편에 대한 '나'의 사랑을 확인할 수 있겠군.
② 남편이 농담으로 받은 말에 '울어 버릴 것 같'다고 느끼는 '나'의 모습에서, 남편의 말에 '나'에 대한 연민이 담겨 있다고 믿고 있는 '나'의 인식을 확인할 수 있겠군.
③ 방사선 치료를 받는 남편의 '빛에 대한 공포감'을 덜어 주려는 '나'의 모습에서, '암흑과 상통할 것 같은' 죽음에 대해 느끼는 '나'의 두려움을 확인할 수 있겠군.
④ 힘겹지만 '손자와의 마지막 장난'을 하며 가족들과 평범한 일상을 보내고 있는 남편의 모습에서, 가족에 대한 남편의 사랑을 확인할 수 있겠군.
⑤ 남편이 남긴 모자에서 '머리카락 한 오라기'라도 찾고 싶어 하는 '나'의 모습에서, 남편을 그리워하는 '나'의 애틋한 마음을 확인할 수 있겠군.

수능 개념 마스터

✿ **소재의 의미**

❶	• 남편의 민머리를 가리기 위한 것 • '나'는 남편의 죽음 이후에도 소중히 간직하고 가끔 꺼내 보며 남편을 떠올림.
❷	• 남편이 '나'에게 '❷ [　　　]에 낀 쥐' 같다고 하며, '나'에 대한 ❸ [　　　]을 드러낸 말 • '나'는 남편의 죽음 이후에도 일상생활에서 그 의미가 무엇인지 떠올려 보게 됨.

✿ **구성 방법 - 입체적 구성**

현재(생략된 부분)		과거		현재
남편의 유품을 정리하며 모자를 모두 간직한 '나'	→	남편의 ❹ [　　　] 치료, 남편과 손자와의 추억	→	모자를 꺼내 보며 남편을 그리워하는 '나'

이 작품은

1930년대를 배경으로 화전을 일구며 생계를 유지하는 산골(안악굴 마을) 주민 장군이를 주인공으로 삼아, 그가 살림을 지키려는 과정과 끝내는 실패하는 모습을 그린 소설이다. 지문으로 제시된 부분에는 근대 초기의 과도기적 사회의 모습이 드러나 있다.

* **부대** 주로 산간 지대에서 풀과 나무를 불살라 버리고 그 자리를 파 일구어 농사를 짓는 밭.
* **돌땅** 돌이나 망치 등으로 고기가 숨어 있을 만한 물속의 큰 돌을 세게 쳐서 그 충격으로 고기를 잡는 일. 또는 그렇게 치는 돌.

다음 글을 읽고 물음에 답하시오.

가 그의 결심이란 다른 것이 아니라 살림을 떠엎고 말리라는 것이었다.

살림이라야 **가진 논밭이** 없고, 몇 대쨌진 몰라도 하늘에서 떨어져서는 첫 동네라는 안악굴 꼭대기에서 그중에서도 제일 외따로 떨어져 있는 오막살이를 근거로 하고 화전이나 파먹고 숯이나 구워 먹고 덫과 함정을 놓아 산짐승이나 잡아먹던 구차한 살림이었다.

그래도 자기 아버지 대에까지는 **굶지는** 않고 남에게 비럭질은 하지 않고 살아왔다. 그렇던 것이 언제 누구라 임자로 나서 팔아먹었는지 둘레가 백 리도 더 될 큰 산을 **삼정회사에서** 샀노라고 나서 가지고는 부대*를 파지 못한다, 숯을 허가 없이 굽지 못한다, 또 **경찰에서는** 멧돼지 함정이나 여우 덫은 물론이요, 꿩 창애나 옥누 같은 것도 허가 없이는 못 놓는다 하고 금하였다.

요즘 와서 안악굴 동네는 **산지기와 관청에서** 이르는 대로만 지키자면 봄여름에는 산나물이나 뜯어 먹고, 가을에는 머루 다래나 하고 도토리나 주워다 먹고 겨울에는 곤충류와 같이 땅속에 들어가 동면이나 할 수 있으면 상책이게 되었다.

그러나 큰 산 속 안악굴서 사는 사람들이라고 해서 이 장군이네부터도 갑자기 멧돼지나 노루와 같이 초식만을 할 수가 없고 나비나 살무사처럼 삼동 한 철을 자고만 배길 수도 없었다. 배길 수가 없어서가 아니라 하고 싶어도 재주가 없어서였다.

그래서 안악굴 사람들은 관청의 눈이 동뜬 때문인지 엄밀하게 따지려면 늘 **범죄의** 생활자들이었다.

나 안악굴서 멧돼지와 노루의 함정을 파 놓은 것이 이 장군이 한 사람만은 아니었다. 그날 하필 사냥을 나왔던 순사부장이 빠진다는 것이 알고 보니 **여러 함정** 중에 장군이가 파 놓은 함정이었다.

그래서 장군이는 찔름거리는 순사부장의 뒤를 따라 그의 묵직한 총을 메고 경찰서로 들어왔고 경찰서에 들어와선 처음엔 귀때기깨나 맞았으나 다음날로부터는 저희 집 관솔불이나 상사발에 대어서는 너무나 문화적인 전기등 밑에서 알미늄 벤또에다 쌀밥만 먹고 지내다가 스무 날 만에 집으로 나오는 길이었다.

[중간 부분 줄거리] 경찰서에서 나와 집으로 돌아오던 장군이는 자신의 처지를 돌아보고 발걸음이 무거워짐을 느낀다. 철둑을 넘어 안악굴로 올라가는 길섶에 되다 만 물방앗간이 하나 있는데, 이는 장군이가 여름내 방앗간을 차리려고 준비하다 빚을 진 채 중도에 포기한 방앗간이다.

다 장군이는 걸음을 멈추고 봇도랑 낸 데 물이 고인 것을 한참이나 서서 내려다보았다. 웅덩이라 바람 한 점 스치지 않는 **수면은 거울같이 맑고 고요하여** 내려다보는 장군이의 얼굴이 잔주름 하나 없이 비치었다.

누가 불러 보아도 듣지 못할 것처럼 **꿈꾸듯 물만 내려다보고 섰던** 장군이는 한참 만에 슬그머니 허리를 굽히었다. 그리고 손을 더듬더듬하여 커다란 몽우리돌을 하나 집었다.

그리고는 다시 허리를 펴서 물을 내려다보았다.

물속에는 잠긴 자기 얼굴을 간지르는 듯 어찌 생각하면 자기를 비웃는 듯도 한 빤작빤작하는 송사리 떼가 알른거리고 몰려다니었다.

철버덩!

장군이 손에 잡히었던 **몽우리돌은** 거울 같은 물을 깨뜨리고 가을 산기슭의 적막을 흔들어 놓았다. 그러나 그의 돌땅*에 맞고 **입이 광주리만큼씩 찢어지며** 올려다보는 것은 **제 얼굴의**

그림자뿐, 송사리 떼는 한 마리도 뜨지 않았다.

─ 이태준, 「촌뜨기」 ─

서술상의 특징 파악 ● **01** 윗글에 대한 설명으로 가장 적절한 것은?

① 인물의 과장된 반응을 통해 비극적 분위기를 반전시키고 있다.

② 인물이 떠올린 상상 속 장면을 통해 인물의 지향을 드러내고 있다.

③ 습관적 행위를 중심으로 인물을 묘사하여 인물의 개성적 성격을 강조하고 있다.

④ 사건과 관련된 인물의 의문점을 나열하여 작중 상황에 대한 독자의 비판을 유도하고 있다.

⑤ 인물과 관련된 사건의 추이를 요약적으로 서술하여 인물에 대한 독자의 이해를 돕고 있다.

★ 개념 적용

배경의 의미 파악 ● **02** 안악굴에 대한 이해로 적절하지 않은 것은?

① 한때는 '가진 논밭'이 없어도 '굶지는 않았던' 곳이다.

② '삼정회사'의 출현으로 생활의 변화가 일어난 곳이다.

③ '산지기'나 '관청'의 통제가 영향을 끼치고 있는 곳이다.

④ '경찰'에 저항하기 위한 '여러 함정'이 존재하는 곳이다.

⑤ 생계유지를 위한 기존의 방식이 '범죄'가 될 수 있는 곳이다.

★ 개념 적용

소재의 의미와 역할 파악 ● **03** |보기|를 참고하여 **다**를 이해한 내용으로 가장 적절한 것은?

> ┌ 보기 ┐
>
> 문학 작품에서 '물'을 바라보는 행위는 물에 비친 상(像)을 통한 자기 인식과 관련된다. 물에 비친 상은 주체가 자신의 내면이나 자신과 관련된 사태의 본질을 스스로 깨닫도록 한다.

① '거울같이 맑고 고요'한 '수면'은 사태의 본질을 깨달은 이후의 평온함을 보여 준다고 할 수 있다.

② '꿈꾸듯 물만 내려다보고 섰던' 것은 자기 인식이 중단된 순간의 상실감을 드러냈다고 볼 수 있다.

③ '철버덩!' 하는 소리를 내며 '몽우리돌'이 떨어진 것은 자기 인식 기능이 작동하지 않는 데 대한 분노를 드러낸 것이라고 할 수 있다.

④ '입이 광주리만큼씩 찢'어져 보이는 '제 얼굴의 그림자'는 자신에 대한 부정적 인식을 드러낸다고 볼 수 있다.

⑤ '한 마리도 뜨지 않'은 '송사리 떼'는 내면에 대한 깨달음을 스스로의 힘으로 얻는 것이 불가능함을 보여 준다고 할 수 있다.

08강 주제와 감상

📑 **들어가며**

　작가는 작품을 통해 자신이 독자에게 말하고자 하는 바를 전달한다. 작품에는 작가의 사상, 가치관 혹은 그 시대의 사회상 등이 반영되어 있기 마련이다. 따라서 독자는 작가가 작품을 통해 전하려는 바가 무엇인지 파악하기 위해 작품 자체를 세밀하게 분석하기도 하고, 작품 외적 요소인 작가의 창작 의도나 창작 당시의 사회적 현실 등을 참고하기도 해야 한다. 또한 작품을 통해 독자가 어떠한 교훈이나 깨달음을 얻을 수 있는지도 생각해 볼 수 있다.

01 소설의 주제

> **주제** 작품을 통해 나타내고자 하는 사상이나 가치관, 중심 생각. 소설의 주제는 보편적인 것도 있으나, 시대에 따라 다르게 나타나기도 함.

개념 더하기 ➕

소설의 주제 제시 방법
- 사건의 전개를 통한 제시
- 서술자나 인물의 서술을 통한 제시
- 상징적 표현, 제목 등을 통한 제시
- 갈등의 전개와 해소 과정을 통한 제시

고전 소설	설화	• 신화, 전설, 민담 등 일정한 구조를 지닌 이야기로 구비 전승됨. • 건국 과정, 삶의 교훈, 권선징악 등을 주제로 함.
	가전	• 사물을 의인화하여 그 가계와 생애, 개인적 성품 등을 기록한 전(傳) • 인간의 문제를 우회적으로 풍자하는 등의 방법으로 주제를 드러냄.
	고전 소설	• 조선 전기에는 한문 소설이 발생하였고, 후기에는 영웅·가정·몽유 소설 등 다양한 형태의 한글 소설이 등장함. • 권선징악, 인과응보를 주제로 한 작품이 주류를 이룸. 유교적 윤리관을 바탕으로 가정의 화합을 강조하거나 사회 제도의 모순과 부정을 비판하는 작품도 다수 등장함.
	판소리계 소설	• 판소리로 불리다가 소설로 정착된 것으로, 오랜 세월에 걸쳐 점진적으로 내용이 형성됨. • 고전 소설과 비슷한 주제를 보임.
현대 소설	개화기 소설 (개화기~1910년대)	• 고전 소설에서 현대 소설로 이행하는 교량 구실을 한 신소설, 한글 문체를 정착시킨 최초의 현대 소설이 등장함. • 권선징악, 신교육, 자주 독립, 남녀평등, 개화사상 등을 주제로 함.
	일제 강점기 소설 (1920년대~ 광복 이전)	• 일제 강점기 우리 민족의 비참한 삶을 사실적으로 그린 사실주의 소설, 궁핍한 농민과 도시 노동자를 소재로 한 계급주의 소설, 인간 내면의 세계를 그린 모더니즘 소설, 농촌을 소재로 한 농촌 소설, 역사를 소재로 한 역사 소설 등이 이어짐. • 일제에 대한 저항, 민족의식, 기회주의자에 대한 비판 등을 주제로 함.
	전후 소설 (광복 이후~ 1950년대)	• 광복 직후의 사회적 혼란을 다룬 작품, 한국 전쟁을 배경으로 전쟁과 분단의 비극을 담은 전후 소설 등이 등장함. • 현실에 대한 비판, 민족적 비극과 극복 의지, 통일을 위한 염원 등의 주제를 담음.
	산업화 시대 소설 (1960년대~ 1980년대)	• 산업화 속에서 소외된 민중의 삶을 다룬 소설, 역사에 대한 반성과 현실에 대한 각성을 촉구하는 소설, 소시민적 삶에 대한 탐구를 담은 소설 등이 등장함. • 산업화와 도시화의 그늘에 가려진 서민들의 애환, 물질주의에 대한 비판 등을 주제로 함.
	1990년대 이후의 소설	• 남성 중심 사회에서 여성이 억압받는 현실을 비판한 페미니즘 소설, 소외된 이주자들의 고통을 담은 다문화 소설 등이 등장함. • 인공지능(로봇) 등에 의한 사회와 개인의 모습, 각박한 현실 속 따뜻한 이웃의 모습 등의 다양하고 새로운 주제가 나타남.

수능국어 point ✏️

외적 준거를 바탕으로 감상한 내용의 적절성을 묻는 문항은 우선 ┃보기┃에서 제시하고 있는 내용을 파악하고 그에 맞게 문학 작품을 감상하였는지 판단해야 한다.

➡ **기출 유형** ➡
- 인물의 말과 행동에 주제 의식이 간접적으로 드러나 있다.
- 작가의 창작 의도가 인물의 말과 행동에 간접적으로 드러나 있다.

02 관점에 따른 소설의 감상

> **감상의 관점** 작가, 작품, 독자, 현실 등 어느 요소에 중점을 두느냐에 따라 나뉨.

• **내재적 관점** : 작품의 내적 요소만으로 감상함.

절대론적 관점	작품의 서술자, 인물, 사건, 배경, 소재 등 작품 자체의 내적 요소들에 주목하여 감상하는 관점. 절대주의적 관점, 구조론적 관점이라고도 함. **예** '그날 밤' 이전에서 어머니만 짊어졌던 다락에 대한 책임감이, '그날 밤' 이후 '나'와 아우에게도 부여되고 있음을 알 수 있다. 　　　　　　　　　　　　　　　　　　　 – 김주영, 「고기잡이는 갈대를 꺾지 않는다」에 대한 감상 → 작품 내에서 '그날 밤'을 전후로 달라지는 인물의 행동과 심리, 사건의 전개 양상에 주목하여 감상하였음을 알 수 있다.

• **외재적 관점** : 작품의 외적 요소에 중점을 두어 감상함.

표현론적 관점	작가의 창작 의도, 전기적 사실(생애), 심리 상태, 사회적 경험 등 작가에 주목하여 감상하는 관점. 작가 맥락을 중심으로 하는 관점임. **예** 「강도몽유록」은 꿈속의 사건이라는 문학적 장치를 통해 전란의 책임이 무능한 위정자들에게 있다는 작가의 비판적 현실 인식을 드러낸 작품이다. 　　　　　　　　　　　　　　　　　　　　　 – 작자 미상, 「강도몽유록」에 대한 감상 → 작가의 창작 의도를 문학적 장치를 통해 표현한 것에 주목하고 있다.
반영론적 관점	작품과 현실의 관계에 주목하여 사회 현실이나 시대 상황, 그 시대의 이념이나 사상 등이 어떻게 반영되었는지를 살펴보고 감상하는 관점. 사회·문화적 맥락을 중심으로 하는 관점임. **예** 이 작품은 천민 신분인 여성이 상당한 경제력을 지닌 인물로 그려진 점, 부도덕한 사대부와 대비되는 신의가 있는 존재로 그려진 점 등 당시의 변화된 사회상을 반영한 것이 특징이다. 　　　　　　　　　　　　　　　　　　　　　　 – 작자 미상, 「옥단춘전」에 대한 감상 → 작품에 나타난 인물의 모습에 당시의 변화된 사회상을 반영한 것에 주목하고 있다.
효용론적 관점	작품이 독자에게 주는 감동이나 교훈 등에 주목하여 감상하는 관점. 독자의 세대적 특성, 성별, 지적 수준, 공감 능력, 경험 등에 따라 감상의 깊이가 달라질 수 있음. 작품과 독자 맥락의 관계를 중시하는 관점임. **예** 「구운몽」은 문학적 형상화를 통해 소설적 재미와 진실성을 확보하였다. 이러한 점들은 독자들에게 문학적 쾌감을 주어 널리 애독되었고 후대 문학에 영향을 주었다. 　　　　　　　　　　　　　　　　　　　　　　　 – 김만중, 「구운몽」에 대한 감상 → 작품의 특성이 독자들에게 주는 감동과 후대 문학에 끼친 영향에 주목하고 있다.

• **종합적 감상** : 소설의 인물, 사건과 갈등, 소재와 배경, 서술상의 특징 등에 대한 종합적 이해를 바탕으로 작품의 주제를 파악하는 것. 작품 자체뿐만 아니라 작품을 창작한 작가, 작품에 반영된 시대 현실, 작품이 독자에게 주는 깨달음과 교훈 등도 작품 감상의 요소가 됨.

SOS 알려주세요!

Q. 소설을 감상할 때 관점은 어떤 역할을 하나요?

A. 소설을 작가, 작품, 독자, 현실 등과 관련하여 감상하게 하여 작품을 다각도로 보다 깊이 있게 감상할 수 있게 해 줍니다.

개념 더하기 ⊕
맥락(작품의 외적 요소)
• 작가 맥락
• 독자 맥락
• 사회·문화적, 역사적 맥락

[01~04] 다음 글을 읽고 물음에 답하시오.

가 ⓐ내가 딴 남자하고 바람이 나서 아기를 버리고 떠나갔다가 그 남자한테 싫증이 나자 다시 만수 씨에게 빌붙어 피를 빨아먹고 있다는 것이었다. 소문이라는 게 원래 어처구니없는 것이지만 해도 너무한다 싶었다. 건드리면 더 커질 것 같아서 아예 아무 말을 하지 않았다. 하지만 몇 달이 지나기도 전에 소문은 온 공장 안에서 기정사실이 되었다. 여자들 모두가 나를 질투하고 미워하게 되었다. 지옥이 따로 없었다.

나 ─ 미안합니다. 저 때문에 오해를 받아서 많이 괴로우신 걸 잘 압니다. 제가 아무리 아니라고 해도 사람들이 의심을 더 하니까 어쩔 수가 없네요. 좀 잠잠해질 때까지 다른 데 가 계시면 어떨까요. 제 여동생이 결혼하고 나서 저 사는 동네 중학교 앞에서 분식집을 합니다. 거기를 좀 도와주세요. 월급은 지금보다 많이 드리라 할게요. 부탁합니다.

만수 씨는 그렇게 말했다.

다 오빠가 ⓑ그 여자를 데리고 와서 주방을 맡기라고 했을 때는 억장이 무너지는 것 같았다. 튀김, 어묵, 떡볶이 같은 아이들 주전부리 음식 파는 가게 크기라는 게 어른 세 사람만 서 있어도 꽉 차는데 어떻게 사람을 더 들이라는 것인가. 칼과 도마, 싱크대는 여자들한테는 양보할 수 없는 고유 영역 같은 것인데 하루아침에 물러나라니 말도 안 되는 소리였다. 떡볶이나 어묵에 무슨 솜씨를 부릴 일이 있는가. 어린 학생들 코 묻은 돈 받아서 월급을 주고 월세 내고 나면 남는 게 뭐가 있을 것인가. ⓒ내가 거기까지 얘기했을 때 오빠가 점퍼 안주머니에서 적금 통장을 꺼내 놓았다. 그동안 나온 월급을 모은 것이라며 건물 주인한테 이야기해서 가게를 키워 가지고 제대로 된 식당을 해 보자고 했다.

[중략 줄거리] 구내식당에서 일하던 여자의 음식 솜씨 덕분에 새로 차린 기사 식당은 자리를 잡는다. 하지만 IMF 이후 공장을 되살리려는 투쟁에 여자가 참여하면서 식당 운영에 차질이 생긴다. 이에 여동생의 남편이 만수에게 불만을 토로한다.

라 ─ 아니, 형님 다니던 회사가 형님이 게으르고 일 안 해서 망한 겁니까. 망해도 그렇지, 자본가라는 놈들이 어떤 놈들인데 그놈들이 형님네처럼 아무것도 없이 나갔겠냐고요. 지금도 홍콩이나 하와이 해변 같은 데 가서 빼돌린 돈 가지고 떵떵거리면서 잘살고 있어요.

ⓓ처남이 착하다는 건 인정한다. 성실하기도 했다. 그런데 방향이 틀렸다. 같이 해야 할 일은 같이 열심히 하겠지만 싸울 일은 싸워서 해결해야 하지 않는가. 또 싸울 때도 상대를 제대로 골라서 싸워야지 제 편, 제 식구에게 피해를 입혀 가며 제 살 깎아 먹기 식으로 하는 건 ⓔ나부터 용납할 수 없었다.

01

이 글에 대한 설명으로 적절한 것을 고르시오.

① 진주는 만수와 관련한 소문에 신경 쓰지 않았다.
② 만수 여동생의 남편은 처남이 하는 일을 응원하였다.
③ 만수 여동생은 진주가 분식집 일을 돕는 것을 고마워했다.
④ 만수는 진주에게 분식집에서 일할 것을 대안으로 제시하였다.

02

ⓐ~ⓔ가 가리키는 인물을 알맞게 연결하시오.

(1) ⓐ •   • ① 만수

(2) ⓑ •   • ② 진주

(3) ⓒ •   • ③ 만수의 여동생

(4) ⓓ •   • ④ 만수 여동생의 남편

(5) ⓔ •

[03~04] 다음 보기 를 읽고 물음에 답하시오.

> **◆보기◆**
>
> 「투명 인간」은 ㉠선량한 주인공이 근현대사를 관통하면서 물질 만능의 사회로부터 어떻게 소외되어 가는지를 그린 소설이다. 특히 ㉡주인공은 가족과 동료를 위해 자신의 것을 나누며 희생하다 결국 '투명 인간'이 된다. '투명 인간'이 된 주인공 대신 ㉢주변인들이 서술자로 등장하면서 주인공에 관한 이야기를 풀어낸다. 이런 ㉣서술 방식은 주인공에 관한 다양한 정보를 제공하고 이 정보들을 통해 주인공의 삶을 다각도에서 조명한다.

03

㉠~㉣ 중, 이 글의 주제 의식에 해당하는 것의 기호를 쓰시오.

04

보기 를 참고하여 이 글을 감상한 내용으로 적절하면 ○표, 적절하지 않으면 ×표 하시오.

① 다 의 '적금 통장'을 통해 물질 만능의 사회로부터 주인공이 소외당하고 있는 현실을 확인할 수 있겠군. ( )

② 가 ~ 라 에서 주인공을 가리키는 표현을 통해 주변인들이 서술자로 등장하고 있음을 확인할 수 있겠군. ( )

③ 다 , 라 에서 주변인들이 제공한 정보를 통해 주인공의 삶을 다각도에서 조명하고 있음을 확인할 수 있겠군. ( )

[05~08] 다음 글을 읽고 물음에 답하시오.

[앞부분의 줄거리] '나'는 재개발이 시작되어 이제 곧 사라지게 될 고향 산동네를 찾아가면서 추운 겨울, 변소에 갔다가 짠지 항아리를 깨뜨렸던 어린 시절의 기억을 떠올린다.

가 손오공이 부리는 조화를 기대하며 입속으로 주문을 반복해서 외었다. 그러고는 고개를 홱 돌려 깨진 단지를 내려 보았다. 주문이 헛되지 않았는지 내 입가에 기쁨의 미소가 어렸다. 깨진 단지는 그 모양 그대로였지만 어떤 기발한 생각이 별똥별처럼 머릿속을 스치고 지나갔기 때문이었다. 그렇다. **눈사람**이다! ㉠나는 가슴이 터질 듯 기뻐 하늘을 향해 두 팔을 쫙 벌렸다. 일단 이 아침만큼은 별일 없이 맞이할 수 있겠지.

나는 장갑도 끼지 않은 손으로 서둘러 주위의 눈을 긁어모으기 시작했다. ㉡마침 찰기가 좋은 눈이어서 손이 한번 닿을 때마다 흙알갱이가 알알이 박힌 눈덩이들이 붙어 올라왔다. 나는 우선 항아리 주변에 눈사람의 아랫부분을 뭉쳐 놓았다. 그리고는 조금 작은 눈덩이를 서둘러 올려놓았다. ㉢그렇게 해서 깨진 단지를 감쪽같이 눈사람 속에 집어넣을 수 있었던 것이다.

[중략 부분의 줄거리] 욕쟁이 할머니의 짠지 항아리를 깬 후, 깨진 단지의 흔적을 치운다. 혼날 것을 두려워한 '나'는 가출을 한 후 여러 곳을 방황하다 해질녘에 집으로 돌아온다.

나 ㉣나는 **나를 둘러싼 세계**가 너무도 낯설게 느껴졌다. 내가 짐작하고 또 생각하는 세계하고 실제 세계 사이에는 이렇듯 머나먼 거리가 놓여 있었던 것이다. 그 거리감은 사실 이 세계는 나와는 상관없이 돌아간다는 깨달음, 그러므로 나는 결코 주변으로 둘러싸인 중심이 아니라는 아슴프레한 깨달음에 속한 것이었다. 더이상 나를 상대하지도 혼내지도 않는 세계가 너무나 괴물스럽고 슬퍼서 싱거운 눈물이라도 흘려야 직성이 풀릴듯했다. 난 시래기 줄기가 매달린 처마 밑에 서서 몇 방울 떨구며 소리 없이 울었다. 차라리 그 깨진 단지라도 제자리를 지키고 있었다면 혼은 나더라도 나는 혼돈스럽지도 불안하지도 않았을 것 아닌가.

"뭘 잘했다고 소리 없이 눈물을 꼭꼭 짜니? 정초부터 에밀 못 잡아먹어서 그러니? 넉살 좋게 단지를 깨뜨려 눈사람 속에 파묻을 생각은 어찌 했담."

엄마가 물에 젖은 손으로 내 볼따구니를 야무지게 잡아 비틀며 어이가 없다는 듯 픽 웃음을 지었다. 그 얼얼함이 내 균형 감각을 바로잡아 주었다. 아주머니들의 웃음소리 사이에서 나는 울음을 딱 그쳤다. 그러고는 어른처럼 땅을 쿵쾅거리며 뛰쳐나와 이 골목 저 골목을 헤집으며 어딘가를 향해 가슴이 터져라고 마구 달리고 또 달렸다. **그렇게 컸다.**

05

가에서 인물의 고민을 해결해 준 소재로 가장 알맞은 것을 **보기**에서 고르시오.

> **보기**
>
> 손오공   깨진 단지   별똥별   눈사람

06

㉠~㉣ 중, 이 글의 시점상 특징이 잘 드러나 있는 문장의 기호를 모두 쓰시오.

07

이 글에 드러난 사건을 다음과 같이 정리할 때 빈칸에 들어갈 말을 순서대로 쓰시오.

'나'는 □□를 깨뜨리고 기발한 생각을 함.	→	깨진 단지 조각을 숨기고 □□을 했다 집으로 돌아옴.

08

보기를 참고할 때, 이 글을 바르게 감상하지 <u>못한</u> 학생을 고르시오.

> **보기**
>
> 성장 소설은 유년기에서 소년기를 거쳐 성인의 세계로 입문하는 한 인물이 겪는 내면적 갈등과 정신적 성장, 자신을 둘러싸고 있는 세계에 대한 각성과 성찰의 과정을 담고 있다. 성장 소설은 대개 성인의 입장에서 자신의 어린 시절의 체험을 재평가하고, 반성적으로 사유한 결과물을 고백한 담론 방식을 택하고 있다. 주인공은 지적, 도덕적, 정신적으로 미숙한 상태의 인물인 경우가 많다. 소설에서 내적 시간이 유년기의 시간대임에 비해서 실제적인 창작은 성인의 세계에 진입한 이후의 시간에서 이루어지기 때문에 양자가 구별되어 제시된다.

> 연우: '눈사람' 속에 깨진 항아리를 은폐하는 모습에서 내면적으로 갈등하는 '나'를 살펴볼 수 있겠군.
> 은별: '나를 둘러싼 세계'는 미성숙한 '나'가 각성하고 성찰하는 공간으로 볼 수 있겠군.
> 시은: '그렇게 컸다'는 구절을 볼 때, 성인이 어린 시절을 떠올리고 있음을 알 수 있겠군.

이 작품은

열악한 환경 속에서도 손자를 위해 희생하는 버들댁의 모습을 통해 가족에게 헌신적 사랑을 베푸는 노인의 모습과 소외된 노인 계층의 삶의 모습을 보여 주고 있는 소설이다.

다음 글을 읽고 물음에 답하시오.

㉮ 버들댁은 **아깝다고 밤에 잘 때 한 차례만 때**곤 하는 기름을 용복은 집 안에 들어와 앉아 있는 한 **계속 때리고** 들었다. 그렇지만 버들댁은 손자가 하는 일을 **말리지 않았다.** 보일러 돌아가는 소리를 들으며 용복은 이불을 덮고 드러누웠다. 버들댁이 이렇게 **불편한 몸을 이끌고 살아가는** 것은 눈앞에 얼씬거리는 유일한 손자 용복 때문이었다. 용복은 그녀에게 있어서 **삶의 허기를 충족**시켜 주는 보물이었다.

㉯ ㉠버들댁은 자기도 모르는 사이에 "호다!" 하고 말했다. 그것은 새각시 시절에 꼬부랑 시할머니가 쓰던 말이었다. 기대한 만큼 좋은 결과가 나타나지 않을지도 모른다고 생각은 되지만, 그래도 어찌할 수 없이 더러운 소망으로 기대하면서 지껄이는 말. '좋은 일에! 제발 그렇게만 좀 된다면 얼마나 얼마나 좋겠느냐'는 말이었다.

"그런디 얼굴은 어쩌다가 그렇게 다쳤냐?"

할머니는 ㉡손자의 멍든 곳을 어루만지고 쓰다듬었다. 아이고, 여기 다칠 때에 내 새끼 살이 얼마나 아팠을까. 가슴이 아리고 쓰렸다. 용복은 퉁명스럽게 말했다.

"연습하느라고 그런 것인께 염려 말고 얼른 이달 치 돈이나 내놓소."

"지난달에 가져간 돈 다 썼냐? / ㉢삼십만 원 그것이 돈이란가?"

"이 사람아, 그것이 먼 소리냐?"

그 돈은 버들댁이 번 돈이 아니었다. 면사무소에서 다달이 통장에 넣어 주는 무연고의 **독거노인에게 주는 생계비**였다. 버들댁은 그 돈을 **한 푼도 쓰지 않고 모두** 놔두었다가 손자에게 주곤 하는 것이었다.

[중략 부분 줄거리] 사고를 친 용복 때문에 버들댁은 돈을 꾸러 다닌다. 하지만 돈을 빌리지 못한 버들댁은 결국 광주 양반을 찾아간다.

㉰ 버들댁은 광주 양반을 향해 "광주 양반, 나 돈 삼십만 원만 조끔 꿉시다이. 열흘 뒤에 돈 나오면 주께" 하고 말했다. 수문댁이 "아이고, 어질병 앓는 사람이 염병♦ 앓는 사람 보고 병♦ 고쳐 주라고 하네이. ㉣광주 양반도 시방 맘이 천근만근이라요" 하고 말했다. 그러자 교동댁이 그 말을 받았다. / "부산 딸이 시방 많이 아프다요." (중략)

"돈 한 푼 못 벌고, **벌어 놓은 재산**이 있는 것도 아니고, 똑똑한 자식들이 있어 다달이 돈을 보내 주는 것도 아니고, 그래 장차 무슨 희망이 있는 것도 아닌디, **동네 사람들이 불쌍**하고 가련하다고 조금씩 보태 주는 **곡식이나 반찬 얻어먹고** 사는 것이 부끄럽고 구차하지도 않아서 그렇게 끈질기게 살고 있소?"

먼 일가의 조카뻘 되는 상근이 시제♦를 모시러 왔다가 술 얼근해진 김에 찾아와서 이 말을 하고 갔다는 소문이 난 적이 있었다. 그 말에 광주 양반은 얼굴을 붉힌 채 "글쎄 말이시이" 하고 얼버무렸다고 했다. 그러나 상근이 돌아간 다음 그는 "개자식, 지놈이 나한테 쌀 한 됫박을 보태 주었다냐, 돈 백 원짜리 한 개를 던져 주었다냐? ㉤지가 어쩐다고 부끄럽고 구차하지도 않아서 이렇게 끈질기게 살고 있느냐고 그래? 내사 불불 기어 다니든지 바람벽에 똥을 바르고 살든지 집어 묵고 살든지 지놈이 아랑곳할 것이 무엇이여잉?" 하고 노여워했다는 말이 마을 안에 나돌아 다녔다.

방 안에는 침묵이 흘렀다. 수문댁이 말했다.

"그 딸이 위암에 걸렸닥 안 하요? 그런디 수술비가 없어서 수술을 못 한다요. 그래서 광주 양반이 그동안 **모아 놓은 돈** 사백만 원을 **다 보내 줘뿌렀다요.**"

— 한승원, 「버들댁」 —

♦ 벵 '병'의 방언.
♦ 시제 철마다 지내는 종묘의 제사.

인물의 심리와 태도 파악 • **01** ㉠~㉤에 대한 설명으로 적절하지 <u>않은</u> 것은?

① ㉠: 버들댁은 기대한 만큼 좋은 일이 있을 것이라 확신하고 있다.

② ㉡: 버들댁은 상처 입은 용복을 가엾게 여기며 마음 아파하고 있다.

③ ㉢: 용복은 버들댁이 주었던 돈을 대수롭지 않게 여기고 있다.

④ ㉣: 수문댁은 광주 양반의 마음이 힘들다는 것을 인식하고 있다.

⑤ ㉤: 광주 양반은 자신의 처지에 참견하는 상근의 말에 분노하고 있다.

🟣 **개념 적용**

주제 의식을 바탕으로 한 감상 • **02** |보기|를 참고하여 윗글을 감상한 내용으로 적절하지 <u>않은</u> 것은?

> ┌ 보기 ┐
>
> 이 작품은 빈곤, 고립된 생활 환경, 젊은이의 무관심으로 인한 노인 계층의 소외된 삶과 피붙이에 대한 조건 없는 희생과 내리사랑을 서사의 중심에 두고 있다. 특히 쇠약한 몸과 경제적 궁핍 속에서도 손자를 삶의 희망으로 여기는 인물을 통해 노인 계층이 직면한 삶의 문제에 대한 주제 의식을 드러내고 있다.

① 버들댁이 '아깝다고 밤에 잘 때 한 차례만 때'는 기름을 용복이 '계속 때리려고 들'어도 '말리지 않'는 것에서 피붙이에 대한 내리사랑을 짐작할 수 있겠군.

② 버들댁이 '불편한 몸을 이끌고 살아가'면서 용복을 통해 '삶의 허기를 충족'하는 것에서 쇠약한 노인이 손자에게 삶의 희망을 얻고 있음을 짐작할 수 있겠군.

③ 버들댁이 '독거노인에게 주는 생계비'를 '한 푼도 쓰지 않고 모두' 손자에게 주는 것에서 조건 없는 희생을 구현하고 있는 소외된 노인의 모습을 짐작할 수 있겠군.

④ 광주 양반이 '벌어 놓은 재산'도 없이 '동네 사람들'에게 '곡식이나 반찬 얻어먹고' 산다고 상근이 말한 것에서 노인 계층의 빈곤 문제를 짐작할 수 있겠군.

⑤ 광주 양반이 '모아 놓은 돈'을 딸에게 '다 보내'서 수술을 하지 못한다고 수문댁이 말한 것에서 노인의 경제적 궁핍에 대한 젊은이의 무관심을 짐작할 수 있겠군.

(도움말)

작품의 중심 내용과 주제 의식을 바탕으로 인물의 행동과 대화에 주의를 기울여 봐요.

수능 개념 마스터

✿ 「버들댁」의 주제

| 가족에 대한 ❶ ☐ 의 헌신적 ❷ ☐ 과 노인 계층의 ❸ ☐ 삶 |

✿ 「버들댁」에 대한 관점에 따른 감상의 예

절대론적 관점	버들댁이 독거노인에게 주는 생계비를 한 푼도 쓰지 않고 모두 용복에게 주는 것은 손자에 대한 헌신적 사랑임을 알 수 있다.
❹ ☐ 적 관점	「버들댁」은 작가 한승원이 전남 장흥의 바닷가 율산마을로 내려가서 쓴 바닷가 마을 사람들의 이야기가 담겨 있는 소설 12편 중 하나로, 노인 계층이 직면한 삶의 문제에 대한 작가의 시선이 담긴 작품이다.
❺ ☐ 적 관점	버들댁과 용복을 통해 가진 것이 없어도 희생하는 노인 세대와 죄책감이나 배려 없이 가족이라는 이름으로 노인 세대에게 요구만 하는 젊은이들의 모습 등 현대 사회상을 반영한 것이 특징이다.
❻ ☐ 적 관점	「버들댁」을 읽고 주변의 빈곤하고 소외된 노인분들에게 관심을 가져야겠다고 생각했다.

이 작품은

삶의 모순된 상황과 인물의 복잡한 심리가 1인칭 주인공 시점을 통해 구체적으로 드러나 있는 소설이다. 일란성 쌍둥이였던 이모와 어머니의 대비되는 삶을 통해 행복과 불행은 교차하여 나타나는 등 인생의 본질은 모순적이고, 인생은 실수를 되풀이하면서 살아가는 것이라는 깨달음을 전하고 있다.

다음 글을 읽고 물음에 답하시오.

[앞부분 줄거리] 어머니는 일본인을 상대하는 식품점을 새로 열고, 불화의 원인인 아버지는 가출했다가 중풍과 치매에 걸려 돌아온다.

아버지 시중 때문에 결국 어머니는 가게에 점원 한 사람을 두었다. 얼마 되지 않는 수입에서 점원 월급까지 나가야 하니 그것 또한 어머니의 나날을 긴장으로 채워 주는 것이었다. 어머니는 **더욱 바빠졌고 나날이 생기를 더해 갔다.** ㉠**아, 어머니의 불행하고도 행복한 삶……**.

아버지는 이미 오래전에 자신의 인생을 벗어던지고 덤으로 살고 있는 사람이었다. 진짜 인생은 자기 혼자 다 즐기고, 덤으로 얹혀질 인생의 시기에 비로소 가족에게 돌아온 아버지는 천진난만 그 자체였다. 생의 이면을 보아 버린 자의 그 많은 갈등과 괴로움도 단숨에 압축해 버리니 별것도 아니었다. 남은 것은 음식에의 탐욕, 그것뿐이었다. 아버지의 뇌파는 오직 먹는 것에만 싱싱하게 반응하였다. 하루에도 몇 번씩 굶어 죽는다고 엄살이었다.

"배고파라. 아이구, 배고파 죽겠어. 이것 좀 봐, 배가 납작하게 붙었잖아."

㉡**슬픈 일몰을 이야기하고 아름다운 비밀 반쪽을 나에게 나누어 주던 아버지는 사라졌다.** 나는 그것을 확인했다. 아버지 손과 내 손을 맞춰 보았지만 맞지 않았던 것이었다. 병과 늙음이 아버지의 손을 축소시켜 놓았다. 아버지의 뼈만 남은 야윈 손가락을 힘들여 펴서 손바닥을 포개 봤더니 두께는 고사하고 길이도 반 마디나 내가 컸다. 그래서 아버지는 지금도 나를 알아보지 못하고 있다. ㉢**아마도, 우리는 영영 서로를 알아보지 못한 채 헤어질 것이다.** 왜 사랑하는 우리를 멀리하고 떠돌아야만 했는지 묻지도 못한 채 나는 아버지와 헤어질 것이었다. 어쩌면 바로 그것이 **아버지가 내게 물려주고 싶었던 중요한 인생의 비밀**이었는지도 모를 일이었다.

(중략)

이제는 나의 이야기를 해야 할 차례다. 나는 곧 결혼한다. 어머니와 이모에 이어 나도 4월의 신부가 된다. 물론 4월 1일 만우절은 아니다. 일 년 전쯤의 어느 날 아침, 불현듯 잠에서 깨어나는 순간 "내 인생에 나의 온 생애를 다 걸어야 해. 꼭 그래야만 해!"라고 부르짖었던 나의 다짐이 마침내 결혼이라는 실천의 단계에 이른 것이다.

그 다짐에 충실했던 일 년이었다. 살필 수 있는 만큼은 다 살폈고 생각할 수 있는 것은 다 생각했다. 그리고 결정했다. 4월의 결혼식에 내 손을 잡아 줄 남자는 그래서 나영규가 되었다. 일이 그렇게 되었으므로 '헤어진 다음날'은 나와 김장우의 노래가 되었다. 그러나 나는 헤어진 다음날들은 죽음뿐이라고 생각한 이모와는 달랐다. 나는 잘 견디었다. ㉣**김장우는 어떠했는지 알 수 없지만.**

인간에게는 행복만큼 불행도 필수적인 것이다. 할 수 있다면 늘 같은 분량의 행복과 불행을 누려야 사는 것처럼 사는 것이라고 이모는 죽음으로 내게 가르쳐 주었다. 이모의 가르침대로 하자면 나는 김장우의 손을 잡아야 옳은 것이었다. 그러나 역시 이모의 죽음이 나로 하여금 김장우의 손을 놓아 버리게 만들기도 했다. 모든 사람들에게 행복하게 보였던 이모의 삶이 스스로에겐 한없는 불행이었다면, 마찬가지로, 모든 사람들에게 불행하게 비쳤던 어머니의 삶이 이모에게는 행복이었다면, 남은 것은 어떤 종류의 불행과 행복을 택할 것인지 그것을 결정하는 문제뿐이었다. 나는 **내게 없었던 것을 선택한** 것이었다. 이전에도 없었고, 김장우와 결혼하면 앞으로도 없을 것이 분명한 그것, 그것을 나는 나영규에게서 구하기로 결심했다.

그것이 이모가 그토록이나 못 견뎌 했던 '**무덤 속 같은 평온**'이라 해도 할 수 없는 일이었다. 삶의 어떤 교훈도 내 속에서 체험된 후가 아니면 절대 마음으로 들을 수 없다. 뜨거운 줄 알면서도 뜨거운 불 앞으로 다가가는 이 모순, 이 모순 때문에 내 삶은 발전할 것이다. 나는 그렇게 믿는다. 우이독경, 사람들은 모두 소의 귀를 가졌다. 마지막으로 한 마디. ⑩일 년쯤 전, 내가 한 말을 수정한다. 인생은 탐구하면서 살아가는 것이 아니라, 살아가면서 탐구하는 것이다. 실수는 되풀이된다. 그것이 인생이다…….

- 양귀자, 「모순」 -

서술상 특징 파악 • **01** 윗글의 서술상 특징으로 가장 적절한 것은?

① 계절적 배경의 묘사를 통해 인물의 변화된 심리를 드러낸다.
② 독백적 진술을 통해 인물의 복잡한 내면 심리를 드러낸다.
③ 의식의 흐름 기법을 통해 인물의 무의식적 욕망을 드러낸다.
④ 의문과 추측의 진술을 통해 다른 인물에 대한 반감을 드러낸다.
⑤ 과거와 현재의 교차 서술을 통해 인물 간 갈등 양상을 드러낸다.

인물의 심리와 태도 • **02** ㉠~⑩에 대한 설명으로 적절하지 않은 것은?

① ㉠: 아버지를 돌봐야 하고 경제적으로도 빠듯하지만 나날이 생기가 더해 가는 어머니의 모습을 보고 '나'가 어머니의 삶을 모순으로 인식함을 보여 준다.
② ㉡: 과거의 순간들을 함께했던 아버지에 대해 '나'가 애틋함을 갖고 있음을 보여 준다.
③ ㉢: 아버지의 병세가 호전되지 않을 것이라는 '나'의 부정적 인식을 보여 준다.
④ ㉣: 심리적 갈등을 회피하는 '나'의 소극적 태도를 보여 준다.
⑤ ⑩: 실수를 반복할 수밖에 없는 것이 인생이라는 '나'의 깨달음을 보여 준다.

⭐ **개념 적용**

외적 준거에 따른 감상 • **03** '작가 노트' 중 일부인 | 보기 |를 참고하여 윗글을 감상한 내용으로 적절하지 않은 것은?

> 보기
>
> 　인간이란 누구나 각자 해석한 만큼의 생을 살아낸다. 해석의 폭을 넓히기 위해서는 사전적 정의에 만족하지 말고 그 반대도 함께 들여다볼 일이다. 행복과 불행, 삶과 죽음, 정신과 육체, 풍요와 빈곤. 행복의 이면에 불행이 있고, 불행의 이면에 행복이 있다. 풍요의 뒷면을 들추면 반드시 빈곤이 있고, 빈곤의 뒷면에는 우리가 찾지 못한 풍요가 숨어 있다. 세상의 일들이란 모순으로 짜여 있으며 그 모순을 이해할 때 조금 더 삶의 본질 가까이로 다가갈 수 있는 것이다.

① '더욱 바빠졌고 나날이 생기를 더'하는 어머니의 모습은 불행의 이면에 행복이 있다는 삶의 모순을 보여 주는 것이겠군.
② '아버지가 내게 물려주고 싶었던 중요한 인생의 비밀'은 삶의 본질이 모순에 있음을 드러내는 것이겠군.
③ '그 다짐에 충실했던 일 년'은 사전적 의미와 그 반대 의미까지도 탐구하여 모순된 생에 대한 이해를 확장한 시기였겠군.
④ '내게 없었던 것을 선택한' 나의 결정은 물질적 행복의 이면에 있는 불행을 거부하려는 모순을 보여 주는 것이겠군.
⑤ '무덤 속 같은 평온'은 물질적 풍요에도 불구하고 정신적 빈곤에 시달렸던 이모의 모순된 삶을 드러내는 것이겠군.

09강 사실적 읽기 ① – 중심 내용과 주제 파악

📖 들어가며

글을 읽을 때는 글에 직접적으로 드러나 있는 정보를 정확하게 파악하여 읽는 것이 중요하다. 이러한 사실적 읽기가 중요한 이유는 추론적·비판적 읽기의 기본이 되기 때문이다. 사실적 읽기는 내용에 대한 사실적 이해와 형식에 대한 사실적 이해로 나누어 살펴볼 수 있다. 내용에 대한 사실적 이해 방법 중에서 문단의 중심 내용 파악하기, 세부 정보 파악하기, 주제 파악하기 등에 대해 알아보고, 이를 바탕으로 올바른 읽기를 해 보도록 한다.

개념 더하기 ➕

독서의 요소
- 단어: 실제적 독해 과정에서 의미와 개념이 발생하는 최소 단위
- 문장: 생각이나 감정을 말과 글로 표현할 때 완결된 내용을 갖는 최소의 단위
- 문단: 여러 문장들이 모여 통일된 중심 생각을 표현하는 글의 단위
- 접속어: 문장과 문장, 문단과 문단을 연결하는 단어로, 의미 관계를 알리는 표지

01 사실적 읽기

> **사실적 읽기** 글에 직접적으로 드러나 있는 정보를 주관적 해석 없이 정확하게 파악하는 것

• 사실적 읽기의 방법

내용에 대한 사실적 이해 (중심 내용과 주제 파악하기)	• 글의 내용을 정확히 이해하고 파악하는 것 • 중심 문장과 문단의 주요한 내용을 파악한 후, 이를 바탕으로 문단과 글 전체의 중심 내용을 정리하면서 글의 주제를 파악함.
형식에 대한 사실적 이해 (글의 구조와 전개 방법 파악하기)	• 글의 구성 단위와 그 관계를 정확히 이해하고 파악하는 것 • 단어, 문장, 문단 등이 서로 어떠한 관계로 이루어져 있는지를 파악함. • 글의 구조를 알기 위해서는 표지를 통해 문단과 문단이 어떻게 연결되어 있는지를 파악하는 것도 중요함. • 설명문인지 논설문인지에 따라 글의 전개 방법이 다를 수 있으므로 글의 종류를 참고하여 전개 방법을 파악함.

• 사실적 읽기의 요소

중심 내용	글의 첫 문단이나 글의 도입부에 제시된 중심 화제를 찾고 이와 관련하여 글에서 설명하거나 강조하는 것이 무엇인지를 확인하면 중심 내용을 정리할 수 있음.
세부 정보	중심 화제의 특성, 원리, 가치 등을 구체적으로 서술한 내용이나 중심 화제에 대한 글쓴이의 주장과 근거 등에서 찾을 수 있음.

02 중심 내용 파악하기

> **중심 내용** 글이나 문단의 가장 중심이 되는 부분

• 중심 내용을 파악하는 문제의 접근 방법

① 글의 중심 내용은 중심 화제에 대한 일반적 진술에 담겨 있으므로, 중심 화제를 찾으면 글의 논지에 접근할 수 있다.

글 전체의 중심 화제 파악하기	• 글 전체의 중심 화제는 대부분 첫 문단에 나타남. 첫 문단에서는 중심 화제의 정의를 내리거나 대표적인 특징을 이야기하므로 첫 문단에서 언급하고 있는 이야깃거리에 주목해야 함. • 중심 화제는 동일하거나 유사한 단어로 지문 전체에서 반복적으로 등장함.

수능 국어 point ✨

사실적 읽기에 관한 문항 중 글의 중심 내용이나 주제를 묻는 경우는, 우선 글에서 제시하고 있는 화제를 파악하고 이와 관련하여 내용을 정리해야 한다.

➥ 기출 유형 ➥
- 윗글의 표제와 부제로 가장 적절한 것은?

문단별 화제 파악하기	• 각 문단을 읽으면서 글 전체의 중심 화제와 관련된 내용에 밑줄을 치면 각 문단의 화제를 한눈에 파악할 수 있음. • 첫 문단에는 글 전체의 중심 화제가 드러나는 경우가 많고 마지막 문단에는 각 문단의 화제들을 종합해서 제시하는 경우가 많기 때문에, 제일 중요한 부분은 첫 문단과 마지막 문단임.
글의 주제 파악하기	• 첫 문단에서 글 전체의 중심 화제를, 이어지는 문단들에서 문단별 화제를 파악한 후 이를 정리하면 글의 주제를 파악할 수 있음. • 한 문장으로 정리하기 어렵다면 단순하게 글 전체의 중심 화제와 문단별 화제를 이어 붙이면 됨.

② 일반적으로 중심 화제는 제목에 드러나게 되므로, 제목이 의미하는 바를 생각해 보면 글의 내용을 예측할 수 있다.

③ 중심 문장은 대체로 문단의 처음이나 끝에 위치하므로, 글을 읽을 때 각 문단의 처음과 끝을 주의 깊게 읽으면 글의 중심 내용을 쉽게 파악할 수 있다.

④ 중심 문장을 찾기 어려울 경우는 글의 중심 화제, 핵심 요소들을 종합하여 하나의 문장을 만들어 봄으로써 중심 내용을 파악할 수 있다.

예 다음 글의 표제로 가장 적절한 것은?

> 패킷 교환 방식은 작은 단위로 나눠진 패킷들이 여러 개의 노드를 통해서 서로 다른 경로로 전송된 후 나중에 합쳐지기 때문에 기존의 정보 전송 방식에 비해 많은 양의 데이터를 빠르게 전송할 수 있다. 패킷들이 각기 다른 경로로 전송되기 때문에 데이터 전송 시 하나의 경로에 과부하가 발생하여 전송이 지연되더라도 다른 경로를 통해 패킷을 전송할 수 있다는 우수성이 있다.

① 기존의 정보 전송 방식　　② 패킷 교환 방식의 장점　　③ 패킷 교환 방식의 문제점

→ '패킷 교환 방식'이 기존의 정보 전송 방식에 비해 많은 양의 데이터를 빠르게 전송할 수 있으며, 데이터 전송 시 하나의 경로에 과부하가 발생하여 전송이 지연되더라도 다른 경로를 통해 패킷을 전송할 수 있다는 우수성이 있다고 하였으므로 정답은 ②이다.

03 세부 정보 파악하기

> **세부 정보**　－ 문단의 중심 내용을 뒷받침해 주는 내용으로, 지문 속 모든 정보를 말함.
－ 중심 화제에 대해 구체적으로 설명한 정보를 말함.

• **세부 정보를 파악하는 문제의 접근 방법**

① 세부 정보를 파악하는 문제는 세부적이고 구체적인 정보들을 정확하게 이해하고 있는지 묻는 문제 유형으로, 글 속 정보와 문제의 선택지에 제시된 내용 간의 일치 여부를 묻는다. 따라서 우선 선택지에서 선택지 내용이 참인지 거짓인지를 결정지을 만한 핵심 단어를 파악한다.

② 글이 길거나 정보의 양이 많아 세부 정보의 파악이 어려울 경우, 선택지에 제시된 내용(핵심 단어)이 나오는 부분을 글에서 찾아 밑줄을 긋고 선택지의 번호를 적어 일대일로 대응시키면 그 적절성을 빠르게 파악할 수 있다.

③ 글의 세부 정보가 선택지에서 추상적 표현으로 나타나거나 간추려져 표현되었는지를 확인한다.

④ 문장 구조와 단어가 달라도 같은 내용을 전달하고 있는지 확인한다.

⑤ 문장 속 주어와 서술어의 의미적 호응 관계를 명확하게 따져 본다.

• **특정 정보를 파악하는 문제의 접근 방법**

① 글에서 특정한 정보를 정확하게 파악하고 있는지 묻는 문제 유형으로, 한 가지 특정 정보를 묻는 유형과 두 가지 이상의 특정 정보를 비교하는 유형이 있다.

② 문제에서 묻는 특정 정보를 파악한 후 지문에서 그 특정 정보를 다룬 문단만 읽고 선택지의 내용과 대응시켜 일치 여부를 확인한다.

SOS 알려주세요!

Q. 중심 화제를 묻는 문제에서는 어떤 점을 유의해야 하나요?

A. 중심 화제를 파악했는지 묻는 문제 유형에는 글의 제목 찾기, 표제와 부제 파악하기 등이 있어요. 이때 중심 화제가 아예 빠져 있거나 일부만 포함되어 있으면 정답이 될 수 없으니 유의해야 해요.

개념 더하기

중심 문장과 뒷받침 문장
• 중심 문장: 중심 내용이 드러나 있는 가장 중요한 문장(포괄적인 경우가 많음.)
• 뒷받침 문장: 중심 문장을 설명하거나 근거를 제시하는 문장(구체적 예시가 많음.)

개념 더하기

세부 정보 파악 문항의 선택지 유형
• 단순 일치형: 선택지의 표현이 글의 표현과 단순하게 일치하는 경우
• 변형 일치형: 선택지의 표현이 글과는 다르나 그 의미는 같은 경우

[01~04] 다음 글을 읽고 물음에 답하시오.

19세기에 분트는 인간의 정신세계가 의식으로 이루어져 있다고 보고, 실험을 통해 인간의 정신 현상과 행동을 설명하는 실험 심리학을 주창하였다. 그러나 프로이트는 정신 질환을 겪는 환자들을 치료하면서 인간에게 의식과는 다른 무의식 세계가 있다는 것을 발견하였다. 이에 그는 인간을 무의식의 지배를 받는 비합리적 존재로 간주하고, 정신 분석 이론을 통해 인간의 정신세계를 규명하려 하였다.

프로이트에 의하면 인간의 정신세계 중 의식이 차지하는 영역은 빙산의 일각일 뿐, 무의식이 정신세계의 대부분을 차지한다. 그는 무의식의 심연에는 ⓐ'원초아'가, 무의식에서 의식에 걸쳐 ⓑ'자아'와 ⓒ'초자아'가 존재한다고 보았다. 원초아는 성적 에너지를 바탕으로 본능적인 욕구를 충족하려는 선천적 정신 요소이다. 반면 자아는 외적 상황으로 인해 충족되지 못하고 지연되거나 좌절된 원초아의 욕구를 사회적으로 용인될 수 있는 방법으로 충족하려는 정신 요소이다. 마지막으로 초자아는 도덕률에 따라 원초아의 욕구를 억제하고 양심에 따라 행동하도록 하는 정신 요소로, 어린 시절 부모의 종교나 가치관 등을 내재화하는 과정에서 후천적으로 발달한다.

이러한 원초아, 자아, 초자아는 역동적으로 상호 작용하면서 개인의 성격을 형성한다. 가령, 원초아가 강할 때는 본능적인 욕구에 집착하는 충동적인 성격이, 초자아가 강할 때는 엄격하게 도덕을 지키려는 원칙주의적 성격이 나타난다. 자아는 원초아와 초자아의 요구 사이에서 이를 조정하는 역할을 하기 때문에, 정신적 균형을 이루기 위해서는 자아의 발달이 중요하다. 만일 자아가 제 역할을 하지 못하면 정신 요소의 균형이 깨져 불안감이 생기는데, 자아는 이를 해소하기 위해 무의식적으로 방어 기제를 사용하게 된다. 대표적인 방어 기제로는 억압이나 승화 등이 있다. 억압은 자아가 수용하기 힘든 욕구를 무의식 속으로 억누르는 것을, 승화는 그러한 욕구를 예술과 같이 가치 있는 활동으로 전환하는 것을 의미한다. 개인마다 습관적으로 사용하는 방어 기제가 다르기 때문에 어떤 방어 기제를 사용하느냐 또한 개인의 성격 형성에 영향을 미친다.

프로이트는 어린 시절에 해소되지 않은 원초아의 욕구나 정신 요소 간의 갈등은 성인이 된 후에도 지속적으로 영향을 주기 때문에, 이 시기에 부모와의 상호 작용 경험이 성격 형성에 큰 영향을 준다고 설명하였다. 특히 그는 성인의 정신 질환을 어린 시절의 심리적 갈등이 재현된 것으로 보고, 이를 치유하기 위해서는 무의식에 내재되어 있는 과거의 상처를 의식의 세계로 끌어내는 과정이 필요하다고 주장하였다.

01

이 글에 대한 설명으로 적절하지 <u>않은</u> 것을 고르시오.

① 분트는 인간의 정신세계가 의식으로 구성되어 있다고 보았다.
② 프로이트는 인간을 무의식의 지배를 받는 비합리적 존재로 여겼다.
③ 프로이트는 원초아가 강할 때 본능적인 욕구에 집착하는 성격이 나타난다고 생각했다.
④ 프로이트는 의식적으로 사용하는 방어 기제와 무의식적으로 사용하는 방어 기제를 구분하였다.

02

ⓐ～ⓒ와 관련 있는 내용을 알맞게 연결하시오.

ⓐ 원초아 •	• ㉠ 본능적인 욕구를 충족하려는 정신 요소
ⓑ 자아 •	• ㉡ 본능적인 욕구를 억제하고 양심에 따라 행동하도록 하는 정신 요소
ⓒ 초자아 •	• ㉢ 좌절된 본능적인 욕구를 사회적으로 용인될 수 있는 방법으로 충족하려는 정신 요소

03

다음 중, 자아의 방어 기제에 해당하는 것을 모두 골라 쓰시오.

불안감	억압	무의식	승화	성격

04

이 글의 내용으로 적절하면 ○표, 적절하지 않으면 ×표 하시오.

⑴ 원초아, 자아, 초자아는 상호 작용을 하면서 개인의 성격을 형성하는군.　　　　　　（　　　）
⑵ 자아는 어린 시절 부모의 종교나 가치관 등을 내재화하는 과정에서 후천적으로 발달하는군.（　　　）
⑶ 성인의 정신 질환은 어린 시절의 심리적 갈등이 재현된 것이므로, 이를 치료하기 위해서는 부모와의 상호 작용이 필요하겠군.　　　　　　（　　　）

[05~08] 다음 글을 읽고 물음에 답하시오.

　의사 능력이란 '자기의 행위의 의미나 결과를 합리적으로 예견할 수 있는 정신적인 능력 내지 지능'을 의미한다. 이러한 의사 능력이 없는 의사 무능력자의 법률 행위는 무효, 즉 법률 행위의 효력이 처음부터 발생하지 않은 것으로 본다.

　민법에서는 의사 무능력자 여부, 즉 의사 능력의 유무와 관계없이 나이나 법원의 결정이라는 일정하고 객관적인 기준에 따라 **제한 능력자**를 규정하고 있다. 구체적으로 만 19세 미만의 미성년자, 그리고 가정법원으로부터 심판을 받은 피성년 후견인과 피한정 후견인 등이 제한 능력자에 해당되는데, 이들은 독자적으로 완전하고 유효한 법률 행위를 할 수 있는 행위 능력자와 구분되며, 자신의 의사 무능력을 증명할 필요가 없다. 제한 능력자는 단독으로 재산상의 법률 행위를 한 경우 10년 내에 취소권을 행사할 수 있는데, 이를 제한 능력자 제도라고 한다. 이때 제한 능력자의 법률 행위의 취소 여부는 제한 능력자 측, 즉 제한 능력자 본인이나 그의 법정 대리인의 의사에 따라서만 결정된다. 제한 능력자 측에서 취소권을 행사할 경우 법률 행위는 처음부터 무효인 것으로 보지만, 행위를 취소하지 않을 경우에는 그 법률 행위에 대해서는 그대로 효력이 유지된다.

　미성년자는 주민등록증과 가족관계등록부를 통해, 피성년 후견인과 피한정 후견인은 후견등기부를 통해 확인할 수 있다. 하지만 제한 능력자의 계약 상대방이 이를 항상 확인하지는 않으므로 계약을 한 후 자신이 계약을 한 상대방이 제한 능력자라는 사실을 뒤늦게 알게 되는 경우가 있다. 제한 능력자 측은 자신의 법률 행위에 대해 10년 내에 취소할 수 있는 취소권을 갖기 때문에 제한 능력자의 계약 상대방은 불이익을 당할 수도 있다. 이에 민법은 제한 능력자를 보호함으로써 불이익을 당하게 되는 상대방을 위해 '상대방의 확답 촉구권', '상대방의 철회권·거절권', '제한 능력자의 속임수'와 같은 제도를 운영하고 있다.

　먼저 **상대방의 확답 촉구권**은 제한 능력자의 계약 상대방이 1개월 이상의 기간을 정해 계약 취소 여부에 대한 확답을 요구할 수 있는 권리이다. 이때 확답 촉구는 제한 능력자에게는 할 수 없으며, 제한 능력자의 법정 대리인이나 제한 능력자가 행위 능력자가 된 경우에만 요구할 수 있다. 특별한 절차가 필요한 행위를 제외하고 확답 촉구를 받은 사람은 상대방이 설정한 유효 기간 내에 취소 여부에 대한 확답을 해야 하며, 유효 기간 내에 확답을 하지 않으면 제한 능력자와 계약한 법률 행위는 취소할 수 없는 것으로 확정된다.

05
'제한 능력자'에 해당하지 <u>않는</u> 것을 고르시오.

① 피한정 후견인
② 피성년 후견인
③ 만 17세인 학생
④ 만 19세 이하의 미성년자

06
이 글에서 미성년자를 확인할 수 있는 방법 두 가지를 찾아 쓰시오.

07
이 글을 다음과 같이 정리할 때 빈칸에 들어갈 말을 순서대로 쓰시오.

제한 능력자 보호		제한 능력자의 상대방 보호
제한 능력자 제도 (□□□ 행사)	⇄	상대방의 □□ □□□, 상대방의 철회권·□□□, 제한 능력자의 □□□

08
다음은 '상대방의 확답 촉구권'에 대한 설명이다. 빈칸에 들어갈 말을 《보기》에서 골라 각각 기호로 쓰시오.

　민법에서 운영하는 제도로, [(1)　　　]을/를 보호함으로써 불이익을 당하게 되는 상대방을 위해 운영하고 있다. [(2)　　　] 이상의 기간을 정해 계약 취소 여부에 대한 확답을 요구할 수 있는 권리로, 제한 능력자의 [(3)　　　](이)나 제한 능력자가 [(4)　　　]이/가 된 경우에만 요구할 수 있다.

《보기》
ⓐ 제한 능력자　　ⓑ 행위 능력자
ⓒ 법정 대리인　　ⓓ 1개월
ⓔ 1년　　　　　　ⓕ 10년

이 글은

대립가설과 귀무가설에 대해 설명하고, 가설 검정과 판단 과정에서 발생할 수 있는 두 가지 오류에 대해 설명하고 있다. 귀무가설이 참인데도 불구하고 귀무가설을 기각하는 결정을 내린 것을 1종 오류라 하고, 귀무가설이 참이 아닌데 귀무가설을 기각하지 못한 결정을 내린 것을 2종 오류라고 한다. 오류들 중 상대적으로 더 심각한 문제를 초래하는 것은 1종 오류이므로, 가설 검정에서는 1종 오류를 범할 확률의 최대 허용 범위인 유의 수준을 가급적 낮게 정한다.

다음 글을 읽고 물음에 답하시오.

어떤 제약 회사에서 특정한 병에 효과가 있는 새로운 약을 만들고 있다고 가정해 보자. 신약 개발은 엄청난 자본이 들어가는 일이기 때문에 경영자는 신중하게 판단을 해야 한다. 경영자는 신약이 효과가 있다는 것을 확인하기 위해 가설 검정의 방법을 사용할 수 있다. 가설 검정은 모순*된 관계에 있는 두 개의 가설을 세우고 실험을 통해 얻은 통계 자료로 가설의 참 또는 거짓을 판단하는 것이다. 가설 검정을 위해 경영자는 '신약이 효과가 있다.'와 '신약이 효과가 없다.'라는 가설을 설정한다. 전자는 판단하는 이가 주장하려는 가설로 '대립(對立)가설'이라 하고 후자는 주장하고 싶은 내용과는 반대되는 가설인 '귀무(歸無)가설'이라 한다.

'신약이 효과가 있다.'라는 대립가설을 입증하기 위해서는 특정 질병을 겪고 있는 모든 환자에게 신약을 투약해 보면 된다. 하지만 전체를 대상으로 실험하는 것은 현실적으로 불가능하기 때문에 대립가설을 기준으로 가설 검정을 하지는 않는다. 대신 가설 검정에서는 귀무가설이 참이라고 가정한 상태에서, 일부 환자에게 투약해서 얻은 자료를 바탕으로 확률에 근거하여 귀무가설의 기각* 여부를 결정한다. '신약이 효과가 없다.'라는 귀무가설 아래에서 투약하였는데 관찰한 결과 병이 호전된 경우가 많았다고 하자. 이는 '신약이 효과가 없다.'가 타당하지 않은 것이므로, 경영자는 귀무가설을 버리고 대립가설을 채택하면 된다. 한편 '신약이 효과가 없다.'라는 귀무가설 아래에서 투약하였고, 관찰 결과 병이 낫지 않은 경우가 더 많았다고 하자. 이때는 귀무가설을 버릴 수 없다. 이처럼 가설 검정은 '귀무가설을 기각한다.' 또는 '귀무가설을 기각하지 못한다.'라는 의사 결정을 중심으로 대립가설의 채택 여부가 결정된다.

경영자가 의사 결정을 하는 과정에서는 두 가지 오류*가 발생할 수 있다. 귀무가설이 참인데도 불구하고 귀무가설을 기각하는 결정을 내린 것을 '1종 오류'라고 한다. 앞선 예에서 실제로는 약효가 없는데도 약효가 있다고 판단하는 것이다. 그리고 귀무가설이 참이 아닌데 귀무가설을 기각하지 못한 결정을 내린 것을 '2종 오류'라고 한다. 실제로는 약효가 있지만 약효가 없다고 판단하는 것이다. 이러한 오류는 판결에서도 나타날 수 있다. 증거에 의해 '피고인은 유죄이다.'라는 대립가설이 채택되기 전까지는 '피고인은 무죄이다.'라고 가정한다. 판사는 확보된 증거를 바탕으로 귀무가설의 기각 여부를 판단해야 한다. 이때 판사가 무죄인 사람에게 유죄를 선고하는 것은 1종 오류, 유죄인 사람에게 무죄를 선고하는 것은 2종 오류에 해당한다.

오류들 중 상대적으로 더 심각한 문제를 초래*하는 것은 1종 오류이다. 효과가 있는 약을 출시하지 못해서 기업이 수익을 창출할 기회를 잃어버리는 상황에 비해, 시장에 출시했는데 약의 효능이 없어서 회사가 신뢰를 잃는 위험이 더 크다. 또한 죄가 있는데 무죄 판결을 내리는 것보다 결백한 사람에게 유죄 판결을 내리는 것이 더 심각한 문제이다. 그런데 두 가지 오류를 동시에 줄일 수는 없다. 한쪽 오류를 줄이면 그만큼 반대쪽 오류는 늘어나기 때문이다. 만약 경영자가 약의 효능과는 무관하게 일단은 약을 출시하기로 결정했다면 2종 오류는 배제할 수 있지만 그만큼 1종 오류는 늘어나게 된다.

따라서 가설 검정 과정에서는 1종 오류가 발생할 확률의 최대 허용 범위인 ㉠유의 수준을 가급적 낮게 정한다. 예를 들어 유의 수준이 5%라면 백 번의 시행 중 다섯 번 이내로 1종 오류가 발생하더라도 우연히 일어난 일로 보고 대립가설을 채택하지만, 이 값을 넘어서면 귀무가설을 기각하지 못한다는 것이다. 또한 유의 수준은 실험을 하기 전에 미리 정하며, 사람의 생명이나 인권과 결부된 것이라면 유의 수준은 더 낮게 잡아야 한다.

* **모순** 말이나 행동 또는 사실의 앞뒤가 서로 맞지 않음.
* **기각** 버리고 쓰지 아니함.
* **오류** 그릇되어서 이치에 어긋남.
* **초래** 어떤 결과를 가져오게 함.

★ 개념 적용

핵심 정보 파악

01 가설 검정에 대하여 윗글을 통해 답을 찾을 수 <u>없는</u> 질문은?

① 귀무가설을 기각할 때 새롭게 설정하는 가설은 무엇인가?
② 대립가설을 기준으로 가설을 검정하지 않는 이유는 무엇인가?
③ 대립가설의 채택 여부를 판단하기 위해 사용하는 가설은 무엇인가?
④ 1종 오류와 2종 오류를 함께 줄일 수 없는 이유는 무엇인가?
⑤ 1종 오류와 2종 오류 중 더 심각한 문제를 초래하는 오류는 무엇인가?

도움말

각 문단의 핵심어를 중심으로 핵심 내용을 파악해 봐요.

★ 개념 적용

세부 내용 파악

02 윗글의 내용과 일치하는 것은?

① 귀무가설이 기각되면 대립가설은 채택될 수 없다.
② 판결에서 대립가설의 기각 여부는 피고인이 판단한다.
③ 귀무가설은 대립가설이 채택될 때 받아들여지는 가설이다.
④ 귀무가설은 참과 거짓을 알기 전까지는 거짓으로 간주한다.
⑤ 신약 개발을 하는 경영자가 채택하고 싶은 것은 대립가설이다.

핵심 개념 확인

03 ㉠에 대한 설명으로 적절한 것은?

① 인권과 관련된 판단일수록 값을 크게 설정한다.
② 귀무가설이 참일 확률과 거짓일 확률의 차이를 의미한다.
③ 값을 낮게 정할수록 대립가설을 채택할 확률이 낮아진다.
④ 실험이 이루어진 후에 자료를 분석할 때 결정하는 값이다.
⑤ 가설을 판단할 때 사용할 자료 개수의 최대 허용 범위이다.

수능 개념 마스터

✿ **문단의 핵심 내용**

1문단	❶ [　　　] 은 ❷ [　　　] 된 관계에 있는 두 개의 가설을 세우고 실험을 통해 얻은 통계 자료로 가설의 참 또는 거짓을 판단하는 것이다.
2문단	가설 검정은 ❸ [　　　] 의 기각 여부로 대립가설의 채택 여부가 결정된다.
3문단	귀무가설이 참인데도 불구하고 귀무가설을 기각하는 결정을 내린 것을 ❹ [　　　] 오류라고 하고, 귀무가설이 참이 아닌데 귀무가설을 기각하지 못한 결정을 내린 것을 ❺ [　　　] 오류라고 한다.
4문단	오류들 중 상대적으로 더 심각한 문제를 초래하는 것은 ❻ [　　　] 오류이다. 그런데 한쪽 오류를 줄이면 그만큼 반대쪽 오류가 늘어나기 때문에 두 가지 오류를 동시에 줄일 수는 없다.
5문단	가설 검정 과정에서는 ❼ [　　　] 가 발생할 확률의 최대 허용 범위인 ❽ [　　　] 을 가급적 낮게 정한다.

✿ **글의 주제**

주제	❾ [　　　] 및 판단 과정에서 발생할 수 있는 ❿ [　　　]

이 글은

오염된 물을 정화하는 정수 처리 기술 중 '약품 침전 방식'에 대해 서술하고 있다. 침전 방식은 '보통 침전 방식'과 '약품 침전 방식'으로 나눌 수 있는데, 물의 탁도를 높이는 콜로이드 입자들은 안정성을 가지고 있어 '약품 침전 방식'으로 물을 정화해야 한다.

이 '약품 침전 방식'은 응집제를 주입하여 전기적 중화 작용과 가교 작용을 통해 콜로이드 입자의 영향으로 발생한 물의 탁도를 낮춘다. 이렇게 탁도가 낮아진 물에 응집제가 많이 남아 있게 되면 역전 현상이 나타나 물의 탁도가 다시 높아지고 체 거름 현상이 나타난다.

다음 글을 읽고 물음에 답하시오.

오염된 물을 사용 목적에 맞게 정화하는 정수 처리 기술에서 침전 과정은 부유하는 오염 물질을 가라앉혀 물의 탁도를 제거하는 것을 목적으로 한다. 부유물이 물보다 비중이 큰 경우, 다른 물질과의 상호 작용 없이 중력만으로 가라앉힐 수 있는데 이를 '보통 침전 방식'이라고 한다. 하지만 중력만으로 침전시키기 어려운 콜로이드 입자와 같은 물질들은 화학 약품을 이용하여 입자들을 응집시켜 가라앉히는 방식을 사용하는데 이를 '약품 침전 방식'이라고 한다.

일반적으로 미세한 입자들은 입자 간의 거리가 일정 거리 이하로 좁혀지면 서로를 끌어당기는 ㉠반데르발스 힘의 영향을 받아 응집하게 된다. 하지만 물속에서 부유하는 미세한 콜로이드 입자들은 수산화 이온과의 결합 등으로 인해 음(−) 전하를 띠고 있어 서로를 밀어내는 ㉡전기적 반발력의 영향을 받기 때문에 일정 거리 이하로 입자들의 거리가 좁혀지지 않는다. 그 결과 콜로이드 입자들은 물속에서 균일하게 분산되어 안정성을 가지고 부유하게 된다. 이런 입자의 안정성은 물의 탁도를 높이는 주요한 원인이 된다.

약품 침전 방식에서는 응집제를 주입하여 전기적 중화 작용과 가교 작용을 통해 콜로이드 입자의 영향으로 발생한 물의 탁도를 낮추는 과정을 거치게 된다. 이때 사용된 응집제는 보편적으로 알루미늄염과 철염 등의 양이온계 응집제로 이들은 물과 화학 반응을 하면서 단계적으로 다양한 종류의 화합물을 형성하게 된다.

우선 전기적 중화 작용에서는 탁도가 높은 물에 주입된 응집제가 물과 화학 반응을 거쳐 양(+) 전하의 금속 화합물을 형성하고, 이 화합물이 음(−) 전하를 띤 콜로이드 입자와 결합하면 콜로이드 입자 간 전기적 반발력이 감소하게 된다. 그 결과 콜로이드 입자들이 불안정화되고 물 분자 운동이나 물의 흐름에 의해 움직이다가 반데르발스 힘이 작용할 정도로 가까워지게 되면 서로 응집하여 침전이 가능한 작은 플록*을 형성하게 된다. 이러한 전기적 중화 작용은 응집제 주입 후 극히 단시간 안에 이루어지기 때문에 콜로이드 입자와 금속 화합물이 빠르게 결합하여 반응하게 하기 위해 물을 빠르게 젓는 급속 교반*을 해야 한다.

다음으로 가교 작용에서는 전기적 중화 작용에서 형성된 작은 플록을 더 크게 만든다. 침전 속도를 높이기 위해서는 플록의 크기가 더 커져야 하는데, 반데르발스 힘만으로는 플록의 크기를 키우는 데 한계가 있기 때문이다. 응집제의 주입으로 형성된 화합물 중 긴 사슬 형태의 고분자 화합물은 플록과 플록을 연결하는 일종의 가교 역할을 하게 된다. 이런 작용을 통해 연결된 여러 플록들은 하나의 큰 플록이 되어 중력의 영향을 받아 빠르게 침전한다. 이러한 가교 작용 과정에서는 침전에 용이한 큰 플록을 만들기 위해 플록이 다른 플록과 연결될 때 접촉 시간을 늘려 주고, 연결이 깨지지 않도록 물을 천천히 저어 주어야 한다. 이를 완속 교반이라고 한다.

한편, 이와 같은 과정을 거쳐 탁도가 낮아진 물에, 전기적 중화 작용과 가교 작용에서 반응하지 못한 응집제가 많이 남아 있게 되면 전기적으로 중화되었던 콜로이드 입자들이 오히려 양(+) 전하를 띠게 된다. 이를 전하 역전 현상이라고 한다. 이렇게 되면 콜로이드 입자들이 재안정화되면서 물의 탁도는 다시 높아진다. 이 상태에서 여분의 응집제는 물과 화학 반응을 통해 최종적으로 침전성 금속 화합물을 형성하게 되고, 이 화합물은 마치 그물망처럼 콜로이드 입자들을 흡착하면서 가라앉는데 이를 체 거름 현상이라고 한다.

* 플록 환경 폐수 따위에 포함된 오염 물질을 제거하기 위하여 응집제를 혼합하였을 때 형성되는 고형 물질.
* 교반 휘저어 섞음.

⭐ 개념 적용

글의 정보 파악 ●

01 윗글에서 알 수 있는 내용으로 적절하지 않은 것은?

① 급속 교반은 콜로이드 입자와 금속 화합물의 결합을 촉진한다.

② 약품 침전 방식은 콜로이드 입자의 응집을 위해 화학 약품을 이용한다.

③ 부유물의 비중이 물보다 큰 경우 중력만으로 부유물을 침전시킬 수 있다.

④ 물을 빠르게 저어 플록끼리 접촉할 시간을 늘리면 체 거름 현상이 나타난다.

⑤ 양이온계 응집제는 물과 화학 반응하여 다양한 종류의 화합물을 형성한다.

⭐ 개념 적용

세부 내용 파악 ●

02 ㉠, ㉡에 대한 이해로 가장 적절한 것은?

① ㉠은 입자가 일정 거리 안에서 서로를 밀어내는 힘이라고 할 수 있다.

② ㉠은 입자가 물속에서 균일하게 분산할 수 있게 해 주는 힘이라고 할 수 있다.

③ ㉡은 입자 간의 거리가 멀어지면 발생하는 힘이라고 할 수 있다.

④ ㉡은 입자가 띠고 있는 전하의 성질로 인해 작용하는 힘이라고 할 수 있다.

⑤ ㉠과 ㉡은 모두 입자가 이온과 결합할 때 형성되는 힘이라고 할 수 있다.

⭐ 개념 적용

중심 내용 파악 ●

03 |보기|는 윗글을 읽은 학생이 정리한 내용의 일부이다. ㉮~㉲에 들어갈 말로 적절한 것은?

> ┌ 보기 ┐
>
> 오염된 물에 존재하는 콜로이드 입자는 수산화 이온과의 결합 등의 원인으로 (㉮)된 상태에서 부유한다. 응집제를 주입하면 (㉯)이/가 일어나고 콜로이드 입자는 (㉰)된다. 응집제를 과다하게 주입하면 (㉱)이/가 나타난다.

	㉮	㉯	㉰	㉱
①	안정화	전하 역전	불안정화	전기적 중화
②	불안정화	전기적 중화	안정화	전하 역전
③	안정화	전기적 중화	불안정화	전하 역전
④	불안정화	전하 역전	안정화	전기적 중화
⑤	안정화	전기적 중화	불안정화	전기적 중화

10강 사실적 읽기 ② - 글의 구조와 전개 방식

📑 들어가며

글을 읽을 때는 글에 직접적으로 드러나 있는 정보를 정확하게 파악하며 읽는 것이 중요하다. 이러한 사실적 읽기는 내용에 대한 사실적 이해와 형식에 대한 사실적 이해로 나누어 살펴볼 수 있다. 10강에서는 형식에 대한 사실적 이해 방법 중, 문단 간의 관계를 중심으로 글의 구조를 살펴보고, 글쓴이가 자신의 사상이나 주장을 효과적으로 전달하기 위해 어떠한 내용 전개 방법을 사용했는지 파악하는 방법을 다루고 있다. 이에 대한 이해를 바탕으로 올바른 읽기를 해 보도록 한다.

01 글의 구조

> **글의 구조** 글의 내부 요소들의 짜임 관계. 글 전체가 일관된 흐름에 따라 짜여 구성된 것을 말함.

개념 더하기 ➕

공시적 구조와 통시적 구조
- 공시(共時)적 구조: 시간의 흐름을 고려하기보다 같은 시간에 놓여 있는 대상들을 같이 비교하는 것을 말함. 즉 한 시간이나 시대 안에 놓인 여러 상황이나 대상을 파악하는 것임.
- 통시(通時)적 구조: 시간의 흐름에 놓인 상황임. 시간적 흐름을 고려하여 대상의 변화 과정이나 발전 과정을 살펴야 함.

• 글의 종류에 따른 구조

설명문	• 머리말(처음): 설명 대상(중심 화제) 소개 • 본문(중간): 설명 대상에 대한 구체적 설명 • 맺음말(끝): 내용 요약, 정리
논설문	• 서론: 문제 제기, 논제 제시 • 본론: 주장에 대한 타당한 근거 제시 • 결론: 내용 요약, 정리 및 주장 강조, 전망이나 당부

• 문단 간의 관계: 글의 구조를 파악하기 위해서는 문단 간의 관계를 파악하는 것이 중요함. 문단 간의 관계는 글 전체에 적용되어 있거나 글 중간 부분에만 적용되어 나타나기도 함.

핵심 개념과 부연 설명 관계	• 핵심 개념이나 주제를 설명한 중심 문단 뒤에 이를 이해하기 쉽도록 자세히 설명하는 문단이 이어짐. • 핵심 개념을 세부 개념으로 분류하여 설명하기도 하고, 개념과 관련된 예시를 들어 이해를 돕기도 함.
대등(나열) 관계	• 문단의 관계가 대등하게 배열되어 있으면서 대상의 특징이나 속성 등을 열거함. • '그리고, 또한, 첫째, 먼저' 등의 표지들이 주로 사용되어 나타남.
인과 관계	• 앞 문단이 어떤 현상의 원인, 뒤 문단이 어떤 현상의 결과가 됨. • 때로는 결과가 되는 문단이 먼저 오고, 그 뒤에 원인이 되는 문단이 제시되기도 함.
시간적 순서의 관계	• 앞 문단과 뒤 문단이 시간 순서에 따라 배열됨. • 과정, 절차, 경향, 추세, 변화('18세기에는 ~, 19세기에는 ~' 등의 표현과 함께 문단이 전개되는 경우가 많음.)의 양상을 드러냄.
문제와 해결 관계	• 의문이나 문제 상황을 제시하는 문단 뒤에, 이에 대한 해결 및 보완 방안을 제시하는 문단이 이어짐. • 의문이나 문제 상황을 제시할 때에는 의문문의 형식을 사용하는 경우가 많음. • 해결 및 보완 방안은 여러 가지일 수도 있고, 여러 방향일 수도 있음.

수능국어 point

사실적 읽기에 관한 문항 중 글의 구조와 전개 방법을 묻는 경우는, 대상을 어떻게 서술하고 있는지를 파악하는 것이 중요하다.

➡ 기출 유형 ➡
- (가)는 유서의 유형을 분류하였고, (나)는 유서의 분류 기준과 적절성 여부를 평가하였다.
- (나)는 광고가 구매자에게 수용되는 과정을 제시하고 구매자가 광고를 수용할 때의 유의점을 나열하고 있다.

02 내용 전개 방식

내용 전개 방식	글쓴이가 자신의 사상이나 주장을 효과적으로 전달하기 위해 내용을 펼쳐 나가는 방식

• 내용 전개 방식

인과	• 원인과 결과에 따라 서술하는 방식 • '따라서, 그러므로, 그렇기 때문에' 등의 표지들이나, '이유(원인)는 ~ 때문이다.'와 같은 형식의 문장들을 통해 드러나는 경우가 많음.
과정	• 대상의 행동, 변화, 기능, 작용 등을 단계나 절차에 따라 전개하는 방식 • 순서와 관련된 표현들을 통해 단계나 절차를 나타내는 경우가 많음.
정의	• 대상 또는 사물의 범위를 규정하거나 그것의 본질을 구체적으로 드러내는 방식 • '무엇은 무엇이다.'와 같은 형식으로 나타나는 경우가 많음.
예시	• 어떤 사실에 대해 구체적인 사례를 들어 설명하는 방식 • 예시(사례)를 통해 설명하는 추상적인 대상이나 개념의 특성을 파악할 수 있음. • '예를 들어, 가령, 대표적인 예로, 이를테면' 등과 같은 표지를 통해 드러나는 경우가 많음.
유추	• 서로 다른 대상들 사이의 유사성을 근거로 어려운 개념을 친숙한 대상에 빗대어 설명하는 방식 • 보통 논증에서 사용되며, 둘 이상의 대상이 나타남.
분류	• 대상을 일정한 기준에 따라 구분하여 설명하는 방식 • 분류의 방법으로 쓰인 내용을 정리하여 대상의 특성을 파악할 수 있음.
분석	• 하나의 대상을 여러 부분으로 나누어 설명하는 방식 • '~으로 구성된다.', '~으로 이루어져 있다.'의 표지나 '구성 요소 분석, 현상의 원인 분석, 장단점 분석, 한계 분석' 등의 내용을 통해 드러나는 경우가 많음.
비교 · 대조	• 대상 간의 공통점이나 차이점을 서술하는 방식 • 둘 이상의 대상을 견주어 공통점을 찾는 방식을 '비교', 차이점을 찾는 방식을 '대조'라고 함. • 비교는 주로 '공통적으로', 대조는 '반면, 하지만, 이와 달리' 등의 표지를 통해 드러나는 경우가 많음.

예 다음 글의 내용 전개 방식으로 가장 적절한 것은?

> 20세기 초 막스 셸러는 이전의 경험과학이 인간에 대해서 창출한 개별적인 과학적 지식들만으로는 '인간이란 무엇인가'라는 질문에 대해 충분히 답할 수 없다고 보았다. 그래서 그는 인간에 대한 총체적인 이해의 기틀을 마련하기 위해 '철학적 인간학'을 탄생시켰다.

① 새로운 이론의 등장 배경을 소개하였다.
② 구체적 사례를 제시하여 이론의 한계를 설명하였다.
③ 핵심 개념을 정의하며 이론의 발전 가능성을 언급하였다.
➡ '철학적 인간학'이라는 새로운 이론의 등장 배경을 소개하였으므로 정답은 ①이다.

• 글의 구조와 내용 전개 방식을 파악하는 방법

① 개요 작성하기: 글을 읽고 개요를 써 보면 글의 구조를 파악하기 쉬움.

② 중심 내용 파악하기: 글의 구조와 내용 전개 방식은 글쓴이가 말하고자 하는 바를 효과적으로 전달하기 위해 선택되는 것임. 즉 글의 종류와 목적에 따라 각기 다른 구조와 전개 방식이 사용되므로, 글의 중심 내용을 파악하면서 글의 구조와 내용 전개 방식을 함께 살펴보는 것이 중요함.

③ 각 문단이 어떠한 관계로 연결되었는지 살펴보고 전개 방식을 파악함.

④ 하나의 글에 여러 개의 내용 전개 방식이 나타나는 경우, 전개 방식의 특징과 효과를 글의 내용과 일대일로 대응시킴.

SOS 알려주세요!

Q. '표지'는 무엇이고, 어떤 역할을 하나요?
A. 글 곳곳에 쓰여 독자들이 글 내용을 잘 이해할 수 있도록 안내해 주는 말로, 이와 같은 역할을 하는 것이 바로 연결어예요. 따라서 연결어에 유의하며 글을 읽으면 문단이나 문장의 앞뒤 관계를 파악하여 글의 내용을 더 쉽게 이해할 수 있어요.

개념 더하기 ➕

논지 전개 방식

논지란 글에서 말하고자 하는 취지나 글의 중심 생각을 의미함. 논지는 글쓴이의 전략에 따라 다양한 방식으로 전개되는데, 글을 효과적으로 이해하기 위해서는 논지 전개 방식을 정확하게 파악하는 것이 중요함.

[01~04] 다음 글을 읽고 물음에 답하시오.

(가) 저작권이란 저작자가 자신이 창작한 저작물에 대해 갖는 권리이다. 저작권은 여러 가지 권리의 총집합으로 저작 인격권과 저작 재산권으로 나눌 수 있다. 저작 인격권은 저작자가 자신의 저작물에 대하여 가지는 인격적 권리로, 저작자만이 가질 수 있으며 양도할 수 없고 저작자가 사망하면 소멸한다. 이와 달리 저작 재산권은 저작물을 일정한 방식으로 이용함으로써 발생하는 재산적 이익을 보호하는 권리로, 양도가 가능하다. 이때 저작 재산권 전체를 양도할 수도 있지만 저작 재산권을 구성하는 각각의 권리를 나누어 일부를 양도할 수도 있다.

(나) 저작권 침해 사안은 저작 재산권을 구성하는 권리 중 하나인 2차적 저작물 작성권과 관련되어 있는 경우가 많다. 저작권법 제22조에 의하면 저작자는 자신의 저작물을 원저작물로 하는 2차적 저작물을 작성하여 이용할 권리, 즉 2차적 저작물 작성권을 갖는다. 만약 누군가 원저작물의 저작자, 즉 원저작자 허락 없이 원저작물에 의거하여 그 저작물과 실질적으로 유사한 저작물을 작성하여 이용한다면 그 사람은 원저작자의 2차적 저작물 작성권을 침해한 것이 된다.

(다) 저작권법 제5조 제1항에 의하면 2차적 저작물은 독자적인 저작물로서 보호를 받는다. 원저작자에게 허락을 받지 않아도 일단 2차적 저작물이 만들어지면 2차적 저작물의 저작권은 원저작의 저작권과는 별개의 권리로서 보호를 받으며, 원저작자의 허락이 있었는지 여부는 2차적 저작물의 저작권 발생에 영향을 주지 않는다.

(라) 다만 허락 없이 2차적 저작물을 작성하여 이용하는 것은 원저작자의 권리를 침해하는 것이므로, 원저작자는 자기 허락 없이 만들어진 2차적 저작물을 이용하지 못하도록 금지하거나 손해배상을 청구하는 등 권리를 침해한 사람에게 자신의 권리를 주장할 수 있다. 그러므로 2차적 저작물을 작성하여 이용하려는 사람은 원저작자의 저작권을 침해하지 않기 위해 원저작자에게 원저작물 이용에 대한 허락을 받을 필요가 있다. 만약 원저작자가 2차적 저작물 작성권을 다른 사람에게 양도하였다면 양도받은 사람에게 허락을 받아야 한다.

(마) 원저작물을 기초로 만들어진 2차적 저작물을 기반으로 하여 또 다른 2차적 저작물을 제작하는 경우라면, 원저작물의 2차적 저작물 작성권을 가진 사람의 허락까지 받을 필요가 있다. 소설을 각색한 2차적 저작물인 영화를 기반으로 또 다른 2차적 저작물인 연극을 제작한다고 할 때, 연극이 소설을 기반으로 창작된 것임을 부인할 수는 없을 것이다. 그러므로 연극을 제작하려는 사람은 소설과 영화의 2차적 저작물 작성권을 가진 사람 모두에게 허락을 받을 필요가 있다.

01

이 글에 대한 설명으로 적절하지 <u>않은</u> 것을 고르시오.

① 차이점을 밝히며 저작 인격권과 저작 재산권을 구별하고 있다.
② 묻고 답하는 방식을 통하여 저작권 침해가 발생하는 경우를 설명하고 있다.
③ 법에 제시된 내용에 근거하여 2차적 저작물이 독자적인 저작물로 보호를 받는다는 것을 설명하고 있다.

02

(가)에 사용된 설명 방법을 **·보기·**에서 모두 찾아 기호를 쓰시오.

·보기·
㉠ 정의   ㉡ 예시   ㉢ 유추
㉣ 대조   ㉤ 과정

03

(나)에 대한 설명으로 적절하면 ○표, 적절하지 않으면 ×표 하시오.

(1) 상황을 가정하여 2차적 저작물 작성권 침해를 설명하고 있다. (   )
(2) 원저작물과 2차적 저작물의 권리에 대한 차이점을 설명하고 있다. (   )
(3) 2차적 저작물과 관련된 용어를 법에 제시된 내용에 근거하여 설명하고 있다. (   )

04

(라), (마)에 공통으로 사용된 설명 방법을 **·보기·**에서 골라 기호로 쓰시오.

·보기·
㉠ 원인과 결과에 따라 서술하는 방식
㉡ 둘 이상의 대상 간의 차이점을 서술하는 방식
㉢ 대상 또는 사물의 범위를 규정하거나 그것의 본질을 구체적으로 드러내는 방식

[05~08] 다음 글을 읽고 물음에 답하시오.

가 조선 시대의 유학자들은 왕권의 기반이 민심에 있으며 민심을 천심으로 받아들여야 한다고 보는 민본(民本) 사상을 통치 기조로 삼을 것을 주장했다. 이러한 관점에서 군주는 백성의 뜻을 하늘의 뜻으로 받들며 섬기고 덕성을 갖춘 성군으로서 백성을 사랑하는 애민의 태도로 백성의 삶을 안정시키고 백성을 교화해야 하는 존재라고 강조했다.

나 군주와 백성에 대한 이러한 관점은 조선 개국을 주도하고 통치 체제를 설계한 정도전의 주장에도 드러난다. 정도전은 군주나 관료가 백성에 대한 통치권을 지닌 것은 백성을 보살피고 안정시키기 위한 것이라고 보았다. 또한 왕권이 정상적으로 작동하기 위해서는 왕을 정점으로 하여 관료 조직을 정비하는 것과 더불어, 민심을 받들어 백성을 보살피는 자로서 군주가 덕성을 갖추는 것이 중요하다고 보았다. 백성을 위하는 관료의 자질 향상 및 책무의 중요성을 강조한 한편, 관료의 비행을 감독하는 감사 기능의 강화를 주장하기도 했다.이러한 정도전의 주장은 백성을 보살핌의 대상으로 바라본 민본 사상의 관점에 입각한 것이라 할 수 있다.

다 조선 중기의 학자 이이는 군주와 백성의 관계를 부모와 자식의 관계에 빗대어 백성을 보살펴야 하는 대상이라 논했다. 이이는 특히 애민은 부모가 자녀를 가르치듯 군주가 백성들을 도덕적으로 교화함으로써 실현되며, 교화를 순조롭게 이루기 위해서는 우선 백성들을 경제적으로 안정시켜야 한다는 점을 강조했다. 또한 백성은 군주에 대한 신망을 지닐 수도 버릴 수도 있는 존재이므로, 군주는 백성을 두려워하는 외민(畏民)의 태도를 지녀야 함을 역설했다. 백성을 보살피고 교화해야 할 대상으로 여긴 점은 정도전의 관점과 상통하는 지점이다. 다만 군주가 백성에 대한 두려움을 가지고 백성의 신망을 유지하기 위해 노력해야 한다는 것을 강조한 점에서 차이가 있다.

라 조선 후기의 학자 정약용은 환자나 극빈자, 노인과 어린이 등 사회적 약자에 속하는 백성을 적극적으로 보호하는 것이 애민의 내용이라고 주장했다. 정약용은 백성을 통치 체제 유지에 기여해야 하는 존재라 보고, 백성이 각자의 경제적 형편에 부합하는 역할을 수행해야 한다고 주장하여 백성에 대한 기존의 관점과 차이를 드러냈다. 이는 조선 후기 농업 기술과 상·공업의 발달로 인해 재산을 축적한 백성들이 등장한 현실을 고려한 것으로, 백성이 국가를 유지하는 근간이라고 보는 관점에 기반한 주장이었다.

마 조선 시대 학자들의 이와 같은 주장은 군주를 비롯한 통치 계층이 백성을 존중하는 정책을 펼치는 바탕이 되었다. 백성을 대상으로 한 교육 제도, 관료의 횡포를 견제하는 감찰 제도, 민생 안정을 위한 조세 및 복지 제도, 백성의 민원을 수렴하는 소원 제도 등은 백성을 위한 정책이 구현된 사례라 할 수 있다.

05

이 글에 대한 설명으로 가장 적절한 것을 고르시오.

① 조선 시대 관료 조직의 위계를 분석하고 있다.
② 조선 시대 조세 제도의 문제점을 나열하고 있다.
③ 조선 시대 학자들의 백성에 대한 관점을 비교하고 있다.
④ 조선 시대 군주들의 통치관을 비판적으로 서술하고 있다.

06

이 글의 문단 간의 관계를 도식화한 것으로 알맞은 것은?

①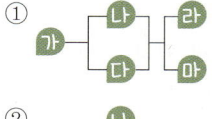

②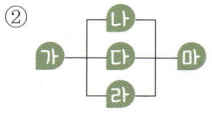

③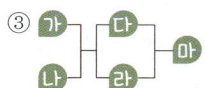

07

가 ~ 마 중 보기 의 설명에 해당하는 글의 기호를 쓰시오.

> **보기**
> 내용을 요약하고 정리하는 역할을 한다.

08

다 에 대한 내용으로 적절하면 ○표, 적절하지 않으면 ×표 하시오.

(1) 학자의 주장을 글의 처음에 배치하는 두괄식 구성의 글이다. ( )

(2) 조선 시대 백성들의 삶을 구체적인 예로 들어 설명하였다. ( )

(3) 학자의 주장에 대해 설명한 후, 다른 학자의 주장과 비교·대조하였다. ( )

이 글은

소리의 개념과 소리가 들리는 과정을 설명하고, 소리가 내이에 도달하는 방식인 공기 전도와 골전도에 대해 설명하고 있다. 이 중 골전도를 활용하여 외이와 중이에 이상이 있는 사람도 소리를 들을 수 있게 해 주는 예로 보청기와 이어폰을 들었다. 특히, 골전도의 원리가 이용된 이어폰의 장점과 사용 시 주의할 점에 대해 설명하고 있다.

다음 글을 읽고 물음에 답하시오.

전자 녹음 장치에 녹음된 자신의 목소리를 스피커를 통해 들으면 어색하게 느껴진다. 그 이유를 이해하기 위해서는 소리가 무엇이며 어떤 과정을 통해 들리게 되는지 살펴볼 필요가 있다.

소리는 물체의 진동에 의해 발생하고 매질의 진동으로 전달되는 파동이다. 소리가 들린다는 것은 매질의 진동이 내이에 도달하여 달팽이관 속 림프액을 진동시켜 섬모가 흔들리고, 이로 인해 발생한 전기 신호가 청각 신경을 따라 뇌에 전달됨을 의미한다. 이때 소리가 내이에 도달하는 방식으로는 외이와 중이를 거치는 공기 전도와 이를 거치지 않는 골전도가 있다.

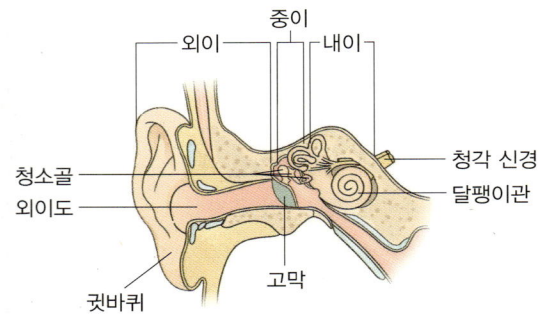

공기 전도는 공기를 매질로 소리가 내이에 전달되는 것을 의미한다. 물체의 진동이 주변 공기를 진동시키면 귓바퀴가 이진동을 모아 귓속으로 보내고, 그 결과 진동은 외이도를 지나게 된다. 귓바퀴와 외이도 등 진동이 지나가는 각 지점에서는 소리의 공명이 발생한다. 공명이란 공명 주파수에서 진폭이 커지는 현상을 말하는데 외이도의 경우 공명 주파수는 성인 기준으로 2,500 ~ 2,700Hz이다. 공명 주파수는 외이도의 길이에 반비례하기 때문에, 외이도의 길이가 성인보다 짧은 유아는 공명 주파수가 더 높다. 이러한 공명에 의해 증폭된 진동은 고막을 진동시키고 고막의 진동은 청소골에서 더욱 증폭되어 내이에 전달된다.

이에 반해 골전도는 귀 주변 뼈를 매질로 소리가 내이에 바로 전달되는 것이다. 대화할 때 들리는 자신의 목소리에는 성대에서 발생한 진동이 공기 전도를 통해 전달된 소리와 골전도를 통해 전달된 소리가 함께 있다. 자신의 목소리 중에서 20 ~ 1,000Hz의 소리는 골전도로는 잘 전달이 되지만, 외이와 중이에서 공명이 잘 일어나지 않아 공기 전도로는 잘 전달되지 않는다. 녹음된 자신의 목소리를 스피커를 통해 들으면 골전도를 통해 듣던 소리는 잘 들리지 않으므로 어색함을 느끼게 되는 것이다.

한편 외이와 중이에 이상이 있는 사람도 골전도를 통해서는 소리를 들을 수 있는데, 이를 이용한 보청기도 사용되고 있다. 최근에는 이어폰에도 골전도의 원리가 이용되고 있다. 이어폰 내부에는 일반적으로 내부 자기장을 형성하는 자석과 보이스코일이 있다. 보이스코일에 교류 전류를 가하면 내부 자기장에 의해 보이스코일에 인력과 척력이 교대로 작용하여 보이스코일에 진동이 발생한다. 이때 전류의 방향이 바뀌는 주기를 짧게 할수록 주파수가 높아져 높은 음의 소리가 난다. 또 전류를 세게 할수록 진폭이 커져 음량이 높아진다. 일반적인 이어폰은 이러한 진동을 공기를 통해 전달하는데, 골전도 이어폰은 귀 주변 뼈에 진동판을 밀착하여 진동을 내이로 직접 전달한다.

골전도 이어폰은 일반적인 이어폰과 달리 귀를 막지 않고 사용하기 때문에 다양한 장점이 있다. 우선 귀 내부가 습해지는 것을 방지할 수 있고 고막을 직접 자극하지 않는다. 또 야외 활동 시 착용해도 주변 소리를 들을 수 있어 위험 상황에 잘 대처할 수 있다. 그러나 골전도 이어폰을 사용해도 내이는 자극이 되므로 장시간 사용하면 청각 신경이 손상될 수 있어 주의해야 한다.

◆ **매질** 물리적 작용을 한 곳에서 다른 곳으로 전하여 주는 매개물.
◆ **공명 주파수** 공명 현상이 일어나거나 공명에 의해 강해지는 주파수.
◆ **인력** 공간적으로 떨어진 물체끼리 서로 끌어당기는 힘.
◆ **척력** 같은 종류의 전기나 자기를 가진 두 물체가 서로 밀어내려는 힘.

⭐ 개념 적용

서술 방식 파악 •

01 윗글에 대한 설명으로 가장 적절한 것은?

① 소리가 전달되는 두 가지 방식을 제시하고 이와 관련한 기술을 소개하고 있다.
② 이어폰 기술의 과학적 원리를 살펴보고 앞으로 전개될 발전 방향을 예측하고 있다.
③ 청각에 대한 두 가지 관점을 언급하고 이를 절충한 새로운 관점을 제시하고 있다.
④ 골전도 현상이 일어나는 과정을 제시하고 이에 대한 서로 다른 견해를 분석하고 있다.
⑤ 청각에 이상이 생기는 사례를 소개하고 이를 예방하기 위한 구체적인 방안을 제시하고 있다.

도움말
문단의 중심 내용을 파악하고 글의 흐름에 주의를 기울여 봐요.

세부 내용 파악 •

02 윗글을 읽고 알 수 있는 내용으로 적절하지 <u>않은</u> 것은?

① 주파수가 낮아지면 낮은 음의 소리가 난다.
② 고막의 진동은 청소골을 통과할 때 증폭된다.
③ 외이도의 길이가 짧을수록 공명 주파수는 높아진다.
④ 이어폰의 보이스코일에 흐르는 전류가 세지면 음량이 높아진다.
⑤ 20~1,000Hz의 소리는 물체의 진동에 의해서는 발생할 수 없다.

내용을 통한 추론 •

03 윗글의 내용을 고려할 때, 그 이유로 가장 적절한 것은?

① 평소에 골전도로 전달되는 소리를 들을 기회가 적었으므로
② 스피커에서 나온 녹음된 목소리는 내이를 거치지 않고 뇌에 전달되므로
③ 전자 장치의 전기적 에너지로 인해 청각 신경이 받는 자극의 크기가 커졌으므로
④ 녹음된 소리를 들을 때에는 골전도로 전달되는 주파수의 소리가 잘 들리지 않으므로
⑤ 자신이 말할 때 듣는 목소리에는 녹음된 목소리와 달리 외이에서 공명이 일어나는 소리가 빠져 있으므로

수능 개념 마스터

✿ 내용 전개 방식

❶	소리의 개념, 공기 전도의 개념, 공명의 개념, 골전도의 개념 등
과정	소리가 들리는 과정, 물체의 진동이 외이도를 지나는 과정, 진동이 고막을 거쳐 내이에 전달되는 과정, 보이스코일에 진동이 발생하게 되는 과정 등
❷	공기 전도와 골전도의 차이, 일반적인 이어폰과 골전도 이어폰의 차이 등
❸	유아가 성인보다 공명 주파수가 더 높은 이유, 녹음된 자신의 목소리를 스피커를 통해 들으면 어색하게 느껴지는 이유 등

✿ 글의 구조

1문단 — 2문단 — 3문단 / 4문단 — 5문단 — 6문단

이 글은

짐멜과 베냐민의 실내에 대한 견해를 비교하고, 베냐민이 주목한 '파사주'가 신건축에서 갖는 의미를 설명한 글이다.

짐멜은 실내가 개인의 내면을 지키고 개성을 실현하는 공간이라고 보았으나, 베냐민은 현실 도피의 공간으로 전락한 실내를 비판적으로 바라보며 다양한 양식의 조합으로 장식된 실내는 도피에 대한 욕망을 충족시킬 뿐이라고 보았다.

베냐민은 '파사주'가 사적 공간과 공적 공간의 경계를 해체하는 단초를 제공했다고 보았고, 실내에 집착했던 19세기에서 개방성과 투명성의 가치가 지배하는 20세기로 넘어가는 문지방의 의미를 '파사주'에서 발견하였다.

다음 글을 읽고 물음에 답하시오.

출퇴근에 대한 관념은 근대 이후에 형성되었다. 집과 일터의 경계가 뚜렷하지 않았던 전근대 사회와 달리 19세기 이후의 도시적 삶에서는 주거를 위한 사적 공간과 노동을 위한 공적 공간이 분리되었다. 여가를 즐길 수 있는 곳은 사적 공간으로, 경제적 활동을 하는 곳은 공적 공간으로 인식되었으며 이 둘의 관계는 내부와 외부, 실내와 거리의 관계에 대응된다.

게오르크 짐멜은 대표적인 사적 공간인 실내의 공간적 의미를 도시의 삶과 관련지어 분석하였다. 짐멜은 도시에서 살아가는 개인이 외적 자극의 과잉으로 인해 신경과민에 @빠지게 되는데, 이에 대응하는 전형적인 방식이 내면으로의 침잠*이라고 설명하였다. 외부와 차단된 실내는 내면을 지키기에 가장 유리한 공간이라는 것이다. 또한 짐멜은 개인이 개성을 실현할 수 있는 공간이라는 의미를 실내에 부여하였다. 19세기에는 실내를 가구와 공예품으로 빈틈없이 장식하는 것이 유행했는데, 그는 다양한 양식을 지닌 사물을 취향에 따라 조합함으로써 일상에서 개성을 드러낼 수 있다는 점에서 이를 긍정적으로 평가하였다. 또 양식이라는 보편적인 표현 형태를 매개로 하는 공예품은 평온함과 안정감을 줄 수 있다고 덧붙였다. ㉠실내에 대한 짐멜의 설명은 도시적 삶이 가져오는 불안과 몰개성을 사적 공간에서 해소하려는 개인의 욕망에 부응한다. 실내가 개인의 은신처이자 일상의 심미화를 추구할 수 있는 공간으로 자리매김함에 따라, 거주자를 외부로부터 보호하고 자유로운 개성 표현을 보장하는 실내의 설계가 당시 건축의 주요한 구성 원리로 등장하였다.

발터 베냐민은 실내 장식에 집착한 19세기의 주거 문화를 '주거 중독증'으로 표현하면서 이는 도시의 공적 공간에서 개인적 흔적을 남길 수 없는 데 대한 보상 심리에서 기인*한 것이라고 설명하였다. 베냐민은 실내가 사회적 세계와의 연관성을 잃어 가면서 점점 더 인위적인 공간이 되었으며 그곳에서의 은둔은 공적 공간으로부터의 도피를 의미한다고 보았다. 그는 신화나 자연에서 모티프를 딴 가구와 공예품들의 조합을 통해 몽환적 분위기를 조성했던 19세기의 실내 풍경을 예로 들면서, 이러한 실내는 거주자를 환상에 빠지게 함으로써 도피에 대한 욕망을 충족시킬 뿐이라고 주장하였다.

실내에 대한 베냐민의 비판적 고찰은 사적 공간과 공적 공간의 괴리*를 문제 삼는 데로 이어지는데, 이때 베냐민이 주목한 것은 파리의 '파사주'이다. 파사주는 몇 채의 건물을 잇는 통로 형태의 상가로, 베냐민에 따르면 유행의 리듬이 지배하는 최초의 자본주의적 소비 공간이다. 유행은 새로운 것을 부단히 연출함으로써 상품을 향한 욕망을 재생산한다. 서로 마주보는 상점들이 늘어선 구조는 오가는 이들의 시선을 붙잡아 소비를 부추겼다. 또한 파사주는 건축학적으로 거리와 실내 사이에 위치하는 '사이공간'이다. 베냐민은 그렇기 때문에 파사주에서는 외부와 내부가 혼동되는 경험이 가능하다고 보았다. 전적으로 공적이지도 않고 사적이지도 않은 중간 영역의 존재는 경계 해체의 단초를 제공한다.

사적 공간과 공적 공간의 분리를 신봉*하는 낡은 개념을 대신할 새로운 주거 개념을 탐색하면서, 베냐민은 신건축과의 관계에서 파사주의 의미를 다시 조명하였다. 1920년대에 등장한 신건축은 산업 기술의 발전에도 불구하고 건축의 미학화 경향이 지속되는 상황에 대한 반론의 성격을 띤다. 베냐민은 공간의 이분법을 극복하려는 사유의 연장선상에서 신건축의 구성 원리를 탐구하였다. 신건축에서는 철골을 재료로 사용하면서 벽을 제거하는 설계가 가능해져 내부와 외부의 경계를 완화할 수 있게 되었다. 또 빛이 투과하는 유리 사용의 확대는 내부와 외부의 통합을 공간적으로 구현할 수 있게 했다. 이에 비해 파사주는 새로운 재료를 사용하면서도 과거의 건축 양식들이 절충적으로 혼합되어 지어졌다는 점에서 기술의 발전에

* **침잠** 마음을 가라앉혀서 깊이 생각하거나 몰입함.
* **기인** 일이 일어나는 원인.
* **괴리** 서로 등져 떨어짐. 따로따로 갈라짐.
* **신봉** 사상·학설이나 교리 따위를 옳다고 믿고 받듦.

부합하는 건축 양식으로 이어지지 못했다는 것이 베냐민의 설명이다. 이처럼 베냐민은 파사주의 한계를 지적하면서도, 외부로부터 차단된 '그릇 속에서의 삶'이 지배했던 19세기에서 '관계와 투과'의 원리가 지배하는 20세기로 넘어가는 문지방의 의미를 파사주에서 발견하였다.

⭐ 개념 적용

내용 전개 방식 파악

01 윗글에 대한 설명으로 가장 적절한 것은?

① 건축 재료의 발달 과정을 중심으로 건축사를 단계별로 설명하고 있다.
② 주거 문화에 대한 관점이 기술의 발전에 미친 영향을 인과적으로 밝히고 있다.
③ 특정 도시의 다양한 사회상을 제시하고 이를 시대적 기준에 따라 분류하고 있다.
④ 사적 공간과 공적 공간을 대비하고 이들 공간의 긍정적 측면과 부정적 측면을 각각 분석하고 있다.
⑤ 실내에 대한 학자들의 견해를 제시하면서 그러한 견해의 형성 배경 및 견해 간의 차이를 드러내고 있다.

세부 정보 파악

02 ㉠을 이해한 내용으로 적절하지 않은 것은?

① 주거와 여가를 구분하면 일상의 심미화가 가능하다고 보았다.
② 신경과민 상태의 개인이 내면을 보호하려는 자구책이라고 보았다.
③ 양식화된 공예품의 조합에 따라 개인의 개성이 표현된다고 보았다.
④ 양식의 보편성을 매개로 평온함과 안정감을 얻을 수 있다고 보았다.
⑤ 도시적 삶에서 오는 자극에 대응하기 위하여 내면으로의 침잠이 나타나게 된다고 보았다.

핵심 정보 파악

03 윗글의 베냐민의 관점에서 본 '파사주'에 대한 이해로 적절하지 않은 것은?

① 유행의 교체를 통해 욕망을 끊임없이 자아내는 공간이다.
② 소비 심리를 자극하는 방식으로 상점들이 배치된 공간이다.
③ 거리와 실내의 경계가 모호해지는 경험을 가능하게 하는 공간이다.
④ 최신 기술과 소재에 부합하는 새로운 건축 양식을 사용하여 지어진 공간이다.
⑤ 사적 공간에서 칩거하는 시대에서 사적 공간과 공적 공간의 통합을 지향하는 시대로 이행 중임을 보여 주는 공간이다.

문맥적 의미 파악

04 ⓐ와 문맥상 의미가 가장 가까운 것은?

① 나는 물에 빠진 생쥐 꼴이 되고 말았다.
② 어디서 묻었는지 얼룩이 잘 빠지지 않았다.
③ 중요한 회의니까 오늘은 절대 빠지면 안 된다.
④ 그동안 잘 진행되던 협상이 교착 상태에 빠졌다.
⑤ 아무리 찾아보아도 그의 지원 서류가 빠지고 없었다.

들어가며

　글을 읽을 때는 글에 드러난 중심 내용과 주제를 파악하는 사실적 읽기를 바탕으로, 글에 직접적으로 나타나지 않은 정보를 예측하여 생략된 내용, 글쓴이의 의도나 목적, 숨겨진 주제 등을 추론하며 읽어야 한다. 독자는 자신의 배경지식이나 글에 제시된 정보들을 바탕으로 글의 내용을 여러 가지 관점에서 분석하는 등의 방법으로 글에 생략된 내용이나 글쓴이의 의도나 목적, 가치관, 숨겨진 주제 등을 파악할 수 있다.

01 추론적 읽기

> **추론적 읽기** 글에 제시된 내용을 바탕으로 글에 직접적으로 나타나지 않은 정보를 생각해 내는 것

• 추론적 읽기의 방법
① 자신의 배경지식이나 경험을 활용한다.
② 각 문장들이 전달하는 내용을 정확하게 요약하여 이해한다.
③ 문장들의 논리적 관계에 초점을 맞추어 상호적 의미를 연결한다.
④ 글의 내용을 여러 가지 관점에서 분석하고 종합해 보고, 어떤 전제에 대해 어떤 결론이 도출될 수 있는지 생각해 본다.

02 추론의 방식

• 추론의 유형

연역적 추론	• 하나 또는 그 이상의 명제(전제)로부터 다른 어떠한 명제(결론)를 도출하는 추론 방식 • 최초의 대전제가 결론을 이끌어 내는 가장 중요한 근거가 되며, 이 결론은 전제들 속에 이미 포함된 내용으로 도출됨. 예 [대전제] 모든 사람은 죽는다. 　[소전제] 소크라테스는 사람이다. 　[결론] 소크라테스는 죽는다.
귀납적 추론	• 구체적이거나 개별적인 사례들로부터 일반적이고 보편적인 원리를 이끌어 내는 추론 방식 • 연역적 추론과 같은 논리적 필연성은 갖지 못하나, 새로운 지식이나 이론의 발견 및 확장을 가능케 하는 추론법임. 예 나무에 열린 사과가 떨어졌다. + 나무에 열린 배가 떨어졌다. + …… 　→ 나무에 열린 열매는 떨어진다.
변증법적 추론	• 서로 대비되거나 모순되는 두 주장을 종합하여 보다 높은 차원의 새로운 결론을 유도하는 추론 방식 • 정(正)·반(反)·합(合)의 원리로 모순되는 개념을 초월하여 제거의 개념으로 통일시켜서 진술하는 방식을 말함. 예

정(正) 나는 너를 사랑한다. (일반성)
↕
반(反) 나는 너를 사랑하지 않을 때도 있다. (특수성)
→ 합(合) 나는 너를 사랑하지만 사랑하지 않을 때도 있다. (종합적 결론)

개념 더하기

추론
어떤 판단을 근거로 삼아 다른 판단을 이끌어 내는 것. 독자는 글을 읽을 때 생략된 부분의 정보를 보완하면서 이해하게 되는데, 이러한 이해 과정에서 가장 중요하게 작용하는 것이 추론임.

개념 더하기

명제
어떤 문제에 대한 하나의 논리적 판단 내용과 주장을 언어 또는 기호로 표시한 것. 참과 거짓을 판단할 수 있는 내용이라는 점이 특징임.

삼단 논법
대전제와 소전제의 두 전제와 하나의 결론으로 이루어진 연역적 추리법

수능 국어 point

글의 내용을 바탕으로 추론한 내용에 대해 묻는 문항은. 우선 지문에서 관련 정보가 제시된 부분을 찾아 자세히 읽음으로써 추론의 근거를 마련한 후에 이를 바탕으로 추론해야 한다.

➡ 기출 유형
• ㉠의 이유를 추론한 것으로 알맞은 것은?
• 다음은 윗글을 읽고 〈그림〉에 대해 경제 동아리 학생들이 나눈 대화이다. 적절하지 않은 것은?

• 판단의 근거와 이유 파악하기

① 글쓴이가 제기하는 문제와 논지를 파악하고, 문제의 원인과 해결책을 생각하며 읽는다.

② 판단의 근거로 제시된 내용이 지문 속 논거와 일치하는지 비교해 본다.

③ '판단 – 이유'의 논리적 관계가 타당한지 따져 보며 읽는다.

④ 판단의 근거가 명시적으로 드러나지 않은 경우에는 다른 정보들을 종합해서 판단을 이끌어 낸다.

03 전제 및 이유 찾기

전제 및 이유 어떤 주장이나 결론을 이끌어 내기 위한 기초적 사실이나 판단의 까닭

• 전제 및 이유 찾기 방법

① 전제 및 이유는 대부분 결론의 앞뒤에 제시되어 있는 경우가 많으므로 주어진 결론의 앞뒤 문맥을 살펴봐야 한다. 만약 결론의 주변에서 그 전제 및 이유를 찾을 수 없다면 지문의 주제나 핵심 내용을 바탕으로 찾아본다.

② 전제와 결론, 이유와 주장은 인과 관계가 성립해야 하므로 제시된 부분에서 논리적 관계가 성립하는 내용을 찾는다.

예 ⊙의 이유로 가장 적절한 것은?

> 원자핵은 양의 전하를 띠고 있어서 서로 가까이 다가갈수록 척력이 강하게 작용한다. 척력을 이겨 내고 원자핵이 융합하게 하기 위해서는 플라스마의 온도를 높여 원자핵이 고속으로 움직일 수 있도록 해야 한다. 따라서 핵융합 발전을 위한 핵융합로에서는 ⊙플라스마를 1억℃ 이상으로 가열해서 핵융합의 확률을 높인다.

① 원자핵이 척력을 이겨내고 서로 융합할 수 있도록 하기 위해

② 원자핵을 고속으로 움직여 척력이 강하게 작용할 수 있도록 하기 위해

→ 원자핵은 양의 전하를 띠고 있어 가까이 다가갈수록 척력이 강하게 작용한다. 이러한 척력을 이겨내고 원자핵이 융합하게 하기 위해서는 플라스마 온도를 1억℃ 이상으로 높여 원자핵을 고속으로 움직이게 해야 한다. 따라서 정답은 ①이다.

04 추론적 읽기의 방법

생략된 내용 추론하기	• 독자의 배경지식과 글에 나타난 담화 표지, 문맥 등을 활용하여 글에 드러나지 않은 내용을 추론함. 정보 및 내용 추론과 전개될 내용 추론으로 나눌 수 있음. ① 글쓴이의 태도를 주목하여 생략된 정보를 짐작하며 읽기 　• 정보 및 내용 추론 　　– 글에 제시된 정보를 바탕으로 새로운 정보와 내용을 추론함. 먼저 문제의 발문을 통해 글에서 추론해야 할 정보가 제시된 부분을 찾아 자세히 읽음으로써 추론의 힌트와 근거를 얻어 추론함. 　• 전개될 내용 추론 　　– 글의 내용이 화제와 관련하여 어떻게 진행될 것인지를 추론함. 각 문단의 중심 내용을 통해 내용들의 논리적 관계를 파악하여, 이어지는 문단의 내용이 어떻게 전개될 것인지 추론함. ② 문장들 간의 논리적 관계(원인 – 결과, 전제 – 결론)를 파악하며 읽기 ③ 주어진 글 속에 내재된 정보를 생각하며 읽기
글쓴이의 의도나 목적 추론하기	글의 종류를 파악하고 그에 따른 글 전체의 내용이나 맥락, 배경지식 등을 고려하여 글쓴이의 태도나 관점 등을 파악한 후 글쓴이의 의도나 목적을 추론함.
숨겨진 주제 추론하기	• 표면에 드러난 정보의 관계를 정확히 파악한 후, 글쓴이의 의도나 목적을 고려하여 숨겨진 주제를 추론함. • 글쓴이가 글을 쓴 목적이 무엇인지 생각하며 중심 문장을 찾고, 글 속 내용에서 결론을 추론함.

[01~04] 다음 글을 읽고 물음에 답하시오.

가 보드리야르는 사물의 경제적 가치를 사용 가치가 결정한다고 보았으며, 자본주의 사회는 소비 우위의 사회라고 주장했다. 이때 보드리야르가 제시한 사용 가치는 사물 자체의 유용성에 대한 가치가 아니라 욕망의 대상으로서 기호(sign)가 지니는 기능적 가치, 즉 기호 가치를 의미한다.

나 기호는 어떤 대상을 지시하는 상징으로서 문자나 음성같이 감각으로 지각되는 기표와 의미 내용인 기의로 구성되는데, 기표와 기의의 관계는 자의적이다. 가령 '남성'이란 문자는 필연적으로 어떤 대상을 지시하는 것이 아니며 '여성'이란 기호와의 관계 속에서 의미 내용이 결정된다. 다시 말해, 어떤 기호의 의미 내용을 결정하는 것은 기표와 기의의 관계가 아니라 기호들 간의 관계, 즉 기호 체계이다.

다 보드리야르는 자본주의 사회에서 대량 생산 기술이 급속하게 발전하면서 소비자가 기호 가치 때문에 사물을 소비한다고 보았다. 대량 생산 기술의 발전으로 수요를 충족하고 남을 만큼의 공급이 이루어져 사물 자체의 유용성은 더 이상 소비를 결정하는 요인으로 작용할 수 없기 때문이다. 예를 들어 소비자는 특정 계층 또는 집단의 일원이라는 상징을 얻기 위해 명품 가방을 소비한다. 이때 사물은 소비자가 속하고 싶은 집단과 다른 집단 간의 차이를 부각하는 기호로서 기능한다. 따라서 보드리야르에 따르면 자본주의 사회에서 소비의 원인은 사물이 상징하는 특정 사회적 지위에 대한 욕구이다.

라 보드리야르는 현대인이 자연 발생적인 욕구에 따라 자유롭게 소비하는 것처럼 보이지만 사실은 강제된 욕구에 따르는 것에 불과하다고 보았다. 이는 기호가 다른 기호와의 관계 속에서 그 의미 내용이 결정되는 것과 관계된다. 특정 사물의 상징은 기호 체계, 즉 사회적 상징체계 속에서 유동적이며, 따라서 ㉠상징체계 변화에 따라 욕구도 유동적이다. 이때 대중 매체는 사물의 기의에 영향을 미침으로써 욕구를 강제할 수 있다. 현실이 대중 매체를 통해 전달될 때 현실은 현실 그 자체가 아니라 다른 기호와 조합될 수 있는 기호로서 추상화되기 때문이다. 가령 텔레비전 속 유명 연예인이 소비하는 사물은 유명 연예인이라는 ㉡ 에 의해 새로운 ㉢ 이 부여된다. 요컨대 특정 사물에 대한 현대인의 욕망은 대중 매체를 매개로 하여 자기도 모르는 사이에 강제된다.

마 보드리야르는 현대인의 일상생활이 사물의 기호 가치와 이에 대한 소비에 의해 규정된다고 보고 자본주의 사회를 소비 사회로 명명하였다. 그의 이론은 소비가 인간에 미치는 영향을 비판적으로 성찰해야 한다는 점을 시사한다.

01

㉠의 전제로 가장 적절한 것을 고르시오.

① 상징체계 변화에 의해 사물 자체의 유용성이 변화한다.
② 사물에 대한 욕구는 사람마다 제각기 다른 양상을 보인다.
③ 사물의 기호 가치가 변화하면 사물에 대한 욕구도 변화한다.
④ 사물을 소비하는 행위는 개인의 자연 발생적 욕구에 따른 것이다.

02

다음은 이 글을 읽고 추론한 내용이다. 빈칸에 들어갈 알맞은 말을 골라 ○표 하시오.

> 기호 가치는 사물의 (기의 / 기표)와 그에 대한 소비자의 욕구와 관련될 뿐, 사물의 (기의 / 기표)에 의해 결정되는 것은 아니다.

03

기호 체계를 바탕으로 **다**를 이해한 내용으로 적절하면 ○표, 적절하지 않으면 ×표 하시오.

(1) 사물은 기표로서의 추상성과 기의로서의 구체성을 갖는다.
( )
(2) 사물과 그것이 상징하는 특정한 사회적 지위와의 관계는 자의적이다.
( )
(3) 사물은 사물 자체가 아닌 사물 간의 관계를 통해 의미 내용이 결정된다.
( )
(4) 소비는 사물이라는 기호를 통해 특정 계층 또는 집단의 일원이라는 상징을 얻는 행위이다.
( )

04

㉡, ㉢에 들어갈 알맞은 말을 **보기**에서 각각 골라 쓰시오.

> **보기**
>
> 차이　　　기호　　　수요　　　의미 내용

[05~08] 다음 글을 읽고 물음에 답하시오.

조상들은 더운 여름에 얼음을 이용하기 위해 석빙고를 활용하였다. 석빙고는 겨울철에 입구를 개방하여 내부를 냉각시킨 후 얼음을 저장한 냉동 창고로, 내부의 낮아진 온도가 장기간 지속되는 구조를 통해 다음 해 가을까지 얼음을 보관하였다. 석빙고에서 얼음을 어떻게 보관할 수 있었는지 알아보자.

우선 석빙고를 낮은 온도로 유지하는 데에는 얼음이 중요한 역할을 한다. 에너지는 항상 높은 쪽에서 낮은 쪽으로 이동하여 평형을 이루려고 하고 에너지의 이동은 물질의 온도를 변화시킨다. 하지만 물질이 고체, 액체, 기체로 변화하는 상태 변화가 일어나는 동안 온도는 변하지 않고 물질이 주변에서 에너지를 흡수하거나 주변으로 방출하는데 이때의 에너지를 숨은열이라고 한다. 예를 들면 얼음이 녹아 물이 될 때는 주변에서 융해열을 흡수하고, 거꾸로 같은 양의 물이 얼어 얼음이 될 때는 같은 양의 응고열을 방출한다. 그러므로 같은 양의 0℃ 얼음보다 0℃ 물이 더 큰 에너지를 갖게 되는 것이다. 석빙고 안에서 얼음이 상태 변화가 일어날 때, 더 큰 에너지를 가진 물질로부터 에너지를 전달받을 수밖에 없다. 따라서 주변 공기로부터 에너지를 흡수하여 일부의 얼음이 물이 되면서 주변 공기는 차가워지고, 이는 다른 얼음이 녹지 않을 수 있게 한다. ㉠이 과정에서 생긴 물은 빨리 제거되어야 하므로 조상들은 석빙고 바닥을 경사면으로 만들어 물이 원활하게 배수되도록 하였다.

내부를 차갑게 만들고 최대한 밀폐된 구조를 만들더라도 석빙고는 외부와 에너지 및 공기를 주고받아 내부의 온도는 올라갈 수밖에 없다. 이를 해결하기 위해 조상들은 석빙고 천장의 상단에 통풍구를 설치하였다. 공기와 같은 유체는 온도가 올라가면 분자 사이의 거리가 멀어지면서 밀도가 낮아져 에너지를 동반하여 위로 이동한다. 밀도가 낮은 공기가 상승하면 밀도가 높은 공기, 즉 온도가 낮은 공기가 아래로 이동하게 된다. 석빙고 내부에서는 이와 같은 공기의 흐름에 따라 에너지의 이동이 나타나며, 상승한 공기는 아치형 천장의 움푹 들어간 공간을 통해 그 위의 통풍구로 빠져나가 내부의 차가움을 유지하게 된다. 더불어 통풍구에는 얼음에 영향을 줄 수 있는 직사광선이나 빗물을 차단하기 위해 덮개돌을 설치하였다.

이 밖에도 석빙고 외부에 흙을 덮어 내부로 유입되는 에너지가 잘 차단되도록 하였고 풀을 심어 태양의 복사 에너지로 인해 내부의 온도가 상승하는 것을 최대한 막고자 하였다. 석빙고는 조상들의 지혜가 집약된 천연 냉장고로, 당시 다른 나라의 장치에 비해서도 기술이 떨어지지 않는 건축물이다.

05

㉠의 이유를 추론한 것으로 가장 적절한 것을 고르시오.

① 물이 얼음으로부터 에너지를 전달받아 얼음을 녹이기 때문이다.
② 에너지가 높은 쪽에서 낮은 쪽으로 이동하는 것을 물이 방해하기 때문이다.
③ 물이 상태 변화가 시작되어 석빙고 내부의 온도를 상승시킬 수 있기 때문이다.
④ 상태 변화가 일어나 생긴 물이 얼음보다 더 큰 에너지를 가지고 있기 때문이다.

06

이 글의 숨은열에 대해 다음과 같이 정리할 때, 빈칸에 들어갈 알맞은 말을 골라 ○표 하시오.

> 물질의 상태 변화가 일어날 때는 숨은열이 개입한다. 여름에 석빙고 안에서 열을 흡수하여 물질이 (융해 / 응고)될 때 숨은 열로 인해 에너지 교환이 일어난 주변 물질은 에너지가 (증가 / 감소)한다. 상태가 바뀌는 동안 물질의 온도는 (유지된다 / 하강한다).

07

석빙고에 대해 바르게 이해하지 못한 학생의 이름을 쓰시오.

> **세영**: 통풍구가 없다면 내부의 온도는 올라갈 수밖에 없겠구나.
> **영서**: 통풍구가 있어야 밀도가 낮아진 공기가 아래로 이동하여 차가움을 유지하게 되는 거야.
> **해인**: 석빙고의 천장의 상단에 통풍구를 설치한 이유는 더운 공기가 통풍구를 통해 빠져나가게 하기 위한 것이군.
> **구연**: 통풍구 위에 놓은 덮개돌은 통풍구를 밀폐하는 것이 아니라 직사광선이나 빗물만 차단하고 공기는 잘 통하게 놓았을 것 같아.

08

다음 빈칸에 들어갈 알맞은 말을 순서대로 쓰시오.

> 석빙고 외부에 흙을 덮은 것은 공기의 흐름을 막아 에너지가 잘 □□되도록 한 것이고, 풀을 심은 것은 석빙고 외부의 벽에 태양의 □□ 에너지가 직접 닿지 않게 하려고 한 것이군.

이 글은

스마트폰의 야외 시인성을 개선하는 기술에 대해 소개하는 글로, OLED 스마트폰에 적용된 편광판의 원리를 통하여 OLED 스마트폰의 야외 시인성을 높이는 기술을 설명하고 있다. 그리고 이러한 기술의 효과와 한계에 대해서도 다루고 있다.

다음 글을 읽고 물음에 답하시오.

맑고 화창한 날 밖에서 스마트폰 화면이 잘 보이지 않았던 경험이 한 번쯤은 있을 것이다. 이는 화면에 반사된 햇빛이 화면에서 나오는 빛과 많이 혼재될수록 야외 시인성이 저하되기 때문이다. 야외 시인성이란, 빛이 밝은 야외에서 대상을 명확하게 인식할 수 있는 성질을 의미한다. 그렇다면 스마트폰에는 야외 시인성 개선을 위해 어떠한 기술이 적용되어 있을까?

스마트폰 화면의 명암비가 높으면 우리는 화면에 표현된 이미지를 선명하다고 인식한다. 명암비는 가장 밝은 색과 가장 어두운 색을 화면이 얼마나 잘 표현하는지를 나타내는 수치로, 흰색을 표현할 때의 휘도를 검은색을 표현할 때의 휘도로 나눈 값이다. 여기서 휘도는 화면에서 나오는 빛이 사람의 눈에 얼마나 들어오는지를 나타내는 양이다. 가령, 흰색을 표현할 때의 휘도가 $2,000\,\mathrm{cd/m^2}$이고 검은색을 표현할 때의 휘도가 $2\,\mathrm{cd/m^2}$인 스마트폰의 명암비는 1,000이다.

명암비는 휘도를 측정하는 환경에 따라 암실 명암비와 명실 명암비로 구분된다. 암실 명암비는 햇빛과 같은 외부광 없이 오로지 화면에서 나오는 빛만을 인식할 수 있는 조건에서의 명암비를, 명실 명암비는 외부광이 존재하는 조건에서의 명암비를 의미한다. 스마트폰의 야외 시인성을 높이기 위해서는 명실 명암비를 높여야 한다. 이를 위해 화면에서 흰색을 표현할 때의 휘도를 높이는 방법과 검은색을 표현할 때의 휘도를 낮추는 방법을 사용할 수 있다.

그런데 스마트폰에 흔히 사용되는 OLED는 흰색을 표현할 때의 휘도를 높이는 데 한계가 있다. OLED는 화면의 내부에 있는 기판*에서 빛을 내는 소자로, 빨간색, 초록색, 파란색 빛을 조합하여 다양한 색을 구현한다. 이렇게 OLED가 색을 표현할 때, 출력되는 빛의 세기를 높이면 해당 색의 휘도가 높아진다. 그러나 강한 세기의 빛을 출력할수록 OLED의 수명이 단축되는 문제가 있다. 이러한 이유로 OLED 스마트폰에는 편광판*과 위상지연필름*을 활용하여, 외부광의 반사로 높아진, 검은색을 표현할 때의 휘도를 낮추는 기술이 적용되고 있다.

〈그림〉은 OLED 스마트폰에 적용된 편광판의 원리를 나타낸 것이다. 일반적으로 빛은 진행하는 방향에 수직인 모든 방향으로 진동하며 나아간다. 빛이 편광판을 통과하면 그중 편광판의 투과축과 평행한 방향으로 진동하며 나아가는 선형 편광만 남고, 투과축의 수직 방향으로 진동하는 빛은 차단된다. 이러한 과정에서 편광판을 통과한 빛의 세기는 감소하게 된다.

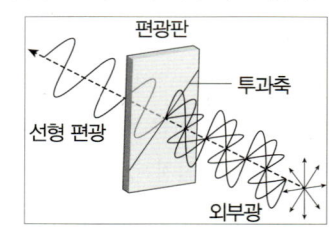

〈그림〉

[A]
이러한 원리를 이용해 OLED 스마트폰에서 야외 시인성을 높이는 기술을 설명하면 다음과 같다. 먼저 스마트폰 화면 안으로 들어오는 외부광은 편광판을 거치면서 일부가 차단되고 투과축과 평행한 방향으로 진동하는 선형 편광만 남게 된다. 그런 다음 이 선형 편광은 위상지연필름을 지나면서 회전하며 나아가는 빛인 원형 편광으로 편광의 형태가 바뀐다. 이 원형 편광은 스마트폰 화면의 내부 기판에 반사된 뒤, 다시 위상지연필름을 통과하며 선형 편광으로 바뀐다. 그런데 이 선형 편광의 진동 방향은 외부광이 처음 편광판을 통과했을 때 남은 선형 편광의 진동 방향과 수직을 이루게 되어 편광판에 가로막히게 된다. 그 결과 기판에 반사된 외부광은 화면 밖으로 빠져나가지 못하게 된다.

이와 같은 기술은 OLED 스마트폰의 야외 시인성을 높이는 데에는 매우 효과적이지만, 편광판을 사용할 수밖에 없기 때문에 스마트폰 화면이 일정 수준의 명암비를 유지하기 위해서는 ㉠OLED가 내는 빛의 세기를 높게 유지해야 한다는 단점이 존재한다. 그리고 외부광이 화면의 외부 표면에 반사되어 나타나는 야외 시인성의 저하도 방지하지 못한다.

◆ 기판 전기 회로가 편성되어 있는 판.
◆ 편광판 들어오는 빛에서 어느 한 방향의 편광 성분(전기장이 그 방향으로 진동하는 성분)만 통과시키고 다른 성분은 흡수하거나 반사시켜 버리는 광학 소자.
◆ 위상지연필름 단일 주파수의 파동이 어떤 점에서 계통이 다른 점으로 전파했을 때 짧은 시간에 생기는 지연을 만드는 필름.

★ 개념 적용

내용을 바탕으로 한 추론 ●

01 ㉠의 이유를 추론한 것으로 가장 적절한 것은?

① OLED가 내는 빛의 휘도를 조절할 수 없기 때문이다.
② OLED가 내는 빛이 강할수록 수명이 길어지기 때문이다.
③ OLED가 내는 빛 중 일부가 편광판에서 차단되기 때문이다.
④ OLED가 내는 빛이 약하면 명암비 계산이 어렵기 때문이다.
⑤ OLED가 내는 빛의 세기를 높이는 데 한계가 있기 때문이다.

도움말

내용을 바탕으로 추론할 때에는 추론한 내용이 타당한지 본문에서 확인해 봐요.

세부 내용 파악 ●

02 |보기|는 [A]의 과정을 나타낸 그림이다. 윗글을 바탕으로 |보기|를 이해한 내용으로 적절하지 않은 것은?

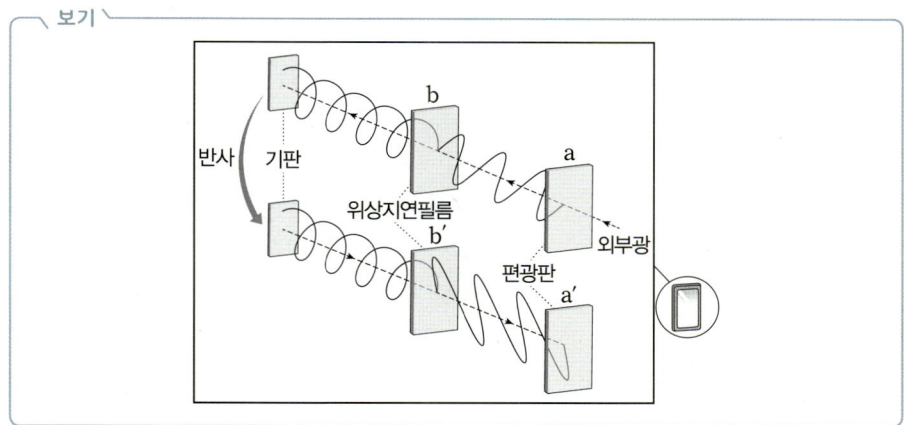

① 외부광은 a를 거치면서 투과축과 평행한 방향으로 진동하는 빛만 남게 된다.
② a를 거쳐 b로 나아가는 빛은 진행 방향에 수직인 방향으로 진동한다.
③ b를 거친 빛은 기판에 의해 a를 거쳐 b로 나아가는 빛과 같은 형태의 편광으로 바뀌게 된다.
④ b′를 거친 빛의 진동 방향은 a를 거쳐 b로 나아가는 빛의 진동 방향과 수직을 이룬다.
⑤ b′를 거친 빛은 진동 방향이 a′의 투과축과 수직을 이루므로 화면 밖으로 빠져나가지 못하게 된다.

**수능
개념
마스터**

✿ 글 내용에 대한 추론의 예

글 내용	추론의 예
맑고 화창한 날 밖에서 스마트폰 화면이 잘 보이지 않았던 경험이 한 번쯤 있을 것이다. 이는 화면에 반사된 햇빛이 화면에서 나오는 빛과 많이 혼재될수록 ❶ [　　　　]이 저하되기 때문이다.	• 맑고 화창한 날이더라도 화면에 반사된 햇빛의 양이 적은 실내에서는 스마트폰이 잘 보일 것이다. • 맑고 화창한 날 밖에서 스마트폰 화면이 잘 보이게 하려면 암실 명암비와 명실 명암비 중, 외부광이 존재하는 조건에서의 명암비인 ❷ [　　　　] 명암비를 높여야겠다.
이러한 이유로 OLED 스마트폰에는 편광판과 위상지연필름을 활용하여, 외부광의 반사로 높아진, 검은색을 표현할 때의 ❸ [　　　　]를 낮추는 기술이 적용되고 있다.	• OLED 스마트폰의 기술을 이야기할 때, '외부광'이라는 말이 쓰인 것을 보면 ❹ [　　　　] 명암비를 높이는 것을 전제로 하고 있다는 것을 알 수 있다. • 흰색을 표현할 때의 휘도를 높이는 기술 대신, 검은색을 표현할 때의 휘도를 낮추는 기술이 적용되는 이유는 흰색을 표현할 때의 휘도를 높이는 기술에서 휘도를 높이는 데 한계가 있고, 강한 세기의 빛을 출력할수록 OLED의 수명이 ❺ [　　　　]되는 문제가 있기 때문이다.

★ 이 글은
경제 주체들이 일반적으로 효율성을 고려하여 선택하는 차선이 결과적으로는 차선이 아닐 수도 있다는 '차선의 이론'을 소개하고, '사회무차별곡선'과 '생산가능곡선'의 예를 통해 '차선의 이론'에 대해 설명하고 있다.

다음 글을 읽고 물음에 답하시오.

경제학에서는 개별 경제 주체들이 주어진 조건하에서 자신이 조절할 수 있는 변수*들을 적절히 선택하여 최적의 결과를 추구한다고 본다. 그런데 최적의 결과를 얻기 어려운 상황에 놓인다면 경제 주체들은 일반적으로 효율성을 고려하여 차선의 선택을 고민하게 된다. 하지만 립시와 랭카스터는 차선의 의미에 대해 새로운 관점을 보여 주는 '차선의 이론'을 제시했다.

차선의 이론에서는 최적의 결과를 얻기 위한 여러 조건 중 한 가지 이상의 조건이 충족되지 못하는 상황이라면 나머지 조건들이 모두 충족되더라도 그 결과는 차선이 아닐 수 있다고 본다. 예를 들어 ㉠효율성을 달성하기 위한 10개의 조건 중 9개의 조건이 충족되는 것이 8개의 조건이 충족되는 것보다 반드시 더 낫다고 볼 수는 없다는 의미이다.

여기서 왜 효율성을 달성하기 위한 10개의 조건 중 9개의 조건이 충족되는 것이 차선이 아닌지를 입증하기 위해서는 공평성을 함께 고려해야 한다. 한 사회가 어떤 것을 공평하다고 여기는지는 **사회무차별곡선**을 통해 확인할 수 있다. 사회무차별곡선은 개별 경제 주체가 경제 활동을 통해 얻은 주관적 만족감인 효용 수준을 종합한 사회 후생 수준을 보여 준다. 사회무차별곡선의 모양을 보면 그 사회가 개인의 효용 수준에 대한 평가를 통해 공평성에 대해 어떠한 가치 판단을 하고 있는지 확인할 수 있다.

사회무차별곡선 위의 모든 점은 동일한 사회 후생 수준을 나타내는데, 이 곡선이 원점에서 멀리 위치할수록 사회 후생 수준이 높다는 것을 나타낸다. 일반적으로 사회무차별곡선의 모양은 원점에 대해 볼록한 곡선으로, 우하향할수록 기울기가 완만해진다. 이는 높은 효용 수준을 누리는 사람의 효용에는 상대적으로 낮은 가중치를 적용하고, 낮은 효용 수준밖에 누리지 못하는 사람들의 효용에는 높은 가중치를 적용해 사회 후생을 계산하는 것이 공평하다는 가치 판단이 반영된 결과이다.

〈그림〉은 사회에서 경제적 자원을 모두 활용하여 쌀과 옷 두 가지 상품만 생산한다는 가정하에 생산가능곡선 CD와 사회무차별곡선(SIC)을 통해 차선의 이론의 예를 보여 준다. 〈그림〉의 생산가능곡선 CD는 원점에 대해 오목한 모양으로 이 곡선 위의 점들은 생산의 효율성을 충족한다는 것을 의미하며, 곡선의 바깥쪽은 생산이 불가능함을, 곡선의 안쪽은 생산은 가능하나 비효율적임을 나타낸다. 이때 생산가능곡선과 사회무차별곡선이 접하는 E 지점이 최적인데, 만약 선분 FG와 같은 어떤 제약이 가해져 이 선분의 바깥쪽에 있는 지점은 선택할 수 없게 되어 최적의 결과를 얻기 어려운 상황이라고 가정해 보자. 이때 H 지점은 제약하에서도 생산가능곡선 CD 위에 위치하기에 생산의 효율성이나마 충족하고 있으므로 차선의 선택이라고 생각하기 쉽지만 사회 후생 수준을 고려하면 그렇지 않다.

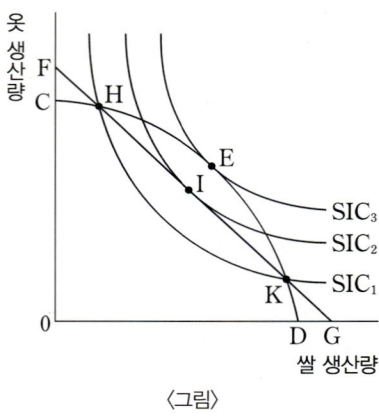

〈그림〉

왜냐하면 SIC$_1$과 SIC$_2$의 원점에서의 위치를 고려했을 때 SIC$_1$ 위에 있는 H 지점보다 SIC$_2$ 위에 있는 I 지점의 사회 후생 수준이 더 높기 때문이다. 따라서 제약하에서 사회 후생 수준을 고려하면 I 지점이 차선의 선택이 된다.

* 변수 어떤 상황의 가변적 요인.

세부 내용 파악 **01** 윗글을 읽고 답을 찾을 수 <u>없는</u> 질문은?

① 차선의 이론이 갖는 의미는 무엇인가?

② 생산가능곡선 위의 점들이 의미하는 것은 무엇인가?

③ 립시와 랭카스터가 입증한 차선의 이론의 한계는 무엇인가?

④ 경제 주체들이 차선의 선택을 고민하게 되는 이유는 무엇인가?

⑤ 사회무차별곡선의 모양이 우하향할수록 기울기가 완만해지는 이유는 무엇인가?

세부 내용 파악 **02** 사회무차별곡선에 대한 이해로 적절하지 <u>않은</u> 것은?

① 사회무차별곡선 위의 모든 점은 동일한 사회 후생 수준을 나타낸다.

② 사회무차별곡선은 일반적으로 원점에 대해 볼록한 곡선 모양이다.

③ 사회무차별곡선을 통해 공평성에 대한 사회의 가치 판단을 확인할 수 있다.

④ 사회무차별곡선은 개별 경제 주체의 효용 수준을 종합한 사회 후생 수준을 보여 준다.

⑤ 사회무차별곡선에는 높은 효용 수준을 누리는 사람들의 주관적 만족감이 반영되어 있지 않다.

세부 내용 파악 **03** 차선의 이론을 통해 ㉠의 이유를 설명한 것으로 가장 적절한 것은?

① 효율성과 다른 기준도 함께 고려할 필요가 있기 때문이다.

② 경제 주체들이 스스로 자신의 효용 수준에 대해 평가하기 때문이다.

③ 효율성을 달성하기 위한 조건들의 중요도가 서로 다르기 때문이다.

④ 낮은 효용 수준을 누리는 사람의 효용에는 가중치를 적용할 수 없기 때문이다.

⑤ 효율성을 달성하기 위한 모든 조건이 충족되지 않는다면 개별 주체의 효용 수준에 영향을 미치지 못하기 때문이다.

⭐ 개념 적용

세부 내용 추론 **04** 다음은 윗글을 읽고 〈그림〉에 대해 경제 동아리 학생들이 나눈 대화이다. 적절하지 <u>않은</u> 것은?

┌─ 보기 ┐

동아리 회장: 오늘 살펴본 경제 자료 속 그래프에 대해 더 하고 싶은 얘기가 있으면 해 보자.

부원 1: 나는 H가 생산가능곡선 위에 있기 때문에 그렇지 않은 I보다 생산의 효율성이 높다고 생각해.

부원 2: 선분 FG와 같은 제약이 있는 상황에서 H가 아닌 I가 차선으로 선택되었다면 그 이유는 사회 후생 수준을 고려했기 때문이라고 생각해.

부원 3: I의 위치를 고려하면 생산이 가능하지 않아 비효율적인 지점이라고 생각해.

부원 4: 선분 FG와 같은 제약이 있는 상황에서 생산가능곡선을 고려하면 K도 H와 마찬가지로 생산의 효율성을 충족하는 지점이라고 생각해.

부원 5: SIC_3은 SIC_1과 SIC_2보다 사회 후생 수준이 높다고 생각해.

① 부원 1의 생각　　　② 부원 2의 생각　　　③ 부원 3의 생각

④ 부원 4의 생각　　　⑤ 부원 5의 생각

12강 비판적 읽기 – 관점이나 내용·숨겨진 의도 비판

📖 들어가며

글을 읽을 때는 글의 내용을 무조건 수용하는 것이 아니라 글의 내용과 글쓴이의 생각을 논리적으로 따져 읽는 비판적 읽기를 해야 한다. 왜냐하면 글의 내용이 적절하지 않거나 글쓴이의 관점이 한쪽으로 치우쳐 있을 수 있기 때문이다. 글에 대한 글쓴이의 관점이나, 글의 내용, 숨겨진 의도를 제대로 파악하여 공감하거나 반박하는 평가를 내리면서 비판적 읽기를 하면, 독자도 자신의 생각을 발전시켜 나갈 수 있다.

개념 더하기 ➕

비판

- 어떤 것의 옳고 그름을 가리어 판단하거나 밝히는 것을 말하는데, 대체로 대상의 잘못된 부분을 밝히는 데 초점을 두는 경우가 많음.

- 비판을 제대로 하기 위해서는 상대방 주장의 논리적 구조를 파악해야 함. 이때 주의해야 할 점은 어떤 내용에 대해 비판하는 것과 단순히 부정적으로 말하는 것은 명확히 구별해야 함. 비판에는 근거가 있어야 하므로, 선택지의 내용이 글에 대해 부정적으로 언급하고 있다고 해도 이것이 늘 올바른 비판은 아니라는 점을 명심해야 함.

01 비판적 읽기

> **비판적 읽기** 글의 내용과 글쓴이의 생각을 논리적으로 따져 읽고, 그에 대해 공감하거나 반박하는 평가를 내리는 것

- **비판적 읽기**

비판적 읽기는 글의 구성 방식 및 서술 전략의 적절성과 글쓴이가 가진 관점의 타당성이나 공정성 등을 따져 보는 과정이다. 비판적으로 읽기 위해서는 먼저 글에 대한 정확한 사실적 이해가 선행되어야 한다.

비판적 이해

사실적 이해 ➡
- 논지 전개 방식의 적절성 평가
- 글의 내용과 글쓴이의 생각의 타당성, 공정성 평가

- **비판적 읽기를 위한 비판적 사고력의 신장 방법**
  ① 평소에 옳다고 받아들여지는 사실이나 의견에 대해 의문을 제기하는 태도를 지닌다.
  ② 글을 읽는 과정에서 문제의 핵심에서 벗어나지 않도록 주의를 집중하고, 지엽적인 문제에 매달려 흐름을 놓치지 않도록 유의한다.
  ③ 자신의 견해가 편협하거나 주관적이지는 않은지 스스로 점검한다.

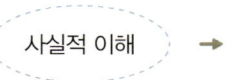 point

글에 나타난 관점을 바탕으로 비판적 읽기를 할 수 있는지를 묻는 문항은, 우선 글에 나타난 관점을 정확히 파악하고 지문의 내용이 타당한지 확인해야 한다.

➡ 기출 유형

- (가)의 '플라톤'과 (나)의 '아리스토텔레스'가 I 보기 I에 대해 보일 반응으로 적절하지 않은 것은?
- (가)의 '도덕적 다원주의자'의 관점에서 I 보기 I를 설명한 내용으로 가장 적절한 것은?

02 비판의 준거

정확성	글에 제시된 자료가 객관적인 사실과 일치하고 출처가 명확한지 평가하는 항목
공정성	글의 내용을 다룰 때, 어느 한쪽에 치우치지 않고 균형 있게 접근하고 있는지를 평가하는 항목
적절성	문제를 해결해 나가는 과정과 글의 형식이 적절한지 살펴보고, 내용이 정보로서 가치가 있는지, 판단의 근거와 같은 글의 내용이 글쓴이의 목적과 의도에 맞게 효과적으로 표현되었는지를 평가하는 항목
타당성	주장을 뒷받침하는 근거가 객관적인지, 주장한 내용이 현실적으로 실현 가능하고 실질적 가치가 있는지를 평가하는 항목

03 비판적 읽기의 방법

• 비판적 읽기의 방법

관점이나 내용 비판하기	• 글쓴이의 주장과 근거, 사실과 의견 등을 파악한 뒤 그 내용에 대하여 독자가 공감하거나 반박할 부분을 찾고 글쓴이의 생각을 비판함. • 공정성, 적절성, 타당성 등의 기준을 바탕으로 판단함.
표현 방법 비판하기	• 글의 전개 방식, 구조적 특성 같은 구조적 장치가 글의 목적에 맞게 효과적으로 사용되었는지를 비판함. • 단어 사용의 적절성, 글의 문체와 길이, 맞춤법과 문법 등 글의 내용을 표현하는 수사적 장치를 검토함.
다른 견해나 제시된 근거 비판하기	글쓴이의 관점 외에 다른 내용이나 관점이 있는지와 글에 제시된 근거가 글의 내용을 뒷받침하는 데 적절한지를 비판함.

예 '데리다'의 관점에서 |보기|에 대해 평가한 내용으로 적절한 것은?

> '데리다'는 이원 대립과 위계의 가치 질서를 주장한 관점에 비판하는 입장에서 주체란 그 자체로 완전하고 절대적인 의미를 갖고 있는 것이 아니라, 다른 대상들과의 차이에 의해 의미가 드러난다고 보았다.

┌─ 보기 ┐

> 식민주의란 약육강식을 근간으로 삼는 차별적 이데올로기이다. 이는 힘이 센 나라(종주국)가 자신보다 약한 나라(식민국)를 무력으로 침략하여 물적·인적 자원을 약탈하고, 그곳을 지배하는 행위를 정당화한다.

① 종주국은 식민국보다 완전하고 절대적 위치에 있기 때문에 식민 지배는 정당하군.

② 두 나라의 상대적인 차이와 다양성을 인정하고 존중해야 식민주의 문제를 해체할 수 있겠군.

→ |보기|에서 식민주의는 세계를 이원 대립적 구도로 파악하여 종주국과 식민국의 우열 관계로 보는데, 데리다는 이러한 차별적 이데올로기를 비판적 관점으로 바라보았다. 따라서 답은 ②이다.

04 비판·반응의 적절성 판단

비판과 반응 비판은 옳고 그름을 가리어 판단하여 잘못된 점을 지적하는 것이고, 반응은 제시된 글에 대한 독자의 판단에서 나오는 태도나 입장을 의미함.

• 비판·반응의 적절성 판단 방법

① 비판이나 반응은 기본적으로 제시된 정보를 완벽히 이해했다는 전제하에 나오는 것이다. 따라서 비판이나 반응이 이루어지는 대상에 표시를 하고 관련 정보를 정리한다.

② 비판이나 반응이 이루어지는 대상에 대한 설명이 |보기|로 제시될 경우, |보기|에 제시된 관련 정보도 함께 정리해야 한다.

③ 비판이나 반응이 이루어지는 대상에 대한 정보를 바탕으로 비판이나 반응의 결과인 선택지 내용의 적절성을 판단한다.

SOS
알려주세요!

Q. 서로 다른 관점을 비교할 때 고려할 점은 무엇일까요?

A. 기준이 되는 주장과 근거를 다른 관점의 주장과 근거와 비교할 때는 적절성을 판단하는 것이 중요해요.

개념 더하기
유사한 글과 비교
글감이나 주제, 시대적 배경 등이 유사한 글을 찾아 읽어 보고, 글의 관점과 구성 등을 비교하며 비판할 수 있음.

개념 더하기
비판적 읽기의 대상 – 글쓴이의 개성
같은 화제나 주제를 담고 있는 글도 글쓴이의 관점, 논조, 문체, 표현에 따라 다르게 받아들여질 수 있음. 따라서 글쓴이가 취하는 관점이 분명하게 수립되어 있는지, 설득하는 글에서 글의 논조가 글의 주제를 효과적으로 전달하기에 적절한 것인지, 글의 문체가 글의 목적과 의도를 전달하기에 적절한 것인지, 글의 표현이 정확하고 적절한지 등을 평가할 수 있음.

개념 익히기

[01~03] 다음 글을 읽고 물음에 답하시오.

일반적으로 차이란 서로 같지 않고 다르다는 의미로 쓰이지만 들뢰즈는 차이를 '개념적 차이'와 '차이 자체'로 구분하여 자신이 말하고자 하는 차이의 의미를 명확히 했다. 이때 개념적 차이란 개념적 종차를 통해 파악될 수 있는, 어떤 대상과 다른 대상의 상대적 다름을 의미하며, 차이 자체란 개념으로 드러낼 수 없는 대상 자체의 절대적 다름을 의미한다. 예를 들어 소금의 보편적 특성은 짠맛이나 흰색 등으로 볼 수 있는데 이러한 특성은 소금과 설탕의 맛을 비교하거나, 소금과 숯의 색깔을 비교함으로써 파악될 수 있다. 즉 소금과 다른 대상들과의 상대적인 비교를 통해 소금의 개념적 차이가 형성되는 것이다. 그런데 소금이라는 개념으로 동일하게 분류되는 각각의 입자들은 그 입자마다의 염도와 빛깔 등이 다를 수밖에 없다. 어떤 소금 입자들은 다른 소금 입자보다 조금 더 짤 수도 있고, 흰색이 조금 더 밝을 수도 있다. 이때 각 소금 입자가 가지는 염도, 빛깔의 고유한 정도 차이에 해당하는 특성이 바로 개별 소금 입자의 차이 자체인 것이다.

들뢰즈는 개념적 차이로는 대상만의 고유한 가치나 절대적 다름이 파악될 수 없다고 하였다. 왜냐하면 개념적 차이는 다른 대상과의 비교를 통해 파악된 결과로 다른 대상에 의존하는 방식이어서, 그 과정에서 개별 대상의 고유한 특성이 무시되기 때문이다. 또한 들뢰즈는 개념이 개별 대상들을 규정함으로써 개별 대상을 개념에 포섭시키는 상황이나, 개념에 맞추어 세상을 파악함으로써 세상을 오로지 개념의 틀에 가두는 상황을 우려했다. 왜냐하면 이와 같은 상황에서는 미리 정해 둔 개념에 부합하는 개별 대상은 좋은 것으로, 그렇지 못한 개별 대상은 나쁜 것으로 규정되는 개념의 폭력이 발생할 수 있기 때문이다.

한편 들뢰즈는 개별 대상의 차이 자체를 드러낼 수 있는 작용 원리를 '반복'과 '강도'라는 용어로 설명했다. 일반적으로 반복은 같은 일을 되풀이한다는 의미로 쓰이지만 들뢰즈가 말하는 반복이란 되풀이하여 지각된 강도의 차이를 통해 개별 대상의 차이 자체를 발견해 나가는 과정을 의미한다. 이때 강도란 정량화하기 힘든, 개별 대상의 고유한 크기이자, 다른 것과 비교될 수 없는 개별 대상에 대한 감각적 경험을 의미한다. 예를 들어 어떤 사람이 피아노로 같은 악보를 반복해서 연주한다고 할 때, 각각의 연주는 결코 동일할 수 없으므로 연주가 반복될수록 연주자와 관객 모두 연주마다의 서로 다른 강도를 느끼게 된다. 즉 각각의 연주는 차이 자체를 드러내게 되는 것이다. 이처럼 들뢰즈에게 차이 자체란 반복에 의해 경험하게 되는 강도의 차이를 의미한다.

01

보기에 대한 대화를 읽고, 알맞은 말을 골라 ○표 하시오.

보기

한나는 냉면을 소개하는 책자를 보았다. 여기에서 함흥냉면과 평양냉면을 서로 비교하는 내용을 읽고 두 냉면의 면과 육수가 다르다는 것을 알 수 있었다. ⓐ한나는 두 냉면의 차이를 분명하게 알게 된 것이다.

성은: 한나는 냉면이 지닌 절대적 다름을 알게 된 것이군.
혜성: 너는 ⓐ를 (개념적 차이 / 차이 자체)를 알게 된 것으로 여기고 있으므로 너의 의견은 차이에 대한 들뢰즈의 견해에 (부합한다 / 부합하지 않는다)고 생각해.

02

보기에 대한 학생들의 반응을 읽고, '들뢰즈'의 관점이 반영되지 않은 사람의 이름을 쓰시오.

보기

앤디 워홀은 실크 스크린을 통한 대량 인쇄 작업을 거쳐 공장에서 한 가지 상품의 동일한 이미지를 작품으로 제작하였다. 이 작품들은 언뜻 보면 동일해 보였지만 실제로는 윤곽선의 번짐이나 색상에서 조금씩 차이를 느낄 수 있었다. 이러한 앤디 워홀의 작업은 같음을 생산하는 과정을 되풀이함으로써 오히려 어떠한 결과물도 같을 수 없음을 보여 준다.

슬기: 대량 인쇄 작업으로 제작한 작품들은 다른 것과 비교될 수 없는 개별 대상에 대한 감각적 경험을 가능하게 하겠군.
혜윤: 같음을 생산하는 과정을 되풀이하며 제작한 결과물을 통해 동일한 강도가 지각될 수 있음을 보여 주려 한 것이겠군.
규빈: 실크 스크린 작품들에서는 다른 대상에 의존하는 방식으로는 파악할 수 없는 특성이 색상과 윤곽선에 대한 지각을 통해 드러나게 되는 것이겠군.

03

다음 중 들뢰즈의 관점에 대한 설명으로 적절하면 ○표, 적절하지 않으면 ×표 하시오.

(1) 소금과 설탕의 맛의 비교는 '차이 자체'로 보았다. (　　　)

(2) '반복'의 개념은 같은 일을 되풀이하는 것으로 규정했다.
(　　　)

(3) 개념에 맞추어 세상을 파악함으로써 세상을 개념의 틀에 가두는 상황을 우려했다. (　　　)

[04~06] 다음 글을 읽고 물음에 답하시오.

손해보험은 실손보상원칙을 기본 원칙으로 삼는다. 실손보상 원칙이란 실제 발생한 손해만을 보상하고 그 이상은 보상하지 않는다는 것을 뜻한다. 따라서 손해보험을 통해 피보험자가 재산상 이익을 얻는 것은 허용되지 않는데, 이를 이득 금지의 원칙이라고 한다. 실손보상원칙은 손해보험 계약의 도박화를 막고 보험 범죄를 방지하는 역할을 한다.

[A] 보험가액은 피보험이익의 객관적인 금전적 평가액으로, 보험자가 보험금의 형태로 부담하게 되는 보상책임의 법률상의 최고 한도액이다. 보험가액은 고정된 것이 아니며 경제 상황 등에 따라 변동될 수 있는데, 이득 금지의 원칙과 관련해 피보험자에게 이득이 생겼는가 여부를 판단하는 기준이 된다. 이와 달리 보험 사고 발생 시 보험자가 지급하기로 보험 계약에서 실제 약정한 최고 한도액은 보험금액이라 한다. 보험금액은 당사자 간 약정에 의하여 일정한 금액으로 정해지며, 보험 기간 중에는 이를 변경하지 않는 것이 원칙이다. 보험금은 보험 사고가 발생할 때 실제로 보험자가 지급하는 금액이다. 보험 사고가 발생하였다고 해서 항상 보험금액만큼 지급되는 것은 아니므로 보험금액은 보험금의 최고 한도라는 의미만을 갖는다.

보험가액과 보험금액은 서로 일치하지 않을 수 있다. 보험금액이 보험가액을 현저하게 초과하는 경우를 초과보험이라 한다. 시가 100원 상당의 건물을 보험금액 200원으로 하여 가입한 화재보험이 그 예이다. 손해보험에서 보험가액을 초과하는 부분에는 피보험이익이 존재하지 않으므로 보험금액을 보험가액과의 비율에 따라 조정해야 한다. 위 사례에서 건물이 100% 손실을 입었다면 100원만을 지급한다는 의미이다. 보험계약 체결 당시엔 초과보험이 아니었으나 보험가액이 감소한 경우처럼, 당사자가 의도하지 않은 채 초과보험 계약을 한 경우는 단순한 초과보험이라 한다. 이런 경우 예외적으로 보험자는 보험금액의 감액을, 보험에 가입한 보험계약자는 보험자에 지급하는 금액인 보험료의 감액을 각각 청구할 수 있다. 그러나 보험계약자가 재산상 이익을 얻을 목적으로 초과보험을 체결한 경우는 사기에 의한 초과보험이라 하여 그 계약 전부를 무효로 한다.

한 명의 피보험자가 동일한 피보험이익과 동일한 보험 사고에 관하여 여러 보험자와 계약을 체결한 경우에 그 보험금액의 합계가 보험가액을 초과하는 경우를 중복보험이라 한다. 이때 각각의 보험은 보험의 목적이 서로 같아야 하고, 보험 기간도 공통이어야 한다. 중복보험은 초과보험과 유사하게 보험계약자가 중복보험을 의도한 경우와 그렇지 않은 경우를 구분하고 있다. 사기에 의한 중복보험은 그 계약 전부를 무효로 한다. 단순한 중복보험의 경우, 각 보험자가 보험금액의 비율에 따라 연대 책임을 지지만 그 보상액은 각각의 보험금액으로 제한된다.

04

이 글에 대해 **잘못** 이해하고 있는 학생의 이름을 쓰시오.

> **승민**: 보험가액을 초과하는 피보험이익은 존재하지 않겠군.
> **연제**: 피보험이익과 보험의 목적이 서로 다른 손해보험 계약은 중복보험으로 볼 수 없어.
> **수연**: 단순한 중복보험으로 두 개의 보험을 들었을 경우, 피보험자가 100원 상당의 건물이 100%인 손실을 입었을 때, 각 보험자는 피보험자에게 각각 100원씩 보상을 해 주어야 해.

05

[A]에 대한 이해로 적절하면 ○표, 적절하지 않으면 ×표 하시오.

(1) 보험금액은 변동될 수 있으나 보험 기간 중 보험가액은 바뀌지 않는 것이 원칙이군. ( )

(2) 보험가액은 보험금의 액수가 이득금지의 원칙에 위배되는지 여부를 판단하는 기준이 되겠군. ( )

(3) 보험자가 일정한 보험금액을 약정했더라도 보험 사고 발생 시 항상 보험금액만큼 지급하는 것은 아니군. ( )

06

이 글을 읽은 학생이 보기 의 ㉮, ㉯에 대해 보인 반응 중 적절하지 **않은** 것을 고르시오.

> **보기**
>
> 갑은 2년 전 시가 1,000만 원의 건물 X를 소유하고 있었는데 당시 ㉮X에 대하여 보험사 A와 보험금액을 600만 원으로 하는 화재보험에 가입하고, ㉯같은 건물에 대하여 보험사 B와 보험금액 400만 원의 화재보험에 가입했다. 그런데 그 뒤 X의 시세가 하락해 현재 평가액은 800만 원이다. 갑이 가입한 손해보험의 보험금액과 보험료는 모두 가입 당시와 달라지지 않았다.
> (단, 갑이 가입한 손해보험은 피보험자가 모두 갑 본인이다. 모두 계약일이 같으며 보험 기간은 5년이다.)

① 보험 계약 후 건물 시세가 하락하였지만 ㉮와 ㉯ 중 어느 것도 계약 전부가 무효로 되지 않겠군.

② ㉮와 ㉯의 보험금액의 합계는 가입 당시와 달리 현재는 보험가액과 일치하지 않겠군.

③ 갑이 ㉮에 가입하지 않았다고 가정하면, ㉯의 보험자는 보험가액의 변동을 근거로 보험금액의 감액을 청구할 수 있었겠군.

이 글은

가는 플라톤의, 나는 아리스토텔레스의 철학적 관점을 바탕으로 예술관을 설명한 글이다.

가에서 플라톤은 초월 세계인 이데아계와 감각 세계인 현상계를 구분하고, 이데아계를 형상이 존재하는 곳으로, 현상계의 모든 사물은 형상을 본뜬 그림자에 불과하다고 보았다. 이러한 관점에서 플라톤은 예술을 감각 가능한 현상의 모방이라고 보았다. 나에서 아리스토텔레스는 이데아계가 존재하지 않으며, 형상은 질료에 내재한다고 보고, 이를 가능태와 현실태라는 개념을 통해 설명하였다. 아리스토텔레스에게 있어 예술의 목적은 개개의 사물에 내재하고 있는 형상을 표현해 내는 것이며 시가 역사보다 우월하다고 주장했다.

다음 글을 읽고 물음에 답하시오.

가 플라톤은 초월 세계인 이데아계와 감각 세계인 현상계를 구분했다. 영원불변의 이데아계는 현상계에 나타난 모든 사물의 근본이 되는 보편자, 즉 형상(form)이 존재하는 곳으로 이성으로만 인식될 수 있는 관념의 세계이다. 반면 현상계는 이데아계의 형상을 바탕으로 만들어진 세계로 끊임없이 변화하는 사물이 감각에 의해 지각된다. 플라톤에 따르면 ㉠현상계의 모든 사물은 형상을 본뜬 그림자에 불과하다.

이러한 관점에서 플라톤은 예술을 감각 가능한 현상의 모방이라고 보았다. 예를 들어 목수는 이성을 통해 침대의 형상을 인식하고 그것을 모방하여 침대를 만든다. 그리고 화가는 감각을 통해 이 침대를 보고 그림을 그린다. 결국 침대 그림은 보편자에서 두 단계 떨어져 있는 열등한 것이며, 형상에 대한 참된 인식을 방해하는 허구의 허구에 불과하다. 이데아계의 형상을 모방하여 생겨난 것이 현상인데, 예술은 현상을 다시 모방한 것이기 때문이다.

플라톤은 시가 회화와 다르다고 보았다. 고대 그리스에서 음유시인*은 허구의 허구인 서사시나 비극을 창작하고, 이를 작품 속 등장인물의 성격에 어울리는 말투, 몸짓 같은 감각 가능한 현상으로 연기함으로써 다시 허구를 만들어 냈다. 이 과정에서 음유시인의 연기는 인물의 성격을 드러내는데, 이는 감각 가능한 외적 특성을 모방해 감각으로 파악될 수 없는 내적 특성을 드러내는 것이다.

플라톤은 음유시인이 용기나 절제 같은 덕성을 갖춘 인간이 아닌 저급한 인간의 면모를 모방할 수밖에 없다고 주장했다. 가령 화를 잘 내는 인물은 목소리가 거칠어지고 안색이 붉어지는 등 다양한 감각 가능한 현상들을 모방함으로써 쉽게 표현할 수 있지만, 용기나 절제력이 있는 인물에 수반*되는 감각 가능한 현상은 표현하기 어렵기 때문이다. 따라서 플라톤은 음유시인의 연기를 보는 관객들이 이성이 아닌 감정이나 욕구와 같은 비이성적인 것들에 지배되어 타락하게 된다고 보았다.

나 아리스토텔레스는 이데아계가 존재한다고 보지 않았다. 예컨대 사람은 나이가 들며 늙는데, 만약 이데아계의 변하지 않는 어린아이의 형상과 성인의 형상을 바탕으로 각각 현상계의 어린아이와 성인이 생겨났다면, 현상계에서 어린아이가 성인으로 성장하는 것을 설명할 수 없기 때문이다.

아리스토텔레스는 형상이 항상 사물의 생성과 변화의 바탕이 되는 질료*에 내재한다고 보고, 이를 가능태와 현실태라는 개념을 통해 설명하였다. 가능태란 형상을 실현시킬 수 있는 가능적 힘이자 질료를 의미하며, 현실태란 가능태에 형상이 실현된 어떤 상태이다. 가령 도토리는 떡갈나무가 되기 위한 가능태라면, 도토리가 떡갈나무가 된 상태가 현실태이다. 이처럼 생성·변화하는 모든 것은 목적을 향해 움직이므로 가능태에 있는 것은 형상이 완전히 실현된 상태인 '완전 현실태'를 향해 나아가는데, 이 이행 과정이 운동이다. 즉 운동의 원인은 외부가 아닌 가능태 자체에 내재한다.

아리스토텔레스에게 있어 예술의 목적은 개개의 사물에 내재하고 있는 보편자, 즉 형상을 표현해 내는 것이다. 이런 점에서 그는 시가 역사보다 우월하다고 주장했다. 역사는 개별적 사건들의 기록일 뿐이지만 시는 개별적 사건에 깃들어 있는 보편자를 표현한 것이기 때문이다.

아리스토텔레스는 인간이 예술을 통해 쾌감을 느낄 수 있다고 보았다. 특히 비극시는 파멸하는 주인공을 통해 인간의 근본적 한계를 다루기 때문에, 시를 창작하면 인간 존재의 본질을 인식하는 앎의 쾌감을 느낄 수 있다고 하였다. 비극시 속 이야기는 음유시인이 경험 세계의 개별자들 속에서 보편자를 인식해 내어, 그것을 다시 허구의 개별자로 표현한 결과물인

* 음유시인 중세 유럽에서 여러 지방을 떠돌아다니며 연애가나 민중적 노래를 부르던 시인.
* 수반 어떤 일과 더불어 생김.
* 질료 형식을 갖춤으로써 비로소 일정한 것으로 되는 재료.

것이다. 또한 관객은 음유시인의 연기를 통해 앎의 쾌감을 느낄 수 있을 뿐 아니라 그와 다른 종류의 쾌감도 경험할 수 있다. 관객은 고통을 받는 인물의 이야기를 통해 그에 대한 연민과 함께, 자신도 유사한 고통을 겪을 수 있다는 공포를 느낀다. 이러한 과정에서 감정이 고조됐다가 해소되면서 얻게 되는 쾌감, 즉 카타르시스를 경험한다.

관점을 바탕으로 한 비판

01 가와 나를 참고할 때, '아리스토텔레스'의 입장에서 ㉠을 비판한 것으로 가장 적절한 것은?

① 현상계의 사물이 형상을 본뜬 것이라면 현상계의 사물이 생성·변화하는 이유를 설명할 수 없다.

② 형상이 변하지 않는 것이라면 현상계에 존재하는 사물들이 모두 제각기 다른 이유를 설명할 수 없다.

③ 형상과 현상계의 사물이 서로 독립적이라면 현상계에서 사물이 시시각각 변화하는 현상을 설명할 수 없다.

④ 형상이 현상계를 초월하여 존재하는 것이라면 형상을 포함하지 않는 사물을 감각으로 느끼는 것은 불가능하다.

⑤ 현상계의 모든 사물이 형상의 그림자에 불과하다면 그림자만 볼 수 있는 인간이 형상을 인식하는 것은 불가능하다.

비판적 읽기

02 가의 '플라톤'과 나의 '아리스토텔레스'가 I 보기 I에 대해 보일 반응으로 적절하지 않은 것은?

┌─ 보기 ─

고대 그리스의 비극시 〈오이디푸스 왕〉의 주인공 오이디푸스는 자신에게 주어진 숙명에 의해 파멸당하는 인물이다. 비극시를 공연하는 음유시인은 목소리, 몸짓으로 작품 속 오이디푸스를 관객 앞에서 연기한다. 음유시인의 연기에 몰입한 관객은 덕성을 갖춘 주인공이 특별한 잘못이 없는데도 불행해지는 모습을 보고 연민과 공포를 느낀다.

① 플라톤: 오이디푸스는 덕성을 갖춘 현상 속 인물을 본떠 만든 허구의 허구이며, 그에 대한 음유시인의 연기는 이를 다시 본뜬 허구이다.

② 플라톤: 음유시인은 오이디푸스의 덕성을 연기하는 데 주력하겠지만, 관객은 이를 감각으로 파악할 수 없기 때문에 감정과 욕구에 지배되어 타락하게 된다.

③ 플라톤: 음유시인의 목소리와 몸짓을 통해 오이디푸스의 성격이 드러난다면, 감각 가능한 외적 특성을 모방하는 과정에서 감각되지 않는 내적 특성이 표현된 것이다.

④ 아리스토텔레스: 음유시인이 현상 속 인간의 개별적 모습들에서 보편자를 인식해 내어, 이를 다시 오이디푸스라는 허구의 개별자로 표현한 것이다.

⑤ 아리스토텔레스: 오이디푸스가 숙명에 의해 파멸당하는 것을 본 관객들은 인간 존재의 본질을 이해하는 쾌감을 느낄 뿐 아니라 카타르시스를 경험할 수 있다.

도움말

플라톤과 아리스토텔레스의 철학적 관점과 예술관을 확인하고 I 보기 I의 내용과 비교해 보세요.

수능 개념 마스터

✿ '플라톤'과 '아리스토텔레스'의 관점 비교

	플라톤	아리스토텔레스
철학적 관점	초월 세계인 이데아계와 감각 세계인 ❶ [ ]를 구분함.	❷ [ ]가 존재한다고 보지 않음.
예술관	예술은 감각 가능한 현상의 ❸ [ ]임.	예술의 목적은 개개의 사물에 내재하고 있는 보편자, 즉 ❹ [ ]을 표현해 내는 것임.

이 글은

도덕적 갈등 문제를 바라보는 다양한 가치들 중 어떤 가치를 선택하는가의 문제에 대해 다루고 있는 글로, 도덕적 원칙주의, 도덕적 자유주의, 도덕적 다원주의 관점의 의의와 한계를 서술하였다.

다음 글을 읽고 물음에 답하시오.

도움이 필요한 할머니를 외면하고 약속 시간을 지키는 것이 옳은가, 아니면 늦더라도 할머니를 돕는 것이 옳은가? 이렇게 대립하는 가치들 중 어떤 가치를 선택해야 하는가의 문제, 즉 도덕적 갈등 문제를 바라보는 다양한 관점이 있다.

먼저 ㉠도덕적 원칙주의자는 합리적인 이성을 통해 찾을 수 있는 선험적인 도덕 법칙이 존재한다고 본다. 그리고 모든 인간은 이를 반드시 따라야 한다고 주장한다. 따라서 도덕적 원칙주의자는 갈등 상황이 생겼을 때 주관적 욕구나 개인이 처한 상황을 고려하지 말고 도덕 법칙에 따라 행동하라고 말한다.

도덕적 원칙주의는 인간의 합리적인 이성을 신뢰하고 이를 통해 윤리적으로 올바른 삶이란 무엇인가를 규명하려고 했다는 점에서 의의가 있다. 하지만 어느 사회에나 보편적으로 적용되는 선험적인 도덕 법칙이 존재한다면, 도덕적 갈등은 나타나지 않거나 나타나더라도 쉽게 해결이 돼야 하는데 실제로는 그렇지 않다는 점에서 한계가 있다.

㉡도덕적 자유주의자는 도덕적 원칙주의자와 달리 선험적인 도덕 법칙이 존재하지 않는다고 본다. 대신 개인들이 합의를 통해 만든 상위 원리를 바탕으로 갈등을 해결해야 한다고 주장한다. 자신의 이익만을 생각하는 편협한 입장에서 벗어나 객관적이고 공평한 지점에서 상위 원리를 만들 수 있다고 보기 때문이다. 상위 원리를 통해 법과 같은 현실적인 규범이나 지침을 만들면 사람들이 이를 준수함으로써 도덕적 갈등이 해결된다는 것이다. 따라서 도덕적 자유주의자는 공정한 형식적 절차를 마련하는 것을 최우선으로 삼는다.

도덕적 자유주의는 인간의 자율성을 보장하면서 갈등 상황을 해결할 수 있는 현실적인 방법을 만들어 냈다는 데 의의가 있다. 하지만 누구나 동의할 수 있는 상위 원리를 만들어 내는 것이 항상 가능한 것은 아니다. 또한 합의를 통해 상위 원리를 만들었다고 하더라도 구체적인 규범과 지침을 마련하는 과정에서 또 다른 갈등이 발생할 수 있다.

[A]

한편 도덕적 다원주의자는 해결 불가능한 도덕적 갈등이 있다고 주장한다. 이는 도덕적 가치의 우선순위를 판단하는 통일된 지표를 마련하는 것이 어려운 경우가 존재한다고 보기 때문이다. 가령 자유나 평등처럼 가치가 본래 지닌 내재적 속성이 상충되어 어느 하나를 추구하다 보면 다른 것을 상대적으로 덜 중시할 수밖에 없는 경우도 있으며, 어떤 조건에서는 우선시되는 가치가 다른 조건에서는 그렇지 않은 경우도 있다.

따라서 도덕적 다원주의자는 중재를 통해 타협점을 모색하는 방식을 제안한다. 가령 정의라는 가치가 중요하더라도 특정 갈등 상황에서 배려라는 가치가 더 중요하다면 타협을 통해 그것을 선택할 수도 있다고 말한다. 또한 타협하는 과정에서 기존의 도덕적 가치들 외에 새로운 가치를 생성할 수도 있다고 본다. 도덕적 다원주의자는 도덕적 갈등 상황에서 어떤 가치가 옳고 그른지 판단하는 것보다 갈등 당사자 간의 인간관계가 훼손되지 않는 것을 중시한다. 갈등 당사자들이 서로 다른 도덕적 가치를 주장한다고 하더라도 한 공동체 안에서 상호 작용하며 살아가야 하는 구성원들이라고 보기 때문이다.

도덕적 다원주의는 도덕적 갈등을 해결할 수 있는 현실적인 지침을 제공하지 않는다는 비판을 받기도 한다. 하지만 갈등 상황에서 따라야 할 단일 기준을 내세우지 않는다는 것은 상황에 따라 문제를 해결할 수 있는 풍부한 기지와 창조력을 발휘할 수 있는 기회를 제공한다고도 할 수 있다. 이러한 점에서 도덕적 다원주의는 도덕적 갈등을 바라보는 근본적인 인식을 바꾸었다는 의의가 있다.

핵심 정보 파악 **01** ㉠과 ㉡에 대한 설명으로 적절하지 <u>않은</u> 것은?

① ㉠은 어느 사회에나 보편적으로 적용되는 도덕 법칙이 있다고 본다.

② ㉡은 상위 원리를 통해 현실적인 규범을 만들 수 있다고 본다.

③ ㉠은 ㉡과 달리 도덕적 가치의 우선순위를 판단할 수 있다고 본다.

④ ㉡은 ㉠과 달리 선험적인 도덕 법칙을 인정하지 않는다.

⑤ ㉠과 ㉡ 모두 도덕적 갈등 상황을 해결할 수 있다고 본다.

⭐ 개념 적용

비판적 읽기 **02** [A]의 '도덕적 다원주의자'의 관점에서 ┃보기┃를 설명한 내용으로 가장 적절한 것은?

┌ 보기 ┐

　　A는 친구 B에게 1,000만 원을 빌렸지만 형편이 어려워 B에게 돈을 갚지 못했다. 이에 B는 소송을 제기했다. ㉮판사 C는 A의 상황이 딱하다고 생각했으나 A가 법을 어긴 것은 잘못이라고 판단하여, A가 B에게 돈을 갚으라고 판결하였다.

　　한편, 판사 C의 친구 D는 C에게서 1,000만 원을 빌렸지만 형편이 어려워 C에게 돈을 갚지 못하고 있다. 이에 ㉯C는 소송을 제기할 것을 고민했으나, 친구의 어려움을 배려하는 것이 더 중요하다고 생각해서 소송을 단념했다.

① ㉮와 ㉯에서 C가 올바른 가치 판단을 하기 위해서는 통일된 지표가 있어야 한다.

② ㉮와 ㉯에서 C가 서로 다르게 판단한 것은 조건에 따라 가치의 우선순위가 다를 수 있기 때문이다.

③ ㉮에서 C가 우선시한 가치와 ㉯에서 C가 우선시한 가치는 동일하다.

④ ㉮에서 C는 통일된 지표에 따라 판단하였고, ㉯에서 C는 조건에 따라 판단하였다.

⑤ ㉮에서는 두 가치 간의 내재적 속성이 상충되지만, ㉯에서는 두 가치 간의 내재적 속성이 상충되지 않는다.

구체적 상황에 적용 **03** 윗글을 바탕으로 ┃보기┃에 대해 보인 반응으로 적절하지 <u>않은</u> 것은?

┌ 보기 ┐

　　이웃에 살고 있는 갑과 을은 공공장소에 CCTV 설치를 확대해야 하는가를 두고 갈등하고 있다. 갑은 CCTV가 없는 곳에서 범죄를 당한 적이 있다며, 공공의 안전이라는 가치를 위해 CCTV 수를 늘려야 한다고 주장한다. 반면 을은 CCTV로 인해 개인 정보가 노출된 적이 있다며, 사생활 보호라는 가치를 위해 CCTV 수를 늘리면 안 된다고 주장한다.

① 도덕적 원칙주의자는 CCTV 설치 확대를 둘러싼 갈등을 해결하는 데 갑이 범죄를 당한 적이 있다는 사실을 고려해서는 안 된다고 생각하겠군.

② 도덕적 자유주의자는 공정한 절차에 따른 합의에 의해 CCTV 설치 확대가 결정된다면 을은 그 결정을 따라야 한다고 생각하겠군.

③ 도덕적 자유주의자는 CCTV로 인해 개인정보가 노출된 적이 있는 을의 입장이 고려되어야 한다는 점에서 갑이 양보해야 한다고 생각하겠군.

④ 도덕적 다원주의자는 갑과 을이 CCTV 설치 확대 문제를 이분법적으로 결정하기보다는 타협할 수 있는 지점을 찾아야 한다고 생각하겠군.

⑤ 도덕적 다원주의자는 갑과 을이 CCTV 설치 확대 문제를 둘러싼 갈등으로 인해 둘 사이의 관계가 나빠지지 않도록 하는 것이 중요하다고 생각하겠군.

창의 적용 읽기 - 문제 해결 방법 찾기·상황에의 적용

📖 들어가며

읽기가 글의 내용을 이해하고, 글에 숨겨진 의도를 파악하고, 글의 내용을 비판하는 활동으로만 끝나서는 안 된다. 독자가 글에 대한 자신만의 생각을 논리적으로 확장하는 창의적 읽기나, 글의 내용을 다른 상황이나 구체적 사례에 적용하거나 글에 나타난 문제에 대한 자신만의 해결 방법을 적용하는 읽기도 중요하다. 이러한 사고의 확장은 독자의 문제 해결 능력을 신장시킬 수 있다.

개념 더하기 ➕
독해의 과정
사실적 읽기가 바탕이 되어야 추론적·비판적 읽기가 가능하고, 사실적·추론적·비판적 읽기가 독자만의 새로운 생각으로 이어질 때 창의적 읽기가 됨.

SOS 알려주세요!
Q. 창의적 읽기가 필요한 이유는 무엇인가요?
A. 글을 읽으며 글의 내용과 관련하여 새로운 생각을 하는 창의적 읽기의 경험이 쌓이면 자신이 처음 겪는 문제에 대해서도 해결할 수 있는 능력을 키울 수 있어요.

수능 국어 point
창의적 읽기, 적용하여 읽기에 관한 문항은 보통 | 보기 |를 포함하고 있다. 이러한 문항은 우선 | 보기 |에서 제시하고 있는 내용을 파악하고 지문과의 관련성을 살펴 조건에 맞는 답을 찾도록 해야 한다.
➡ 기출 유형 ➡
· | 보기 |는 김밥과 영화 관람권의 가격 인상 이후 하루 동안의 수요량 감소를 나타낸 표이다. [A]를 바탕으로 | 보기 |를 탐구한 내용으로 적절한 것은?
· | 보기 |를 이해한 내용으로 적절한 것은?

01 창의적 읽기

> **창의적 읽기** 글을 읽고 그 화제나 주제, 글쓴이의 관점 등에 대한 독자만의 생각을 논리적으로 확장해 가는 것

· 창의적 읽기 방법
① 글의 내용을 현실 상황에 적용하거나 독자의 입장에서 대안을 찾으며 읽기

자신이나 사회의 문제를 해결하는 방법 찾기	글의 내용에서 자신의 실제 상황이나 사회의 문제를 해결하는 방법을 찾을 수 있는지 생각해 보기
글쓴이의 생각을 대체할 수 있는 방안 찾기	글에 제시된 글쓴이의 생각이 완벽하지 않거나 부족한 경우 배경지식을 활용하여 자신만의 대안을 찾아보기

② 글의 내용을 다른 상황에 적용해 보거나 혹은 변형해 보기

다른 영역으로 확장하기	글의 내용과 연결되는 다른 상황에 창의적으로 확장하기, 글의 내용을 실제 상황이나 다른 상황에 적용할 수 있는지 생각해 보기
글의 자료를 변형하기	글의 내용, 글쓴이의 생각을 재조직하여 새로운 관점으로 글을 변형하며 새로운 의미를 생각해 보기

· 독해의 과정

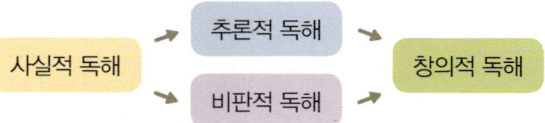

사실적 독해 → 추론적 독해 / 비판적 독해 → 창의적 독해

02 구체적 상황에 적용하기

> **구체적 상황에 적용하기** 글에 제시된 일반적 사실이나 추상적 원리를 구체적인 상황에 적용하거나, 지문의 내용을 적용할 수 있는 다른 상황을 찾아보기

• 일반적 사실이나 추상적 원리를 구체적 상황에 적용하는 문제 풀이 방법

(1) 먼저 문제의 발문과 I 보기 I 등을 통해 문제와 연관된 글의 내용을 찾고, 일반적 사실이나 추상적 원리가 제시된 부분에 집중하여 글의 내용을 정확히 이해한다.

(2) 이해한 글의 내용을 바탕으로 I 보기 I에 제시된 구체적 상황을 분석해 본다.

(3) (1), (2)와 선택지의 내용을 서로 대응시켜 보고, 선택지 내용의 적절성을 판단한다.

예 ⓐ의 사례에 해당하지 **않는** 것은?

> 개인 정보 자기 결정권을 보호하기 위해 제정된 법률이 개인 정보 보호법이다. ⓐ개인 정보 보호법에서 규정하는 개인 정보는 살아 있는 개인에 관한 정보이다.

① 학교 홈페이지에 담임을 맡은 학급과 함께 게시된, '김○우'라는 교사의 이름
② 국가에서 설립한 기관에서 장(長)의 직책을 맡고 있는 사람의 휴대 전화 번호
③ 의사자를 추모하기 위한 행사에서 추도사를 읽는 유족의 얼굴을 촬영한 동영상
④ 원격 수업에 참여한 학생들의 얼굴을 모두 확인할 수 있도록 컴퓨터 화면을 캡처한 이미지
⑤ 생전에 모은 재산 전액을 기증한 '이부자'를 기리기 위해 만들어진 '이부자 장학 재단'이라는 명칭

➡ 개인 정보 보호법은 살아 있는 개인에 관한 정보를 보호하는 것으로, 사망한 '이부자'는 살아 있는 개인이 아니고, '장학 재단'은 개인이 아닌 단체이므로 '이부자 장학 재단'이라는 명칭은 개인 정보 보호법에서 규정하는 개인 정보에 해당되지 않는다. 따라서 답은 ⑤이다.

03 다른 상황에 적용하기

> **다른 상황에 적용하기** 구체적 상황에 적용하는 문제 유형이 더 확대된 것으로, 글의 내용을 전혀 다른 상황에 적용하기

• 글의 내용을 다른 상황에 적용하는 문제 풀이 방법

(1) 먼저 문제의 발문과 I 보기 I 등을 통해 문제와 연관된 글의 내용을 파악하고, 그 내용을 정확히 이해한다.

(2) 이해한 글의 내용을 바탕으로 I 보기 I 등으로 제시된 다른 상황의 내용을 분석하여, 글에서 다루고 있는 대상과의 공통점 및 차이점을 찾는다.

(3) (1), (2)와 선택지의 내용을 서로 대응시켜 보고, 선택지 내용의 적절성을 판단한다.

예 프로이트, 아들러, 프랭클의 심리학과 심리 치료에 대한 다음 글을 읽고, I 보기 I를 이해한 내용으로 적절하지 **않은** 것은?

> 프로이트는 어린 시절에 쾌락 의지가 좌절되어 무의식 속에 억압되어 있다가 이후 신경증을 유발한다고 보았으며, 아들러는 심리 치료를 통해 올바르고 가치 있는 목적을 설정하여 부적절한 동기와 행동을 변화시키는 데 초점을 맞추었다. 프랭클은 현대인의 심리적 고통과 부적응은 자신의 본질을 잃어버린 실존적 공허감 때문으로 보고, 삶에 대한 책임 의식을 바탕으로 삶의 의미를 찾을 것을 요구하였다.

> ┌ 보기 ┐
> A는 형과 비교당하며 어린 시절을 보냈다. 형은 건강하고 활달한 모범생이었으나, A는 병치레로 학교를 제대로 다니지 못했다. 이후 신체적 병은 나았지만, A는 여전히 자신이 무가치한 존재라는 생각에 괴로워하며 매사 자신감 없이 행동한다.

① 프로이트의 심리 치료는 A의 어린 시절에 주목하여 당시에 억압된 쾌락 의지가 있다고 전제한다.
② 아들러의 심리 치료는 A가 학교에 제대로 다니지 못했던 것이 권력 의지가 좌절된 원인임을 밝히는 데 초점을 둔다.
③ 프랭클의 심리 치료는 A가 자신을 무가치한 존재로 여기는 실존적 공허감에서 벗어나 인생에 의미를 부여하도록 돕는다.

➡ 아들러의 심리 치료는 자신의 삶에 책임감을 가지고 올바른 목적을 설정하여 부적절한 동기와 행동을 변화시키는 데 초점을 맞추므로, 권력 의지가 좌절된 원인을 밝히는 데 초점을 둔다고 볼 수 없다. 따라서 답은 ②이다.

Q. 구체적 상황에 적용하는 문제 유형은 어떻게 해결하나요?

A. 구체적 상황에 적용하는 문제 유형은 대체로 I 보기 I 자료와 함께 출제되며 오답률이 높은 고난도 문제인 경우가 많아요. 하지만 앞서 익혔던 세부 정보를 파악하는 방법, 비교와 대조의 내용 전개 방식을 정확히 이해하고 문제 풀이에 적용할 수 있다면, 큰 어려움 없이 문제를 해결할 수 있어요. 지문과 I 보기 I에 이미 제시된 여러 정보들을 얼마나 잘 활용하느냐가 관건이에요.

[01~04] 다음 글을 읽고 물음에 답하시오.

경기가 침체되어 가계의 소비가 줄어들면 시중의 제품이 팔리지 않아 기업은 생산 규모를 축소하게 된다. 그 결과 실업률이 증가하고 가계의 수입이 감소하면서 소비는 더욱 위축된다. 이와 같은 악순환으로 경기 침체가 심화되면 국가는 이에서 벗어나기 위해 유동성을 늘리는 통화 정책을 시행한다.

유동성이란 자산 또는 채권을 손실 없이 현금화할 수 있는 정도로, 현금과 같은 화폐는 유동성이 높은 자산인 반면 토지나 건물과 같은 부동산은 유동성이 낮은 자산이다. 이처럼 유동성은 자산의 성격을 나타내는 용어이지만, 흔히 시중에 유통되는 화폐의 양, 즉 통화량을 나타내는 말로도 사용된다. 가령 시중에 통화량이 지나치게 많을 때 '유동성이 넘쳐 난다'고 표현하고, 반대로 통화량이 줄어들 때 '유동성이 감소한다'고 표현한다. 유동성이 넘쳐 날 경우 시중에 화폐가 흔해지는 상황이므로 화폐의 가치는 떨어지게 된다.

유동성은 금리와 밀접한 관련이 있기 때문에 국가는 정책적으로 금리를 올리고 내림으로써 유동성을 조절할 수 있다. 이때 금리는 예금이나 빌려준 돈에 붙는 이자율로, 이는 기준 금리와 시중 금리 등으로 구분된다. 기준 금리는 국가가 정책적인 차원에서 결정하는 금리로, 한 나라의 금융 및 통화 정책의 주체인 중앙은행에 의해 결정된다. 반면 시중 금리는 기준 금리의 영향을 받아 중앙은행 이외의 시중 은행이 세우는 표준적인 금리로, 가계나 기업의 금융 거래에 영향을 미친다. 가령 시중 금리가 내려가면 예금을 통한 이자 수익과 대출에 따른 이자 부담이 줄어 가계나 기업에서는 예금을 인출하거나 대출을 받으려는 경향성이 늘어난다. 그 결과 시중의 유동성이 증가하게 된다. 반대로 시중 금리가 올라가면 이자 수익과 대출 이자 부담이 모두 늘어나기 때문에 유동성이 감소하게 된다.

이와 같은 금리와 유동성의 관계를 고려하여, 중앙은행은 기준 금리를 조절하는 통화 정책을 통해 경기를 안정시키려고 한다. 만일 경기가 침체되면 중앙은행은 기준 금리를 인하하는 정책을 도입하여 시중 금리를 낮추도록 유도한다. 그 결과 유동성이 증가하여 가계의 소비가 늘고 주식이나 부동산에 대한 투자가 확대된다. 또한 기업의 생산과 고용이 늘고 다양한 분야에 대한 투자가 확대되어 물가가 상승하고 경기가 전반적으로 활성화된다. 반대로 경기가 과열되어 자산 가격이나 물가가 지나치게 오르면 중앙은행은 기준 금리를 인상하는 정책을 통해 유동성을 감소시킨다. 그 결과 기준 금리를 인하할 때와 반대의 현상이 나타나 자산 가격이 하락하고 물가가 안정되어 과열된 경기가 진정된다.

01

중앙은행이 기준 금리를 인하하였을 때 나올 수 있는 반응으로 적절하지 않은 것을 고르시오.

① 대출을 받아 상가 건물을 한 채 매입하기로 했어.
② 은행에 있는 돈을 인출하여 주식을 좀 사는 것이 좋겠어.
③ 우리 회사에서 구조 조정으로 인원을 감축한다고 하더라고.

02

이 글을 바탕으로 할 때, 빈칸에 들어갈 말로 적절한 것에 ○표 하시오.

> 국가의 통화 정책이 정상적으로 작동될 때, 중앙은행이 기준 금리를 내리면 시중의 유동성이 (증가 / 감소)하며, 화폐의 가치가 (상승 / 하락)한다.

03

다음은 경제 주체들이 이 글과 **보기**의 신문 기사를 읽고 보인 반응이다. 적절하지 않은 반응을 보인 사람을 쓰시오.

보기

금융 당국 '빅스텝' 단행

금융 당국은 오늘 '빅스텝'을 단행하였다. 빅스텝이란 기준 금리를 한 번에 0.5%p 인상하는 것을 의미한다. 이처럼 금리를 큰 폭으로 인상한 것은 과도하게 증가한 유동성으로 인해 물가가 지나치게 상승하고, 부동산이나 주식 등의 자산 가격이 폭등했기 때문이다.

투자자: 부동산의 가격이 하락할 수 있으니, 당분간 부동산 투자를 미루고 시장 상황을 지켜봐야겠군.
소비자: 위축된 소비 심리가 회복되어 지금보다 물가가 오를 수 있으니, 자동차 구매 시기를 앞당겨야겠군.
공장장: 당분간 우리 공장에서 생산한 부품에 대한 수요가 줄 수 있으니, 재고가 늘어날 것에 대비해야겠군.
은행원: 시중 은행에 저축하려는 사람들이 늘어날 수 있으니, 다양한 상품을 개발하여 고객을 유치해야겠군.

04

이 글의 내용으로 적절하면 ○표, 적절하지 않으면 ×표 하시오.

(1) 금리와 유동성은 반비례 관계이다. (   )
(2) 중앙은행은 시중 금리를 통해 유동성을 조절한다. (   )
(3) 경기가 침체되면 국가는 유동성을 늘리는 통화 정책을 시행한다. (   )

[05~07] 다음 글을 읽고 물음에 답하시오.

일상에서의 음식 조리 과정은 열전달에 관한 과학적 원리로 설명할 수 있다. 열전달 과정에서 단위 시간 동안 열이 전달되는 비율을 열전달률이라고 하는데 열전달률은 결국 열이 짧은 시간 동안 얼마나 많이 전달되는가를 나타내므로 음식의 조리에서 고려할 중요한 요소가 된다. 전도에 의한 열전달률은 온도 차이와 면적에 비례하고, 거리에 반비례한다. 즉, 전도가 일어나는 두 지점 사이의 온도 차이가 커질수록, 열이 전달되는 면적이 커질수록 열전달률은 높아지고, 전도가 일어나는 두 지점 사이의 거리가 멀어질수록 열전달률은 낮아진다. 이러한 현상을 수식으로 처음 정리한 사람이 푸리에이기 때문에 이를 ㉠푸리에의 열전도 법칙이라고 부른다. 그런데 실제로 실험을 해보면 한 물질 내에서 일어나는 전도의 경우에 다른 조건이 동일하더라도 물질의 종류가 다르면 열전달률이 다르게 나타난다. 이는 물질이 전도에 의해 열을 전달할 수 있는 능력의 척도, 즉 열전도도가 물질마다 다르기 때문이다. 따라서 푸리에의 열전도 법칙에 따르면 다른 조건이 같더라도 열전도도가 높은 경우 열전달률도 높게 나타난다.

튀김의 조리 과정을 푸리에의 열전도 법칙으로 설명하면 다음과 같다. 식용유의 움직임을 고려하지 않는다면, 튀김의 조리 과정은 주로 식용유와 튀김 재료 간의 전도로 파악될 수 있다. 맛있는 튀김을 만들기 위해서는 냄비를 가열하여 식용유의 온도를 충분히 높여 식용유로부터 튀김 재료로의 열전달률을 높여야 한다. 그리고 튀김 재료를 식용유에 넣으면 재료 표면에 수많은 기포들이 형성된다. 이 기포들은 식용유에서 튀김 재료로의 높은 열전달률로 인해 순간적으로 많은 열이 전달되어 생겨난 것인데 재료 표면의 수분이 수증기로 변해 식용유 속에서 기포의 형태가 된 것이다. 이 기포들은 식용유 표면으로 올라가 공기 중으로 빠져나가고 이때 지글지글 소리가 난다.

이 수증기 기포들은 튀김을 맛있게 만드는 데 중요한 역할을 한다. 수분이 수증기의 형태로 튀김 재료에서 빠져나감에 따라 재료 안쪽의 수분들은 빈자리를 채우기 위해 표면 쪽으로 이동한다. 그 결과 지속적으로 재료의 수분은 기포로 변하고 이로 인해 재료는 수분량이 줄어들면서 바삭한 식감을 지니게 된다. 또한 튀김 재료 표면의 기포들은 재료와 식용유 사이에서 일종의 공기층과 같은 역할을 해 식용유가 재료로 흡수되는 것을 막아서 튀김을 덜 기름지게 한다. 그리고 재료 표면에 생성된 기포들을 거쳐 열전달이 일어나기 때문에 기포들은 재료 표면이 빨리 타 버리지 않게 하고 튀김 재료의 안쪽까지 열이 전달되어 재료가 골고루 잘 익게 한다.

05

다음은 이 글을 읽은 건축 동아리 학생들의 대화이다. ㉠을 활용한 의견으로 적절하지 **않은** 것은 누구의 의견인지 쓰시오.

동아리 회장: 오늘은 에너지 효율이 높은 건물 설계에 대해 열의 전도를 중심으로 아이디어를 나눠 보자.
부원 1: 겨울철 열손실을 줄여야 하니까 지붕을 통한 열전달률을 낮추기 위해 건물의 지붕을 일반적인 지붕의 재료보다 열전도도가 낮은 재료를 사용하는 설계가 필요하다고 생각해.
부원 2: 여름철 외부 온도의 영향을 최소화하고 건물 외벽을 통한 열전달률을 낮추기 위해 외벽은 일반적인 것보다 두껍게 설계하는 것이 필요해.
부원 3: 차가운 방바닥에 빠른 난방을 하려면 난방용 온수 배관에서 방바닥으로의 열전달률을 높여야 하니 난방용 온수 배관과 방바닥이 닿는 접촉 면적을 넓히도록 설계해야겠어.
부원 4: 여름철 현관문을 통한 실외 온도의 영향을 최소화하려면 현관문을 통한 열전달률을 낮춰야 하니 같은 두께라도 열전도도가 더 높은 재질의 현관문을 사용하는 것으로 설계해야겠어.

06

다음은 튀김의 조리 과정을 정리한 것이다. ㉮~㉳를 이해한 것으로 적절하면 ○표, 적절하지 않으면 ×표 하시오.

㉮		㉯		㉰		㉱
식용유 온도 상승	⇒	튀김 재료 넣기	⇒	재료 표면에 기포 생성	⇒	식용유 표면으로 기포 이동

(1) ㉮에서는 서로 다른 물질인 냄비와 식용유 사이에서 열전달이 일어나겠군. ( )
(2) ㉯의 결과로 ㉰가 진행되는 것은 튀김 재료에 순간적으로 많은 열이 전달되었기 때문이겠군. ( )
(3) ㉰에서는 열이 전달됨에 따라 튀김 재료 표면의 수분이 튀김 재료 안쪽으로 이동하겠군. ( )

07

다음은 이 글을 읽은 학생의 반응이다. 알맞은 말을 골라 ○표 하시오.

맛있는 튀김을 만들기 위해서는 기포들의 역할이 중요해. 기포들이 튀김 재료와 (식용유 / 튀김 재료 내부) 사이에서 공기층과 같은 역할을 해서 식용유가 재료로 흡수되는 것을 (촉진 / 방해)하여 튀김을 덜 기름지게 해 줘. 또 식용유에서 튀김 재료로 열이 직접 전도(되게 / 되지 못하게) 하여 재료 표면이 타지 않고 골고루 익게 해.

이 글은

상품의 가격 변화에 따른 수요량의 변화를 나타내는 지표인 수요의 가격 탄력성에 대해 설명하고 있다. 대체재의 존재 여부, 필요성의 정도, 소득에서 지출이 차지하는 비중 등이 수요의 가격 탄력성에 영향을 주는 요인이다. 수요의 가격 탄력성은 수요량의 변화율을 가격의 변화율로 나눈 값으로, 총수입에 큰 영향을 미친다는 내용을 구체적인 예를 들어 설명하고 있다.

다음 글을 읽고, 물음에 답하시오.

수요의 법칙에 따르면 어떤 상품의 가격 변화에 따라 그 상품의 수요량은 변화한다. 수요의 가격 탄력성은 가격이 변할 때 수요량이 변하는 정도를 나타내는 지표다. 가격 변화에 따른 수요량의 변화가 민감하면 탄력적이라 하고, 가격 변화에 따른 수요량의 변화가 민감하지 않으면 비탄력적이라고 한다.

수요의 가격 탄력성에 영향을 주는 대표적인 요인에는 세 가지가 있다. 첫째, 대체재*의 존재 여부이다. 어떤 상품에 밀접한 대체재가 있으면, 소비자들은 그 상품 대신에 대체재를 사용할 수 있으므로 그 상품 수요의 가격 탄력성은 탄력적이다. 예를 들어 버터는 마가린이라는 밀접한 대체재가 있기 때문에 버터 가격이 오르면 버터의 수요량은 크게 감소하므로 버터 수요의 가격 탄력성은 탄력적이다. 반면에 달걀은 마땅한 대체재가 없으므로, 달걀 수요의 가격 탄력성은 비탄력적이다. 둘째, 필요성의 정도이다. 필수재 수요의 가격 탄력성은 대체로 비탄력적인 반면에, 사치재 수요의 가격 탄력성은 대체로 탄력적이다. 예를 들어 필수재인 휴지의 가격이 오르면 아껴 쓰기는 하겠지만 그 수요량이 급격하게 줄어들지는 않는다. 그러나 사치재인 보석의 가격이 상승하면 그 수요량이 감소한다. 셋째, 소득에서 지출이 차지하는 비중이다. 해당 상품을 구매하기 위한 지출이 소득에서 차지하는 비중이 높을수록 수요의 가격 탄력성은 커진다. 소득에서 차지하는 비중이 큰 상품의 가격이 인상되면 개인의 소비 생활에 지장을 초래할 수 있으므로 그만큼 가격 변화에 민감하게 반응할 수밖에 없다.

[A]
그렇다면 수요의 가격 탄력성은 어떻게 계산할 수 있을까? 수요의 가격 탄력성은 수요량의 변화율을 가격의 변화율로 나눈 값이다.

$$수요의\ 가격\ 탄력성 = \left| \frac{수요량의\ 변화율}{가격의\ 변화율} \right| = \left| \frac{수요량\ 변화분\ /\ 기존\ 수요량}{가격\ 변화분\ /\ 기존\ 가격} \right|$$

예를 들어 아이스크림 가격이 10% 인상되었는데, 아이스크림 수요량이 20% 감소했다고 하자. 이 경우 수요량의 변화율이 가격 변화율의 2배에 해당하므로 수요의 가격 탄력성은 2가 된다. 일반적으로 수요의 가격 탄력성이 1보다 크면 탄력적, 1보다 작으면 비탄력적이라 하고, 수요의 가격 탄력성이 1이면 단위탄력적이라 한다.

수요의 가격 탄력성은 총수입에 큰 영향을 미친다. 총수입은 상품 판매자의 판매 수입이며 동시에 상품에 대한 소비자의 지출액인데, 이는 상품의 가격에 거래량을 곱한 수치로 산출할 수 있다. 일반적으로 수요의 가격 탄력성이 비탄력적인 경우 가격이 상승하면 총수입도 증가하지만, 수요의 가격 탄력성이 탄력적인 경우 가격이 상승하면 총수입은 감소한다. 예를 들어 어느 상품의 가격이 500원에서 600원으로 20% 상승할 때 수요량이 100개에서 90개로 10% 감소했다면, 이 상품 수요의 가격 탄력성은 비탄력적이다. 이때 총수입은 상품의 가격에 거래량을 곱한 수치이므로 가격 인상 전 50,000원에서 인상 후 54,000원으로 4,000원 증가하게 되는 것이다. 그러므로 수요의 가격 탄력성을 파악하는 것은 판매자에게 매우 중요한 일이다.

* 대체제 서로 대신 쓸 수 있는 관계에 놓인 두 가지 물건.

⭐ 개념 적용

구체적 상황에의 적용 •

01 윗글을 참고할 때, | 보기 |의 ㉮~㉰에 들어갈 말을 바르게 짝지은 것은?

> | 보기 |
>
> 　쌀을 주식으로 하는 갑국은 밀을 주식으로 하는 나라에 비해 쌀 수요의 가격 탄력성은 (　㉮　)이고, 자동차보다 저렴한 오토바이가 주요 이동 수단인 을국은 자동차가 주요 이동 수단인 나라에 비해 자동차를 (　㉯　)로 인식하여 자동차 수요의 가격 탄력성은 (　㉰　)이다.

(도움말)

본문에서 사치재와 필수재의 개념을 찾고, 그에 따른 가격 탄력성이 탄력적인지 비탄력적인지를 확인해 봐요.

	㉮	㉯	㉰			㉮	㉯	㉰
①	비탄력적	사치재	비탄력적		②	비탄력적	사치재	탄력적
③	비탄력적	필수재	탄력적		④	탄력적	사치재	비탄력적
⑤	탄력적	필수재	탄력적					

창의적 읽기 •

02 | 보기 |는 김밥과 영화 관람권의 가격 인상 이후 하루 동안의 수요량 감소를 나타낸 표이다. [A]를 바탕으로 | 보기 |를 탐구한 내용으로 적절한 것은?

> | 보기 |
>
> | 구분 | 김밥 | 영화 관람권 |
> |---|---|---|
> | 기존 가격 | 2,000원 | 10,000원 |
> | 가격 변화분 | 500원 | 2,000원 |
> | 기존 수요량 | 100개 | 2,500장 |
> | 수요량 변화분 | 20개 | 1,000장 |
>
> ※ 단, 김밥과 영화 관람권의 가격과 수요량에 영향을 끼치는 다른 요인은 없는 것으로 한다.

① 김밥은 가격의 변화율이 수요량의 변화율보다 작다.

② 영화 관람권은 가격의 변화율이 수요량의 변화율보다 크다.

③ 김밥과 영화 관람권 수요의 가격 탄력성은 모두 1보다 작다.

④ 김밥과 영화 관람권은 가격의 변화율에 대한 수요량의 변화율이 같다.

⑤ 김밥 수요의 가격 탄력성은 비탄력적이고, 영화 관람권 수요의 가격 탄력성은 탄력적이다.

수능 개념 마스터

✿ 수요의 가격 탄력성에 영향을 주는 요인

	탄력적 (가격 변화에 따른 수요량의 변화가 민감함.)	비탄력적 (가격 변화에 따른 수요량의 변화가 민감하지 않음.)
❶ [　　　]의 존재 여부	있음. 예 마가린이라는 대체재가 있는 버터는 가격이 오르면 수요량이 크게 ❷ [　　　]함.	없음. 예 대체재가 없는 달걀은 가격이 올라도 수요량이 크게 감소하지 않음.
❸ [　　　]의 정도	사치재 예 보석의 가격이 상승하면 수요량이 감소함.	❹ [　　　] 예 휴지의 가격이 올라도 수요량이 급격히 줄어들지는 않음.
❺ [　　　]에서 지출이 차지하는 비중	큼.	작음.

다음 글을 읽고, 물음에 답하시오.

주택 임대차는 임차인*이 주택의 소유자인 임대인*에게 보증금을 지급하고 합의한 기간 동안 목적물인 주택을 사용한 후, 기간이 만료되면 보증금을 반환받는 계약이다. 임대차를 체결하여 임차인에게 발생하는 권리인 ㉠임차권은 채권*에 해당한다. 채권을 가진 사람은 원칙적으로 특정한 채무자에 대해서만 일정한 행위를 요구할 수 있고, 제삼자에게는 권리를 주장할 수 없다. 반면에 소유권이나 저당권, 전세권 등 물건에 대한 지배권이라 할 수 있는 물권은 누구에게나 주장할 수 있는 권리이다. 따라서 물권은 일반적으로 채권에 우선하는 효력이 인정되며, 같은 물권들 사이에서는 선순위 물권이 후순위보다 우선한다. 그래서 임차인은 계약을 맺은 임대인에 대해서만 임차권을 주장할 수 있고, 매매 등으로 주택의 소유권이 변경되면 새로운 소유자에게는 임차권을 주장하지 못할 수 있다.

이 문제를 해결하기 위한 방법으로 민법에는 ㉡전세권이 있다. 이는 보증금을 지급하고 부동산을 약정 기간 동안 이용한 후 부동산을 반환하고 보증금을 돌려받는 권리로, 임차권과 내용이 같지만 물권이라는 점에서 차이가 있다. 임차한 주택에 전세권을 설정하면 임대차 내용이 등기부에 기재된다. 등기는 부동산에 관한 물권의 권리관계를 등기부에 기재하여 공시함으로써 제삼자가 해당 내용을 알 수 있도록 하는 제도이다. 전세권을 설정하기 위해서는 임대인의 동의가 필요한데 대체로 임차인의 지위가 낮은 현실에서 임대인의 동의를 얻기는 쉽지 않다. 이러한 임차인의 지위를 보호하여 국민 주거 생활을 안정시키기 위해 제정된 특별법이 주택 임대차 보호법이다. 이 법률은 임차인이 일정한 요건을 갖추었을 경우 임차권에 물권적 효력을 부여하여 임차인의 지위를 강화한다. 그 요건은 임차인이 주택을 인도받는 것과 전입 신고를 마치는 것이다. 요건을 충족한 다음 날부터 임차권은 제삼자에게도 대항력을 갖는다. 요건만 갖추면 효력이 발생하고 임대인의 동의도 필요하지 않기 때문에 임차인을 효과적으로 보호하는 것이 가능하다.

대항력을 갖는다는 것은 제삼자에게도 임차권을 주장할 수 있게 되었다는 의미이다. 예컨대 임차한 주택이 경매되면 일반적으로 임차권은 소멸하지만 주택 임대차 보호법에 따른 대항력을 갖춘 경우에는 그렇지 않다. 임차인은 이에 덧붙여 주민센터 등의 공공 기관에서 주택 임대차 계약서에 확정일자를 받을 수 있다. 우선변제권을 확보하기 위해서이다. 임차한 주택이 경매되었을 때 임차인은 자신의 우선변제권 성립보다 뒤에 설정된 물권에 우선하여 보증금을 변제받을 수 있다. 우선변제권의 효력은 대항력과 확정일자가 모두 갖추어진 날부터 발생한다. 또한 주택 임대차 보호법에서는 사회적 약자를 보호하는 취지에서, 대항력을 갖춘 소액임차인에게는 정해진 금액까지의 보증금을 선순위 물권자보다 우선하여 변제받을 수 있는 최우선변제권까지 부여한다. 소액임차인으로 인정될 수 있는 보증금의 기준과 최우선변제권으로 변제받을 수 있는 금액은 대통령령으로 정해지며 지역에 따라 다르다.

주택 임대차가 만료되었는데 임차인이 임대인으로부터 보증금을 반환받지 못하는 일이 생기기도 한다. 이 경우 임차인은 이사를 가면 자신의 권리 순위가 상실될 수 있다는 우려를 하게 된다. 이런 문제 때문에 주택 임대차 보호법에는 임차권등기명령 제도가 포함되어 있다. 이는 종료된 임차권을 법원의 명령으로 등기부에 공시할 수 있도록 하는 것이다. 임대차가 종료된 후 보증금이 반환되지 않은 경우 임차인은 관할 법원에 임차권등기명령을 신청할 수 있고, 법원이 이를 심리하여 결정한다. 이때 임대인의 동의는 필요하지 않고, 전입 신고를 하지 않았거나 확정일자를 받지 않았던 임차인도 임차권등기를 하게 되면 대항력과 우선변제권을 취득하게 된다. 한편 임차권이 등기된 뒤에 해당 주택에 새로 임대차를 체결한 다른

*임차인 임대차 계약에서, 돈을 내고 물건을 빌려 쓰는 사람.
*임대인 임대차 계약에서, 물품을 빌려준 사람.
*채권 재산권의 하나. 한 특정인이 다른 특정인에게 어떤 행위를 청구할 수 있는 권리.

소액임차인은 보증금의 최우선변제를 받을 수 없도록 하였다. 임차권등기를 한 임차인이 예상하지 못한 손해를 입을 수 있기 때문이다.

세부 내용 파악

01 윗글의 내용과 일치하지 <u>않는</u> 것은?

① 주택 임대차 보호법은 일정한 요건을 갖춘 임차인의 지위를 강화한다.
② 주택 임대차가 체결되면 관할 법원은 임대차 내용을 등기부에 기재해야 한다.
③ 주택 임대차가 만료되면 임차인은 임대인에게 임대차의 목적물을 반환해야 한다.
④ 최우선변제권이 있는 소액임차인이더라도 보증금의 전부를 반환받지 못할 수 있다.
⑤ 어떤 물건에 대한 지배권을 모든 사람에게 주장하려면 해당 물건에 대한 물권이 필요하다.

세부 내용 파악

02 ㉠, ㉡을 이해한 내용으로 적절하지 <u>않은</u> 것은?

① ㉠을 가진 사람은 원칙적으로는 임대인에게만 계약 내용에 따른 행위를 요구할 수 있다.
② ㉡을 설정하기 위해서는 임대인의 동의가 필요하다.
③ ㉡을 가진 임차인은 임대차 기간 동안 목적물이 되는 주택의 소유권을 가지게 된다.
④ ㉠이나 ㉡을 가진 사람은 계약상의 주택에 대한 자신의 권리를 주장할 수 있다.
⑤ 일반적으로 ㉡은 ㉠에 우선하는 효력이 인정된다.

⭐ **개념 적용**

구체적 상황에의 적용

03 윗글을 바탕으로 ┤보기├를 이해한 내용으로 적절한 것은?

> ┌ 보기 ┐
>
> 을이 갑에게 2억 원의 보증금을 지급하고 갑 소유의 A 주택을 2021년 2월 5일부터 2년간 임대하기로 하는 임대차가 갑과 을 사이에 체결되었다. 을은 2021년 2월 5일에 A 주택으로 이사하고 전입 신고를 하였지만 계약 기간 내내 확정일자는 받지 않았다. A 주택에 거주해 오던 을은 임대차 만료를 앞두고 이사 갈 집을 구하여 새로운 임대차를 체결하였고, 2022년 12월 4일에 갑에게 기존의 임대차를 연장하지 않겠다는 의사를 밝혔다. 갑은 사정이 생겨 보증금을 제때 돌려주지 못한다고 통보하였다. 갑은 임대차가 만료된 현재까지 보증금을 돌려주지 않고 있다.

① 을은 2022년 12월 4일부터 임차권등기명령을 신청할 수 있다.
② 을은 임차권등기명령을 신청하는 즉시 갑에게 보증금을 돌려받을 수 있다.
③ 을은 기존의 우선변제권이 유지되도록 임차권등기명령 제도를 이용할 수 있다.
④ 을의 신청으로 임차권등기명령이 내려지면 갑은 A 주택을 다른 사람에게 매도할 수 없다.
⑤ 을의 신청으로 임차권등기명령이 내려지면 을이 이사를 가더라도 을이 가지고 있던 임차권은 등기부에 기재된다.

14^강 음운

들어가며

우리는 제한된 말소리를 가지고 다양한 생각과 감정을 표현할 수 있는데, 이는 말소리가 체계적이기 때문이다. 따라서 말소리의 체계성을 바르게 이해하면 더욱 풍부하고 올바른 표현 능력을 키울 수 있다. 국어의 음운, 음운 변동의 개념 및 규칙 등을 통해 국어 말소리의 체계를 정확하게 이해하면 실제 언어생활에서 국어의 표준 발음을 올바르게 구사할 수 있다.

SOS 알려주세요!

Q. '음절'은 무엇인가요?
A. '음절'이란 하나의 종합된 음의 느낌을 주는 말소리의 단위로, '소리마디'라고도 해요. 음절은 '모음', '자음＋모음', '모음＋자음', '자음＋모음＋자음'의 형태로 만들어져요. 예를 들어 '강아지'의 '강', '아', '지'가 이에 해당하죠.

01 음운

> **음운** 말의 의미를 구별해 주는 소리의 가장 작은 단위

• 말의 의미에 차이를 만드는 최소의 문법 단위
  예 '님'과 '남'의 뜻을 구별해 주는 'ㅣ'와 'ㅏ' / '물'과 '불'의 뜻을 구별해 주는 'ㅁ'과 'ㅂ'

• 종류
  ① 분절 음운 : 소리의 경계가 뚜렷하게 나누어지는 음운. 음소라고도 함.

	특성
자음	발음할 때 공기의 흐름이 방해를 받으며, 모음과 함께 발음되어야 음절을 이룰 수 있음. 예 ㄱ, ㄴ, ㄷ, ㄹ, ㅁ, ㅂ, ㅅ, ㅇ, ㅈ, ㅊ, ㅋ, ㅌ, ㅍ, ㅎ
모음	발음할 때 공기의 흐름이 방해를 받지 않으며, 발음할 때 입술이나 혀가 고정되어 움직이지 않는 단모음과 입술 모양이나 혀의 위치가 달라지는 이중 모음이 있음. 예 단모음 : ㅏ, ㅐ, ㅓ, ㅔ, ㅗ, ㅚ, ㅜ, ㅟ, ㅡ, ㅣ 이중 모음 : ㅑ, ㅒ, ㅕ, ㅖ, ㅘ, ㅙ, ㅛ, ㅝ, ㅞ, ㅠ, ㅢ
반모음	발음할 때 공기의 흐름이 방해를 받지 않으나, 모음과 함께 발음되어야 음절을 이룰 수 있음.

  ② 비분절 음운 : 소리의 경계를 뚜렷하게 나눌 수 없지만 말의 뜻을 구별해 주는 음운

02 음운의 변동

> **음운의 변동** 한 음운이 발음되는 환경에 따라 다른 음운으로 바뀌어 발음되는 현상

(1) 교체 : 한 음운이 다른 음운으로 바뀌는 현상

음절의 끝소리 규칙 (＝음절 말 평파열음화)	받침 위치에서는 'ㄱ, ㄴ, ㄷ, ㄹ, ㅁ, ㅂ, ㅇ'의 7개의 자음으로만 발음되는 현상 예 잎[입], 옷[옫], 부엌[부억]
된소리되기 (＝경음화)	예사소리인 'ㄱ, ㄷ, ㅂ, ㅅ, ㅈ'이 된소리 'ㄲ, ㄸ, ㅃ, ㅆ, ㅉ'으로 바뀌어 발음되는 현상 예 신고[신:꼬], 갈등[갈뜽], 국밥[국빱], 몹시[몹:씨], 발전[발쩐]
비음화	파열음 'ㄱ, ㄷ, ㅂ'이 비음 'ㄴ, ㅁ'을 만나 각각 동일한 조음 위치의 비음 'ㅇ, ㄴ, ㅁ'으로 바뀌어 발음되는 현상 예 국물[궁물], 닫는[단는], 밥만[밤만]
유음화	비음 'ㄴ'이 유음 'ㄹ'의 앞이나 뒤에서 'ㄹ'로 바뀌어 발음되는 현상 예 물난리[물랄리], 칼날[칼랄], 신라[실라], 난로[날:로]
구개음화	구개음이 아닌 자음 'ㄷ, ㅌ'이 모음 'ㅣ'나 반모음 'ㅣ'로 시작되는 조사나 어미, 접사 같은 형식 형태소를 만나 각각 구개음인 'ㅈ, ㅊ'으로 바뀌어 발음되는 현상 예 해돋이[해도지], 굳이[구지], 같이[가치], 굳히다[구치다]

개념 더하기

'ㄹ'의 비음화
• 'ㄹ'이 아닌 자음 뒤에서 'ㄹ'이 'ㄴ'으로 바뀌는 현상으로 주로 한자어에서 나타남.
  예 공론[공논], 종로[종노]

수능국어 point

음운과 관련된 문항은 최근까지 수능과 모의고사에서 꾸준히 출제되어 왔다. 따라서 각 용어의 개념을 명확히 알아 두는 것이 무엇보다 중요하며, 대표적인 예를 통해 음운 변동 규칙의 원리를 파악해 두는 것이 좋다.

➡ 기출 유형
• 구개음화가 일어나는 환경을 살펴보고 발음이 정확한 예로 적절한 것은?
• 음운의 변동 결과로 변한 음운의 개수 파악 및 음절의 유형으로 적절하지 <u>않은</u> 것은?

(2) 축약: 두 개의 음운이 합쳐져서 하나의 음운으로 바뀌는 현상

자음 축약 (=거센소리되기, 격음화)	예사소리 'ㄱ, ㄷ, ㅂ, ㅈ'이 인접한 'ㅎ'과 만나면 'ㅋ, ㅌ, ㅍ, ㅊ'으로 축약되어 발음되는 현상 예 좋고[조코], 먹히다[머키다], 잡히다[자피다], 많다[만타]

(3) 탈락: 두 개의 음운이 만날 때 하나의 음운이 발음되지 않거나 없어지는 현상

자음군 단순화		음절 종성에 겹받침(자음군)이 오면 두 자음 중 하나가 탈락하고 하나만 발음되는 현상 예 넋[넉], 흙[흑], 여덟[여덜], 앉다[안따], 읊다[읍따]
자음 탈락	'ㄹ' 탈락	실질 형태소의 끝소리 'ㄹ'이 'ㄴ, ㄷ, ㅅ, ㅈ' 등의 자음 앞에서 탈락하는 현상 예 딸+님 → 따님, 열+닫다 → 여닫다, 활+살 → 화살, 울+짖다 → 우짖다
	'ㅎ' 탈락	동사나 형용사의 어간 끝소리 'ㅎ'이 모음으로 시작하는 어미나 접사 앞에서 탈락하는 현상 예 낳아[나아], 좋으면[조으면], 쌓이다[싸이다]
모음 탈락	'ㅡ' 탈락	용언 어간의 끝 모음 'ㅡ'가 '-아/-어'로 시작되는 어미 앞에서 탈락하는 현상 예 뜨-+-어 → 떠, 담그-+-아라 → 담가라, 끄-+-어 → 꺼
	동일 모음 탈락	용언 어간의 끝 모음과 어미의 첫 모음이 동일할 때 한 모음이 탈락하는 현상 예 가-+-아서 → 가서, 타-+-았-+-다 → 탔다, 서-+-어라 → 서라

(4) 첨가: 두 개의 음운이 만날 때 새로운 음운이 덧붙는 현상

'ㄴ' 첨가	단어의 합성 및 파생의 과정에서 앞 음절이 자음으로 끝나고 뒤 음절이 모음 'ㅣ'나 반모음 'ㅣ'로 시작할 때 'ㄴ'이 뒷말의 초성에 덧붙는 현상 예 솜이불[솜:니불], 한여름[한녀름], 식용유[시굥뉴]
반모음 첨가	주로 모음으로 끝나는 형태소 뒤에 단모음으로 시작하는 형태소가 올 때 반모음 'ㅣ'가 첨가되는 현상 예 피-+-어도[피어도/피여도], 아니-+-오[아니오/아니요]
사잇소리 현상	두 개의 형태소나 단어가 결합하여 합성 명사가 될 때 앞말과 뒷말 사이에 소리가 덧나는 현상. 다음 경우에는 두 요소 사이에 사이시옷을 표기함. (1) 순우리말로 된 합성어로 앞말이 모음으로 끝난 경우 뒤의 예사소리가 된소리로 변하거나 'ㄴ' 또는 'ㄴㄴ'이 첨가됨. 예 초+불 → 촛불[초뿔/촌뿔] 　　이+몸 → 잇몸[인몸] 　　두레+일 → 두렛일[두렌닐] (2) 순우리말과 한자어로 된 합성어로 앞말이 모음으로 끝난 경우 뒤의 예사소리가 된소리로 변하거나 'ㄴ' 또는 'ㄴㄴ'이 첨가됨. 예 바다+가 → 바닷가[바다까/바닫까] 　　제사+날 → 제삿날[제산날] 　　예사+일 → 예삿일[예산닐] (3) 한자어로만 구성된 합성어 중 두 음절로 된 다음 한자어 예 곳간(庫間), 셋방(貰房), 숫자(數字), 찻간(車間), 툇간(退間), 횟수(回數)

개념 더하기 ➕

연음 현상

· 자음으로 끝나는 음절 뒤에 모음으로 시작하는 음절이 오면, 앞 음절의 끝소리인 자음이 뒤 음절의 초성의 위치로 자리를 옮기게 되는 현상. 연음은 음운이 변하지 않으므로 음운 변동에는 해당하지 않음.
　예 밥이[바비], 꽃이[꼬치]

고깃배

고기 배

01

다음 빈칸에 들어갈 알맞은 말을 쓰시오.

> 말의 의미를 구별해 주는 소리의 가장 작은 단위를 ☐☐이 라고 한다.

02

·보기·의 ㉠에 해당하는 예를 찾아 ○표 하시오.

> **·보기·**
>
> 우리말에는 다양한 유형의 된소리되기가 존재하는데, 우선 특정 음운 환경에서 예외 없이 일어나는 경우가 있다. ㉠받침 'ㄱ, ㄷ, ㅂ' 뒤에 'ㄱ, ㄷ, ㅂ, ㅅ, ㅈ'이 올 때에는 예외 없이 된소 리되기가 일어난다.

> 국밥, 신고, 걷다, 콧등, 국물

[03~04] 다음 선생님의 설명을 읽고, 물음에 답하시오.

> 음운 변동은 한 음운이 발음되는 환경에 따라 다른 음운으로 바뀌어 발음되는 현상을 말해요. 음운 변동 에는 ㉠한 음운이 다른 음운으로 바 뀌는 현상인 '교체', ㉡두 개의 음운 이 합쳐서 하나의 음운으로 바뀌는 현상인 '축약', ㉢두 개의 음운이 만 날 때 하나의 음운이 발음되지 않거 나 없어지는 현상인 '탈락', 두 개의 음운이 만날 때 새로운 음운이 덧붙 는 현상인 '첨가'가 있어요.

03

㉠, ㉡이 모두 일어나는 예로 적절한 것은?

① 굳히다[구치다]
② 미닫이[미다지]
③ 빨갛다[빨가타]
④ 솜이불[솜니불]

04

㉠~㉢에 해당하는 예로 적절한 것을 고르시오.

	㉠	㉡	㉢
①	맨입[맨닙]	여덟[여덜]	국화[구콰]
②	칼날[칼랄]	입학[이팍]	쌓아[싸아]
③	쌓이다[싸이다]	국화[쿠콰]	꽃잎[꼰닙]

05

다음은 '구개음화'에 대한 설명이다. 빈칸에 들어갈 알맞은 음운을 순서대로 쓰시오.

> 구개음화는 구개음이 아닌 자음 '☐, ☐'이 모음 'ㅣ'나 반모음 'ㅣ'로 시작되는 형식 형태소를 만나 '☐, ☐'으로 발음되는 현상을 말한다.

06

다음 빈칸에 들어갈 알맞은 말을 골라 ○표 하시오.

> '팥빵'은 (축약 / 교체 / 탈락 / 첨가)이/가 일어나서 [판빵]으로 발음되고, '많던'은 (축약 / 교체 / 탈락 / 첨가)이/가 일어나서 [만턴]으로 발음된다. '팥빵'과 '많던'에서 나타나는 두 가지 음운 현상이 모두 나타나는 것은 (낯설고[낟썰고] / 놓더라[노터라] / 맞는지[만는지] / 먹히는[머키는] / 애틋한[애트탄])(이)다.

07

보기에 해당하는 예로 적절하지 <u>않은</u> 것은?

> **보기**
>
> 'ㅎ'을 포함하고 있는 말이라도 모두 거센소리로 발음하는 것은 아니다. 용언 어간 말의 'ㅎ'은 뒤에 모음으로 시작하는 어미나 접미사가 결합하는 경우 탈락한다. 일반적으로 어간 말의 자음은 모음으로 시작되는 뒤 음절의 첫소리로 연음되어야 하지만, 'ㅎ'은 연음되지 않고 탈락하는 것이다. 이러한 'ㅎ' 탈락은 예외 없이 일어난다.

> 낳은   쌓던   않아   끓이다

08

보기의 내용에 해당하는 예로 적절하지 <u>않은</u> 것을 고르시오.

> **보기**
>
> 어간의 끝소리 'ㄴ, ㅁ' 뒤에서 어미의 첫소리가 된소리로 교체되는 경우와 어간의 끝소리 'ㅎ'이 모음으로 시작하는 어미 앞에서 탈락되는 경우는 음운 변동 결과를 표기에 반영하지 않는다.

① 네가 집에 빨리 <u>가서</u> 아쉬웠다.
② 돌아오는 기차표는 네 것만 <u>끊어라.</u>
③ 오늘은 새 신발을 <u>신고</u> 학교에 가자.
④ 가을빛을 <u>담고</u> 있는 감나무 열매를 본다.

09

'사잇소리 현상'에 대한 설명으로 맞으면 ○표, 틀리면 ×표 하시오.

⑴ 두 개의 형태소나 단어가 결합하여 합성어가 될 때 앞말과 뒷말 사이에 소리가 덧나는 현상이다. (　　)
⑵ 순우리말로 된 합성어 또는 순우리말과 한자어로 된 합성어로 앞의 말이 모음으로 끝난 경우는 사이시옷을 표기하지 않는다. (　　)
⑶ 한자어만으로 구성된 합성어의 경우 사이시옷을 표기하지 않지만, '곳간, 셋방, 숫자, 찻간, 툇간, 횟수'는 예외적으로 사이시옷을 표기한다. (　　)

음운의 이해 • **01** ㅣ보기ㅣ의 '학습 과제'를 바르게 수행하였다고 할 때, ㉠에 들어갈 단어로 적절한 것은?

> ┌ 보기 ┐
>
> **[학습 자료]**
>
> 　음운은 단어의 뜻을 구별해 주는 소리의 가장 작은 단위이다. 특정 언어에서 어떤 소리가 음운인지 아닌지는 최소 대립쌍을 통해 확인할 수 있다. 최소 대립쌍이란, 다른 모든 소리는 같고 단 하나의 소리 차이로 의미가 구별되는 단어의 쌍을 말한다. 예를 들어, 최소 대립쌍 '감'과 '잠'은 [ㄱ]과 [ㅈ]의 차이로 인해 의미가 구별되므로 'ㄱ'과 'ㅈ'은 서로 다른 음운이다.
>
> **[학습 과제]**
>
> 　앞사람이 말한 단어와 최소 대립쌍인 단어를 말해 보자.
>
>
> 쌀! → 달! → ㉠ → 굴!

도움말
최소 대립쌍인 단어들에서는 단 하나의 음운에서만 차이가 나요.

① 꿀　　② 답　　③ 둘　　④ 말　　⑤ 풀

된소리되기의 이해 • **02** ㅣ보기ㅣ의 [표준 발음법]을 참고할 때, ㉠과 ㉡의 사례가 모두 바르게 짝지어진 것은?

> ┌ 보기 ┐
>
> **[표준 발음법]**
>
> **제23항**
>
> 　받침 'ㄱ(ㄲ, ㅋ, ㄳ, ㄺ), ㄷ(ㅅ, ㅆ, ㅈ, ㅊ, ㅌ), ㅂ(ㅍ, ㄼ, ㄿ, ㅄ)' 뒤에 연결되는 'ㄱ, ㄷ, ㅂ, ㅅ, ㅈ'은 된소리로 발음한다.
>
> > 국밥[국빱]　솥전[솓쩐]　옆집[엽찝]　(　㉠　)
>
> **제24항**
>
> 　어간 받침 'ㄴ(ㄵ), ㅁ(ㄻ)' 뒤에 결합되는 어미의 첫소리 'ㄱ, ㄷ, ㅅ, ㅈ'은 된소리로 발음한다.
>
> > 신고[신ː꼬]　얹다[언따]　닮고[담ː꼬]　(　㉡　)

국밥[국빱]

도움말
예사소리가 된소리로 바뀌어 발음되는 현상을 된소리되기라고 해요.

	㉠	㉡
①	옷고름[온꼬름]	젊고[점ː꼬]
②	문고리[문꼬리]	감고[감ː꼬]
③	갈등[갈뜽]	앉다[안따]
④	덮개[덥깨]	언짢게[언짠케]
⑤	술잔[술짠]	더듬지[더듬찌]

구개음화의 이해 • **03** 다음은 문법 학습지의 일부이다. ⓐ~ⓒ에 들어갈 내용으로 적절한 것은?

> ┌ 보기 ┐
>
> ○ **구개음화**: 받침의 'ㄷ', 'ㅌ'이 'ㅣ'나 반모음 'ㅣ'로 시작하는 형식 형태소와 만나 [ㅈ], [ㅊ]으로 발음되는 현상
>
> 1. '끝인사'의 표준 발음이 [끄딘사]인 이유를 알아보자.
>   '끝인사'에서 '끝'의 받침 'ㅌ' 뒤에 'ㅣ'로 시작하는 (ⓐ   )가 오기 때문에 [끄딘사]로 발음된다.
>
> 2. '곧이'와 '곧이어'의 표준 발음은 무엇인지 알아보자.
>   '곧이'의 '-이'는 부사를 만들어 주는 접사이다. 따라서 '곧이'의 표준 발음은 (ⓑ   )이다. '곧이어'의 '이어'는 '앞의 말이나 행동 따위에 잇대어'라는 뜻을 지닌 부사이다. 따라서 '곧이어'의 표준 발음은 (ⓒ   )이다.

	ⓐ	ⓑ	ⓒ
①	실질 형태소	[고지]	[고지어]
②	실질 형태소	[고디]	[고지어]
③	실질 형태소	[고지]	[고디어]
④	형식 형태소	[고디]	[고지어]
⑤	형식 형태소	[고지]	[고디어]

도움말)
형식 형태소에는 조사나 어미, 접사 등이 있어요.

음운 변동의 이해 • **04** | 학습 활동 |을 수행한 결과로 적절하지 <u>않은</u> 것은?

> ┌ 학습 활동 ┐
>
> 음운 변동에는 교체, 첨가, 탈락, 축약이 있는데 음운 변동의 결과로 음운의 개수가 변화하기도 한다. 분절 음운인 자음과 모음은 모여서 음절을 이루는데, 음절은 발음할 수 있는 최소의 단위로 음절의 유형은 크게 '모음', '자음 + 모음', '모음 + 자음', '자음 + 모음 + 자음'으로 나눌 수 있다. [자료]의 밑줄 친 부분을 중심으로 음운의 개수 변화와 음절의 유형을 탐구해 보자.
>
> [자료]
> ○ 책상에 <u>놓인</u> 책을 <u>한여름</u>이 지나서야 <u>읽기</u> 시작했다.
> ○ <u>독서</u>를 즐기기 위해서는 자기에게 <u>맞는</u> 책을 골라야 한다.

① '놓인[노인]'은 탈락의 결과로 음운의 개수가 줄었으며, [노]는 음절 유형이 '자음 + 모음'이다.

② '한여름[한녀름]'은 첨가의 결과로 음운의 개수가 늘었으며, [녀]는 음절 유형이 '자음 + 모음'이다.

③ '읽기[일끼]'는 탈락의 결과로 음운의 개수가 줄었으며, [일]은 음절 유형이 '모음 + 자음'이다.

④ '독서[독써]'는 첨가의 결과로 음운의 개수가 늘었으며, [써]는 음절 유형이 '자음 + 모음'이다.

⑤ '맞는[만는]'은 교체의 결과로 음운의 개수는 변동이 없고, [만]은 음절 유형이 '자음 + 모음 + 자음'이다.

도움말)
자음군 단순화는 음운의 탈락에, 된소리되기는 음운의 교체에 해당해요.

음운 변동의 이해 • **01** | 학습 활동 |의 ㉮, ㉯에 들어갈 예로 적절한 것은?

> **학습 활동**
>
> 'ㅎ'은 다양한 음운 변동이 일어나기 때문에 표준 발음법에 별도의 규정을 두고 있다. 'ㅎ'의 음운 변동에는 'ㅎ'이 다른 음운으로 바뀌는 교체, 'ㅎ'이 다른 음운과 합쳐져 새로운 음운이 되는 축약, 'ㅎ'이 없어져 발음되지 않는 탈락이 있다. 가령 '놓친[논친]'은 'ㅎ'이 'ㄷ'으로 바뀌어 발음되므로 교체의 예에 해당한다.
>
> | 유형 | 'ㅎ'의 음운 변동 | | |
> |---|---|---|---|
> | | 교체 | 축약 | 탈락 |
> | 예 | 놓친[논친] | ㉮ | ㉯ |

	㉮	㉯
①	좋고[조:코]	닿아[다아]
②	좋고[조:코]	쌓네[싼네]
③	넣는[넌:는]	닿아[다아]
④	넣는[넌:는]	쌓네[싼네]
⑤	좁힌[조핀]	닳지[달치]

도움말
예사소리가 'ㅎ'을 만나 거센소리로 바뀌는 것은 축약 현상에 해당해요.

음운 변동의 이해 • **02** | 보기 |의 ㉠~㉣에 들어갈 말로 적절한 것은?

> **보기**
>
> 선생님 : 음운 변동 중에는 한 음운이 앞이나 뒤의 음운의 영향을 받아 다른 음운으로 교체되는 현상이 있는데, 이때 조음 방법이나 조음 위치가 변하게 됩니다. 예를 들면 '밥물[밤물]'은 'ㅂ'이 뒤의 음운 'ㅁ'의 영향으로 비음인 'ㅁ'으로 바뀌어 조음 방법이 달라졌지요. 그럼 다음 단어들에서는 어떤 변화가 일어나는지 탐구해 봅시다.
>
> > 달님[달림], 공론[공논], 논리[놀리]
>
> 학생 : (㉠)은/는 한 음운이 (㉡)의 음운의 영향을 받아 (㉢)으로 바뀌어 (㉣)이/가 바뀐 사례입니다.

	㉠	㉡	㉢	㉣
①	달님	앞	유음	조음 방법
②	달님	뒤	비음	조음 위치
③	공론	앞	비음	조음 위치
④	공론	뒤	비음	조음 방법
⑤	논리	뒤	유음	조음 위치

도움말
'ㄴ'이 유음 'ㄹ'의 앞이나 뒤에서 'ㄹ'로 바뀌는 현상을 유음화라고 해요.

음운 변동의 이해 ● **03** | 보기 |의 ㉠, ㉡에 해당하는 사례를 바르게 짝지은 것은?

┌ 보기 ┐

　국어의 음절 종성에서는 자음을 두 개 발음할 수 없다. 따라서 겹받침으로 끝나는 형태소와 다른 형태소가 결합하면 자음군 단순화와 더불어 다른 음운 변동이 함께 적용되는 경우가 많다. 예를 들어 '닭만[당만]'은 ㉠자음군 단순화와 비음화가 함께 적용된 경우에 해당하고, '맑지[막찌]'는 ㉡자음군 단순화와 된소리되기가 함께 적용된 경우에 해당한다.

도움말)
자음군 단순화는 겹받침에서만 나타나고, 겹받침 뒤에 모음으로 시작되는 음절이 오면 겹받침의 두 번째 자음이 뒤 음절의 초성으로 이어져 소리나요.

	㉠	㉡		㉠	㉡
①	값만[감만]	흙과[흑꽈]	②	잃는[일른]	읊고[읍꼬]
③	덮지[덥찌]	밝혀[발켜]	④	밟는[밤ː는]	닦다[닥따]
⑤	젊어[절머]	짧지[짤찌]			

사이시옷의 이해 ● **04** | 보기 |를 바탕으로 사이시옷 표기에 대해 이해한 내용으로 적절하지 <u>않은</u> 것은?

┌ 보기 ┐

　사이시옷이란 두 단어 또는 형태소가 결합하여 만들어진 합성어의 두 요소 사이에 표기하는 'ㅅ'을 말한다. '한글 맞춤법'에 따르면 다음과 같은 조건들이 만족되어야 사이시옷을 표기할 수 있다.

　우선, 두 단어가 결합하는 형태가 고유어와 고유어의 결합, 고유어와 한자어의 결합, 한자어와 고유어의 결합으로 이루어진 합성어인 경우 사이시옷을 표기할 수 있다. 단일어이거나 접사가 결합하여 만들어진 단어인 파생어에는 사이시옷이 표기되지 않고, 외래어가 포함된 합성어나 한자어만으로 구성된 합성어의 경우에도 사이시옷은 표기되지 않는다. 단, '곳간(庫間), 셋방(貰房), 숫자(數字), 찻간(車間), 툇간(退間), 횟수(回數)'라는 한자어는 예외적으로 사이시옷을 표기한다.

　다음으로 이러한 합성어의 앞말이 모음으로 끝나고 두 단어가 결합하여 발생하는 음운론적 현상이 다음 중 하나에 해당하여야 한다. 첫째, 뒷말의 첫소리가 된소리로 바뀌는 경우, 둘째, 뒷말의 첫소리 'ㄴ, ㅁ' 앞에서 'ㄴ' 소리가 덧나는 경우, 셋째, 뒷말의 첫소리 모음 앞에서 'ㄴㄴ' 소리가 덧나는 경우에 사이시옷을 표기할 수 있다.

① '아래옷'과 달리 '아랫마을'은 앞말의 끝소리에 'ㄴ' 소리가 덧나기 때문에 사이시옷이 표기된 것이겠군.

② '고깃국'과 달리 '해장국'은 앞말이 모음으로 끝나지 않았기 때문에 사이시옷이 표기되지 않은 것이겠군.

③ '코마개'와 달리 '콧날'은 뒷말의 첫소리 모음 앞에서 'ㄴㄴ' 소리가 덧나기 때문에 사이시옷이 표기된 것이겠군.

④ '우윳빛'과 달리 '오렌지빛'은 합성어를 구성하는 단어의 결합 형태를 고려하여 사이시옷을 표기하지 않은 것이겠군.

⑤ '모래땅'과 달리 '모랫길'은 두 단어가 결합할 때 뒷말의 첫소리가 된소리로 바뀌었기에 사이시옷이 표기된 것이겠군.

도움말)
| 보기 |에서 사이시옷 표기의 조건과 예외를 잘 살펴보도록 해요.

15강 단어

🔖 들어가며

단어는 뜻을 가지고 홀로 쓰일 수 있는 말로, 단어를 정확하게 알수록 말하고자 하는 바를 보다 명확하게 전달할 수 있다. 이를 위해서는 단어의 구성 요소, 구성 요소에 따른 단어의 분류, 단어 간의 의미 관계 등을 파악하는 것이 중요하다. 또한 단어를 문법적 성질에 따라 나누어 놓은 품사를 정확히 파악하면 올바른 언어 활동을 할 수 있다.

SOS 알려주세요!

Q. '어근'과 '어간'은 무엇이 다른가요?

A. 어근은 '단어가 형성될 때' 쓰이는 개념이고, 어간은 '용언이 활용할 때' 쓰이는 개념이에요. 먼저 어근은 형태소가 결합할 때 실질적인 의미를 나타내는 부분이고, 접사와 대응되는 개념입니다. 그리고 어간은 용언이 활용할 때 변하지 않는 부분이고, 어미와 대응되는 개념이지요.

01 형태소

> **형태소** 뜻을 가진 가장 작은 말의 단위

· **형태소의 종류**

(1) 홀로 쓰일 수 있는가?(자립성 여부)

자립 형태소	홀로 쓰일 수 있는 형태소
의존 형태소	다른 형태소와 결합해야만 쓰일 수 있는 형태소

(2) 실질적인 의미를 지니는가?(실질적 의미 여부)

실질 형태소	구체적인 대상·상태·동작을 나타내는 실질적 의미를 지닌 형태소
형식 형태소	문법적인 관계나 형식적인 의미를 더해 주는 형태소

02 단어

> **단어** 하나의 형태소 또는 여러 개의 형태소로 이루어진 홀로 쓰일 수 있는 말. '조사'는 홀로 쓰일 수 없으나 단어로 인정함.

(1) 단어의 구성 요소

어근	단어에서 실질적인 의미를 나타내는 중심 부분 **예** '맨입'의 '입', '형님'의 '형', '풋사과'의 '사과'
접사	어근의 앞이나 뒤에 붙어서 의미를 더하거나 제한하는 주변 부분 **예** '맨입'의 '맨-', '형님'의 '-님', '풋사과'의 '풋-'

(2) 단어의 분류

단일어		하나의 어근으로만 이루어진 단어 **예** 나물, 다리, 가다, 밟다
복합어	합성어	단어를 둘로 쪼개었을 때 쪼개어진 것들이 모두 어근인 단어 **예** 발목 ➡ '발'과 '목'으로 분석되며 둘 다 어근에 속함. 　　오른손 ➡ '오른'과 '손'으로 분석되며 둘 다 어근에 속함.
	파생어	단어를 둘로 쪼개었을 때 쪼개어진 것 중 하나라도 접사인 단어 **예** 짓밟다 ➡ '짓-'과 '밟다'로 분석되며 '짓-'이 접사임. 　　나누기 ➡ '나누-'와 '-기'로 분석되며 '-기'가 접사임.

수능 국어 point

단어와 관련된 문항은 최근까지 수능과 모평에서 꾸준히 출제되어 왔다. 따라서 어근과 접사의 결합에 따른 단어의 분류인 합성어와 파생어, 문법적 성질에 따른 단어의 분류인 품사 등의 개념을 명확히 알아 두는 것이 무엇보다 중요하며, 각각의 특성을 파악해 두는 것이 좋다.

➥ **기출 유형** ➥

· 수 관형사로만 쓰이는 단어를 l 보기 l에서 있는 대로 모두 고른 것은?

· 동사와 형용사의 활용 양상에 대한 설명을 보고 예문을 분석한 내용으로 적절하지 않은 것은?

03 단어 간의 의미 관계

유의 관계	의미가 같거나 비슷한 단어들의 관계 예 '가끔'과 '종종', '걱정'과 '근심'
반의 관계	의미가 서로 짝을 이루어 대립하는 단어들의 관계 예 '소년'과 '소녀', '위'와 '아래'
상하 관계	한쪽이 의미상 다른 쪽을 포함하거나 다른 쪽에 포함되는 관계 예 동물(상의어) / 고양이(하의어)

개념 더하기 ⊕
다의어와 동음이의어
· 다의어: 둘 이상의 의미를 가지는 단어(다의어의 의미는 중심 의미와 주변 의미로 나누어짐.)
· 동음이의어: 소리는 같지만 의미가 다른 단어들(각각의 단어 간에 의미적 연관성이 없음.)

04 품사

품사	단어를 문법적 성질(기능, 형태, 의미)에 따라 나눈 갈래

형태	기능	의미	개념
가변어	용언	동사	대상의 동작이나 작용을 나타내는 말(자동사, 타동사)
		형용사	사람이나 사물의 성질이나 상태를 나타내는 말(성상 형용사, 지시 형용사)
불변어	체언	명사	사물이나 사람의 이름을 나타내는 말(고유 명사, 보통 명사 / 자립 명사, 의존 명사)
		대명사	명사를 대신하여 나타내는 말(인칭 대명사, 지시 대명사)
		수사	사물의 수량이나 순서를 나타내는 말(양수사, 서수사)
	수식언	관형사	체언 앞에서 주로 그 체언을 꾸며 주는 말(성상 관형사, 지시 관형사, 수 관형사)
		부사	용언이나 다른 부사, 혹은 문장 전체 등을 꾸며 주는 단어(성분 부사, 문장 부사)
	관계언	조사	체언이나 부사, 어미 등에 붙어 그 말과 다른 말과의 문법적 관계를 표시하거나 그 말의 뜻을 더해 주는 말(격 조사, 보조사, 접속 조사)
	독립언	감탄사	부름, 느낌, 대답 등을 나타내는 데 쓰이면서, 다른 성분들에 비하여 비교적 독립성이 있는 말

① 용언(동사, 형용사) : 문장에서 주어를 서술하는 기능을 하는 단어. 활용을 하며, 일반적으로 부사의 꾸밈을 받음.

용언의 구성	어간	용언이 활용할 때 형태가 변하지 않는 부분
	어미	용언이 활용할 때 형태가 변하는 부분. 여러 문법적인 의미를 더해 주는 요소이며, 어말 어미(종결 어미, 연결 어미, 전성 어미)와 선어말 어미(높임, 시제 표현 등)로 나뉨.

② 체언(명사, 대명사, 수사) : 문장에서 주체의 구실을 하는 단어. 결합하는 조사에 따라 주어, 목적어, 보어 등으로 쓰이며, 관형어의 꾸밈을 받음.
③ 수식언(관형사, 부사) : 문장에서 다른 말을 수식하거나 한정하는 기능을 하는 단어
④ 관계언(조사) : 문장에서 단어들의 문법적 관계를 나타내는 기능을 하는 단어
⑤ 독립언(감탄사) : 문장 성분에 얽매이지 않고 독립적으로 쓰이는 단어

SOS 알려주세요!

Q. '수사'와 '수 관형사'는 어떻게 구분해야 하나요?
A. 수사는 체언이므로 조사가 붙을 수 있지만, 수 관형사는 조사가 붙지 않고 체언을 꾸며 주는 역할만 해요. '사람 하나가 있어.'라고 하면 '하나'에 조사 '가'가 붙었으므로 수사이고, '한 사람이 있어.'에서 '한'은 체언 '사람'을 꾸며 주고, 조사가 붙을 수 없으므로 수 관형사이지요.

개념 더하기 ⊕
활용
· 용언의 어간에 어미가 다양한 모습으로 결합하여 그 기능을 달리하는 것
· 서술격 조사 '-이다'도 활용을 하므로 가변어에 해당함.

개념 더하기 ⊕
동사와 형용사 구별하기
· 현재 시제 선어말 어미 '-ㄴ-/-는-'이 결합할 수 있으면 동사, 그렇지 않으면 형용사임.
· 관형사형 어미 '-는'이 결합하는 것은 동사, '-(으)ㄴ'이 결합하는 것은 형용사임.
· 명령형이나 청유형이 가능한 것은 동사이며, 형용사는 원칙적으로 명령형이나 청유형이 쓰이지 않음.
· 의도나 목적을 뜻하는 연결 어미 '-러/-려', '-고자' 등이 결합할 수 있으면 동사, 그렇지 않으면 형용사임.

01

다음 ㉠~㉣에 들어갈 알맞은 말을 보기 에서 찾아 쓰시오.

> **보기**
>
> 형식 형태소, 자립 형태소, 실질 형태소, 의존 형태소

> 형태소는 자립성 여부에 따라 홀로 쓰일 수 있으면 (㉠), 홀로 쓰일 수 없으면 (㉡)로 구분할 수 있다. 그리고 실질적인 의미를 지니느냐에 따라 실질적인 의미를 지녔으면 (㉢), 실질적인 의미를 지니지 않았으면 (㉣)로 구분할 수 있다.

02

다음 밑줄 친 단어에 대한 설명으로 맞으면 ○표, 틀리면 ✕표 하시오.

> 우리 아기만 맨발로 잔디밭에서 놀았다.

(1) '우리'는 '우'와 '리'로 나누면 뜻이 사라지므로 하나의 형태소이다. ( )

(2) '맨발'은 '맨–'과 '발'로 나눌 수 있으므로 두 개의 형태소이다. ( )

(3) '잔디밭'은 '잔', '디', '밭'으로 나눌 수 있으므로 세 개의 형태소이다. ( )

(4) '놀았다'는 '놀았–'과 '–다'로 나눌 수 있으므로 두 개의 형태소이다. ( )

03

다음 용어에 알맞은 설명을 찾아 바르게 연결하시오.

수사 •	• ㉠ 명사를 대신하여 나타내는 말
명사 •	• ㉡ 대상의 동작이나 작용을 나타내는 말
대명사 •	• ㉢ 사물의 수량이나 순서를 나타내는 말
동사 •	• ㉣ 사물이나 사람의 이름을 나타내는 말
형용사 •	• ㉤ 체언 앞에서 주로 그 체언을 꾸며 주는 말
감탄사 •	• ㉥ 사람이나 사물의 성질이나 상태를 나타내는 말
조사 •	• ㉦ 용언이나 다른 부사, 혹은 문장 전체 등을 꾸며 주는 말
부사 •	• ㉧ 부름, 느낌, 대답 등을 나타내는 데 쓰이면서, 다른 성분들에 비하여 비교적 독립성이 있는 말
관형사 •	• ㉨ 체언이나 부사, 어미 등에 붙어 그 말과 다른 말과의 문법적 관계를 표시하거나 그 말의 뜻을 도와주는 말

04

다음 빈칸에 들어갈 알맞은 품사를 쓰시오.

> '용언'은 문장에서 주어를 서술하는 기능을 하는 단어로, 활용을 하며 □□, □□□가 이에 해당한다.

[05~06] 다음 글을 읽고, 물음에 답하시오.

> 조사는 일반적으로 체언 뒤에 붙어서 문법적인 관계를 나타내거나 의미를 추가하는 의존 형태소로, 기능과 의미에 따라 앞말이 다른 말에 대하여 갖는 자격을 나타내는 ㉠격 조사, 둘 이상의 단어나 대상을 이어 주는 ㉡접속 조사, 특별한 의미를 더해 주는 ㉢보조사로 나눌 수 있다.

05

다음 밑줄 친 조사의 종류를 윗글의 ㉠~㉢에서 찾아 쓰시오.

(1) 비가 오는데 바람<u>까지</u> 분다.　　　　　（　　　　）

(2) 우리 동아리<u>에서</u> 학교 축제에 참가하였다.　（　　　　）

(3) 신<u>이시여</u>, 우리를 보살피소서　　　　　（　　　　）

06

윗글의 ㉠~㉢에 따라 ⓐ~ⓔ의 밑줄 친 조사를 나누었을 때, 바르게 분류한 것을 고르시오.

> **·보기·**
> ⓐ 그는 보통 인물<u>이</u> 아니다.
> ⓑ 철수<u>야</u>, 내일이 무슨 날이니?
> ⓒ 이번에 성적이 많<u>이도</u> 올랐구나!
> ⓓ 언니가 동생<u>의</u> 간식을 만들고 있다.
> ⓔ 백화점에 가서 구두<u>랑</u> 모자랑 샀어요.

	㉠	㉡	㉢
①	ⓐ, ⓑ, ⓓ	ⓔ	ⓒ
②	ⓐ, ⓓ	ⓑ	ⓒ, ⓔ
③	ⓒ, ⓓ	ⓔ	ⓐ, ⓑ

07

다음 문장에 들어갈 알맞은 내용을 골라 ○표 하시오.

> '높다'에서 '높-'은 단어가 활용될 때 (형태가 변한다 / 형태가 변하지 않는다)는 점에서 '어간', 단어를 구성할 때, (실질적 의미 / 형식적 의미)를 나타낸다는 점에서 '어근'이라고 할 수 있다.

08

·보기·의 ㉠에 해당하는 예를 모두 골라 기호를 쓰시오.

> **·보기·**
> 선생님: 합성어에는 어근의 결합 순서나 방식이 우리말의 일반적인 문장 구성 방식과 일치하지 않는 것이 있어요. 용언의 어간과 체언이 결합하거나, 부사와 체언이 결합하거나, 용언의 어간과 용언의 어간이 결합하는 등의 형태는 우리말의 일반적인 문장 구성 방식과 맞지 않는데, 이를 ㉠비통사적 합성어라고 해요. 그럼 아래 [자료]의 순화어에서 비통사적 합성어에 해당하는 것이 무엇인지 찾아볼까요?

[자료]

> | [외래어] | | [순화어] | | |
> |---|---|---|---|---|
> | ∘ 핫 플레이스 | ⇨ | 뜨는곳 | ………… | ⓐ |
> | ∘ 카메오 | ⇨ | 깜짝출연 | ………… | ⓑ |
> | ∘ 마인드맵 | ⇨ | 생각그물 | ………… | ⓒ |
> | ∘ 캐노피 | ⇨ | 덮지붕 | ………… | ⓓ |

동사와 형용사의 판단 **01** |보기|를 바탕으로 ㉠~㉤을 이해한 내용으로 적절하지 <u>않은</u> 것은?

┌ 보기 ┐

　'동사'는 동작이나 작용을 나타내는 단어이고, '형용사'는 성질이나 상태를 나타내는 단어이다. 동사와 형용사는 활용하는 양상이 다른데, 일반적으로 동사 어간에는 현재 시제 선어말 어미 '-ㄴ-/-는-', 현재 시제의 관형사형 어미 '-는', 명령형 어미 '-아라/-어라', 청유형 어미 '-자' 등이 붙지만, 형용사 어간에는 붙지 않는다.

　㉠ 지훈이가 야구공을 멀리 <u>던졌다</u>.
　㉡ 해가 떠오르며 점차 날이 <u>밝는다</u>.
　㉢ 그 친구는 <u>아는</u> 게 참 많다.
　㉣ 날씨가 더우니 하복을 <u>입어라</u>.
　㉤ *올해도 우리 모두 <u>건강하자</u>.

※ '*'는 비문법적인 문장임을 나타냄.

① ㉠의 '던졌다'는 대상의 동작을 나타내므로 동사이다.
② ㉡의 '밝는다'는 대상의 상태를 나타내므로 형용사이다.
③ ㉢의 '아는'은 현재 시제의 관형사형 어미 '-는'이 결합하였으므로 동사이다.
④ ㉣의 '입어라'는 명령형 어미 '-아라'가 결합하였으므로 동사이다.
⑤ ㉤의 '건강하자'의 기본형 '건강하다'는 청유형 어미 '-자'가 결합할 수 없으므로 형용사이다.

도움말
'동사' 어간에만 현재 시제 선어말 어미, 현재 시제의 관형사형 어미, 명령형 어미, 청유형 어미 등이 붙어요.

단어의 의미 이해 **02** 밑줄 친 부분이 |보기|의 ㉠, ㉡에 해당하는 예로 적절하지 <u>않은</u> 것은?

┌ 보기 ┐

　'위 - 아래'나 '앞 - 뒤'는 방향상 대립하는 반의어이다. '위 - 아래'나 '앞 - 뒤'가 단독으로 쓰이거나 다른 단어와 결합해서 쓰일 때, 문맥에 따라서 ㉠'위'나 '앞'이 '우월함'의 의미를, ㉡'아래'나 '뒤'가 '열등함'의 의미를 갖거나 강화하기도 한다.

① ㉠ : 그가 머리 쓰는 게 너보다 한 수 <u>위</u>다.
② ㉠ : 이 회사의 기술 수준은 다른 곳에 <u>앞선</u>다.
③ ㉡ : 이번 행사는 치밀한 계획 <u>아래</u> 진행되었다.
④ ㉡ : 그녀는 남에게 <u>뒤떨어지지</u> 않고자 노력했다.
⑤ ㉡ : 우리 팀의 승률이 조금씩 <u>뒷걸음질</u> 치고 있다.

도움말
단어가 가지고 있는 여러 의미 중, 문장에서 사용된 의미를 파악하도록 해요.

수 관형사의 이해 ● **03** |보기1|의 밑줄 친 부분에 해당하는 단어를 |보기2|에서 있는 대로 모두 고른 것은?

┌─ 보기 1 ─────────────────────────────
선생님: 하나의 단어가 수사로 쓰이기도 하고 수 관형사로도 쓰이는 경우가 많습니다. 그런데 <u>수 관형사로만 쓰이는 단어</u>도 있습니다.
└───────────────────────────────────

┌─ 보기 2 ─────────────────────────────
○ 나는 필통에서 연필 <u>하나</u>를 꺼냈다.
○ 그 마트는 매월 <u>둘째</u> 주 화요일에 쉰다.
○ 이번 학기에 책 <u>세</u> 권을 읽는 게 내 목표야.
○ <u>여섯</u> 명이나 이 일에 자원해서 정말 기쁘다.
└───────────────────────────────────

① 하나   ② 세
③ 하나, 여섯   ④ 둘째, 세
⑤ 둘째, 여섯

도움말)
수사는 조사와 결합이 가능하지만, 수 관형사는 조사와 결합이 불가능해요.

단어의 의미 이해 ● **04** |보기|를 바탕으로 단어의 의미를 이해하려 할 때, ㉠과 ㉡의 예로 바르게 짝지어진 것은?

┌─ 보기 ──────────────────────────────
　다의어는 두 가지 이상의 뜻을 가진 단어를 가리킨다. 다의어는 단어가 원래 뜻하는 ㉠<u>중심적 의미</u>와 중심적 의미에서 파생된 ㉡<u>주변적 의미</u>를 갖는다. '날아가는 새를 보다'에서 '보다'는 '눈으로 대상의 존재, 형태를 알다'라는 중심적 의미로 사용되었다. 그러나 '의사가 환자를 보다'에서 '보다'는 '진찰하다'라는 주변적 의미로 사용되었다.
└───────────────────────────────────

	㉠	㉡
①	창문을 <u>열어</u> 환기를 하자.	회의를 <u>열어</u> 그를 회장으로 추천하자.
②	마음을 굳게 <u>먹고</u> 열심히 연습했다.	국이 매워서 많이 <u>먹지</u> 못 하겠다.
③	미리 숙소를 <u>잡고</u> 여행지로 출발했다.	오디션에 참가할 기회를 <u>잡았다</u>.
④	그는 이번 인사 발령으로 총무과로 <u>갔다</u>.	그는 아침 일찍 일터로 <u>갔다</u>.
⑤	창밖을 내다보니 동이 트려면 아직도 <u>멀었다</u>.	학교에서 버스 정류장까지가 매우 <u>멀었다</u>.

도움말)
다의어에서 단어가 원래 뜻하는 중심적 의미를 먼저 파악하는 것이 도움이 돼요.

단어의 구조 파악 • **01** | 보기 |의 ⊙에 해당하는 예로 적절한 것은?

> **보기**
>
>   셋 이상의 형태소로 이루어진 단어의 구조를 파악하기 위해서는 먼저 그 단어를 직접 이루고 있는 두 요소를 파악해야 한다. 예컨대 '볶음밥'은 의미상 '볶음'과 '밥'으로 먼저 나뉜다. '볶음'은 다시 '볶–'과 '–음'으로 나뉜다. 따라서 '볶음밥'은 ⊙'(어근 + 접미사) + 어근'의 구조로 된 합성어이다.

도움말

세 개 이상의 형태소로 이루어진 단어는 두 번 나누어서 구성 요소를 파악해야 해요.

① 집안일   ② 내리막   ③ 놀이터
④ 코웃음   ⑤ 울음보

조사의 중첩 파악 • **02** ⊙~◎을 통해 조사의 중첩 을 이해한 내용으로 적절하지 않은 것은?

> **보기**
>
>   조사는 서로 겹쳐 쓰기도 하는데, 이를 조사의 중첩 이라 한다. 그러나 겹쳐 쓸 때 순서가 있다. 주격 조사, 목적격 조사, 보격 조사, 관형격 조사는 서로 겹쳐 쓸 수 없으나 보조사와는 겹쳐 쓸 수 있는데, 대체로 보조사의 뒤에 쓴다. 부사격 조사는 부사격 조사끼리 겹쳐 쓸 수 있고 다른 격 조사나 보조사와도 겹쳐 쓸 수 있는데, 일반적으로 다른 격 조사나 보조사의 앞에 쓴다. 보조사는 보조사끼리 겹쳐 쓸 수 있고 순서도 자유로운 편이지만, 의미가 모순되는 보조사끼리는 겹쳐 쓰기 어렵다.

> ⊙ 길을 걷다가 철수가를* 만났다.
> ⓒ 그 말을 한 것이 당신만이(당신이만*) 아니다.
> ⓒ 그녀는 전원에서의(전원의에서*) 여유로운 삶을 꿈꾼다.
> ⓔ 모든 관심이 나에게로(나로에게*) 쏟아졌다.
> ◎ 빵만도* 먹었다.
>
> ※ *는 비문 표시임.

① ⊙에서는 주격 조사와 목적격 조사는 겹쳐 쓸 수 없음을 확인할 수 있군.
② ⓒ에서는 보조사와 보격 조사가 결합할 때 보격 조사가 뒤에 쓰였군.
③ ⓒ에서는 부사격 조사와 관형격 조사가 결합할 때 관형격 조사가 뒤에 쓰였군.
④ ⓔ에서는 부사격 조사와 보조사가 결합할 때 부사격 조사가 보조사 앞에 쓰였군.
⑤ ◎에서는 유일함을 뜻하는 '만'과 더함을 뜻하는 '도'의 의미가 모순되어 겹쳐 쓰기 어렵군.

도움말

의미가 모순되는 보조사끼리는 겹쳐 쓰기 어려워요.

관형사의 이해 ● **03** Ⅰ보기Ⅰ는 문법 수업의 일부이다. 선생님의 설명에 따라 밑줄 친 단어를 이해한 내용으로 적절하지 <u>않은</u> 것은?

┌ 보기 ┐

선생님: 관형사는 체언을 꾸며 주는 품사로 뒤에 오는 체언의 성질이나 상태를 분명하게 해 주는 성상 관형사, 구체적인 대상을 지시해 주는 지시 관형사, 수량을 나타내는 수 관형사로 구분할 수 있습니다. 이러한 관형사는 형태가 변하지 않고 어떤 조사와도 결합하지 않는 특징이 있습니다.

ㄱ. <u>이</u> 상점, <u>두</u> 곳에서는 <u>헌</u> 물건을 판다.
ㄴ. 우리 <u>다섯</u>이 <u>새로</u> 산 구슬을 나눠 가지자.
ㄷ. 나는 오늘 어머니께 드릴 <u>새</u> 옷 <u>한</u> 벌을 샀다.

① ㄱ에서 '이'는 '상점'을 꾸며 주는 지시 관형사이다.
② ㄱ에서 '헌'은 체언인 '물건'의 상태를 드러내 준다.
③ ㄴ의 '다섯'은 조사와 결합하는 것을 보니 관형사가 아니다.
④ ㄱ의 '두'와 ㄷ의 '한'은 수량을 나타내는 수 관형사이다.
⑤ ㄴ의 '새로'와 ㄷ의 '새'는 형태가 변하지 않는 성상 관형사이다.

도움말 관형사는 뒤에 오는 체언(주로 명사)을 꾸며 주고, 용언을 꾸며 주는 것은 부사입니다.

통사적 합성어의 이해 ● **04** Ⅰ보기 1Ⅰ의 ㉠에 해당하는 것만을 Ⅰ보기 2Ⅰ에서 있는 대로 고른 것은?

┌ 보기 1 ┐

합성어는 명사와 명사의 결합, 용언의 관형사형과 명사의 결합, 부사와 용언의 결합처럼 어근과 어근의 연결이 우리말의 어순이나 단어 배열법과 일치하는 ㉠통사적 합성어와 용언의 어간과 명사의 결합, 용언의 어간에 용언의 어간이 직접 결합한 것처럼 우리말의 어순이나 단어 배열법과 일치하지 않는 비통사적 합성어로 나눌 수 있다.

┌ 보기 2 ┐

덮밥, 돌다리, 하얀색, 높푸르다, 잘생기다

① 돌다리, 높푸르다
② 덮밥, 돌다리, 하얀색
③ 덮밥, 하얀색, 높푸르다
④ 돌다리, 하얀색, 잘생기다
⑤ 돌다리, 하얀색, 높푸르다, 잘생기다

도움말 합성어는 결합 방법에 따라 통사적 합성어와 비통사적 합성어로 나뉘어요. '명사＋명사', '용언의 관형사형＋명사', '부사＋용언'은 통사적 합성어에 해당합니다.

16강 문장

생각이나 감정을 완결된 내용으로 나타내는 최소의 언어 형식을 문장이라고 한다. 우리는 문장을 통해 일상생활에서 다른 사람과 의사소통할 수 있다. 따라서 문장에 대한 정확한 이해가 이루어져야만 자신의 의도를 정확하게 전달할 수 있다. 나아가 문장 성분들의 기능 및 특징, 문장의 짜임, 다양한 문장 표현 등을 적절하게 사용하면 일상생활에서 더욱 풍부하고 올바른 의사소통을 구현할 수 있다.

01 문장 성분

> **문장 성분** 문장 안에서 문장을 구성하면서 일정한 문법적 기능을 하는 부분

(1) 주성분: 문장의 골격을 이루는 필수 성분

주어	동작, 상태, 성질의 주체가 되는 문장 성분. '누가, 무엇이'에 해당함.
서술어	주어의 동작이나 상태, 성질 등을 서술하는 문장 성분. '어찌하다, 어떠하다, 무엇이다'에 해당함.
목적어	서술어의 동작 대상이 되는 문장 성분. '누구를, 무엇을'에 해당함.
보어	주어와 서술어만으로는 완전하지 못한 문장에서 그 불완전한 곳을 보충하는 문장 성분. 서술어 '되다, 아니다' 앞에 나타남.

(2) 부속 성분: 주성분의 내용을 꾸며 뜻을 더하는 문장 성분

관형어	체언 앞에서 체언을 꾸며 주는 문장 성분
부사어	주로 용언이나 다른 부사, 관형어, 문장 전체를 꾸며 주는 문장 성분. 단어나 문장을 이어 주기도 함.

(3) 독립 성분: 문장의 주성분이나 부속 성분과 직접적인 관련을 맺지 않는 문장 성분

독립어	문장의 다른 성분과 직접적인 관련 없이 독립적으로 쓰는 문장 성분

02 문장의 짜임

• 문장의 짜임: 문장에서 주어와 서술어의 관계가 몇 번 나타나느냐에 따라 나뉨.

홑문장	문장에서 주어와 서술어의 관계가 한 번만 나타나는 문장
겹문장	문장에서 주어와 서술어의 관계가 두 번 이상 나타나는 문장 ① 이어진문장: 둘 이상의 홑문장이 연결 어미에 의해 결합된 문장 　•대등하게 이어진 문장(앞 절과 뒤 절의 의미가 '나열, 대조' 등의 대등한 관계에 있는 문장) 　•종속적으로 이어진 문장(앞 절의 의미가 뒤 절의 의미에 종속된 문장) ② 안은문장과 안긴문장: 한 문장이 다른 홑문장을 하나의 문장 성분으로 '안은문장'이라고 하고, 이때 그 안에 포함된 '안긴문장'이라고 함. 　•명사절을 가진 안은문장: 주어, 목적어, 보어 등의 기능을 하는 절을 안고 있는 문장 　•서술절을 가진 안은문장: 서술어의 기능을 하는 절을 안고 있는 문장 　•관형절을 가진 안은문장: 관형어의 기능을 하는 절을 안고 있는 문장 　•부사절을 가진 안은문장: 부사어의 기능을 하는 절을 안고 있는 문장 　•인용절을 가진 안은문장: 어떤 말이나 생각을 인용한 것을 절의 형식으로 안고 있는 문장으로, 직접 인용절과 간접 인용절이 있음.

SOS 알려주세요!

Q. '이어진문장'은 어떻게 구분하나요?

A. 대등하게 이어진 문장은 앞뒤 절의 순서를 바꾸어도 의미가 변하지 않고, 앞 절과 뒤 절의 서술어가 동일할 경우 하나의 서술어를 생략할 수 있어요. 하지만 종속적으로 이어진 문장은 앞뒤 절의 순서를 바꾸면 의미가 변하고, 서술어를 생략할 수가 없어요.

수능 국어 point

문장의 짜임과 문법 표현에 관련된 문항은 최근까지 수능과 모평에서 꾸준히 출제되어 왔으므로 관련된 여러 개념을 제대로 파악해 두는 것이 좋다.

➡ **기출 유형** ➡

•｜보기｜를 참고하여 밑줄 친 안긴문장에 대해 이해한 것으로 적절한 것은?

•㉠～㉢의 문장 성분과 문장 구조에 대한 설명으로 적절한 것은?

03 문장 표현

(1) **종결 표현**: 문장을 끝맺는 표현. 종결 표현을 통해 화자의 의도를 드러내며, 종결 어미에 따라 종결 표현이 달라짐.

평서문	화자가 사건의 내용이나 자신의 생각을 단순하게 진술하는 문장
의문문	화자가 청자에게 질문하여 대답을 요구하는 문장
명령문	화자가 청자에게 무엇을 시키거나 행동을 요구하는 문장
청유문	화자가 청자에게 같이 행동할 것을 요청하는 문장
감탄문	화자가 청자를 별로 의식하지 않거나 혼잣말로 자신의 느낌을 표현하는 문장

(2) **높임 표현**: 말하는 이가 어떤 대상에 대하여 신분이나 지위의 높고 낮은 정도에 따라 언어적으로 구별하는 표현

상대 높임법	화자가 청자에 대하여 높이거나 낮추어 말하는 방법으로, 종결 표현으로 실현됨. ·격식체: 하십시오체, 하오체, 하게체, 해라체 ·비격식체: 해요체, 해체(반말체)
주체 높임법	서술의 주체를 높이는 방법으로, 기본적으로 서술어에 선어말 어미 '-(으)시-'가 붙어서 실현되나, 부수적으로 '께서', '-님'이 쓰이기도 하며, '계시다', '주무시다'처럼 특수 어휘를 통해 실현되기도 함. ·직접 높임: 화자가 주어를 직접 높일 때 사용 ·간접 높임: 주어와 관련 있는 대상을 통하여 주어를 간접적으로 높일 때 사용
객체 높임법	서술의 대상이 되는 목적어나 부사어를 높이는 방법으로, 부사격 조사 '께'와 '드리다', '모시다', '뵙다', '여쭙다'와 같은 동사를 통해 실현됨.

(3) **시간 표현(시제)**: 어떤 사건이나 사실이 일어난 시간의 위치를 표현하는 것

과거 시제	사건시가 발화시보다 앞서 있는 시제로, '-았-/-었-', '-더-', '-(으)ㄴ', '-던-', '어제', '옛날' 등으로 표현됨.
현재 시제	사건시와 발화시가 일치하는 시제로, '-ㄴ-/-는-', '-는', '-(으)ㄴ', '오늘', '지금' 등으로 표현됨.
미래 시제	사건시가 발화시보다 이후인 시제로, '-겠-', '(으)ㄹ', '내일', '모레' 등으로 표현됨.

(4) **피동과 사동**: 동작이나 행위를 누가 하느냐에 따라 능동문과 피동문으로 나뉘고, 주어가 동작이나 행위를 직접 하느냐, 다른 사람에게 시키느냐에 따라 주동문과 사동문으로 나뉨.

피동 표현	주어가 다른 주체에 의해 동작을 당하는(입는) 것 (↔ 능동)
사동 표현	주어가 동작을 남에게 시키는 것 (↔ 주동)

(5) **부정 표현**: 문장의 내용에 대해 의미적으로 부정하는 표현

'안' 부정문	단순한 사실이나 상태가 그렇지 않음이나, 주체의 의지로 하지 않음을 표현 • 짧은 부정문: '안/아니'를 이용하여 부정의 뜻을 나타냄. • 긴 부정문: '-지 아니하다(않다)'를 이용하여 부정의 뜻을 나타냄.
'못' 부정문	외부의 원인이나 주체의 능력 부족 등으로 인해 불가능한 것을 표현 • 짧은 부정문: '못'을 이용하여 부정의 뜻을 나타냄. • 긴 부정문: '-지 못하다'를 이용하여 부정의 뜻을 나타냄.

개념 더하기 ➕

시제 선어말 어미의 쓰임

· 과거 시제 선어말 어미: '-았-/-었-'은 완결된 상황을 지속하거나 미래에 실현될 것을 확신할 때 쓰이기도 함.

· 미래 시제 선어말 어미: '-겠-'은 추측, 의지, 가능성 등의 의미로 쓰이기도 함.

SOS 알려주세요!

Q. '발화시'와 '사건시'는 무엇인가요?

A. '발화시'란 말하는 이가 말을 시작하는 시점을 의미하고, '사건시'란 문장에서 사건이 일어나는 시점을 의미해요. '사건시'는 시간과 관련된 문장을 설명할 때 사용돼요.

개념 더하기 ➕

피동 표현과 사동 표현

· 피동 표현: 피동 접미사 '-이-, -히-, -리-, -기-' 또는 '-되다, -어지다, -게 되다'가 붙어 만들어짐.

· 사동 표현: 사동 접미사 '-이-, -히-, -리-, -기-, -우-, -구-, -추-' 또는 '-시키다, -게 하다'가 붙어 만들어짐.

01

㉠, ㉡에 들어갈 알맞은 말을 각각 쓰시오.

> 문장에서 주어와 서술어의 관계가 한 번만 나타나는 문장은 ㉠ ☐☐☐이라고 하고, 주어와 서술어의 관계가 두 번 이상 나타나는 문장은 ㉡ ☐☐☐이라고 한다.

02

문장 성분의 유형과 해당하는 문장 성분을 바르게 연결하시오.

주성분 •

부속 성분 •

독립 성분 •

• ㉠ 보어
• ㉡ 주어
• ㉢ 독립어
• ㉣ 관형어
• ㉤ 서술어
• ㉥ 부사어
• ㉦ 목적어

03

•보기• 의 ㉠~㉤에 해당하는 문장을 ⓐ~ⓔ에서 찾아 알맞게 연결하시오.

> **•보기•**
>
> 다른 문장 속에 들어가 하나의 문장 성분처럼 쓰이는 문장을 '안긴문장'이라고 하며, 이 문장을 포함한 문장을 '안은문장'이라고 한다. 안긴문장은 문법 단위로는 '절'에 해당하며, ㉠명사절, ㉡관형절, ㉢부사절, ㉣서술절, ㉤인용절의 다섯 가지로 나눌 수 있다.

> ⓐ오랫동안 여행을 떠났던 친구가 ⓑ자신이 돌아왔음을 알리며, ⓒ곧장 나를 만나러 오겠다고 ⓓ기분 좋게 약속해서 나는 ⓔ마음이 설렜다.

㉠ 명사절 •   • ⓐ

㉡ 관형절 •   • ⓑ

㉢ 부사절 •   • ⓒ

㉣ 서술절 •   • ⓓ

㉤ 인용절 •   • ⓔ

04

•보기• 의 ⓐ~ⓒ에 대한 설명으로 적절하지 **않은** 것을 고르시오.

> **•보기•**
>
> ⓐ 누나가 주인임이 밝혀졌다.
> ⓑ 삼촌은 농담을 던짐으로써 분위기를 풀었다.
> ⓒ 형은 동생이 고향으로 돌아오기만 기다렸다.

① ⓐ~ⓒ의 안긴문장은 모두 명사절이다.
② ⓐ는 안긴문장이 주어의 기능을 하고 있다.
③ ⓑ는 안긴문장이 관형어의 기능을 하고 있다.
④ ⓒ는 안긴문장이 목적어의 기능을 하고 있다.

05

보기의 ㉠에 해당하는 예로 적절한 것을 고르시오.

> **보기**
>
> 부정 표현 '–지 않다'는 줄여서 '–잖다'로 적을 수 있다. '시답다'에 '–지 않다'가 결합하여 '시답잖다'로 줄어든 것이 그 예이다. 그런데 '–잖다'는 특정한 상황에서 부정을 표현하는 것이 아닌, ㉠사실을 확인하는 의미로 사용되기도 한다.

① 사촌 동생의 지나친 장난은 달갑잖아.
② 그때 거기 소나무 한 그루가 있었잖아.
③ 당신을 믿기에 이번 도전도 두렵잖아요.
④ 작지만 소소한 행복이 있다면 남부럽잖아.

06

다음 빈칸에 들어갈 알맞은 말을 골라 ○표 하시오.

> 주어가 다른 힘에 의해 동작을 당하는 것을 (피동 / 사동) 표현이라고 하고, 주어가 동작을 남에게 시키는 것을 (피동 / 사동) 표현이라고 한다.

07

다음 문장을 피동 접미사를 사용하여 피동문으로 고쳐 쓰시오.

> 벌이 그를 쏘았다.

08

다음 빈칸에 공통으로 들어갈 문장 성분을 쓰시오.

> '선생님께서 제자로 삼으셨다.'는 문법적으로 올바르지 않은 문장이다. '삼다'는 주어와 (   ), 필수적 부사어를 요구하는 세 자리 서술어인데, 주어인 '선생님께서'와 필수적 부사어인 '제자로'는 갖추고 있지만 (   )가 갖추어지지 않았기 때문이다.

09

다음 문장이 대등하게 이어진 문장이면 '대등', 종속적으로 이어진 문장이면 '종속'이라고 쓰시오.

⑴ 무쇠도 갈면 바늘이 된다.　　　　　　(　　　　　)
⑵ 하늘도 맑고, 바람도 잠잠하다.　　　　(　　　　　)
⑶ 나는 시험 공부를 하러 학교에 간다.　　(　　　　　)
⑷ 함박눈이 내렸지만 날씨가 따뜻하다.　　(　　　　　)
⑸ 갑자기 문이 열려서 사람들이 놀랐다.　　(　　　　　)

중의적 문장의 이해 • **01** 다음 '탐구 학습지' 활동의 결과로 적절하지 <u>않은</u> 것은?

[탐구 학습지]
1. 문장의 중의성
   ◦하나의 문장이 둘 이상의 의미로 해석되는 것
2. 중의성 해소 방법
   ◦어순 변경, 쉼표나 조사 추가, 상황 설명 추가 등
3. 중의성 해소하기
   – 과제: 빈칸에 적절한 말 넣기
   ㄱ. **(조사 추가)** ··· a
     ◦중의적 문장: 관객들이 다 도착하지 않았다.
     ◦전달 의도: **(관객 중 일부가 도착하지 않음.)** ··············· b
     ◦수정 문장: 관객들이 다는 도착하지 않았다.
   ㄴ. **(어순 변경)** ·· c
     ◦중의적 문장: 우리는 어제 전학 온 친구와 만났다.
     ◦전달 의도: **(전학 온 친구와 만난 때가 어제임.)** ·········· d
     ◦수정 문장: 우리는 전학 온 친구와 어제 만났다.
   ㄷ. 상황 설명 추가
     ◦중의적 문장: 민우는 나와 윤서를 불렀다.
     ◦전달 의도: '나와 윤서'를 부른 사람이 '민우'임.
     ◦수정 문장: **(민우는 나와 둘이서 윤서를 불렀다.)** ········· e

① a   ② b   ③ c   ④ d   ⑤ e

도움말
수정된 문장을 통해 중의성을 해소한 방법을 추측해 볼 수 있어요.

부정 표현 파악 • **02** |보기|의 ㉠과 ㉡이 모두 적용된 예로 적절한 것은?

┌ 보기 ┐
　부정 표현이란 부정의 뜻을 나타내는 표현을 말한다. 부정 표현은 부사인 '안'과 '못'을 사용해서 짧게 표현할 수도 있고, ㉠'–지 아니하다'와 '–지 못하다' 등을 사용해서 길게 표현할 수도 있다. 부정 표현은 능력을 부정하거나 의지를 부정하는 것 이외에 ㉡단순히 사실이나 상태를 부정하는 의미로도 해석된다.

① 우리가 묵은 방은 두 평이 채 못 된다.
② 나는 저녁을 먹으려고 간식을 안 먹었다.
③ 그는 용기가 없어서 발표를 잘하지 못했다.
④ 다행히 소풍을 가는 날 비가 내리지 않았다.
⑤ 동생은 숙제를 한다며 놀이터에 나가지 않았다.

도움말
㉠은 긴 부정문의 형식에 해당해요. 짧은 부정문에 해당하는 선지를 먼저 소거해 보세요.

안긴문장 파악

03 「보기」의 설명을 참고하여 ⓐ~ⓒ의 밑줄 친 안긴문장에 대해 이해한 것으로 적절한 것은?

┌ 보기 ┐

다른 문장 속에 들어가 하나의 문장 성분처럼 쓰이는 문장을 안긴문장이라고 하며, 이 안긴문장을 포함하는 문장을 안은문장이라고 한다.

ⓐ 그가 <u>소리도 없이</u> 밖으로 나갔다.
ⓑ 나는 <u>그가 이 사건의 범인임</u>을 깨달았다.
ⓒ 어머니께서 <u>시장에서 산</u> 수박은 매우 달았다.

① ⓐ의 안긴문장에는 주어가 생략되어 있다.
② ⓑ의 안긴문장은 조사와 결합하여 부사어의 기능을 한다.
③ ⓒ의 안긴문장에는 체언을 수식하는 관형어가 있다.
④ ⓐ의 안긴문장은 용언을 수식하고, ⓒ의 안긴문장은 체언을 수식한다.
⑤ ⓑ의 안긴문장에는 목적어가 있고, ⓒ의 안긴문장에는 목적어가 생략되어 있다.

도움말

안긴문장이 문장 전체에서 어떤 문장 성분으로 기능하고 있는지 파악해 보도록 해요.

관형어와 부사어의 이해

04 밑줄 친 부분이 ㉠, ㉡에 해당하는 예로 적절한 것은?

┌ 보기 ┐

관형어와 부사어는 다른 말을 수식하는 문장 성분이다. 관형어는 체언을 수식하고 부사어는 주로 용언을 수식한다. 관형어나 부사어가 실현되는 방법은 주로 다음과 같다.

㉮ <u>저</u> 바다로 <u>어서</u> 떠나자.
㉯ <u>찬</u> 공기가 <u>따뜻하게</u> 변했다.
㉰ <u>민지의</u> 동생이 <u>학교에</u> 갔다.

㉮의 '저'와 '어서'처럼 관형사와 부사가 그 자체로 각각 관형어와 부사어로 쓰일 수 있다. 또한 ㉯의 '찬'과 '따뜻하게'처럼 용언의 어간에 전성 어미가 결합하거나, ㉰의 '민지의'와 '학교에'처럼 체언에 격 조사가 결합하여 쓰일 수도 있다.
관형어와 부사어는 문장에서 필수적인 성분이 아니므로 일반적으로 생략이 가능하다. 다만, ㉠의존 명사를 수식하는 관형어나 ㉡서술어가 필수적으로 요구하는 부사어는 생략할 수 없다. 또한 관형어와 부사어는 각각 여러 개를 겹쳐서 사용할 수 있다.

① ㉠: <u>작은</u> 것이 아름답다.
　㉡: 내가 <u>회장으로</u> 그 회의를 주재하였다.
② ㉠: <u>그</u> 집은 주변 풍경과 잘 어울린다.
　㉡: 이 그림은 가짜인데도 <u>진짜와</u> 똑같다.
③ ㉠: 친구에게 책을 <u>한</u> 권 선물 받았다.
　㉡: 강아지들이 <u>마당에서</u> 뛰논다.
④ ㉠: 자라나는 <u>어린이들은</u> 나라의 보배이다.
　㉡: 이삿짐을 <u>바닥에</u> 가지런히 놓았다.
⑤ ㉠: 그는 <u>노력한</u> 만큼 좋은 결과를 얻었다.
　㉡: 나는 꽃꽂이를 <u>취미로</u> 삼았다.

저 바다로 어서 떠나자.
관형어　　　부사어

도움말

㉠은 '관형어 + 의존 명사', ㉡은 '필수적 부사어 + 서술어'의 구조를 찾으면 도움이 돼요.

문제로 학습하기 UP

안긴문장의 이해 ● **01** |보기|의 ㄱ~ㄹ에 대한 설명으로 적절하지 <u>않은</u> 것은?

> ┌ 보기 ┐
>
> 안은문장은 한 절이 다른 절을 문장 성분의 일부로 안고 있는 문장으로, 이때 안겨 있는 절을 안긴문장이라고 한다. 안긴문장의 종류에는 명사절, 관형사절, 부사절, 서술절, 인용절이 있다. 안긴문장은 문장의 필수 성분을 일부 갖추지 않기도 하는데, 안은문장이 만들어지는 과정에서 안긴문장과 안은문장에 공통되는 요소는 생략되기 때문이다.
>
> ㄱ. 여행을 가기 전에 나는 짐을 챙겼다.
> ㄴ. 우리는 그녀가 착함을 아주 잘 안다.
> ㄷ. 학생들은 수업이 끝나기를 기다렸다.
> ㄹ. 조종사가 된 소년이 고향을 방문했다.

① ㄱ의 안긴문장에는 주어가 생략되어 있다.
② ㄴ의 안긴문장의 주어는 안은문장의 주어와 다르다.
③ ㄴ과 ㄷ의 안긴문장은 조사와 결합하여 목적어로 쓰이고 있다.
④ ㄷ과 ㄹ의 안긴문장에는 필수 성분이 생략되어 있다.
⑤ ㄱ과 ㄹ의 안긴문장은 종류는 다르지만 안은문장에서의 문장 성분은 같다.

도움말)
안긴문장이 무엇인지 먼저 파악해 보도록 해요.

높임 표현의 이해 ● **02** |보기 1|을 참고하여 |보기 2|의 ㉠~㉤을 이해한 내용으로 적절하지 <u>않은</u> 것은?

> ┌ 보기 1 ┐
>
> 높임 표현은 높임 대상에 따라 주어의 지시 대상을 높이는 주체 높임, 목적어나 부사어의 지시 대상을 높이는 객체 높임, 청자를 높이거나 낮추는 상대 높임으로 나뉜다. 높임 표현은 크게 문법적 수단과 어휘적 수단에 의해 실현된다. 문법적 수단은 조사나 어미를, 어휘적 수단은 특수 어휘를 사용하는 것이다.

> ┌ 보기 2 ┐
>
> [대화 상황]
> **손님**: ㉠어머니께 선물로 드릴 신발을 찾는데, ㉡편하게 신으실 수 있는 제품이 있을까요?
> **점원**: ㉢부모님을 모시고 오시는 손님들께서 이 제품을 많이 사 가셔요. ㉣할인 중이라 가격도 저렴합니다.
> **손님**: 좋네요. ㉤저도 어머니를 뵙고, 함께 와야겠어요.

① ㉠: 문법적 수단과 어휘적 수단을 통해 부사어가 지시하는 대상을 높이고 있다.
② ㉡: 선어말 어미 '-으시-'와 조사 '요'는 같은 대상을 높이기 위해 쓰이고 있다.
③ ㉢: 동사 '모시다'와 조사 '께서'는 서로 다른 대상을 높이기 위해 쓰이고 있다.
④ ㉣: 문법적 수단을 통해 대화의 상대방을 높이고 있다.
⑤ ㉤: 어휘적 수단을 통해 목적어가 지시하는 대상을 높이고 있다.

도움말)
문장에 사용된 높임 표현을 먼저 찾고 높이는 대상을 살펴보도록 해요.

피동 표현의 이해 **03** 다음 글을 이해한 내용으로 적절하지 <u>않은</u> 것은?

> 주어가 스스로 동작이나 행위를 하는 것을 능동이라 하고, 주어가 다른 대상에 의해 동작이나 행위를 당하게 되는 것을 피동이라 한다. 능동문이 피동문으로 바뀔 때 능동문의 주어는 피동문의 부사어가 되고, 능동문의 목적어는 피동문의 주어가 된다.
> 피동은 크게 피동사 피동과 '아/어지다' 피동으로 나뉜다. 피동사 피동은 파생어인 피동사에 의한다고 하여 파생적 피동이라고 부르기도 하는데, 피동사는 능동사 어간을 어근으로 하여 피동 접미사 '이, 히, 리, 기'가 붙어 만들어진다. 이때 '(건반을) 누르다'가 '눌리다'로 바뀌는 것처럼 동사의 불규칙 활용 형태로 나타나는 경우도 있다.
> 그러나 모든 능동사가 피동사로 파생될 수 있는 것은 아니다. '던지다, 지키다'와 같이 어간이 'ㅣ' 모음으로 끝나는 동사의 경우에는 피동 접미사가 결합하기 어렵고, '만나다'나 '싸우다'와 같이 대칭되는 대상이 필요한 동사, '알다'나 '배우다'와 같이 주체의 지각과 관련된 동사 등은 피동사로 파생되지 않는다.
> '아/어지다' 피동은 동사의 어간에 보조적 연결 어미 '아/어'에 보조 동사 '지다'가 결합한 '아/어지다'가 붙어서 이루어지는데, 이를 통사적 피동이라고도 부른다. 동사에 '아/어지다'가 결합되면 피동의 의미를 나타내지만, 형용사에 '아/어지다'가 결합되면 동사화되어 상태의 변화를 나타낼 뿐 피동의 의미를 나타내지 않는다.

① '(물건이) 실리다'는 피동사 파생이 동사의 불규칙 활용 형태로 나타난 것이다.
② '(소리가) 작아지다'는 용언의 어간에 '아지다'가 결합하여 피동의 의미를 나타낸다.
③ '(줄이) 꼬이다'는 동사 어간 '꼬'에 피동 접미사 '이'가 결합하여 피동사로 파생되었다.
④ '경찰이 도둑을 잡다.'가 피동문으로 바뀔 때에는 능동문의 목적어가 피동문의 주어로 바뀐다.
⑤ '(아버지와) 닮다'는 대칭되는 대상이 필요한 동사로 피동 접미사와 결합하여 파생되지 않는다.

도움망
능동문이 피동문으로 바뀔 때, 능동문의 주어는 피동문의 부사어가 되고, 능동문의 목적어는 피동문의 주어가 되어요.

시제 표현의 이해 **04** 보기의 ㉡, ㉢이 모두 ㉠을 실현하고 있는 문장으로 적절한 것은?

> ┌ 보기 ┐
> **선생님**: 국어의 시제는 화자가 말하는 시점인 발화시와 동작이나 상태가 나타나는 시점인 사건시를 기준으로, ㉠발화시보다 사건시가 앞서는 경우, 발화시와 사건시가 일치하는 경우, 발화시보다 사건시가 나중인 경우로 나뉩니다. 이때 시제는 ㉡선어말 어미, ㉢관형사형 어미, 시간 부사어 등을 통해 실현됩니다.

① 지난번에 먹은 귤이 맛있었다.
② 이것은 내일 내가 읽을 책이다.
③ 이미 한 시간 전에 집에 도착했다.
④ 작년에는 겨울에 함박눈이 왔었다.
⑤ 친구는 지금 독서실에서 공부를 한다.

도움망
발화시보다 사건시가 앞서는 경우는 과거 시제에 해당됩니다.

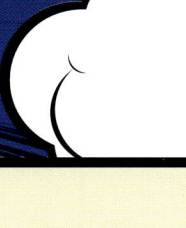

ON

고등 수학의 **모든 유형을** 켜다

유형 온

수학의 바이블 유형 ON 수학 I

수학의 바이블 유형 ON 수학 II

수학의 바이블 유형 ON 확률과 통계

수학의 바이블 유형 ON 미적분

이투스북

빠진 유형無 # 빠진 문항無 # 불필요한 문항無

1권 필수 유형별 문제부터
시험 대비 **변별력 문제**까지 완벽 학습!

◦ 유형별 문제 ◦ 내신 잡는 종합 문제 ◦ 수능 녹인 변별력 문제

2권 맞힌 문제도 **다시 한번!**
틀린 문제는 꼭 **다시!**

◦ 유형별 유사문제 ◦ 기출&기출 변형 문제

쉽게 E

빠르게 S

안정적으로 H

531
PROJECT

효과 빠른 약점 처방전

국어 기본 E
EASY

정답과 해설

이투스북

531 PROJECT

국어 국어 기본 E

정답과 해설

 시적 화자의 정서와 태도

개념 익히기

· 본문 10~11쪽

01 ⑤ **02** 예찬적 **03** 경호

04 ㉠ - 슬픔, ㉡ - 기다림 **05** 가 ㉠, ㉡, ㉢, 나 ㉠, ㉢, ㉣

06 쳉이 같은 내 팔자야 자탄한들 무엇하리 **07** ④

08 절망, 상실감

1-4 한눈에 보기

가 윤선도, 「오우가」
· **해제** 화자가 자신의 벗이라 여기는 다섯 자연물의 덕성을 예찬하고 있는 연시조이다. 화자는 〈제1수〉에서 물, 바위, 소나무, 대나무, 달을 자신의 벗이라 소개하고, 〈제2수〉에서 〈제6수〉까지 각각의 자연물의 모습을 통해 그 덕성을 이끌어 내고 예찬하는 방식으로 시상을 전개하고 있다.
· **주제** 물, 바위, 소나무, 대나무, 달이 지닌 덕목 예찬

나 김영랑, 「모란이 피기까지는」
· **해제** 모란이 피기를 기대하는 마음과 모란이 져서 느끼는 설움을 노래한 시이다. 화자에게 '봄'은 모란이 피는 기쁨의 시간이기도 하지만, 결국 져 버린다는 점에서 슬픔과 고통의 시간이기도 하다. 그러나 화자는 모란이 질 때의 절망을 알면서도 모란이 필 것이라는 희망과 기대가 있기에 '찬란한 슬픔의 봄'을 계속 기다리겠다는 의지를 드러내고 있다.
· **주제** 모란이 피기를 기다리는 마음(소망이 이루어지기를 바라는 마음)

01

정답 ⑤

〈제6수〉에서 화자는 밤중에 높이 떠서 만물을 다 비추지만 보고도 말을 하지 않는 과묵함을 '달'의 속성으로 인식하고 있다.

02

정답 예찬적

'오우가'에서 시적 화자는 다섯 가지 벗인 물, 바위, 소나무, 대나무, 달에 대해 예찬적 태도를 보이고 있다.

03

정답 경호

이 시는 시적 대상인 모란이 다시 피기를 간절히 기다리는 마음을 노래하고 있다. 모란이 피는 시기(소망이 이루어지는 시기)인 봄이 오기를 기다리고 있는 것이다. 모란이 졌다는 절망에 빠져 극복하지 못하는 상황은 아니다.

04

정답 ㉠ - 슬픔, ㉡ - 기다림

㉠ '섭섭해 우웁네다'에는 모란이 진 것에 대한 슬픔이, ㉡ '아직 기둘리고 있을 테요'에는 모란이 피기를 기다리는 마음이 드러나 있다.

5-8 한눈에 보기

가 작자 미상, 「초부가」
· **해제** 영남, 강원 등의 산간에서 나무꾼들이 나무를 할 때 불렀던 민요이다. 시적 화자와 대조를 이루는 상황 제시, 화자의 감정을 이입한 자연물의 사용, 열거와 대구에 의한 내용의 확장 등을 통해 힘들게 살아가는 화자의 기구한 신세를 한탄하고 있다.
· **주제** 나무꾼의 고달픈 삶

나 김소월, 「길」
· **해제** 「길」은 고향을 잃고 방황하는 나그네의 비애가 잘 드러난 시로, 일제 강점기라는 시대적 상황을 고려할 때 삶의 터전을 상실하고 정처 없이 유랑했던 우리 민족의 슬픈 모습을 형상화하고 있다. 하오체로 말을 건네는 듯한 어투, 방향성을 상실한 '길'이라는 공간의 설정, 화자의 감정을 이입한 자연물의 사용 등을 통해 삶의 터전을 잃고 길 위를 유랑하는 화자의 절망과 안타까움을 효과적으로 표현하고 있다.
· **주제** 길 위를 유랑하는 나그네의 비애

05

정답 가 ㉠, ㉡, ㉢, 나 ㉠, ㉢, ㉣

가, 나 는 모두 말을 건네는 듯한 어투가 나타나고, 감정 이입을 통해 화자의 정서를 드러내고 있다(㉠, ㉢). 가 에서는 나무꾼이 자신의 가난한 신세를 한탄(㉡)하고 있으며, 나 에서는 하오체의 어투(㉣)를 사용하여 나그네의 절망감과 안타까움을 드러내고 있다.

06

정답 쳉이 같은 내 팔자야 자탄한들 무엇하리

가진 것 없는 시적 화자의 처지를 쳉이(키)에 빗대며 한탄하고 있다.

07

정답 ④

'내 집'이 있는 '정주 곽산(화자의 고향)'은 차나 배 같은 물리적인 교통 수단이 있으나, 일제 강점기라는 현실로 인해 갈 수 없는 곳이 되었다. '내 집'에 가지 못하는 화자의 안타까움이 드러나 있을 뿐, 그곳에 가겠다는 희망이 드러나 있다고 보기 어렵다.

08

정답 절망, 상실감

시적 화자는 '내게 바이 갈 길은 하나 없소'를 통해 갈 수 있는 길이 아주 전혀 없다고 절망하며 상실감을 드러내고 있다.

1-2 한눈에 보기

가 김광균, 「성호 부근」

- **해제** 겨울 호수 부근의 풍경을 감각적 이미지를 활용하여 형상화한 시이다. 얼음이 빛나는 겨울밤의 호수 부근을 한 사람이 홀로 걷고 있는 장면, 강물이 얼어붙고 노을이 지는 장면, 투명한 하늘 밑 논둑 위에 송아지 한 마리가 서 있는 장면을 감각적으로 형상화하여 애상적 정서를 환기하고 있다.
- **주제** 달빛에 비친 겨울 호수와 고향에 대한 그리움
- **특징** ① 공간 이동에 따라 시상을 전개함.
  ② 감각적 묘사와 비유를 통해 이미지를 제시함. – 회화적 성격

나 이성선, 「논두렁에 서서」

- **해제** 논고랑에 고인 물을 보며 자신과 자신을 둘러싼 존재들의 관계와 의미를 돌아보는 화자의 모습이 드러나는 시이다. 화자는 물속에 비친 자신의 거꾸로 서 있는 모습을 아프지 않다고 인식하고, 물에 비친 늘 떨며 우왕좌왕하던 자신의 모습이 무심하고 아주 선명하다는 것을 깨닫고 있다.
- **주제** '나'와 '나'를 둘러싼 존재에 대한 새로운 인식
- **특징** ① 물 밖의 세상과 물속의 세상이 대조되어 나타남.
  ② 현재 시제의 사용으로 현장감을 높임.

01 · 시의 정서 파악

정답 ④

정답 풀이

'2'에서는 노을을 '희미한 날개를 펴고 있는' '향수'에 비유하고 있는데, 이를 통해 고향에 대한 그리움과 같은 애상적 정서가 환기된다. 한편 '3'에서 '송아지'는 '서글픈 얼굴'을 하고 있어 애상적 정서를 환기한다. 하지만 '송아지'를 '희미한 날개를 펴고 있는' 것과 연결 지어 이해하기 어려우며, 이 시에서는 애상적 정서가 극복될 수 있는 가능성이 암시되어 있다고 보기 어렵다.

오답 풀이

① '양철로 만든 달'이 비치는 호수를 '한 포기 화려한 꽃밭'에, '옷소매에 스며'드는 '얼음 소리'를 '날카로운 호적'에 비유하면서, 날카롭고 차가운 감각을 드러내 겨울 호수의 이미지를 형상화하고 있다.

② 달이 뜬 밤 호숫가를 '홀로' 거닐고 있는 모습에서 쓸쓸한 정서가 드러나고 있다.

③ '얼어붙'은 강물의 모습과 노을이 지는 모습을 각각 '낡은 고향의 허리띠', '희미한 날개를 펴'는 '향수'에 비유하여 고향에 대한 그리움의 정서를 환기하고 있다.

⑤ 시의 각 장면에 제시된 '조각난 빙설', '얼어붙'은 '강물', '앙상한 잡목림'은 스산한 분위기를 환기하면서 애상적 정서를 심화하고 있다.

02 · 시적 화자의 정서와 태도 파악

정답 ①

정답 풀이

화자는 물에 비치는 자신의 모습이 '거꾸로 서 있'다고 하며 이를 '아프지 않다'라고 말하는데, 이때 산이 자신의 '곁에 거꾸로 누워 있다'는 것을 인식한다. 여기서 '산'은 화자와 함께 '고인 물'에 비치는 존재이므로, 산이 물에 거꾸로 비치는 모습과 '늘 떨며 우왕좌왕하던' 과거 화자 자신의 모습을 동일시한다고 보기 어렵다.

오답 풀이

② '그들'이 물에 비치는 모습을 '높지도 낮지도 않'으며 아름다운 모습이라 표현한 것에서 물에 비친 세상을 긍정적으로 보는 면모가 드러나고 있다.

③ 물에 비친 자신의 모습을 '거꾸로 서 있는 모습'으로 표현하며 이를 '아프지 않'다고 한 것에서 물에 비치는 모습 그대로를 수용하는 태도가 드러나고 있다.

④ 물에 비치는 '나뭇가지', '햇살', '새 그림자'와 '나의 얼굴'이 '함께 있다'라고 표현한 것에서 '나'와 다른 존재들이 공존하고 있는 모습이 드러나고 있다.

⑤ 물에 비치는 자신의 모습을 '무심하고 아주 선명하다'라고 표현한 것에서 자신의 모습을 예전과는 다르게 인식하고 있음을 알 수 있다.

1-3 한눈에 보기

가 윤선도, 「어부사시사」

- **해제** 윤선도가 보길도에 은거하면서 지은 연시조로, 자연과 더불어 살아가는 어부의 생활을 노래하고 있다. 각 계절마다 10수씩 총 40수로 이루어져 있다.
- **주제** 사계절에 따라 변하는 자연을 즐기며 살아가는 어부의 흥취
- **특징** ① 배를 다루는 데 필요한 동작을 명령조로 표현한 여음구를 사용함.
  ② 노를 저을 때 나는 소리나 노 젓는 사람이 힘을 낼 때 내는 소리 등을 후렴구로 사용함.

나 남석하, 「초당춘수곡」

- **해제** 초가집에서 봄날에 낮잠을 자다가 일어나 감상한 자연의 정취를 노래하고 있는 가사이다.
- **주제** 자연에서 느끼는 봄날의 흥취
- **특징** 자연을 떠나 자연에 묻혀 가난하게 살아가는 모습(출세를 하지 못한 한탄)과 자연의 아름다움을 즐기며 여유롭고 한가롭게 살아가는 모습(출세에 대한 미련을 버림.)이 대비되어 나타남.

01 · 시의 표현 방법 파악

정답 ②

정답 풀이

가의 '굽이굽이 새롭구나', '진흰을 막는도다' 등과 **나**의 '아아 내 일이

야, '별천지가 여기로다' 등에서 영탄적 어조를 통해 화자의 정서를 부각하고 있음을 알 수 있다.

오답풀이

① **가**, **나** 모두 긍정적 태도로 자연의 아름다움을 노래하고 있다.

③ '돛 내려라 돛 내려라', '비 떠라 비 떠라', '비 미여라 비 미여라' 등 배를 다루는 데 필요한 동작을 표현하는 명령조의 말투는 **가**에서만 나타나는 특징이다.

④ **가**에서는 대비되는 상황이 나타나지 않는다. **나**에서만 출세를 하지 못하고 가난하게 살아가는 모습과 출세에 대한 미련 없이 자연의 아름다움을 즐기며 여유롭게 살아가는 모습이 대비되어 나타나고 있다. 하지만 이상향에 대한 의지는 나타나지 않는다.

⑤ 계절의 변화에 따라 변하는 자연을 나타낸 시는 **가**로, **나**는 봄의 정취만 나타나 있다.

02 · 화자의 정서와 태도 파악   정답 ④

정답풀이

'물가의 외로운 솔'은 겨울에 푸르게 혼자 서 있는 소나무로, 화자가 긍정적으로 평가하는 대상이므로, 자연에 귀의하지 못한 사람으로 볼 수는 없다.

오답풀이

① ㉠은 화자가 속세의 사람들이 추구하는 가치를 부러워하지 않는다는 의미이다.

② ㉡은 화자를 둘러싼 자연 경관이 누군가 그려 낸 것처럼 아름답다는 의미이다.

③ ㉢은 세속을 떠난 곳, 즉 화자가 지향하는 자연을 의미한다.

⑤ '파랑성(물결 소리)'은 '진훤(속세의 시끄러움)'을 차단하므로, ㉤은 화자가 부정적으로 인식하고 있는 인간 세상을 멀리하고자 한다는 의미이다.

03 · 시적 화자의 정서 파악   정답 ②

정답풀이

'세상의 모든 일이 모두 허랑하다'는 세상의 일이 모두 허망하다는 시적 화자의 태도를 보여 주고 있고, '별천지가 여기로다'에서 '여기'는 '자연'으로 자연에 대한 시적 화자의 감탄이 드러나 있다.

오답풀이

① ⓐ에서 속세의 일에 대한 그리움이나 ⓑ에서 자연이 변하는 것에 대한 놀라움은 드러나지 않는다.

③ ⓐ에서 봄이 지나가는 것에 대한 안타까움이나 ⓑ에서 아름다운 자신의 모습에 대한 감탄은 드러나지 않는다.

④ ⓐ에서 속세를 벗어난 허무함이나 ⓑ에서 출세에 대한 욕구는 드러나지 않는다.

⑤ ⓐ에서 변하는 자연에 대한 안타까움이나 ⓑ에서 자연에 대한 경외심은 나타나지 않는다.

02강 시어의 의미와 특성

개념 익히기   · 본문 18~19쪽

01 ②   **02** (1) ㉠ (2) ㉣ (3) ㉡ (4) ㉠ (5) ㉠
03 공중에 뜬 물   **04** (1) ○ (2) × (3) ○ (4) ○   **05** ④
06 (1) × (2) ○ (3) ○   **07** 나이테
08 매화 / 철쭉, 두견화   **09** 눈, 황혼월

1-4 한눈에 보기

가 정현종, 「초록 기쁨 – 봄 숲에서」

• **해제** 햇살이 가득한 봄 숲을 배경으로 햇살, 초록 잎의 나무, 흙 등의 자연물을 통해 봄 숲에서 느끼는 정서를 표현하고 있다.

• **주제** 햇빛이 쏟아지는 봄 숲 예찬

나 김영랑, 「오월」

• **해제** 오월의 봄을 배경으로 화자가 바라본 자연 정경을 생동감 있게 묘사하고 있다. 바람, 보리, 꾀꼬리, 산 등의 자연물을 통해 화자가 느끼는 봄날의 정감을 나타내고 있다.

• **주제** 아름다운 자연과 오월의 생동감

01   정답 ②

가에서는 '모든', '왕관', '웃는다', '-(이)여', '향기' 등의 시어를 반복하고, **나**에서는 '이랑', '-ㄹ 뿐' 등의 시어를 반복하여 운율을 형성하고 있다.

02   정답 (1) ㉠ (2) ㉣ (3) ㉡ (4) ㉠ (5) ㉠

(1) '해는 출렁거리는 빛으로', (4) '들길은 마을에 들자 붉어지고', (5) '황금빛 난 길이 어지럴 뿐'에는 시각적 심상이 나타나고, (2) '큰 향기로운 눈동자를 굴리며'에서는 공감각적 심상(시각의 후각화)이 나타나고, (3) '나무들의 향기'에서는 후각적 심상이 나타나고 있다.

03   정답 공중에 뜬 물

'공중에 뜬 물'은 '나뭇가지들'을 의미한다. '출렁거리는 빛', '비유의 아버지', '초록의 샘' 등을 통해 햇빛에 대한 화자의 주관적인 인상을 표현하고 있다.

04   정답 (1) ○ (2) × (3) ○ (4) ○

ⓐ '해'는 시적 화자가 관심을 갖고 긍정적으로 인식하는 대상이지만, 화자와 동일시되는 대상은 아니다. ⓑ '산봉우리'는 화자가 관심을 갖고 주관적으로 인식하는 대상으로, 밤이 되면 볼 수 없음에 안타까워하는 대상이기도 하다.

가 나희덕, 「겨울산에 가면」
- **해제** 화자는 겨울산에 밑둥만 남은 채 눈을 맞고 서 있는 나무의 나이테를 보고 어머니의 모습을 떠올리고 있다. 또한 도끼로 찍히고 베이고 눈 속에 묻히는 등 어떠한 시련이 와도 그 자리에 있는 나무 밑둥을 통해 희생적인 어머니의 모습을 표현하고 있다.
- **주제** 어머니의 희생과 헌신적인 사랑

나 안민영, 「매화사」
- **해제** 「영매가」라는 제목으로도 불리며, 사군자를 소재로 한 연시조 중 대표작으로 꼽힌다. 시적 화자가 겨울날 산장에서 사군자 중 하나인 매화의 속성과 풍치를 즐기며 예찬하고 있다.
- **주제** 매화에 대한 예찬

05
정답 ④

'베이고 눈 속에 묻히'는 상황은 어머니의 희생을 의미하는 것이지, 실제로 산 속에서 기다리고 계신 어머니의 상황을 의미하는 것이 아니다.

06
정답 (1) × (2) ○ (3) ○

|보기|에서 서정 갈래에서 현재 시제는 물리적 시간으로서의 현재가 아니라 가상적 현재를 의미한다고 했다. 따라서 ⊙의 '있다'는 물리적 현재 시제가 아닌 가상적 현재 시제를 의미한다.

07
정답 나이테

⑦에서 시적 화자는 '나이테'를 보고 '비범하게 생긴 넓은 이마', '도타운 귀', '지친 손등', '신열에 들뜬 입술' 등으로 표현하며 어머니의 모습을 떠올리고 있다.

08
정답 매화 / 철쭉, 두견화

'매화' 두세 송이는 추운 겨울에 꽃을 피우지만, '철쭉'과 '두견화'는 겨울에 꽃을 피울 수 없어 눈을 피해 동쪽 누각에 숨어 있다.

09
정답 눈, 황혼월

'눈'과 저녁에 뜨는 달인 '황혼월'은 매화를 더욱 돋보이게 해 주는 소재로 볼 수 있다. '빙자옥질', '향기', '아치고절'은 매화의 맑고 깨끗함과 높은 절개를 의미한다.

01 ⑤　　**02** ①

수능 개념 마스터
❶ 눈　❷ 매화 향기　❸ 초인　❹ 청각적　❺ 후각적
❻ 천연히　❼ 화초　❽ 시각적

1-2 한눈에 보기

가 이육사, 「광야」
- **해제** 역사의 현장이자 삶의 터전인 '광야'의 탄생과 암울한 일제 강점기의 현재, 이를 극복하려는 의지와 독립에 대한 확신을 보여 주고 있다.
- **주제** 조국 광복에 대한 의지와 확신

나 박용래, 「울타리 밖」
- **해제** 자연과 인간이 조화를 이루고, 타인을 배려하는 공동체적 삶을 살아가는 마을의 모습을 그리고 있다.
- **주제** 순수한 고향 마을에 대한 그리움

01 ● 시어의 의미 파악
정답 ⑤

정답 풀이

⊙은 화자가 '씨'를 뿌린 '가난한 노래'를 '목 놓아' 부를 존재이다. 화자는 '가난한 노래의 씨'가 자라 노래가 불리게 될 미래를 기대하고 있고, ⊙은 화자가 지향하는 이상을 '노래'를 부르는 행위를 통해 실현하는 존재이다. ⓒ은 마을 사람들이 '울타리 밖'에도 심는 대상이다. ⓒ을 자신의 공간인 울타리 안뿐 아니라 울타리 밖에도 심는다는 것은, ⓒ을 자신의 소유로 한정하지 않고 남과 함께 나누려고 하는 것이다. 따라서 남을 배려하며 인정이 가득한 마을 사람들의 모습을 드러내는 ⓒ은 화자가 지향하는 공동체의 모습을 드러내는 대상이다.

오답 풀이

① ⓒ을 통해 화자가 자기의 마음을 반성하거나 살피고 있지 않으므로, ⓒ은 화자를 성찰하게 하는 대상이 아니다.
② ⊙은 '눈' 내리는 '지금' 광야의 상황을 극복하고 '가난한 노래의 씨'가 자란 '노래'를 부르는 존재이므로, ⊙은 공간의 황폐함을 심화하는 존재가 아니다.
③ ⊙은 '지금' 광야의 상황을 극복할 수 있는 존재이므로 ⊙을 공간의 변화를 가져오는 존재로 이해하는 것은 적절하나, ⓒ은 공동체가 이미 지니고 있는 모습을 보여 주고 있으므로 ⓒ은 공동체의 인식 전환을 일으키는 대상이 아니다.
④ 화자는 ⊙이 올 미래를 기다리고 있으므로 ⊙은 화자에게 위화감을 느끼게 하는 존재가 아니다.

02 ● 시어를 통한 화자의 태도 파악
정답 ①

정답 풀이

|보기|에 따르면 **가**는 화자가 미래 지향성을 보이는 시로 볼 수 있다. 화자는 '초인이 있어' 노래를 '목 놓아' 부를 발전된 미래에 대한 희망

을 가지고 있으며, 이를 위해 '씨를 뿌'리는 극복의 자세를 드러내고 있다. 그러나 '큰 강물이 비로소 길을' 연 것은 광야에서 인간의 문명이 시작된 과거의 상황을 표현한 것이며, 이를 통해 미래를 향한 희망을 확인한다고 보기는 어렵다.

② 화자는 '지금' '눈'이 내리는 현재의 결핍을 인식하였기 때문에 '가난한 노래의 씨'를 뿌려 부정적인 현재 상황을 적극적으로 극복하고자 하고 있다.

③ |보기|에 따르면 나는 화자가 과거 지향성을 보이는 시로 볼 수 있다. '소녀'와 '소년'은 때 묻지 않은 순수한 인간의 모습이며, '사랑스러운 들길'은 아름다운 자연의 모습이다. 순수한 사람들과 아름다운 자연이 어우러져 있는 고향의 모습을 통해 화자가 고향을 훼손되지 않은 원형으로 여기고 있음을 알 수 있다.

④ '잔광'이 부시고 '별'이 뜨는 등 아름다운 자연이 돋보이는 마을의 모습을 통해 화자가 마을을 긍정적으로 인식하고 있음을 알 수 있다.

⑤ '고향', '마을'에 대한 화자의 과거 회상을 '있다'라는 현재 시제로 표현하는 것은 마을의 모습이 존속하기를 소망하는 화자의 심리를 드러낸 것으로 볼 수 있다.

· 본문 22~23쪽

01 ①　　　**02** ④　　　**03** ③

1-3 한눈에 보기

가 한용운, 「달을 보며」
- **해제** 달을 보며 부재하는 대상인 '당신'을 그리워하는 시이다. '당신'을 생각하며 '뜰'로 나온 화자에게 '달'은 점점 '당신의 얼굴'로 보인다. 또한 화자의 얼굴 역시 '달'이 된다고 표현하여 '달'을 매개로 '당신'과 합일을 이루고자 하는 화자의 소망을 보여 주고 있다.
- **주제** '당신'에 대한 그리움과 재회에 대한 소망

나 박남준, 「이사, 악양」
- **해제** 결국 '남쪽'으로 이사한 화자가 여전히 '밥상머리 맞은편'에 앉을 대상이 부재하는 상태로 살아간다는 내용의 시이다. 화자는 '별들'과 '불빛들'이 '한 몸'이 되는 것을 보며 '부럽기도' 했으나 시간이 흐를수록 점차 '무심해'진다. 화자가 '길고 먼 꿈길을 청한다'라고 시를 마무리하며, 화자가 결핍과 부재의 삶을 면면히 살아가는 모습을 보여 준다.
- **주제** 부재하는 사람('나'에게 뼈를 발라 살점 얹어 줄 사람)에 대한 그리움

01 · 시의 표현 방법 파악 　　정답 ①

가에서는 '-습니다', '-ㅂ니다'와 같은 종결 어미를 반복하여 운율감을 드러내고 있다.

② 나에서는 설의적 표현을 찾을 수 없다.

③ 가에서는 공감각적 심상을 찾을 수 없다.

④ 가는 '나의 얼굴은 그믐달이 된 줄을 당신이 아십니까'와 같이 '당신'에게 말을 건네는 방식을 취하고 있지만, 나는 그렇지 않다.

⑤ 나에서는 '검던 머리 더욱 희끗거리고 / 희끗거리며 날리는 눈발을 봐도'에서 연쇄적 표현이 나타나고 있지만, 가에서는 연쇄적 표현을 찾을 수 없다.

02 · 시어의 의미 파악 　　정답 ④

'이따금'은 '묻기도 했다'와, '아직도'는 '낯섦'과 의미상 짝을 이룬다. '이따금'은 화자가 대상의 부재의 이유를 상기하도록 하는 역할을, '아직도'는 화자가 '남쪽 악양'에서 느끼는 낯섦을 강조하는 역할을 한다.

① 화자는 '당신'이 '하도' 즉, 정도가 매우 심하도록 그리워서 '뜰'로 나왔고, '뜰'로 나와 '달'을 '한참' 동안이나 바라본다. 여기서 그리움의 크기만큼 화자가 달을 바라보는 행동의 지속 시간이 길어짐을 알 수 있다.

② 화자에게 '차차차 당신의 얼굴'처럼 보이던 '달'이 '넓은 이마 둥근 코 아름다운 수염'처럼 '역력히' 보인다는 데서, 화자가 외부 사물인 '달'을 '당신의 얼굴'로 인식하고 있음을 알 수 있다.

③ '어쩌다'는 '생선 한 토막'을 굽는 일과, '늘'은 '비어 있던 자리'와 관련된다. '어쩌다'와 대비되는 '늘'은, '어쩌다 생선 한 토막'을 굽는 것 같이 생활에 소소한 변화는 있지만 근본적인 변화는 일어나지 않아 '내 뼈를 발라 살점 얹어 줄 사람'은 여전히 없음을 강조하고 있다.

⑤ '나뉠 수 없는 우주의 경계로 인해 / 밤마다 한 몸이 되는' 자연물을 부러워하던 화자가, '해가 바뀔수록', 즉 '검던 머리'가 '더욱 희끗거'릴수록, '희끗거리며 날리는 눈발'에도 '점점 무심해'진다는 표현에서, 시간의 흐름에 따라 화자의 감정의 변화가 나타남을 알 수 있다.

03 · 외적 준거에 따른 감상 　　정답 ③

가에서는 화자가 '간 해에는 당신의 얼굴이 달로 보이'는 경험을 하였고, '오늘 밤에는 달이 당신의 얼굴이' 되는 경험을 한다는 데서, 과거에는 화자가 당신과 함께였고 현재는 그렇지 않음을 짐작할 수 있다. 나에서는 '아랫마을 밤 개'가 '컹컹거리며' 화자에게 '그 부재의 이유'를 묻고, '겨울바람'이 화자가 사는 곳 '처마 끝을 풀썩 뒤흔든다'는 데서, 사람 사는 곳에 사람이 들지 않는 화자의 외로운 처지를 짐작할 수 있다.

① 가의 화자는 '뜰'에 나와 '달'을 바라보며 부재하는 '당신'을 떠올리고, 나의 화자는 '어쩌다 생선 한 토막'을 구웠으나 이를 함께 나눌 존재가 '밥상머리 맞은편'에 존재하지 않음을 떠올린다.

② 가에서 화자가 그리워하는 대상은 '넓은 이마 둥근 코 아름다운 수염'으로, 나에서 화자가 그리워하는 대상은 '내 뼈를 발라 살점 얹어 줄 사람'으로 형상화되고 있다.

④ 가의 3연에서 화자는 '당신의 얼굴이 달이기에 나의 얼굴도 달이 되었습니다'라고 표현하며 자신도 '당신'과 같이 '달'이 되었다고 하였

다. 이는 자연물, 즉 '달'을 매개로 하여 부재하는 대상과 합일하고 싶은 소망을 드러내고 있는 것으로 볼 수 있다.

⑤ ㈏에서 화자는 '별들과 산마을의 불빛들'이 '밤마다 한 몸이 되고는' 하는 모습에 대해 '부럽기도 했다'라고 표현함으로써, '늘 비어 있던 자리'가 '달라지지 않'은 자신의 처지와 달리 합일을 이루는 자연물에 대해 느끼는 부러움을 드러내고 있다.

개념 익히기

· 본문 26~27쪽

01 ③　　　　**02** (1) ○　(2) ✕　(3) ○　(4) ✕　　**03** 외론
04 (1) ㉡　(2) ㉠　　　　　　**05** 몸짓　　　**06** ②
07 ㉢ - ㉣ - ㉢ - ㉠ - ㉡　　　**08** 산꿩
09 (1) ㉡　(2) ㉢　(3) ㉠

1-5 한눈에 보기

㈎ **김영랑, 「사개 틀린 고풍의 툇마루에」**

· **해제** 사개 틀린 고풍의 툇마루에 앉아 달이 뜨기를 기다리는 화자의 모습을 그린 시이다. 화자는 달이 조금씩 떠오르면 감나무와 자신의 그림자가 툇마루에 깔릴 것을 예상하고 있다.

· **주제** 달이 떠오르며 툇마루에 그림자를 드리우는 정경

㈏ **정진규, 「따뜻한 달걀」**

· **해제** 봄을 '그'로 의인화하여 봄을 기다리는 설렘과 기대감을 노래한 시이다. 자연의 변화에서 봄의 기척을 느끼던 화자는 '그'를 위해 닭장으로 내려가 따뜻한 달걀을 꺼내 들고 경칩(완연한 봄)이 되기를 기다리고 있다.

· **주제** 봄의 생동감과 봄을 기다리는 마음

01

정답 ③

[A]에서는 말의 차례를 바꾸어 정서를 환기하고 변화를 주는 도치법이 사용되었고, [B]에서는 달이 떠오르자 감나무 그림자가 드리워지는 모습을 통해 시간의 흐름을 표현하고 있다.

02

정답 (1) ○　(2) ✕　(3) ○　(4) ✕

㈎에서는 달이 뜬 후 감나무 그림자가 툇마루에 드리워지는 모습을 '깔리우면'이라는 가정의 진술로 표현하고 있다. 원경과 근경의 대비는 나타나지 않는다.

㈏에서는 '찰박', '가만가만' 등을 통해 봄이 다가오는 정도를 드러내고 있다. 추측을 나타내는 표현으로 시상을 종결하여 시의 여운을 자아내고 있는 것은 ㈎의 '들려오리라' 부분이다.

03

정답 외론

시어를 의도적으로 문법에 맞지 않게 써서 변화를 주는 것을 시적 허용이라 한다. '외로운'을 '외론'으로 표현한 것이 시적 허용에 해당한다.

04

정답 (1) ㉡　(2) ㉠

'빛깔의 방석'은 감나무 그림자를 비유한 것으로 은유법이 사용되었고, '그가 왔다'에서 '그'는 봄을 의인화한 것으로 의인법이 사용되었다.

05

정답 몸짓

음성 상징어는 의성어, 의태어 등을 의미한다. '몸짓'은 이에 해당하지 않는다.

'사뿐'은 소리가 나지 아니할 정도로 가볍게 발을 내디디는 모양을, '찰박'은 '찰바닥'의 준말로 얕은 물이나 진창을 거칠게 밟거나 치는 소리 또는 모양을, '가만가만'은 움직임 따위가 드러나지 않도록 조용조용한 것을 의미하는 음성 상징어이다.

6-9 한눈에 보기

⑦ 백석, 「여승」
- **해제** 한 여인이 고달픈 삶을 살다 여승이 된 사연을 통해 일제 강점기에 우리 민족이 겪어야 했던 비극적 현실을 보여 주고 있다. 화자는 여인을 관찰하고 있으며, 여인의 슬픔에 서러움을 느끼고 있다. 현재에서 과거로 넘어가는 역순행적 구성을 취하고 있다.
- **주제** 여승이 된 여인의 비극적인 삶에 대한 서러움

④ 문태준, 「가재미」
- **해제** 시인이 암 투병을 하는 친척을 시적 대상으로 하여 쓴 것으로 알려진 작품이다. 투병으로 쇠약해져 가는 '그녀'를 '가재미'에 비유하여 표현하고 있으며, '나'도 가재미로 비유하여 화자에 대해 느끼는 정서적 유대감을 나타내고 있다. 눈이 몰리는 가재미의 특성을 죽음에 가까워지는 시적 대상의 처지와 연결하여 표현하고 있다.
- **주제** 죽음을 앞둔 존재에 대한 위안과 삶에 대한 성찰

06

정답 ②

⑦에서는 음성 상징어를 사용하지 않았다.

07

정답 ⑩ - ② - ⓒ - ⑦ - ⓛ

십 년도 전에 일거리를 찾아 남편이 집을 떠났고, 여인은 어린 딸과 함께 금광의 일터에서 옥수수를 팔았다. 그때에 화자는 여인에게 옥수수를 샀다. 그 후 어린 딸이 죽자 여인은 여승이 되었다. 그렇게 여승이 된 여인을 화자가 다시 만났다.

08

정답 산꿩

감정 이입의 대상을 찾는 문제이다. ⑦에서 화자가 여인이 여승이 된 것에 대한 슬픔을 투영시킨 대상은 '산꿩'이다.

09

정답 (1) ⓛ (2) ⓒ (3) ⑦

'가재미처럼 그녀가 누워 있다.', '폭설을 견디지 못하는 나뭇가지처럼 등뼈가 구부정해지던', '그녀의 숨소리가 느릅나무 껍질처럼'에서 직유적 표현을 통해 대상을 효과적으로 표현하고 있다.

문제로 학습하기

· 본문 28~29쪽

01 ⑤   **02** ②

수능 개념 마스터

❶ 영탄법   ❷ 설의법   ❸ 반복법   ❹ 음성 상징어
❺ 은유법   ❻ 직유법   ❼ 역설법   ❽ 시선   ❾ 시간

1-2 한눈에 보기

⑦ 정지용, 「춘설」
- **해제** 화자는 이른 봄눈이 내린 자연의 모습을 관찰하고 있으며, 이를 생동감 있게 표현하고 있다. 이 시에서 '춘설'은 봄을 알리는 매개체의 역할을 하고 있다.
- **주제** 춘설이 내린 자연에서 느낀 생명력

④ 고재종, 「첫사랑」
- **해제** 한겨울 흔들리는 나뭇가지에 힘들게 눈꽃이 피었던 자리에 봄이 되자 꽃이 피어난다. 사랑을 이루기 위해 노력했던 '눈'의 모습과 그 눈꽃이 피었던 '덴 자리(첫사랑의 상처)'에 다시 피어난 '세상에서 가장 아름다운 상처'인 '꽃(성숙한 사랑)'의 모습을 통해 성숙의 과정을 보여 주고 있다.
- **주제** 인내와 노력으로 맺은 아름다운 사랑

01 ● 시의 표현 방법 파악

정답 ⑤

정답 풀이)

⑦는 '눈', '얼음', ④는 '눈', '봄' 등의 계절감이 드러나는 시어를 활용하여 주제를 형상화하고 있다.

오답 풀이)

① ⑦에서는 명암의 대비가 나타나지 않는다.
② ④에서는 수미상관(시의 처음과 끝에 같거나 유사한 구절을 반복하여 배치하는 기법)의 방식이 나타나지 않는다.
③ ⑦에서는 공간의 이동이 아닌 시선의 이동에 따라 시적 분위기를 조성하고 있고, ④는 겨울에서 봄으로의 시간의 흐름에 따라 시적 분위기를 조성하고 있다.
④ ⑦에는 설의적 표현이 나타나지 않고, ④의 1연에는 설의적 표현이 나타나지만 화자의 정서를 드러내고 있지는 않다.

02 ● 표현 방법의 효과 파악

정답 ②

정답 풀이)

⑦의 '꽃 피기 전 철 아닌 눈'에서는 서로 어울리지 않는 봄과 눈을 결합함으로써 '낯설게 하기'가 나타나지만, 이면에는 봄을 맞이하는 기쁨과 겨울이 지나가는 아쉬움이 나타나고 있을 뿐, 다시 돌아올 겨울에 대한 기대감은 드러나 있지 않다.

오답 풀이)

① ⑦의 '흰 옷고름 절로 향기로워라'에서는 '흰 옷고름'의 시각적 이미지를 '향기로움'이라는 후각적 이미지로 전이하여 '낯설게 하기'를 하고 있다. 이를 통해 봄에 대한 화자의 기쁨을 나타내고 있다.

③ 🟢의 '난분분 난분분'과 '미끄러지고 미끄러지길'은 시어를 반복하거나 변형함으로써 '낯설게 하기'를 하고 있다. 이를 통해 눈꽃을 피우기 위해 노력하는 눈의 모습을 표현하고 있다.

④ 🟢의 '마침내 피워 낸 저 황홀 보아라'에서는 가지에서 피어난 눈꽃을 '황홀'에 빗대어 표현하여 '낯설게 하기'를 하고 있다. 이를 통해 눈의 노력이 결실을 맺는 기쁨을 드러내고 있다.

⑤ 🟢의 '아름다운 상처'에서는 표면적으로는 모순이 되는 '아름다운'과 '상처'를 연결하는 역설의 방법을 통해 '낯설게 하기'를 하고 있다. 이를 통해 시련을 겪은 후 봄에 피어나는 꽃의 아름다움을 강조하고 있다.

문제로 학습하기 UP

· 본문 30~31쪽

01 ③   **02** ⑤   **03** ⑤

1-3 한눈에 보기

🟩 오세영, 「열매」

· **해제** 화자가 나무의 '열매'를 관찰하며 바람직한 삶의 자세를 깨닫는 과정을 나타내고 있다. 열매의 둥근 모습에서 원만한 삶의 자세를 깨닫고, 먹히는 능금의 부드러움을 통해 자기희생적 삶의 자세를 깨닫고 있다. 또한 이를 통해 세상의 모든 존재가 둥글다는 것으로까지 깨달음을 확장하고 있다.

· **주제** 열매를 통해 깨달은 원만한 삶의 태도와 자기희생적인 삶의 자세

🟩 김광규, 「대장간의 유혹」

· **해제** 현대 사회에서 존재 가치를 상실하고 살아가는 화자의 자기 성찰을 담은 시로, 물건을 마구 쓰다가 쉽게 버리는 현대 사회에 대한 비판적 태도도 나타난다. 화자는 대장간에서 단련의 과정을 통해 태어나는 '무쇠낫'과 '호미'처럼 의미 있고 가치 있는 존재가 되고 싶다는 소망을 드러내고 있다.

· **주제** 가치 있는 존재가 되고 싶은 소망

01 ● 시의 표현 방법 파악   정답 ③

정답 풀이

2연에서 '~는 ~지만', 4연에서 '~는 ~다는 것을'의 통사 구조를 반복하여 '뿌리'와 '가지', '열매'의 시적 의미를 강조하고 있다.

오답 풀이

① 자연물을 통해 바람직한 삶의 자세를 깨닫고 있을 뿐, 감정 이입은 나타나지 않는다.

② '향기로운'에서 후각적 심상, '부드럽다'에서 촉각적 심상, '뾰족'한 '가지' 등에서 시각적 심상이 나타나지만, 청각적 심상은 활용되지 않았다.

④ 색채어의 대비는 나타나지 않는다. 뾰족하고 날카로운 것('가지', '뿌리')과 둥근 것('열매', '능금')의 대비가 나타난다.

⑤ 계절의 흐름은 나타나지 않는다.

02 ● 화자의 정서와 태도 파악   정답 ⑤

정답 풀이

'가던 길'을 멈추는 행동을 통해 가치 있는 존재가 되고 싶은 화자의 소망을 드러내고 있다.

오답 풀이

① '버스'에서 뛰어내리고 싶다고 한 것을 통해 부정적 상황(자신이 '플라스틱 물건처럼 느껴질 때')에서 벗어나고 싶어 하는 태도를 드러내고 있다.

② '홍은동 사거리'의 변화로 인해 사라진 공간인 '털보네 대장간'을 찾아가고 싶은 심정을 드러내고 있다.

③ '털보네 대장간'을 통해 쇠를 단련하듯 자신을 단련하여 가치 있는 존재로 탈바꿈하고 싶은 마음을 드러내고 있다.

④ '직지사 해우소'와 관련된 소재인 '똥덩이'를 통해 자신의 무가치했던 삶에 대한 반성적 인식을 보여 주고 있다.

03 ● 시의 표현의 효과 파악   정답 ⑤

정답 풀이

'꼬부랑 호미'가 '송진'을 흘리며 벽에 걸린 모습에서 자신만의 의미와 가치를 지닌 존재가 되고 싶은 화자의 소망을 알 수 있다. 화자는 무가치한 존재로 머무르고 싶지 않아서 대장간에서 자신을 단련하고 싶다고 말하고 있다.

오답 풀이

① 땅으로 파고드는 날카로운 '뿌리'와 대비되는 모나지 않은 둥근 '열매'의 모습에서 원만한 삶의 태도를 발견할 수 있다.

② '스스로 먹힐 줄 아는 열매'에서 다른 생명을 위해 스스로를 희생하는 삶의 자세를 찾을 수 있다.

③ '모든 생성하는 존재'가 둥글다는 인식은 둥글고 모나지 않은 열매의 모습에서 얻은 깨달음을 확장한 것으로 볼 수 있다.

④ '망가지면 내다 버리는' 플라스틱 물건은 무가치하고 소모품적인 존재를 의미한다고 볼 수 있다.

· 본문 34~35쪽

개념 익히기

01 눈, 어린 시절, 산수유 열매, 사랑

02 (1) 어두운 방 안 ↔ 빠알간 숯불 (2) 눈 ↔ 붉은 산수유 열매

03 (1) ⓒ (2) ⓐ (3) ⓑ (4) ⓓ

04 (1) 외 (2) 내 (3) 외 (4) 내 (5) 내 (6) 내

05 ④   **06** (1) ○ (2) × (3) × (4) ○

07 함박눈, 바람, 눈보라   **08** 공동체

1-4 한눈에 보기

김종길, 「성탄제」

• **해제** 화자는 어린 시절 열병에 걸린 자신을 위해 아버지가 눈 속을 헤치고 산수유 열매를 따 왔던 일을 통해 아버지의 사랑을 느꼈고, 어른이 되어서도 눈을 보며 아버지의 사랑을 그리워하고 있다.

• **주제** 아버지의 사랑에 대한 그리움

01
정답 눈, 어린 시절, 산수유 열매, 사랑

이 시에서 시적 화자인 '나'는 성탄제 무렵, 눈이 내리는 모습을 바라보며 어린 시절을 회상하고 있다. 자신이 아팠을 때 아버지가 눈 속을 헤치고 (붉은) 산수유 열매를 구해 온 상황을 떠올리며 아버지의 사랑을 그리워하고 있다.

02
정답 (1) 어두운 방 안 ↔ 빠알간 숯불 (2) 눈 ↔ 붉은 산수유 열매

어두운 방 안(검은색)과 빠알간 숯불(붉은색), 눈(흰색)과 붉은 산수유 열매(붉은색)의 색채 대비를 통해 이미지를 보다 선명하게 형상화하고 있다.

03
정답 (1) ⓒ (2) ⓐ (3) ⓑ (4) ⓓ

'눈'은 아버지가 약을 구해 오기 위해 겪어야 했던 시련과 고난에 해당한다. '붉은 산수유 열매'에는 아버지의 사랑이 담겨 있으며, '어린 짐승'은 아파서 누워 있는 연약한 존재인 시적 화자를 의미한다. '성탄제의 밤'은 자식에 대한 아버지의 사랑을 보편적이고 숭고한 사랑으로 승화시켜 준다.

04
정답 (1) 외 (2) 내 (3) 외 (4) 내 (5) 내 (6) 내

내재적 관점은 작품을 그 자체로서 완결된 의미를 가진 구조로 보고 감상하는 방법이고, 외재적 관점은 작품의 외적인 요소에 중점을 두어 감상하는 방법이다.

5-8 한눈에 보기

가 신석정, 「봄을 부르는 자는 누구냐」

• **해제** 화자는 '봄'이 기어코 돌아오리라는 믿음을 가지고 있으며, 봄이 오는 것(희망)에 대해 절망하고 체념하며 아무것도 하지 않는 사람들이 봄을 부르는 자(노력)가 되기를 바라고 있다.

• **주제** 현실 극복을 위한 적극적 노력의 필요성

나 정호승, 「백두산을 오르며」

• **해제** 화자는 백두산에 도착하자마자 눈이 내리기 시작하다 점점 거세져 눈보라가 치고 있는 상황에서도 목표인 천지에 올라 함께 살아가야 할 날들을 생각하고 있다. 고난과 역경 속에서도 함께하면 극복할 수 있다는 공동체 의식을 보여 주고 있다.

• **주제** 공동체 의식으로 어려운 역경을 극복해 낼 수 있음.

05
정답 ④

가에서 '그들'은 '아무리 옥같이 흰 백매가 핀다기로서니 이미 계절이 떠나간 이 빈 지구에 봄이 온다는 이야기를 믿을 수야 있겠느냐'고 말하며 절망하고 있다. 민족의 운명이 회복될 것이라는 믿음은 나타나지 않는다.

06
정답 (1) ○ (2) × (3) × (4) ○

(1) 가에서는 '누구냐?'에서 의문형 어미 '-냐'를 사용하여 적극적인 실천을 통해 희망을 실현시킬 이가 누구냐 물으면서 시적 긴장감을 유발하고 있다.

(2) 가에는 의성어가 나타나지 않는다.

(3) 나에는 수미상관의 방식이 나타나지 않는다.

(4) 가에서는 '푸른 수레', '흰 안개', '푸른 봄', '흰 백매', '푸른 계절' 등의 색채어를, 나에서는 '흰 자작나무', '흰 두견화' 등의 색채어를 활용하여 대상을 감각적으로 제시하고 있다.

07
정답 함박눈, 바람, 눈보라

나에서는 '눈', '바람', '함박눈', '눈보라' 등을 통해 시련이 점점 강해지는 것을 표현하고 있다. '두견화'는 시련을 극복하고 피어난 꽃이고, '장백송'은 눈보라의 시련을 겪고 있는 대상이다.

08
정답 공동체

[A]는 시 전체의 주제에 대한 내용을 담고 있는 부분으로, 시련을 극복하기 위해 '함께'하는 '공동체적' 삶에 대한 화자의 바람을 알 수 있다.

문제로 학습하기

01 ④ **02** ⑤

수능 개념 마스터

❶ 종결 어미 ❷ 영탄법 ❸ 가난 ❹ 회상 ❺ 골방
❻ 고구마 ❼ 신새벽 ❽ 새벽 ❾ 장터(시장)

1-2 한눈에 보기

가 박재삼, 「추억에서」

- **해제** 어린 오누이를 골방(집)에 두고 신새벽에 진주 장터에 나가 생선을 팔고 밤늦게 돌아오며 힘겹게 살아가던 어머니의 한과 슬픔을 노래한 시이다.
- **주제** 힘겹게 살아가던 어머니의 한과 슬픔

나 최두석, 「담양장」

- **해제** 담양장에서 대바구니를 팔아 힘겹게 살아가던 어머니를 마중 갔었던 일을 회상하며, 요즘도 담양장에서 대바구니를 팔고 계신 어머니에 대한 연민을 드러내고 있다.
- **주제** 힘겹게 살았던 어머니에 대한 추억과 연민

01 · 엮어 읽기를 통한 감상 정답 ④

정답 풀이

가의 '신새벽'은 어머니의 고단한 삶에 대해 화자가 안타까움을 느끼는 시간적 배경이고, **나**의 '한밤중'은 어머니의 부재로 인해 어린 화자가 불안감을 느끼는 시간적 배경이다.

오답 풀이

① **가**의 '고기'는 어머니께서 진주 장터 생어물전에서 파는 생선이고, **나**의 '대바구니'는 어머니께서 담양장에 내다 파는 물건으로 가족들의 생계 유지를 위해 장터에서 팔아야 하는 소재라는 점에서 유사하다.
② **가**에서 힘겹게 장사를 하지만 가난에서 벗어나지 못하는 어머니에 대한 안타까움을 담은 '울 엄매야 울 엄매', **나**에서 고생을 많이 하신 어머니의 모습을 형상화한 '허리 굽은 어머니'에는 고단한 삶을 살아온 어머니에 대한 연민의 정이 담겨 있다는 점에서 유사하다.
③ **가**의 '골방'은 '우리 오누이'가 어머니가 돌아오기를 수동적으로 기다리고 있는 공간이고, **나**의 '신작로'는 화자와 동생이 어머니를 마중 갔던 길이다. 따라서 **가**의 '골방'보다 **나**의 '신작로'가 어머니를 기다리는 마음이 더 능동적인 행위로 나타나는 공간이라는 점에서 차이가 있다.
⑤ **가**의 '말없이 글썽이고 반짝이던 것인가'에서는 어머니의 눈물을 형상화하여 고단한 삶을 살았던 어머니의 과거 삶을 떠올리고 있고, **나**의 '아, 요즘도 장날이면'에서는 과거로부터 이어지는 어머니의 현재의 삶(담양장에서 대바구니를 팔고 있음.)을 떠올리고 있다는 점에서 차이가 있다.

02 · 시어의 기능 파악 정답 ⑤

정답 풀이

'멀거니'는 '정신없이 물끄러미 보고 있는 모양'을 의미하는 부사어로, 대바구니를 찾는 사람이 없는 현대에 혹시나 대바구니를 사러 올 손님을 넋 놓고 기다리는 어머니의 모습을 강조하고 있다.

오답 풀이

① 어머니께서 장터에서 '꼬박꼬박' 걸어오셨다는 것은, 늘 걸어서 장에 다니시는 어머니의 일상을 강조하는 표현이다.
② 화자가 어머니를 마중 나가서 '하염없이' 걸었다는 것은 어머니를 마중 갔던 길이 길고 멀었다는 것을 부각하는 표현이다.
③ 해가 '덜렁' 졌다는 것은 화자가 동생과 함께 어머니를 마중 나갔다가 갑작스럽게 해가 져 놀라고 겁이 난 심리를 강조하는 표현이다.
④ '한참'은 해가 진 상황에서 장터를 향해 더 걸어가야 할지, 집으로 돌아가야 할지 주저하는 내적 갈등을 부각하는 표현이다.

문제로 학습하기 UP · 본문 38~39쪽

01 ② **02** ④ **03** ⑤

1-3 한눈에 보기

가 윤동주, 「흰 그림자」

- **해제** 암담한 시대 현실(일제 강점기) 속에서 고뇌하던 화자가 자신의 분열된 자아('흰 그림자')를 떠나보냄으로써 갈등을 극복하는 모습을 그리고 있다.
- **주제** 신념을 지키는 삶에 대한 의지

나 복효근, 「연어의 나이테」

- **해제** 연어의 살 속의 무늬와 나무의 나이테 무늬의 유사성을 중심으로 두 대상을 연결한 작품으로, 두 대상의 유사성을 바탕으로 연어의 강인함을 표현하고 있다.
- **주제** 역경과 고난을 이겨 낸 연어의 강인함

01 · 시의 공통점 파악 정답 ②

정답 풀이

가의 '나는 총명했던가요', **나**의 '다시 그 강에 ~ 그 때문이 아니겠는가'에서 의문형 어미의 활용이 나타난다. 이를 통해 **가**에서는 자기반성적 모습을, **나**에서는 대를 잇는 연어의 강인함을 드러내고 있다.

오답 풀이

① **가**와 **나**는 동일한 시행을 반복하고 있지 않다.
③ **가**의 '흰 그림자'라는 표현에서만 색채어가 드러난다. **나**에서는 색채어를 사용하지 않았다.
④ **가**와 **나**에는 명령조의 표현이 나타나지 않는다.
⑤ **가**와 **나**에는 음성 상징어가 나타나지 않는다.

정답 풀이

화자가 '황혼처럼 물드는 내 방으로 돌아오면'서 '허전'함을 느끼는 것은 분열되었던 자아를 떠나보냈기 때문이다. 화자는 분열된 자아를 떠나보내면서 내적 갈등을 해소한 것이므로, '내면의 갈등을 유발하는 대상과 공존할 수밖에 없는 화자의 상황'과는 거리가 멀다.

오답 풀이

① '하루 종일 시들은 귀', '오래' '괴로워하던' 것을 통해 암담한 시대 현실에서 고뇌로 지친 화자의 모습을 확인할 수 있다.
② '수많은 나'를 '제고장으로 돌려보'낸다는 것은 화자가 분열된 자아를 떠나보내는 것을 의미한다.
③ '흰 그림자들'을 '연연히 사랑'했었다는 것을 통해 화자에게 자신의 분열된 자아가 애정의 대상이었음을 알 수 있다.
⑤ '신념이 깊은 의젓한 양처럼' '시름없이 풀포기'를 '뜯'겠다는 것을 통해 갈등을 극복하고 번민에서 벗어나 묵묵히 자신의 삶을 지탱해 나가고자 하는 화자의 모습을 짐작할 수 있다.

03 · 시적 의미 파악   정답 ⑤

정답 풀이

'한 시절'은 연어도 나무처럼 시련을 이겨 내며 단단한 생의 행로를 열어 가는 시절이 있었다는 의미이다. '몇 만 년'은 폭포수를 뛰어넘어 강으로 회귀하는 연어의 강인함이 세대를 넘어 이어진다는 의미이다. 따라서 '강으로 회귀하는 연어가 나무처럼 생을 마감하는 존재'라고 볼 수 없다.

오답 풀이

① '연어의 살'과 '제 근육'은 유사한 무늬를 지녔다는 점에서 연결되어, 연어의 무늬에 나무의 나이테와 같은 단단함이 있음(4행)을 드러내고 있다.
② '폭포수를 뛰어넘는 연어'와 '솟구치던 나무'는 자신에게 가해지는 아래로 향하는 힘을 거부한다는 점에서 연결되어, 연어에게 나무와 같은 강인함이 있음(5~10행)을 드러내고 있다.
③ '사나운 물살'과 '눈바람'은 연어와 나무에게 가해지는 반복적인 시련이라는 점에서 연결되어, 연어가 나무처럼 부단히 반복되는 시련을 겪어 내는 존재(11~12행)임을 드러내고 있다.
④ '강물 냄새'와 '순한 향기'는 연어와 나무가 시련을 겪은 결과 지니게 된 것이라는 점에서 연결되어, 연어가 나무처럼 시련을 승화시켜 간직하는 존재(15행, 17행)임을 드러내고 있다.

05강 인물과 갈등

개념 익히기   · 본문 42~43쪽

01 ③   **02** (1) ○ (2) ○ (3) ✕
03 ⓐ: 적극적, ⓑ: 소극적   **04** 연주   **05** ④
06 (1) ○ (2) ○ (3) ✕ (4) ✕ (5) ○   **07** 믿음
08 (1) ㉮ – ⓓ (2) ㉯ – ⓑ

1-4 한눈에 보기

이문열, 「우리들의 일그러진 영웅」

• **해제** 1960년대 자유당 정권 말기를 시대적 배경으로, 시골의 초등학교에서 일어나는 사건을 다루고 있는 소설이다. 엄석대라는 급장의 권력에 휘둘리는 아이들의 모습을 통해 한국 사회의 왜곡된 권력 구조와 권력에 쉽게 휘둘리는 소시민들의 모습을 비판하고 있다.

• **주제** 권력에 따라 움직이는 부조리한 현실에 대한 비판

01   정답 ③

소전 거리 아이들은 석대와 맞붙어 싸웠고, 담임 선생님이 그 아이들에게 책을 한 권씩 주자, 다른 아이들도 석대와 맞붙게 되어 석대는 다시는 아이들 앞에 나타나지 않았다.

02   정답 (1) ○ (2) ○ (3) ✕

㉠ '안팎의 도전들'은 석대의 통제를 대신할 질서를 찾지 못한 교실 안에서의 혼란과 교실 밖에서 일어나는 석대의 괴롭힘을 의미한다. ㉡ '우리 중에서 좀 별나고 당찬'은 석대와 처음으로 맞붙은 아이들의 특성을 나타낸다. ㉢ '책 한 권씩을 나눠 주며'는 담임 선생님의 행동으로, 이 행동은 다른 아이들도 석대와 맞붙을 수 있도록 하는 효과를 가져왔다.

03   정답 ⓐ: 적극적, ⓑ: 소극적

ⓐ는 학교 밖에서 일어난 일에 대한 대응 방식으로, 담임 선생님은 석대 때문에 결석한 아이들을 호되게 야단치고 있다. ⓑ는 학교 내에서 일어난 일에 대한 대응 방식으로, 담임 선생님은 학급의 일이 갈팡질팡해도 철저하게 모르는 척했다. 이렇게 담임 선생님의 태도가 상반되게 나타나는데, 학교 밖에서의 일에는 적극적 태도를, 학교 내에서의 일에는 소극적 태도를 보인다고 할 수 있다.

04   정답 연주

㉰에서 '우리 학급이 정상으로 돌아가는 데는 거의 한 학기가 다 소비된 뒤'였으며, '경험의 교훈이 자정 능력을 길러 준 덕분'에 '스스로가 스스로를 규율한다는 게 어떤 것인가를 배우게 된 것'이라고 말하고 있다.

학급이 정상적으로 돌아가기까지를 '서로 다투고 따지고 부대끼고 시달리는 그 대여섯 달'로 표현하여 요약적으로 제시하고 있다. '담임 선생님의 깊은 뜻을 이해하는 데는 아직도 훨씬 더 많은 세월이 지나야 했다.'는 담임 선생님이 학급 문제에 소극적으로 대처하신 이유를 많은 세월이 흐른 후에야 깨달았다는 의미이다. (다)에 공간의 이동은 나타나지 않았다.

5-8 한눈에 보기

이청준, 「선학동 나그네」

- **해제** 누이를 찾아 선학동으로 온 손(= 선학동 나그네)이 주막 주인에게 누이인 눈먼 소리꾼 여자의 이야기를 듣는 형식의 소설이다. 주막 주인은 소리꾼 여자가 아버지의 유골을 묻기 위해 마을을 찾아왔으며, 선학동을 떠날 때 더 이상 자신을 찾지 말아 달라는 마지막 부탁을 남겼다고 손에게 알려 주고, 손은 누이를 찾는 것을 그만둔다. 소리꾼 여자는 눈이 먼 채 아버지와 떠돌며 사는 한을 지닌 인물로 그 한을 소리로 풀어 나간다. 소리꾼 여자의 소리를 들은 사람들이 비상학의 모습을 보는 것을 통해 소리꾼 여자의 한이 예술로 승화됨을 보여 주고 있다.
- **주제** 소리를 통한 한의 예술적 승화

05
정답 ④

소리꾼 여자의 소리를 들었을 때, 소리꾼 여자 자신이 한 마리 학이 된 것처럼 느낀 것은 '손'이 아니라 '주인'이다.

06
정답 (1) ○ (2) ○ (3) × (4) × (5) ○

㉠에서 사내는 소리꾼 여자의 소리를 들었을 때 선학이 날아오르는 것 같았던 과거의 인상적인 사건을 잊지 못하고 있음을 알 수 있다. ㉡에서 주인은 손에게 소리꾼 여자에 대한 이야기를 모두 털어놓았으므로, 하고 싶었던 행동을 마친 것으로 볼 수 있다. ㉢에서 침묵을 이기지 못하고 말을 건네는 손의 행동에서 상대방과 이야기를 더 이어 가고자 하는 심리를 알 수 있으며, 자리를 빨리 떠나고 싶어 하는 것이 아니다. ㉣의 주체는 주인이 아니라 손으로, 더 이상 숨길 것이 없다는 손의 심리가 나타난다. ㉤에서 주인은 손의 말에 수긍하고 있다.

07
정답 믿음

'여자'가 선학동의 학이 되어서 언제까지나 이 고을 하늘을 떠돈다고 사내가 이따금 말하는 모습에서 '여자'의 소리에 대한 믿음을 가지게 된 사내의 행동을 확인할 수 있다.

08
정답 (1) ㉮ - ⓓ (2) ㉯ - ⓑ

'어린 계집아이'는 '소리꾼 여자'이자 손의 '누이'이고, '오라비'는 '손'을 의미한다.

문제로 학습하기
· 본문 44~45쪽

01 ③   **02** ③

수능 개념 마스터

| ❶ 권순찬 | ❷ 입주민들 | ❸ 독자 | ❹ 참견 |
| ❺ 김석만 | ❻ 권순찬 | ❼ 선의(성의) | ❽ 김석만 |

1-2 한눈에 보기

이기호, 「권순찬과 착한 사람들」

- **해제** 아파트 주민들은 김석만을 직접 만나 문제를 해결하고자 1인 시위를 하는 권순찬 씨의 생각은 무시하고, 자신들의 기준에서 선의를 베풀려고 하다가 거절당하자 권순찬 씨에게 화를 낸다. 이러한 아파트 주민들의 모습을 통해 자신의 관점으로만 상대를 대하지 말고 상대의 입장에서 생각해야 한다는 것을 깨닫게 하는 소설이다.
- **주제** 자신의 관점으로만 상대를 대하는 오류에 대한 성찰
- **배경** 현대, 아파트 앞
- **특징** ① 권순찬 씨와 아파트 주민 간의 외적 갈등이 두드러짐.
  ② 자신의 관점에서만 사건과 인물을 대하는 현대인들에 대한 비판적 시각이 드러남.

01 · 인물의 심리와 태도 파악
정답 ③

정답 풀이

본문에 '나는 남자의 인천 거처가 그때까지도 무사히 남아 있기를 바라 보았다.'라고 하였다. 여기에서 '남자'는 권순찬을 의미하므로, '나'는 권순찬의 인천 거처가 그가 돌아갈 때까지 무사히 남아 있기를 바라는 것으로 볼 수 있다.

오답 풀이

① '남자는 여전히 말이 없었고 ~ 사람들을 붙잡고 말을 거는 일도 없었다.'라고 했다. 따라서 권순찬은 사람들을 붙잡고 김석만의 행방을 물은 적이 없다.
② 권순찬이 '저는 원래 그 할머니에게 돈을 받을 생각이 없었습니다.'라고 말하는 것을 통해 권순찬은 502호 할머니에게 자신의 일을 해결해 달라고 호소하지 않았음을 알 수 있다. 오히려 권순찬은 김석만을 직접 만나 일을 해결하고 싶어 한다.
④ '나'는 '저러다가 말겠지'라고 생각했으므로, 권순찬이 오랫동안 머물 것이라고는 예상하지 않았다.
⑤ '칠백만 원이든 천칠백만 원이든 남과 남 사이에 벌어진 일이었다. 내가 참견할 만한 일도, 참견할 수도 없는 일이었다.'라고 생각한 것으로 볼 때, '나'는 처음부터 권순찬의 일에 참견할 의사가 없었다는 것을 알 수 있다.

02 · 사건과 갈등 파악
정답 ③

정답 풀이

|보기|의 '문제의 원인과 해결책을 자신들의 입장에서만 찾은 입주민들은 자신들이 베푼 선의를 거절하였다는 이유로 권순찬에게 화를 냅니

다.'를 통해, 권순찬에 대한 아파트 주민들의 태도가 바뀌게 됨을 알 수 있다. 아파트 주민들은 자신들의 성의로 모은 돈을 권순찬이 받지 않자, 분노하게 되고 악의적인 소문을 퍼뜨린 것으로 볼 수 있다. 아파트 주민들의 권순찬에 대한 배려가 분노로 바뀌고 있음을 알 수 있다.

오답 풀이

① 입주민들과 권순찬의 관계가 회복되지 않고 악화될 것을 짐작할 수 있다.

② 권순찬은 입주민들에게 관심이 없다. 김석만을 직접 만나고 싶을 뿐이다.

④ 권순찬이 기다리는 김석만이 아파트에 나타날 것임은 알 수 없다.

⑤ 입주민들이 권순찬을 오해했던 자신들의 실수를 인정하고 있지 않다. 그들이 권순찬을 오해하고 있기 때문에 악의적인 소문이 도는 것이다.

· 본문 46~47쪽

01 ①   **02** ④   **03** ③

🌱 **1-3 한눈에 보기**

조세희, 「잘못은 신에게도 있다」

· **해제** 연작 소설 『난장이가 쏘아 올린 작은 공』 중 한 작품이다. 1970년대 산업화의 물결 속에 소외된 빈민층의 이야기를 다룬 소설이다. 소외된 빈민층을 대표하는 난장이 가족의 가난한 삶을 통해 1970년대 사회를 비판적 시각으로 그려 내고 있다. 지문에서는 은강 공장의 사건 이후 아버지가 그린 세상에 대해 공감하는 '나'의 모습이 드러나 있다.

· **주제** 산업화 시대의 소외된 도시 빈민과 공장 노동자들의 힘겨운 삶

· **배경** 1970년대 산업화와 도시화가 일어나던 시기

· **특징** ① 1인칭 주인공 시점의 소설로 '난장이'라는 상징적인 인물을 통해 도시 빈민의 절망적인 삶을 드러내어 사회 현실을 비판함.
② 제목을 통해 노력해도 달라지지 않는 현실에 대한 '나'의 울분을 드러냄.

01 ● 사건과 갈등 파악   정답 ①

정답 풀이

'아버지가 당신의 입으로 난장이라고 한 말을 나는 그래서 꼭 한 번 들었다.'를 통해 아버지가 자신의 입으로 스스로를 난장이라 칭한 적이 거의 없음을 알 수 있다. 따라서 아버지는 자신이 난장이임을 '나'에게 자주 말한 적이 없다.

오답 풀이

② 어머니는 영이에게도 여자가 가져야 할 가족과 가정에 대한 전통적 의무가 어떤 것인지에 대해 이야기하고 싶어 했다.

③ '나'는 아버지를 난장이라고 놀린 '그 아이' 때문에 사흘간 밖에 나가 놀 수 없었다.

④ 영희는 "큰오빠가 뭘 잘못했어? 잘못한 건 그 집 아이야."라고 말하며 '나'에게는 잘못이 없고 아버지를 난장이라고 놀린 아이에게 잘못

이 있다고 말하고 있다.

⑤ 어머니가 나가 놀아도 좋다고 한 날, '나'는 뒷산으로 올라가서 긴 싸리나무를 꺾어다 낚싯대를 만들어 낚시질을 했다.

02 ● 인물의 태도 파악   정답 ④

정답 풀이

'모두 잘못을 저지르고 있었다. ~ 은강에서는 신도 예외가 아니었다'는 변하지 않는 부조리한 세계에 대해 신도 잘못이 있다는 '나'의 울분을 드러내고 있다.

오답 풀이

① '나'는 아버지와 같이 사랑을 기반으로 한 세상을 바라고 있다.

② '나'는 자신의 생각을 수정하기로 했으며, 아버지가 옳았다고 여기고 있다. 자신의 생각을 바꾸고 아버지의 생각을 따르려 한다고 볼 수 있다.

③ 아버지는 법률을 제정하여 사람들이 사랑을 지키도록 하고 싶어 하셨고, '나'는 아버지의 생각에 수긍하고 있다.

⑤ 아버지는 사랑을 갖지 않은 사람 집의 전깃줄을 자르고 수도선도 끊어 버리는 등 사랑을 갖지 않은 사람을 벌하기 위해 법을 제정해야 한다고 믿었고, '나'는 아버지의 생각에 수긍하고 있다.

03 ● 외적 준거를 통한 감상   정답 ③

정답 풀이

아버지는 '달에 가서 천문대 일을 보겠다'는 꿈을 이루지 못하고 돌아가셨으므로, 현실에서 이상 세계가 실현된 것으로 볼 수 없다. 또한 아버지의 꿈을 '여자가 가져야 할 가족과 가정에 대한 전통적 의무'와 관련짓는 것도 적절하지 않다.

오답 풀이

① [앞부분 줄거리]의 '아버지가 꿈꾼 세상'의 구체적인 모습이 '아버지가 그린 세상'의 모습에서 반복되어 서술되는데, 이는 인물이 바라는 이상적인 사회의 모습을 강조하는 것으로 볼 수 있다.

② 근로자와 사용자의 대화 장면과 우리 가족의 대화 장면은 극이라는 다른 갈래의 형식으로 서술하여 작품의 주제 의식을 드러낸 것으로 볼 수 있다.

④ '애들을 내보내면 안 돼요.'라는 사용자의 말과 '영수를 당분간 내보내지 말아요.'라는 아버지의 말을 연결한 것은, 서로 다른 공간에서 벌어지는 두 사건이 유사한 장면('애들'과 '영수'에게 잘못이 있다고 생각해서 나가지 못하게 함.)으로 연결되는 것으로 볼 수 있다.

⑤ '나'가 어릴 적 방죽에서 낚시를 하고 돌아온 날과 아버지가 돌아가신 후 밤늦게 집에 돌아온 사이에 어머니가 '펌프가에 앉아 보리쌀을 씻다 말고 부엌으로 들어'가는 장면을 삽입하여 해당 부분에 대한 독자의 이해를 지연시키고 있다.

개념 익히기

· 본문 50~51쪽

01 가 - ①, 나 - ④
02 전지적 작가, 가깝고, 멀다   **03** (1) × (2) ○ (3) ×
04 가영   **05** ②   **06** 독자
07 (1) ○ (2) × (3) ○   **08** ㉡, ㉢, ㉧

1-4 한눈에 보기

이태준, 「복덕방」

· **해제** 1930년대 서울 외곽의 복덕방을 배경으로, 땅 투기에 실패하여 절망하는 노인의 모습을 그린 소설이다. 또한 아버지에 대한 정보다 체면과 물질적인 것을 중시하는 딸을 통해 이기적이고 위선적인 젊은 세대에 대한 비판적 시선을 드러낸다.
· **주제** 근대화 과정 속에 소외된 세대의 좌절

01

정답 가 - ①, 나 - ④

가에서는 대화와 서술을 통해 안 초시와 딸의 갈등이 드러나고 있고, 나에서는 요약적 서술을 통해 땅에 투자했다가 실패한 사건의 전모가 드러나고 있다. 가, 나 모두 외양 묘사가 나타나지 않는다. 또한 이 소설은 전지적 작가 시점으로 서술되고 있으므로, 서술자는 작품 속이 아니라 작품 밖에 존재한다.

02

정답 전지적 작가, 가깝고, 멀다

이 글은 작품 밖에 존재하는 서술자가 소설 속의 모든 사건의 전모와 등장인물의 심리나 행동 등을 모두 알고 서술하는 '전지적 작가 시점'의 소설이다. 전지적 작가 시점은 서술자와 독자, 서술자와 인물의 심리적 거리는 가깝고 독자와 인물의 심리적 거리는 멀다.

03

정답 (1) × (2) ○ (3) ×

㉠ '초시는 설명하지 않았다.'에서 딸을 걱정하는 심리는 나타나지 않는다. 안 초시는 자신이 원하는 안경다리로 고치기에는 돈이 부족하다고 생각하고 그 돈을 담배를 사는 데 썼다는 것을 딸에게 말하고 싶지 않은 것이다.

㉡ "자식도 소용없어. 더구나 딸자식…… 그저 내 수중에 돈이 있어야……."에는 돈을 중시하는 안 초시의 가치관이 드러난다.

㉢ '모두 꿈이었다. 꿈이라도 너무 악한 꿈이었다.'에서는 땅 투기의 실패로 절망한 안 초시의 심리를 알 수 있다. 따라서 꿈이 이루어진 것이 아니다.

04

정답 가영

흰 조각구름은 안 초시의 꿈을 의미하고, 때 묻은 적삼은 안 초시의 현실을 의미한다고 볼 수 있다. 깨끗한 소재와 그렇지 못한 소재를 활용하여 땅 투기로 일확천금을 꿈꾸다 실패한 안 초시의 초라한 삶을 표현하고 있다.

5-8 한눈에 보기

김연수, 「리기다소나무 숲에 갔다가」

· **해제** 5월 대학생의 분신자살을 목격하고 충격을 받아 군 입대를 자원 신청한 '나'는 삼촌과 함께 덕유산 일대의 리기다소나무 숲으로 사냥을 간다. '나'는 인간과 자연을 분리된 것으로 보고 자연을 도구로만 생각했었다가, 사냥 중에 하나의 생명을 빼앗기 위해 또 다른 생명을 수단으로 삼은 행동이 잘못이었다는 것을 깨닫고 사냥을 그만두게 되었다는 도라꾸 아저씨의 이야기를 듣게 된다. 이로 인해 '나'는 인간도 자연의 일부이며, 모든 생명이 동등한 가치를 갖는다는 깨달음을 얻게 된다.
· **주제** 살아 있는 모든 것은 동등한 가치를 지님.(생명의 존엄성)

05

정답 ②

다에서 '그란데 봐라, 잡는 그 순간에 나도 너맨치로~나도 한참을 못 쐈다.'의 내용을 보면 도라꾸 아저씨가 멧돼지 사냥을 나갔을 때의 상황을 떠올리며 현재의 사냥 실패와 연결하여 이야기하고 있다. 이는 도라꾸 아저씨의 회상을 통해 과거와 현재를 매개하는 경험을 전달하고 있다고 볼 수 있다. 장면이 빈번하게 전환된다거나 사건이 반전되거나 인물 간의 갈등이 해소되는 부분은 나타나지 않는다.

06

정답 독자

ⓐ '새끼만 노리고 다섯 마리쯤 죽인 뒤에 도라꾸 아저씨는 일행에게 다시 돌아가자고 말했다고 한다.'는 '나'가 인물들을 관찰하는 입장에서 도라꾸 아저씨의 말을 독자에게 전달하며 서술하고 있는 것이라고 볼 수 있다.

07

정답 (1) ○ (2) × (3) ○

다에서 도라꾸 아저씨는 방언(사투리)을 사용하고 있는데, 방언의 사용은 현장감과 사실적인 느낌을 준다. 또한 대화의 방식을 사용하여 도라꾸 아저씨의 경험을 전달하고 있다. 그러나 서술자가 개입하여 상황에 대한 평가를 하고 있지는 않다.

08

정답 ㉡, ㉢, ㉧

이 글은 소설 속 인물인 '나'가 관찰자의 입장에서 주인공에 대한 이야기를 서술하는 1인칭 관찰자 시점의 소설이다. 이에 해당하는 설명은 ㉡, ㉢, ㉧이다. ㉠, ㉣은 1인칭 주인공 시점과 전지적 작가 시점에 해당하고, ㉡, ㉢은 1인칭 관찰자 시점과 작가(3인칭) 관찰자 시점에 해당한다. ㉤은 1인칭 주인공 시점에 대한 설명이고, ㉥은 전지적 작가 시점에 대한 설명이다.

문제로 학습하기

01 ⑤   **02** ③   **03** ②

수능 개념 마스터

❶ 1인칭 주인공   ❷ 친근감   ❸ 추측   ❹ 비유적

❺ 독백

1~3 한눈에 보기

김애란, 「도도한 생활」

- **해제** 제목 '도도한 생활'은 중의적 표현으로, 피아노 음계 '도'의 반복되는 소리와 피아노를 자유롭게 연주하며 살아가는 '도도한 삶'을 의미한다. 엄마는 어린 시절 '나'에게 조금 더 나은 환경을 만들어 주고 싶은 마음에 피아노를 사 준다. 비록 피아노가 놓인 장소는 어울리지 않게 만두 가게였으나, '나'는 삶의 질이 세련되어진 것 같다고 생각한다. 후에 반지하로 이사를 가게 된 상황에서도 피아노를 가지고 가는 것은 그것이 엄마와 '나'의 자존심이기 때문이라고 볼 수 있다. '나'가 반지하방에서도 집주인의 말을 어기고 피아노를 연주하는 것은 열악한 상황에서도 '도도한 생활'을 영위하려는 행동으로 볼 수 있다.
- **주제** 도도한 삶에 대한 욕구
- **배경** '나'의 어린 시절 – 만두 가게
  대학 진학을 앞둔 때 – 반지하방
- **특징** ① 성인이 된 '나'가 어릴 적 '엄마'의 상황과 심리를 추측함.
  ② '만두 가게'와 '반지하'의 공간의 이동에 대해 '나'의 생각이나 느낌이 대칭적으로 나타남.

01 ● 서술상의 특징 파악

정답 ⑤

정답 풀이

이 글은 1인칭 주인공 시점의 소설로, 이야기 내부의 서술자인 '나'가 엄마, 언니, 백인 남자 등의 행위를 묘사하며 자신의 내면을 드러내고 있다.

오답 풀이

① 동일한 사건에 대한 서술이 아니라, 엄마가 '나'에게 피아노를 사 준 일, '나'가 만두 가게에서 피아노를 연주한 일, '나'가 반지하로 피아노를 가지고 이사한 일 등의 다양한 사건을 '나'라는 한 인물의 관점에서 다양하게 서술하고 있다.

② 1인칭 주인공 시점의 서술자가 이야기를 계속 서술할 뿐, 서술자가 교체되지는 않는다.

③ 1인칭 주인공 시점은 서술자가 이야기의 내부에 있다. 따라서 '이야기 내부의 서술자가 자신의 관점에서 사건을 해석하고 있다.'고 보아야 옳다.

④ 1인칭 주인공 시점은 '나'가 겪은 사건을 자신의 관점으로 서술하는 것이므로, 사건을 주관적으로 전달한다.

02 ● 표현상 특징 파악

정답 ③

정답 풀이

ⓒ '낮에는 방에 손님을 들이고, 밤에는 식구들이 이불을 펴고 자는 식으로 말이다.'는 생계와 주거를 한 건물 안에서 해결한 방법을 부연하여 설명한 것이다. 자신의 경험에 대한 이해의 폭이 확장된 것과는 거리가 멀다.

오답 풀이

① ㉠ '마침 동네에 음악 학원이 생겼고, 엄마의 만두가 불티나게 팔리던 시절이라 가능했던 일인지도 모른다.'에서 추측과 짐작을 드러내는 '~인지도 모른다'라는 표현을 사용하여 성년이 된 '나'의 시각에서 엄마가 '나'에게 피아노를 가르친 것에 대한 의미를 진술하고 있다.

② ㉡ '원목 위에 양각된 우아한 넝쿨무늬, 은은한 광택의 금속 페달, 건반 위에 깔린 레드 카펫'은 외양에 대한 묘사를 나열한 것으로, '나'가 피아노를 보고 느낀 인상(학원에 있는 어떤 것보다 좋아 보였다.)의 근거를 제시한 것이라고 볼 수 있다.

④ ㉣ '그것은 몰락한 러시아 귀족처럼 끝까지 체면을 차리며 우아하고 담담하게 서 있었다.'는 비유적인 표현을 사용하여 어울리지 않는 반지하방에 놓이게 된 피아노를 바라보는 안타까운 마음을 드러내고 있다.

⑤ ㉤ '언니와, 나와, 피아노와, 외삼촌과, 다시 피아노를 번갈아 쳐다봤다.'에서 쉼표를 빈번하게 사용하여 예기치 않은 상황(피아노가 반지하방으로 들어가는 상황)에 대한 집주인의 불편한 심리를 부각하고 있다.

03 ● 소재 및 배경의 의미 파악

정답 ②

정답 풀이

만두 가게에서 '나'는 손뼉을 치는 외국인이 '원더풀'이라 외치는 것을 듣고 부끄러웠지만 땡큐라고 했다. '나'가 부끄러웠던 것이지 손뼉을 치는 사람이 부끄러워하고 있지는 않았다.

오답 풀이

① '파란 트럭'에 의해 만두 가게로 옮겨져 엄마를 기쁘게 했던 피아노는, 아빠의 빚보증 때문에 가게가 망하면서 '외삼촌의 트럭'에 의해 반지하로 옮겨지게 되어 언니를 당황하게 했다. '언니의 표정은 뜨악했다.'라는 표현을 통해 언니가 당황했음을 알 수 있다.

③ 우리 가족은 만두 가게에서 낮에는 장사를 하고, 밤에는 잠을 잤으므로, 만두 가게는 '생계와 주거'를 모두 해결해야 했던 공간이다. 반지하는 '나'와 언니가 '좁고 가파른 계단'을 오르내리며 살아야 하는 공간이다.

④ 만두 가게에서 '나'가 누구라도 얼굴을 붉히게 만들었을 연주를 했던 피아노는 반지하로 옮겨지는 과정에서 '나'의 얼굴이 붉어지게 했다. '쿵– 하는 소리'가 났을 때, '내가 처음 도착한 도시에 울려 퍼지는 그 사실적이고, 커다랗고, 노골적인 소리에 얼굴이 붉어졌다.'라고 표현하고 있다.

⑤ 만두 가게에서 피아노에 대한 반가움을 드러내던 '세탁기도 냉장고도 아닌 피아노라니'라는 표현은 반지하로 피아노가 옮겨지는 과정에서 나타나는 무안함(민망해지는 기분)을 드러내는 데 활용되고 있다.

· 본문 54~55쪽

01 ②　　　**02** ①　　　**03** ④

1-3 한눈에 보기

작자 미상, 「월영낭자전」

- **해제** 천상 선녀였던 월영이 호원의 딸로 태어나 최희성과 정혼하나, 위현의 청혼으로 죽었다는 소문을 내고 금안으로 떠나는 등의 고난을 겪는다. 후에 희성을 만났으나 설영의 시기를 받는 등의 고난을 겪고, 마침내 희성과 행복을 누리며 살게 된다는 내용의 가정 소설이다.
- **주제** 고난을 극복하는 여성의 주체적인 삶
- **배경** 소주 지방. 시간적 배경은 구체적으로 드러나지 않음.
- **특징** ① 전지적 작가 시점으로, 서술자가 직접 개입하여 인물과 사건에 대한 주관적 평가를 함.
　　② '여차여차'라는 표현으로 구체적인 내용을 생략하거나 반복적 진술을 피함.

---

01 ● 서술상의 특징 파악

정답 ②

정답 풀이

나의 낭자가 관군을 물리치는 장면에서 '규중에 조그마한 처자로 ~ 목숨을 아낌이라.'와 같이 서술자가 직접 개입하여 사건과 인물에 대한 주관적 평가를 하고 있다. **다**에서도 '낭자는 본대 지혜 용맹 있는 여자라.'라고 서술자가 직접 개입하여 인물에 대한 주관적 평가를 하고 있다.

오답 풀이

① 꿈과 현실이 교차되는 장면은 나타나지 않는다. 강제로 혼인하려는 위현과 월영 낭자 간의 외적 갈등이 나타나고 있으며 낭만적인 분위기는 조성되지 않는다.

③ 대상에 대한 풍자적 태도를 드러내는 우의적 기법은 사용되지 않았다.

④ 시간의 흐름에 따라 하나의 이야기가 전개되고 있으며, 이야기 속에 또 다른 이야기가 삽입된 형태인 액자식 구성은 나타나지 않는다.

⑤ 인물의 외양과 행동에 대한 섬세하고 치밀한 묘사는 나타나지 않는다.

---

02 ● 표현상 특징 파악

정답 ①

정답 풀이

㉠은 월영 낭자가 위현이 보낸 관군들을 물리친 이야기를 알려 주는 것으로, 앞의 사건을 생략하여 반복적 진술을 피하게 한다.

오답 풀이

② ㉠에는 인물 간의 내재된 갈등이 언급되어 있지 않다.

③ ㉡은 노복이 취할 행동을 독자에게는 알려 주지 않는 표현으로, 구체적인 내용을 생략하여 독자의 호기심을 유발하고 있다.

④ ㉡은 노복이 취할 행동을 의미하는 것이지, 인물의 성격이 변화됨을 암시하는 것이 아니다.

⑤ ㉡은 노복이 취할 행동을 의미하는 것이지, 인물들의 다양한 입장을 예상하게 하는 것이 아니다.

---

03 ● 외적 준거에 따른 감상

정답 ④

정답 풀이

부모의 유언을 따르고 후사를 잇기 위해 목숨을 보전하려는 월영 낭자의 모습에서는 근대적 여성상이 아니라, 오히려 전통적인 가치관이 드러난다고 볼 수 있다.

오답 풀이

① 부귀영화를 누리는 위 자사(위현)가 지위와 재물을 이용하여 월영 낭자와 강제 결혼을 하려는 모습에서 월영 낭자와 최생(최희성)의 혼사를 방해하는 혼사 장애 모티프가 드러난다.

② 무기를 든 관군들이 위 자사(위현)의 명령에 따라 월영 낭자를 납치하려는 데서 권력(직책을 이용해 관군을 부림.)의 폭력성이 자행되는 모습이 드러난다.

③ 사대부 여자의 도리를 들며 위 자사(위현)의 위력에 저항하는 월영 낭자의 모습에서 인륜(정혼한 상대에 대한 신의를 지킴.)을 중시하는 가치관이 드러난다.

⑤ 월영 낭자가 위 자사(위현)의 행동을 예측하고, 자신은 병이 위중하다고 꾸민 후 남복으로 갈아입고 금안으로 떠나며 위기를 벗어나는 데서 낭자의 지략이 드러난다.

07강 소재, 배경, 구성

개념 익히기

• 본문 58~59쪽

01 활   **02** ②   **03** 혼자 앉는 법을 익히기

04 일대기적 구성, 구체적   **05** (1) ㉠, ㉣ (2) ㉡, ㉢

06 양복장, 대마직 국민복   **07** ①   **08** ㉢, ㉣

1-4 한눈에 보기

윤영수, 「착한 사람 문성현」

• **해제** 뇌성마비를 앓고 있는 주인공의 삶을 탄생, 희망, 혼란, 평온, 분노, 살아 있음 등 6개의 소제목으로 나누어 구성하고 있는 소설이다. 한계를 극복하기 위해 끊임없이 노력하는 주인공과 그런 주인공을 지지하고 감싸 주는 가족들의 모습을 통해 삶의 존엄성을 보여 주고 있다.

• **주제** 장애인의 삶을 통해 바라본 인간의 존엄성

01
정답 활

지문에서 서술자는 '대나무를 별러 노끈으로 묶은 그것(활)은 그의 어린 시절 희망의 상징이었다.'라고 말하고 있다. 문성현의 어린 시절 희망의 상징이자, 미래 자신의 모습에 대해 기대와 희망을 품게 하고, 자신의 장애를 극복하고자 노력하게 되는 동기를 부여하는 소재는 '활'이다.

02
정답 ②

'텔레비전'은 문성현과 바깥세상을 연결해 주는 매개체로, '다른 이처럼 앉지도 서지도 걸어 다닐 수도 없는 그에게는 텔레비전을 통해 보는 다른 이들의 삶이 한편으로는 가슴 떨리는 열망이었으나 또 한편으로는 부서뜨리고 싶은 안타까움이기도 했다.'에서 알 수 있듯이 문성현에게 희망과 절망을 동시에 느끼게 하고 있다. '텔레비전'과 문성현의 동생과는 관련이 없다.

03
정답 혼자 앉는 법을 익히기

㉡의 바로 뒷문장인 '혼자 앉는 법을 익히기로 결심했던 것이다.'에 '결심'에 대한 내용이 나온다.

04
정답 일대기적 구성, 구체적

인물의 일생에 초점을 두어 내용을 전개하는 것은 일대기적 구성 방식이다. ㉢은 다른 아이들처럼 행동할 수 있으리라는 주인공의 바람으로, 추상적 소제목 '희망'의 의미를 구체적으로 보여 주고 있다.

5-8 한눈에 보기

채만식, 「맹 순사」

• **해제** 해방 직후 친일 잔재를 청산하지 못하는 문제와 허술한 행정 체계를 비판한 소설이다. 주인공인 맹 순사는 일제 강점기에 순사 노릇을 하다 해방 후 그만둔 인물로, 경찰이 되어 새로 배치된 곳에서 살인강도로 붙잡혀 들어온 사람이 경찰이 된 것을 보고 경찰직을 그만둔다. 즉 순사 출신인 맹 순사가 직접적인 풍자와 비판의 대상이 아니라, 일제 잔재가 청산되지 못하고 방치된 무질서한 사회 현실과 세태를 풍자하고 있다.

• **주제** 해방 직후의 혼란스러운 사회 / (친일 잔재를 청산하지 못하는) 비극적인 역사의 반복에 대한 풍자와 비판

05
정답 (1) ㉠, ㉣ (2) ㉡, ㉢

서분이가 재봉틀 이야기를 하며 자신들보다 잘 사는 집에 대한 부러움을 말하는 것과 맹 순사가 뇌물로 받은 양복장을 보며 부끄러움을 느끼는 것은 모두 '방 안'에서 일어나는 일이다. 맹 순사가 순사를 적대시하는 사람들의 눈길을 느끼고, 자신의 처지에 한탄하는 곳은 파출소에 가는 길이다.

06
정답 양복장, 대마직 국민복

'양복장'과 '대마직 국민복'은 모두 맹 순사가 뇌물로 받은 물건으로 그를 얼굴 간지럽게 하고 있다. 따라서 '양복장'과 '대마직 국민복'은 맹 순사에게 부끄러움을 느끼게 하는 소재이다.

07
정답 ①

㉯에서 서술자는 맹 순사가 파출소로 가는 길에 사람들을 마주치며 걸으면서 생각하는 내용을 전달하고 있다. 따라서 ㉯에는 인물(맹 순사)의 심리가 드러나 있다.

08
정답 ㉢, ㉣

소설에서 배경은 전반적인 분위기를 형성하고, 작품 내용의 사실감을 부여하는 역할을 한다. 또한 주제를 암시하는 역할을 하기도 한다. 인물 간의 갈등을 유발하는 것은 소재 및 상황이다.

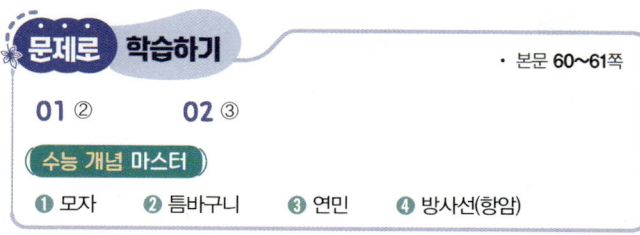

· 본문 60~61쪽

01 ②　　　　**02** ③

수능 개념 마스터
❶ 모자　　❷ 틈바구니　　❸ 연민　　❹ 방사선(항암)

1-2 한눈에 보기

박완서, 「여덟 개의 모자로 남은 당신」

- **해제** '나'의 남편이 폐암에 걸려 투병을 하다 사망하기까지의 이야기와 남편과의 젊은 시절의 이야기, 남편이 사망한 이후의 '나'의 이야기로 구성된 소설이다. 사랑하는 이의 죽음을 맞이하는 태도를 엿볼 수 있다.
- **주제** 사랑하는 이의 죽음과 그 이후의 삶
- **배경** 집, 병원
- **특징** ① 독백적 진술을 활용하여 인물의 내면을 드러내고 있음.
  ② 소재를 통해 인물의 심리를 드러냄.

01 　소재의 기능 파악　　　　정답 ②

정답 풀이

남편이 '틈바구니에 낀 쥐' 같은 '나'의 모습을 이야기한 후, '나'는 '틈바구니'의 의미를 찾고 싶어 한다. '어쩌면 그는 그때 삶과 죽음의 틈바구니에서 어느 만큼은 내 원색적인 분노를 관조할 수도 있었기에 해 본 단순한 연민의 소리일 뿐인 것을 내가 괜히 심각하게 굴었는지도 모르겠다.'라고 말해 연민의 소리일 뿐이라고 생각할 수도 있음(고민할 거리가 없음.)을 말하고 있으나, '그가 남긴 모자가 나에겐 모자라는 물질 이상이듯이 틈바구니란 말 또한 말뜻 이상의 것, 한없이 추구해야 할 화두임을 면할 수가 없다.'라고 말하며 스스로 고민을 유발하고 있다.

오답 풀이

① '틈바구니'는 '나'에 대한 남편의 연민을 담은 말로, 이야기의 초점이 '막내'로 전환되고 있지 않다.
③ '나'는 남편을 떠올리며 남편이 말한 '틈바구니'의 의미도 찾고 싶어 하는 것일 뿐이다. '남편'의 죽음에 대한 '나'의 미안함은 드러나지 않는다.
④ '틈바구니'라는 말과 막내와의 이야기는 연결되는 부분이 없다.
⑤ '나'의 가족이 공동체적 삶의 의미를 성찰하는 내용은 나타나지 않는다.

02 　작품 감상　　　　정답 ③

정답 풀이

방사선 치료를 받는 남편의 '빛에 대한 공포감'을 덜어 주려는 '나'의 모습은 나타나지 않는다. '나'는 '방사선이란 어떻게 생긴 빛일까? 그 깊이 모를 외로움과, 너무 밝아 차라리 암흑과 상통할 것 같은 빛에 대한 공포감은 죽음에 대한 상상력과 너무도 유사했다.'라고 말하며 방사선의 빛과 죽음을 연결하고 있을 뿐이다.

오답 풀이

① 남편의 모자를 '물질 이상'의 것으로 여기며 여덟 개의 모자를 모두 간직하고, 모자를 가끔 꺼내어 남편의 머리카락이라도 찾으려는 '나'의 모습에서, 남편에 대한 '나'의 사랑을 확인할 수 있다.

② 남편이 농담으로 받은 '틈바구니에 낀 쥐' 같다는 말에 '울어 버릴 것 같다'고 느끼는 '나'의 모습에서, 남편의 말에 '나'에 대한 연민이 담겨 있다고 믿고 있는 '나'의 인식을 확인할 수 있다.
④ 힘겹지만 '손자와의 마지막 장난'을 하며 가족들과 평범한 일상을 보내고 있는 남편의 모습에서, 가족에 대한 남편의 사랑을 확인할 수 있다. 자신은 아프지만 가족들에게 평범한 일상을 남겨 주려는 남편의 모습으로 볼 수 있다.
⑤ 남편이 남긴 모자에서 '(남편의) 머리카락 한 오라기'라도 찾고 싶어 하는 '나'의 모습에서, 남편을 그리워하는 '나'의 애틋한 마음을 확인할 수 있다.

· 본문 62~63쪽

01 ⑤　　　　**02** ④　　　　**03** ④

1-3 한눈에 보기

이태준, 「촌뜨기」

- **해제** 1930년대를 배경으로 화전을 일구며 생계를 유지하는 산골(안악굴 마을) 주민 장군이를 주인공으로 삼아, 그가 살림을 지키려는 과정과 끝내는 실패하는 모습을 그린 소설이다. 지문으로 제시된 부분에는 근대 초기의 과도기적 사회의 모습이 드러나 있다.
- **주제** 근대 초기의 과도기적 사회에 적응하지 못하는 사람들의 모습 / 삶의 터전을 잃고 안악굴 마을을 떠나는 장군이 부부의 모습
- **배경** 1930년대, 안악굴 마을
- **특징** ① 전지적 작가 시점으로, 서술자에 의해 사건이 요약·제시되어 있음.
  ② 제목 '촌뜨기'를 통해 과도기적 사회에서 시대적 흐름을 충분히 이해하지 못해 실패하게 되는 인물을 비유적으로 표현함.

01 　서술상의 특징 파악　　　　정답 ⑤

정답 풀이

[나]에서 장군이가 경찰서에 잡혀가서 스무 날을 지낸 사건을 요약적으로 서술하여 인물에 대한 독자의 이해를 돕고 있다.

오답 풀이

① 인물의 과장된 반응이나 비극적 분위기의 반전은 나타나지 않는다.
② 인물이 겪은 일이 서술되어 있을 뿐, 인물이 상상을 한 장면은 나타나지 않는다.
③ 인물의 습관적 행위가 나타나지 않고, 장군이 개성적 성격인 것도 아니다.
④ 사건과 관련된 인물의 의문점은 나타나지 않는다.

02 　배경의 의미 파악　　　　정답 ④

정답 풀이

멧돼지나 노루의 함정을 파 놓은 것은 산 주인이 삼정회사로 바뀌기 전 생계를 위한 수단으로 하던 행위였으나, 소유가 바뀐 후 범죄가 되어

버린 행위가 된 것이다. '경찰'에 저항하기 위해 함정을 만든 것이 아니다.

오답풀이

① '가진 논밭'이 없어도 아버지 때까지는 '굶지는 않고 남에게 비럭질은 하지 않고' 살았던 곳이다.

② '삼정회사'의 출현으로 생계를 위한 활동이 범죄가 되는 생활의 변화가 일어난 곳이다.

③ '산지기'나 '관청'에서 이르는 대로만 지키자면 산나물이나 야생 열매 채취 정도만 가능하다는 내용을 통해 '산지기'나 '관청'의 통제가 영향을 끼치고 있는 곳이라고 할 수 있다.

⑤ 생계를 위해 하던 기존 방식을 금하였으므로, 생계를 위한 일들이 '범죄'가 될 수 있는 곳이다.

03 • 소재의 의미와 역할 파악   정답 ④

정답풀이

| 보기 |에서 '물을 바라보는 행위는 물에 비친 상을 통한 자기 인식과 관련된다.'라고 말하고 있다. '입이 광주리만큼씩 찢어져 보이는 '제 얼굴의 그림자'는 장군이가 송사리 떼를 놓친 것과 같은 실패를 겪은 자신의 모습을 부정적으로 인식하고 있음을 보여 준다고 할 수 있다.

오답풀이

① | 보기 |에서 '물에 비친 상'은 사태의 본질을 스스로 깨닫도록 한다고 말하고 있다. 스스로에 대한 장군이의 부정적 인식을 고려할 때, '수면'이 평온함을 보여 준다고 하기는 어렵다.

② '꿈꾸듯 물만 내려다보고 섰던'에서 장군이는 물을 바라보며 자기 인식을 하고 있는 중이다. 자기 인식이 중단된 순간이 아니다.

③ '철버덩!' 하는 소리를 내며 '몽우리돌'이 떨어진 것은 자신의 실패 상황에 대한 장군이의 분노를 드러낸 것이라고 볼 수 있다.

⑤ '한 마리도 뜨지 않'은 '송사리 떼'는 송사리를 잡는 데 실패한 장군이의 상황을 나타낸 것이지, 장군이가 내면에 대한 깨달음을 스스로의 힘으로 얻는 것이 불가능함을 보여 주는 것이 아니다.

08강 주제와 감상

개념 익히기
· 본문 66~67쪽

01 ④

02 (1) ② (2) ② (3) ③ (4) ① (5) ④

03 ㉠

04 (1) × (2) ○ (3) ○

05 눈사람

06 ㉠, ㉣

07 단지, 가출

08 연우

1-4 한눈에 보기

성석제, 「투명 인간」

· **해제** 선량한 주인공이 근현대사를 관통하면서 물질 만능의 한국 사회로부터 어떻게 소외되어 가는지를 그린 장편 소설이다. 산업화 과정에서 소외되었지만 묵묵히 살아가는 인물인 김만수의 이야기를, 주변인들이 서술자로 등장해 다각도로 조명하고 있다.

· **주제** 산업화 과정에서 소외된 선량한 인물의 고달픈 삶

01   정답 ④

가에서 진주는 만수와의 이상한 소문으로 힘들어하고, **나**에서 이런 진주에게 만수는 여동생이 하는 분식집에서 일할 것을 제안한다. **다**에서 만수 여동생은 '억장이 무너지는 것 같았다.'라고 표현하며 진주와 함께 일하는 것을 불편해한다. **라**에서는 공장을 되살리려는 투쟁에 여자가 참여하면서 식당 운영에 차질이 생긴 만수 여동생의 남편이 만수에게 불만을 토로하고 있다.

02   정답 (1) ② (2) ② (3) ③ (4) ① (5) ④

ⓐ, ⓑ는 진주, ⓒ는 만수의 여동생, ⓓ는 만수, ⓔ는 만수 여동생의 남편이다. 서술자가 바뀌기 때문에 인물에 대한 지칭이 바뀌고 있다.

03   정답 ㉠

㉠은 소설의 주제, ㉡은 줄거리, ㉢은 서술 방식, ㉣은 서술 방식의 효과에 대한 내용이다.

04   정답 (1) × (2) ○ (3) ○

'적금 통장'은 만수가 그동안 모은 돈으로, 만수가 이를 내놓은 것은 주인공이 가족과 동료를 위해 자신의 것을 나누며 희생하는 모습에 해당한다.

가, **나**는 진주, **다**는 만수의 여동생, **라**는 만수의 여동생의 남편이 서술자가 되어 이야기를 진행하고 있으므로, 주인공을 지칭하는 표현이 달라지고 있다.

다에서 만수가 적금 통장을 꺼내어 제대로 된 식당을 해 보자고 했다는 내용을 통해 만수가 가족을 위해 희생하는 인물임을 알 수 있고, **라**에서 '처남이 착하다는 건 인정한다. 성실하기도 했다.'라는 평가에서 만수가 착하고 성실한 인물임을 알 수 있다.

김소진, 「눈사람 속의 검은 항아리」
- **해제** 어른이 된 서술자가 유년을 보냈던 동네를 방문하여 재개발 현장에서 어릴 적 '단지'를 깼던 사건을 회상하고, 사라져 가는 마을의 모습을 안타까워하는 내용의 소설이다. 어릴 적 '단지' 사건을 통해 '나'(서술자)의 성장을 보여 주는 성장 소설이다.
- **주제** 유년 시절 사건을 통해 세상에 대해 깨달은 '나'

05
정답 눈사람

'나'는 깨진 단지를 은폐하기 위한 방법으로 '눈사람'을 만들기로 한다. 눈 안에 깨진 단지 조각들을 넣어 눈사람을 만들기로 한 것이다.

06
정답 ㉠, ㉣

이 소설은 1인칭 주인공 시점이다. 1인칭 주인공 시점은 주인공인 '나'가 사건에 대해 서술하는 시점으로, 서술자 자신의 심리를 직접적으로 표현하는 특징이 있다. ㉠ '나는 가슴이 터질 듯 기뻐 하늘을 향해 두 팔을 쫙 벌렸다.'에서 '나'가 느끼는 '기쁨'을 알 수 있고, ㉣ '나는 나를 둘러싼 세계가 너무도 낯설게 느껴졌다.'에서 '나'가 세상에 대해 느끼는 '낯섦'을 알 수 있다.

07
정답 단지, 가출

'나'는 욕쟁이 할머니의 '단지'를 깨뜨리고 해결 방법을 모색하다 눈사람 안에 깨진 단지를 숨긴다. 혼날 것을 두려워한 '나'는 '가출'을 한 후 여러 곳을 방황하다 해 질 녘에 집으로 돌아온다.

08
정답 연우

'나'는 '눈사람' 속에 깨진 단지를 숨길 생각을 한 후 가슴이 터질 듯 기뻐하고 있다. 따라서 내적 갈등이 나타난다고 볼 수 없다.

문제로 학습하기
· 본문 68~69쪽

01 ① **02** ⑤

수능 개념 마스터
❶ 노인 ❷ 사랑 ❸ 소외된 ❹ 표현론 ❺ 반영론
❻ 효용론

한승원, 「버들댁」
- **해제** 열악한 환경 속에서도 손자를 위해 희생하는 버들댁의 모습을 통해 가족에게 헌신적 사랑을 베푸는 노인의 모습과 소외된 노인 계층의 삶의 모습을 보여 주고 있는 소설이다.
- **주제** 가족에 대한 노인의 헌신적 사랑과 노인 계층의 소외된 삶
- **배경** 겨울, 어촌 마을
- **특징** 노인 계층의 소외된 삶 등 현대 사회의 노인 문제를 현실적으로 드러냄.

01 · 인물의 심리와 태도 파악
정답 ①

정답 풀이

㉠ '호다'는 '기대한 만큼 좋은 결과가 나타나지 않을지도 모른다고 생각은 되지만, 그래도 어찌할 수 없이 더러운 소망으로 기대하면서 지껄이는 말'이다. 따라서 버들댁은 기대한 만큼 좋은 일이 있을 것이라 확신하고 있는 것이 아니다.

오답 풀이

② ㉡ '손자의 멍든 곳을 어루만지고 쓰다듬었다.' 뒤에 '가슴이 아리고 쓰렸다.'가 이어지고 있으므로, 버들댁은 상처 입은 용복을 가엾게 여기며 마음 아파하고 있다고 볼 수 있다.

③ ㉢에서 용복은 '삼십 만 원 그것이 돈이란가?'라고 말하고 있다. 버들댁이 면사무소에서 나오는 생계비를 모아서 준 돈이지만, 용복은 버들댁이 주었던 돈을 대수롭지 않게 여기고 있는 것이다.

④ 수문댁이 ㉣ '광주 양반도 시방 맘이 천근만근이라요'라고 말한 것은 광주 양반의 딸이 암 수술을 해야 한다는 사실을 알고, 광주 양반의 마음이 힘들다는 것을 인식하고 있었기 때문이다.

⑤ ㉤ '지가 어쩐다고 부끄럽고 구차하지도 않아서 이렇게 끈질기게 살고 있느냐고 그래?'에서 '지'는 시제를 모시러 왔던 상근을 의미하며, ㉤은 광주 양반이 자신의 처지에 참견했던 상근의 말에 분노하고 있는 것이다.

02 · 주제 의식을 바탕으로 한 감상
정답 ⑤

정답 풀이

광주 양반이 '모아 놓은 돈'을 수술비가 없어서 수술을 못 하는 딸에게 다 보내 준 것이다. 광주 양반이 수술을 하지 못하는 것이 아니다. 또한 이 내용과 노인의 경제적 궁핍에 대한 젊은이의 무관심은 관련이 없다.

오답 풀이

① 버들댁이 자신은 '아깝다고 밤에 잘 때 한 차례만 때'는 기름을 용복

이 '계속 때리려고 들'어도 '말리지 않'는 것에서 피붙이에 대한 내리사랑을 짐작할 수 있다. '용복은 그녀(버들댁)에게 있어서 삶의 허기를 충족시켜 주는 보물이었다.'라고 표현하고 있다.

② 버들댁이 '불편한 몸을 이끌고 살아가'면서 용복을 통해 '삶의 허기를 충족'하는 것에서 쇠약한 노인이 손자에게 삶의 희망을 얻고 있음을 짐작할 수 있다. '버들댁이 이렇게 불편한 몸을 이끌고 살아가는 것은 눈앞에 얼씬거리는 유일한 손자 용복 때문이었다.'라고 말하고 있다.

③ 버들댁이 '독거노인에게 주는 생계비'를 '한 푼도 쓰지 않고 모두' 손자에게 주는 것에서 조건 없는 희생을 구현하고 있는 소외된 노인의 모습을 짐작할 수 있다. 버들댁의 생활비로 써야 하는 생계비를 한 푼도 쓰지 않고 용복에게 내주는 행동은 조건 없는 희생으로 볼 수 있다. 또한, '독거노인'이라는 표현을 통해 버들댁이 소외된 노인임을 짐작할 수 있다.

④ 광주 양반이 '벌어 놓은 재산'도 없이 '동네 사람들'에게 '곡식이나 반찬 얻어먹고' 산다고 상근이 말한 것에서 노인 계층의 빈곤 문제를 짐작할 수 있다. 광주 양반이 형편이 넉넉한 것이 아니라 빈곤함을 알 수 있고, 이는 버들댁의 빈곤과 더불어 노인 계층의 빈곤 문제라고 볼 수 있다.

• 본문 70~71쪽

01 ②   02 ④   03 ④

1-3 한눈에 보기

양귀자, 「모순」

- **해제** 삶의 모순된 상황과 인물의 복잡한 심리가 1인칭 주인공 시점을 통해 구체적으로 드러나 있는 소설이다. 일란성 쌍둥이였던 이모와 어머니의 대비되는 삶을 통해 행복과 불행은 교차하여 나타나는 등 인생의 본질은 모순적이고, 인생은 실수를 되풀이하면서 살아가는 것이라는 깨달음을 전하고 있다.
- **주제** 인생에 나타나는 모순을 이해하여 삶의 본질을 깨달음.
- **배경** 현대(1990년대 정도)
- **특징** ① 1인칭 주인공 시점의 소설로, 인물의 심리가 섬세하게 드러남.
  ② 이모와 어머니의 대비되는 삶을 통해 주제 의식을 강조함.

01 • 서술상 특징 파악   정답 ②

정답 풀이

1인칭 주인공 시점의 소설로, 독백적 진술을 통해 인물의 복잡한 내면 심리를 드러내고 있다.

오답 풀이

① 계절적 변화의 묘사가 나타나지 않으며, 인물의 변화된 심리도 드러나지 않는다.

③ 의식의 흐름 기법이 사용되지 않으며, 인물의 무의식적 욕망도 드러나지 않는다.

④ 추측의 진술은 나타나지만(아버지의 병세가 나아지지 않을 것이라는 추측 등), 다른 인물에 대한 반감은 드러나지 않는다.

⑤ 과거와 현재의 교차 서술과 인물 간 갈등 양상 모두 드러나지 않는다.

02 • 인물의 심리와 태도   정답 ④

정답 풀이

ⓔ '김장우는 어떠했는지 알 수 없지만.'에서는 심리적 갈등을 회피하는 '나'의 소극적 태도가 아니라, 자신의 선택에 스스로 책임을 지는 태도가 드러난 것으로 볼 수 있다.

오답 풀이

① ㉠ '아, 어머니의 불행하고도 행복한 삶……'은 아버지를 돌봐야 하고 얼마 되지 않는 수입에서 점원 월급까지 나가는 빠듯한 상황이지만 나날이 생기가 더해 가는 어머니의 모습을 통해 어머니의 삶을 모순으로 인식하고 있다.

② ㉡에서 '나'는 '슬픈 일몰을 이야기하고 아름다운 비밀 반쪽을 나에게 나누어 주던' 아버지를 회상하고, 그 순간들을 함께했던 아버지에 대한 애틋함을 가지고 있다. '아버지는 사라졌다'에서 어린 시절의 '나'와 추억을 쌓던 아버지를 그리워한다고도 볼 수 있다.

③ ㉢ '아마도, 우리는 영영 서로를 알아보지 못한 채 헤어질 것이다.'를 통해 아버지의 병세가 호전되지 않을 것이라는 '나'의 부정적 인식을 알 수 있다.

⑤ ㉤ '일 년쯤 전, 내가 한 말을 수정한다.'의 뒷문장에서 '인생은 탐구하면서 살아가는 것이 아니라, 살아가면서 탐구하는 것이다. 실수는 되풀이된다.'라고 말하고 있다. 실수를 반복할 수밖에 없는 것이 인생이라는 '나'의 깨달음을 알 수 있다.

03 • 외적 준거에 따른 감상   정답 ④

정답 풀이

'나'는 이모와 어머니의 삶을 통해 완벽하게 행복한 삶이나 완전히 불행하기만 한 삶은 없다는 인생의 본질을 깨닫고, 어떤 종류의 불행과 행복을 택할 것인지를 결정하는 문제만 남았다고 여긴다. '나'가 '내게 없었던 것(물질적 풍요)'을 선택한 것은 그 이면에 불행이 있을 수도 있다는 것을 고려하고 받아들일 수 있다는 생각이 바탕이 된 것으로 볼 수 있다.

오답 풀이

① 어머니는 표면적으로는 아버지의 간병과 가계의 경제적 문제까지 겹친 고달픈 상황이지만, 오히려 '더욱 바빠졌고 나날이 생기를 더'하는 어머니의 모습은 불행의 이면에 행복이 있다는 삶의 모순을 보여 주고 있다.

② '아버지가 내게 물려주고 싶었던 중요한 인생의 비밀'은 사랑하는 가족을 멀리하고 밖으로만 떠도는 삶을 살았던 아버지의 모순적인 삶처럼 삶의 본질이 모순에 있음을 드러내는 것이다.

③ '그 다짐에 충실했던 일 년'은 결혼 상대자를 신중히 골랐던 시기로, 사전적 의미와 그 반대의 의미까지도 탐구하여 모순된 생에 대한 이해를 확장한 시기였다고 볼 수 있다.

⑤ '무덤 속 같은 평온'은 물질적 풍요에도 불구하고 정신적 빈곤에 시달렸던 이모의 모순된 삶을 표현한 것이다.

09강 사실적 읽기 ①

개념 익히기

· 본문 **74~75**쪽

01 ④   **02** ⓐ - ㉠, ⓑ - ㉢, ⓒ - ㉡   **03** 억압, 승화
04 (1) ○ (2) × (3) ×   **05** ④
06 주민등록증, 가족관계등록부
07 취소권, 확답 촉구권, 거절권, 속임수
08 ① - ⓐ, ② - ⓓ, ③ - ⓒ, ④ - ⓑ

1-4 한눈에 보기

(인문) 원초아, 자아, 초자아
· **해제** 이 글은 프로이트의 '정신 분석 이론'을 소개하고 있다. 프로이트는 인간의 정신세계 중 의식이 차지하는 영역은 빙산의 일각일 뿐, 무의식이 정신세계의 대부분을 차지한다고 보았다. 이러한 무의식의 심연에는 '원초아'가, 무의식에서 의식에 걸쳐 '자아'와 '초자아'가 존재한다고 보았다. 원초아, 자아, 초자아에 대한 개념과 이것들의 상호 작용으로 인한 개인의 성격 형성 등에 대해 설명하고 있다.
· **주제** 프로이트의 '정신 분석 이론'

01
정답 ④

프로이트는 자아가 제 역할을 하지 못하면 정신 요소의 균형이 깨져 불안감이 생기는데, 자아는 이를 해소하기 위해 무의식적으로 방어 기제를 사용하게 된다고 하였다. 따라서 의식적으로 사용하는 방어 기제와 무의식적으로 사용하는 방어 기제를 구분하여 사용한다고 할 수 없다.

02
정답 ⓐ - ㉠, ⓑ - ㉢, ⓒ - ㉡

'원초아'는 성적 에너지를 바탕으로 본능적인 욕구를 충족하려는 선천적 정신 요소이고, '자아'는 외적 상황으로 인해 충족되지 못하고 지연되거나 좌절된 원초아의 욕구를 사회적으로 용인될 수 있는 방법으로 충족하려는 정신 요소이다. '초자아'는 원초아의 욕구를 억제하고 양심에 따라 행동하도록 하는 정신 요소이다.

03
정답 억압, 승화

대표적인 자아의 방어 기제로는 '억압'이나 '승화' 등이 있다. 억압은 자아가 수용하기 힘든 욕구를 무의식 속으로 억누르는 것을, 승화는 그러한 욕구를 예술과 같이 가치 있는 활동으로 전환하는 것을 의미한다.

04
정답 (1) ○ (2) × (3) ×

(1) 원초아, 자아, 초자아는 역동적으로 상호 작용하면서 개인의 성격을 형성한다. (2) '자아'가 아닌 '초자아'에 대한 설명이다. '초자아'는 어린 시절 부모의 종교나 가치관 등을 내재화하는 과정에서 후천적으로 발달

한다. (3) 프로이트는 성인의 정신 질환을 어린 시절의 심리적 갈등이 재현된 것으로 보고, 이를 치유하기 위해서는 무의식에 내재되어 있는 과거의 상처를 의식의 세계로 끌어내는 과정이 필요하다고 주장하였다. 어린 시절 부모와의 상호 작용 경험에 대해서는 성격 형성에 큰 영향을 준다고 설명하였다.

5-8 한눈에 보기

(사회) 제한 능력자 제도
· **해제** 이 글은 제한 능력자 제도의 필요성을 제시하고, 제도의 특징을 설명하고 있다. 만 19세 미만의 미성년자, 피성년 후견인과 피한정 후견인 등이 제한 능력자에 해당되는데, 이 제한 능력자가 단독으로 재산상의 법률 행위를 한 경우 10년 이내에 취소권을 행사할 수 있는 것이 제한 능력자 제도이다.
· **주제** 제한 능력자 제도의 필요성과 특징

05
정답 ④

제한 능력자는 만 19세 미만의 미성년자이다. 만 19세 이하는 만 19세를 포함하므로, 제한 능력자라고 할 수 없다.

06
정답 주민등록증, 가족관계등록부

미성년자는 주민등록증과 가족관계등록부를 통해 확인할 수 있다.

07
정답 취소권, 확답 촉구권, 거절권, 속임수

제한 능력자가 단독으로 재산상의 법률 행위를 한 경우 10년 내에 취소권을 행사할 수 있는데, 이를 제한 능력자 제도라고 한다. 제한 능력자를 보호하는 이러한 제도 때문에 제한 능력자의 계약 상대방은 불이익을 당할 수도 있다. 이에 민법은 제한 능력자의 상대방을 보호하기 위해 '상대방의 확답 촉구권', '상대방의 철회권·거절권', '제한 능력자의 속임수'와 같은 제도를 운영하고 있다.

08
정답 ① - ⓐ, ② - ⓓ, ③ - ⓒ, ④ - ⓑ

'상대방의 확답 촉구권'은 민법에서 운영하는 제도로, 제한 능력자를 보호함으로써 불이익을 당하게 되는 상대방을 위해 운영하고 있다. 이는 1개월 이상의 기간을 정해 계약 취소 여부에 대한 확답을 요구할 수 있는 권리로, 제한 능력자의 법정 대리인이나 제한 능력자가 행위 능력자가 된 경우에만 요구할 수 있다.

문제로 학습하기

01 ①　　　**02** ⑤　　　**03** ③

수능 개념 마스터

❶ 가설 검정　❷ 모순　❸ 귀무가설　❹ 1종　❺ 2종
❻ 1종　❼ 1종 오류　❽ 유의 수준　❾ 가설 검정　❿ 오류

1-3 한눈에 보기

(사회) 가설 검정과 오류

- **해제** 이 글은 대립가설과 귀무가설에 대해 설명하고, 가설 검정과 판단 과정에서 발생할 수 있는 두 가지 오류에 대해 설명하고 있다. 귀무가설이 참인데도 불구하고 귀무가설을 기각하는 결정을 내린 것을 1종 오류라 하고, 귀무가설이 참이 아닌데 귀무가설을 기각하지 못한 결정을 내린 것을 2종 오류라고 한다. 오류들 중 상대적으로 더 심각한 문제를 초래하는 것은 1종 오류이므로, 가설 검정에서는 1종 오류를 범할 확률의 최대 허용 범위인 유의 수준을 가급적 낮게 정한다.
- **주제** 가설 검정 및 판단 과정에서 발생할 수 있는 오류
- **특징** ① 신약을 만드는 상황을 가정하여, 가설 검정의 개념을 설명함.
　② 설명하고자 하는 대상에 대해 구체적 예를 들어 설명함.

01 · 핵심 정보 파악
정답 ①

정답 풀이

가설 검정을 위해 귀무가설과 대립가설을 설정한 후, 귀무가설을 기각하면 대립가설을 채택하게 된다. 따라서 귀무가설을 기각할 때 가설을 새롭게 설정하는 것이 아니므로, '귀무가설을 기각할 때 새롭게 설정하는 가설은 무엇인가?'에 대한 답은 글에서 찾을 수 없다.

오답 풀이

② 2문단에서 '신약이 효과가 있다.'라는 대립가설을 입증하기 위해서는 특정 질병을 앓고 있는 모든 환자에게 신약을 투약해 보면 되지만, 전체를 대상으로 실험하는 것은 현실적으로 불가능하기 때문에 대립가설을 기준으로 가설 검정을 하지는 않는다고 하였다. 따라서 대립가설을 기준으로 가설을 검정하지 않는 이유는 그것이 현실적으로 어렵기 때문이라는 답을 찾을 수 있다.

③ 2문단에서 귀무가설의 기각 여부로 대립가설의 채택 여부가 결정된다는 것을 알 수 있다. 따라서 대립가설의 채택 여부를 판단하기 위해 사용하는 가설이 귀무가설임을 알 수 있다.

④ 4문단에서 '두 가지 오류를 동시에 줄일 수는 없다. 한쪽 오류를 줄이면 그만큼 반대쪽 오류는 늘어나기 때문이다.'라고 말하고 있다. 이를 통해 1종 오류와 2종 오류를 함께 줄일 수 없는 이유를 알 수 있다.

⑤ 4문단에서 '오류들 중 상대적으로 더 심각한 문제를 초래하는 것은 1종 오류이다.'라고 했으므로, 1종 오류와 2종 오류 중 더 심각한 문제를 초래하는 오류는 무엇인가에 대한 답이 1종 오류임을 알 수 있다.

02 · 세부 내용 파악
정답 ⑤

정답 풀이

1문단에서 판단하는 이가 주장하려는 가설을 대립가설, 주장하고 싶은 내용과는 반대되는 가설을 귀무가설이라 하였다. 따라서 신약 개발을 하는 경영자가 채택하고 싶은 것은 (판단하는 경영자가 주장하는 가설이므로) 대립가설이다.

오답 풀이

① 귀무가설이 기각되면 대립가설은 채택될 수 없는 것이 아니라, 귀무가설이 기각되면 대립가설은 채택된다.

② 판단에서 귀무가설의 기각 여부에 따라 대립가설의 채택 여부가 결정된다고 하였으므로, 판결에서 대립가설의 기각 여부가 아닌 귀무가설의 기각 여부를 판단해야 하고, 그 판단은 피고인이 아닌 판사가 한다.

③ 귀무가설이 기각되어야 대립가설이 채택된다. 따라서 귀무가설은 대립가설이 채택될 때 받아들여지는 가설이 아니다.

④ 귀무가설은 참과 거짓을 알기 전까지는 참으로 간주한다.

03 · 핵심 개념 확인
정답 ③

정답 풀이

㉠은 '유의 수준'으로, 1종 오류가 발생할 확률의 최대 허용 범위를 의미한다. 이 범위 내에서는 1종 오류가 발생하더라도 대립가설을 채택하므로 유의 수준의 값을 낮게 정할수록 대립가설을 채택할 확률이 낮아진다.

오답 풀이

① 사람의 생명이나 인권과 결부된 것이라면 유의 수준은 더 낮게 잡아야 한다고 했으므로 인권과 관련된 판단일수록 값을 작게 설정해야 한다.

② '유의 수준'은 1종 오류가 발생할 확률의 최대 허용 범위일 뿐, 귀무가설이 참일 확률과 거짓일 확률의 차이를 의미하지 않는다.

④ '유의 수준'은 실험을 하기 전에 미리 결정하는 값으로, 실험이 이루어진 후에 자료를 분석할 때 결정하는 값이 아니다.

⑤ '유의 수준'은 1종 오류가 발생할 확률의 최대 허용 범위일 뿐, 가설을 판단할 때 사용할 자료 개수와는 관련이 없다.

· 본문 78~79쪽

01 ④　　**02** ④　　**03** ③

1-3 한눈에 보기

(과학·기술) 약품 침전 방식

- **해제** 이 글은 오염된 물을 정화하는 정수 처리 기술 중 '약품 침전 방식'에 대해 서술하고 있다. 다양한 서술 방법을 사용하여 내용을 효과적으로 전달함으로써 독자의 이해를 돕고 있다.
- **주제** 약품 침전 방식을 통한 물의 정화 과정
- **특징** ① 대조와 정의의 방식으로 침전 방식을 설명함.
  ② 일반적으로 미세한 입자들의 성질과 콜로이드 입자들의 성질을 대조의 방법으로 설명함.
  ③ 콜로이드 입자가 물의 탁도를 높이는 원인임을 인과의 방법으로 설명함.
  ④ 콜로이드 입자로 인해 탁도가 높아진 물을 약품 침전 방식으로 탁도를 낮추는 것을 과정의 방법으로 설명함.

01 ● 글의 정보 파악

정답 ④

정답 풀이)

체 거름 현상은 응집제가 많이 남아 있게 되면 생기는 현상이다. 여분의 응집제가 물과 화학 반응을 통해 침전성 금속 화합물을 형성하게 되고, 이 화합물이 그물망처럼 콜로이드 입자들을 흡착하면서 가라앉는 현상을 말한다. 한편, 플록끼리 접촉할 시간을 늘리는 것은 가교 작용 과정에 해당하는데, 이때는 연결이 깨지지 않도록 물을 천천히 저어 주는 완속 교반을 해야 한다.

오답 풀이)

① 4문단의 '전기적 중화 작용은 응집제 주입 후 극히 단시간 안에 이루어지기 때문에 콜로이드 입자와 금속 화합물이 빠르게 결합하여 반응하게 하기 위해 물을 빠르게 젓는 급속 교반을 해야 한다.'에서 확인할 수 있다.

② 1문단의 '중력만으로 침전시키기 어려운 콜로이드 입자와 같은 물질들은 화학 약품을 이용하여 입자들을 응집시켜 가라앉히는 방식을 사용하는데 이를 약품 침전 방식이라고 한다.'에서 확인할 수 있다.

③ 1문단의 '부유물이 물보다 비중이 큰 경우 ~ 중력만으로 가라앉힐 수 있는데'에서 확인할 수 있다.

⑤ 3문단의 '양이온계 응집제로 이들은 물과 화학 반응을 하면서 단계적으로 다양한 종류의 화합물을 형성하게 된다.'에서 확인할 수 있다.

02 ● 세부 내용 파악

정답 ④

정답 풀이)

2문단에서 '콜로이드 입자들은 수산화 이온과의 결합 등으로 인해 음(−) 전하를 띠고 있어 서로를 밀어내는 전기적 반발력의 영향을 받기 때문에'라고 하였으므로, ⓒ '전기적 반발력'은 입자가 띠고 있는 전하의 성질로 인해 작용하는 힘이라고 할 수 있다.

오답 풀이)

① ① '반데르발스 힘'은 입자가 일정 거리 이하로 좁혀지면 서로를 끌어당기는 힘을 의미한다.

② ① '반데르발스 힘'은 입자가 서로 끌어당겨 응집하게 하는 역할을 한다. 입자가 물속에서 균일하게 분산하여 안정성을 가지고 부유하게 해 주는 힘은 '전기적 반발력'이다.

③ ⓒ '전기적 반발력'은 입자가 띠고 있는 전하의 성질로 인해 작용하는 힘으로, 입자 간의 거리가 멀어지면 발생하는 힘이라고 할 수 없다.

⑤ '반데르발스 힘'은 입자 간의 거리가 일정 거리 이하로 좁혀질 때, ⓒ '전기적 반발력'은 입자가 이온과 결합할 때 형성되는 힘이다.

03 ● 중심 내용 파악

정답 ③

정답 풀이)

오염된 물에 존재하는 콜로이드 입자는 수산화 이온과의 결합 등의 원인으로 (㉮ 안정화)된 상태에서 부유한다. 응집제를 주입하면 (㉯ 전기적 중화) 작용이 일어나고 콜로이드 입자는 (㉰ 불안정화)된다. 응집제를 과다하게 주입하면 콜로이드 입자들이 양전하를 띠는 (㉱ 전하 역전) 현상이 나타나고, 여분의 응집제의 화학 반응으로 생긴 화합물이 콜로이드 입자를 흡착하면서 가라앉는 체 거름 현상이 나타난다.

개념 익히기

• 본문 82~83쪽

01 ② **02** ㉠, ㉣ **03** (1) ○ (2) × (3) ○

04 ㉠ **05** ③ **06** ② **07** 마

08 (1) ○ (2) × (3) ○

1-4 한눈에 보기

(사회) 2차적 저작물의 작성과 권리 침해 사안

• **해제** 이 글은 2차적 저작물의 작성과 권리 침해에 대해 다루고 있다. 우선 저작권의 개념을 제시한 후, 저작권에는 저작 인격권과 저작 재산권이 있음을 설명하고, 이 중 저작 재산권을 구성하는 권리 중 하나인 2차적 저작물 작성권과 권리 침해에 대해 설명하고 있다.

• **주제** 2차적 저작물 작성과 권리 침해

01

정답 ②

이 글에서 묻고 답하는 방식은 나타나지 않는다. ㉮에서 저작 인격권과 저작 재산권의 차이점을 밝히는 대조의 설명 방식이 나타난다. ㉰에 제시된 2차적 저작물은 독자적인 저작물로서 보호를 받는다는 저작권법 제5조 제1항의 내용을 통해, 법에 제시된 내용에 근거하여 2차적 저작물이 독자적인 저작물로 보호를 받는다는 것을 알 수 있다.

02

정답 ㉠, ㉣

㉮에서는 정의의 방법으로 저작권법의 개념을 설명하고 있다. 또 저작권을 저작 인격권과 저작 재산권으로 나누고, 그 차이점을 대조의 방법으로 설명하고 있다.

03

정답 (1) ○ (2) × (3) ○

㉯에서는 '만약 누군가 ~ 침해한 것이 된다.'와 같이 상황을 가정하여 2차적 저작물 작성권 침해를 설명하고 있으며, 저작권법 제22조에 제시된 내용에 근거하여 2차적 저작물 작성권을 설명하고 있다. 그러나 원저작물과 2차적 저작물의 권리에 대한 차이점은 나타나 있지 않다.

04

정답 ㉠

㉴에서는 '다만 ~ 주장할 수 있다.'가 원인이 되고, '그러므로 ~ 필요가 있다.'가 결과가 되는 인과의 전개 방법이 나타나고, ㉲에서는 '소설을 각색한 ~ 필요가 있다.'의 문장에서 인과의 전개 방법이 나타난다. ㉠은 인과, ㉡은 대조, ㉢은 정의이므로 답은 ㉠이다.

5-8 한눈에 보기

(인문) 한국 주자학과 실학에서의 민본 사상

• **해제** 이 글은 조선 시대의 유학자 정도전, 이이, 정약용 등의 주장에 나타난 민본 사상에 대해 설명하고 있다. 이 유학자들의 주장은 군주는 덕을 갖추고 백성을 교화해야 한다고 보고, 백성은 보살피고 교화해야 할 대상으로 보았다는 공통점이 있다. 다만 정도전은 관료의 비행 감독을 강화해야 한다고 주장하였고, 이이는 백성을 두려워해야 한다고 강조하였다. 정약용은 사회적 약자에 속하는 백성을 보호해야 한다고 주장하는 등의 차이점을 보였다.

• **주제** 조선 시대 유학자들의 민본 사상

05

정답 ③

이 글에서는 조선 시대 학자, 정도전, 이이, 정약용의 백성에 대한 관점을 비교하고 있다. 관료 조직의 위계나 조세 제도의 문제점 등은 나타나지 않는다. 조선 시대 군주들의 통치관에 대한 유학자들의 생각을 객관적으로 보여 주고 있을 뿐 비판적인 태도는 나타나지 않는다.

06

정답 ②

이 글은 '처음 – 중간 – 끝'(머리말 – 본문 – 맺음말)의 구성으로 되어 있다. ㉮는 머리말 부분에 해당하며, 조선 시대 유학자들이 민본 사상을 통치 기조로 삼을 것을 주장했다는 내용이다. ㉯, ㉰, ㉱는 본문 부분에 해당하며, 각각 정도전, 이이, 정약용의 백성에 대한 관점을 다루는 병렬식 구조로 나타난다. ㉲는 맺음말에 해당하며, 조선 시대 학자들의 주장의 의의에 대해 이야기하고 있다. 따라서 이에 해당하는 구조는 ②이다.

07

정답 마

정보를 전달하는 글에서 내용을 요약하고 정리하는 역할을 하는 부분은 맺음말로, 이 글에서는 ㉲에 해당한다.

08

정답 (1) ○ (2) × (3) ○

㉰에서는 이이의 주장을 글의 처음에 배치하는 두괄식 구성으로, 주장에 대한 설명을 하고, 다른 학자의 주장과 비교·대조하고 있다. 조선 시대 백성들의 삶을 예로 들고 있지는 않다.

01 ①   **02** ⑤   **03** ④

수능 개념 마스터

❶ 정의   ❷ 대조   ❸ 인과

1-3 한눈에 보기

청각의 원리

- **해제** 이 글은 소리의 개념과 소리가 들리는 과정을 설명하고, 소리가 내이에 도달하는 방식인 공기 전도와 골전도에 대해 설명하고 있다. 이 중 골전도를 활용하여 외이와 중이에 이상이 있는 사람도 소리를 들을 수 있게 해 주는 예로 보청기와 이어폰을 들었다. 특히, 골전도의 원리가 이용된 이어폰의 장점과 사용 시 주의할 점에 대해 설명하고 있다.
- **주제** 청각의 원리와 골전도의 원리의 활용
- **특징** ① 용어의 개념과 각 과정에 대해 정의와 과정의 방법으로 서술함.
  ② 설명하는 대상에 대한 예를 들어 설명함.

01 ● 서술 방식 파악

정답 ①

정답 풀이

'소리가 내이에 도달하는 방식으로는 외이와 중이를 거치는 공기 전도와 이를 거치지 않는 골전도가 있다.'에서 소리가 전달되는 두 가지 방식을 제시하고 있다. 또한, 이와 관련한 기술인 골전도 원리를 이용한 이어폰의 원리를 소개하고 있으므로, '소리가 전달되는 두 가지 방식을 제시하고 이와 관련한 기술을 소개하고 있다.'는 이 글에 대한 설명으로 적절하다.

오답 풀이

② 5문단의 '보이스코일에 교류 전류를 ~ 내이로 직접 전달한다.'에서 일반적인 이어폰과 골전도 이어폰의 원리를 설명하였을 뿐, 앞으로 전개될 발전 방향을 예측하고 있지는 않다.

③ 소리가 전달되는 두 가지 방식을 제시할 뿐, 청각에 대한 두 가지 관점은 나타나지 않는다. 따라서 이를 절충한 새로운 관점도 제시하고 있지 않다.

④ '골전도는 귀 주변 뼈를 매질로 소리가 내이에 바로 전달되는 것이다.'에서 골전도 현상이 일어나는 과정을 제시하고 있지만, 이에 대한 서로 다른 견해는 나타나지 않는다.

⑤ 청각에 이상이 생기는 사례는 글에 나타나지 않고, 이를 예방하기 위한 구체적인 방안도 제시하고 있지 않다.

02 ● 세부 내용 파악

정답 ⑤

정답 풀이

2문단에서 '소리는 물체의 진동에 의해 발생하고 매질의 진동으로 전달되는 파동이다.'라고 하였고, 4문단에서 '자신의 목소리 중에서 20 ~ 1,000Hz의 소리는 골전도로는 잘 전달이 되지만, 외이와 중이에서 공명이 잘 일어나지 않아 공기 전도로는 잘 전달되지 않는다.'라고 하였다. 이를 종합하면 20 ~ 1,000Hz의 소리도 물체의 진동에 의해 발생

하고, 그 소리가 귀 주변 뼈를 매질로 바로 내이에 전달되는 골전도를 통해 들리게 됨을 알 수 있다.

오답 풀이

① 5문단에서 주파수가 높아지면 높은 음의 소리가 난다고 하였으므로, 반대로 주파수가 낮아지면 낮은 음의 소리가 난다고 할 수 있다.

② 3문단에서 고막의 진동은 청소골에서 더욱 증폭되어 내이에 전달된다고 하였으므로, 고막의 진동은 청소골을 통과할 때 증폭된다고 할 수 있다.

③ 3문단에서 공명 주파수는 외이도의 길이에 반비례하기 때문에 외이도의 길이가 성인보다 짧은 유아는 공명 주파수가 더 높다고 하였으므로, 외이도의 길이가 짧을수록 공명 주파수는 높아진다고 할 수 있다.

④ 5문단에서 보이스코일에 교류 전류를 가하면 내부 자기장에 의해 보이스코일에 인력과 척력이 교대로 작용하여 보이스코일에 진동이 발생하는데, 전류를 세게 할수록 진폭이 커져 음량이 높아진다고 하였으므로, 이어폰의 보이스코일에 흐르는 전류가 세지면 음량이 높아진다고 할 수 있다.

03 ● 내용을 통한 추론

정답 ④

정답 풀이

전자 녹음 장치에 녹음된 자신의 목소리를 스피커를 통해 들으면 어색하게 느껴지는 이유는 4문단의 내용에서 알 수 있다. '자신의 목소리 중에서 20 ~ 1,000Hz의 소리는 골전도로는 잘 전달이 되지만, 외이와 중이에서 공명이 잘 일어나지 않아 공기 전도로는 잘 전달되지 않는다. 녹음된 자신의 목소리를 스피커를 통해 들으면 골전도를 통해 듣던 소리는 잘 들리지 않으므로 어색함을 느끼게 되는 것이다.'라고 했으므로, 녹음된 소리를 들을 때에는 골전도로 전달되는 주파수의 소리가 잘 들리지 않으므로 녹음된 자신의 목소리가 어색하게 들리는 것이다.

오답 풀이

① 평소에 골전도로 전달되는 소리를 들을 기회가 적지 않다. 평소 말할 때는 골전도로 전달되는 소리를 함께 듣고 있기 때문에 골전도로 전달되는 소리가 잘 들리지 않을 때 어색함을 느끼는 것이다.

② 모든 소리는 내이를 거쳐 뇌로 전달된다. 스피커에서 나온 녹음된 목소리가 내이를 거치지 않고 뇌에 전달될 수 없다.

③ 전자 장치의 전기적 에너지로 인해 청각 신경이 받는 자극의 크기와 녹음된 자신의 목소리가 어색하게 들리는 이유는 관련이 없다.

⑤ 자신이 말할 때 듣는 목소리에는 녹음된 목소리와 달리 외이에서 공명이 일어나는 소리(공기 전도를 통해 들리는 소리)가 빠진 것이 아니다. 평소에 말할 때 들리는 자신의 목소리에는 공기 전도를 통해 전달된 소리와 골전도를 통해 전달된 소리가 함께 있다.

1-4 한눈에 보기

(인문) 실내에 대한 짐멜과 베냐민의 견해 비교

• 해제 이 글은 짐멜과 베냐민의 실내에 대한 견해를 비교하고, 베냐민이 주목한 '파사주'가 신건축에서 갖는 의미를 설명하고 있다. 짐멜은 실내가 개인의 내면을 지키고 개성을 실현하는 공간이라고 보았으나, 베냐민은 현실 도피의 공간으로 전락한 실내를 비판적으로 바라보며 다양한 양식의 조합으로 장식된 실내는 도피에 대한 욕망을 충족시킬 뿐이라고 보았다. 베냐민은 '파사주'가 사적 공간과 공적 공간의 경계를 해체하는 단초를 제공했다고 보았고, 실내에 집착했던 19세기에서 개방성과 투명성의 가치가 지배하는 20세기로 넘어가는 문지방의 의미를 '파사주'에서 발견하였다.

• 주제 실내에 대한 짐멜과 베냐민의 견해 비교와 '파사주'에 대한 베냐민의 견해

• 특징 사적 공간인 실내에 대한 짐멜과 베냐민의 견해를 비교와 대조를 통해 설명하고 있음.

01　• 내용 전개 방식 파악　　　　　정답 ⑤

정답 풀이

이 글은 실내에 대한 짐멜과 베냐민의 견해를 제시하면서 그러한 견해의 형성 배경 및 견해 간의 차이를 드러내고 있다. 짐멜은 실내를 개인이 내면을 지키고 개성을 실현할 수 있는 공간으로 보고, 실내 장식을 일상에서 개성을 드러낼 수 있다는 점에서 긍정적으로 보고 있다. 반면 베냐민은 실내를 현실 도피의 공간으로 보고, 실내 장식을 도피에 대한 욕망을 충족시킬 뿐이라며 부정적으로 바라보고 있다.

오답 풀이

① 건축 재료의 발달 과정이 나타나 있지 않고, 건축사를 단계별로 설명하고 있지도 않다.

② 새로운 기술과 소재를 바탕으로 건축의 구성 원리를 도출한 신건축에 대해 서술하고 있으나, 주거 문화에 대한 관점이 기술의 발전에 끼친 영향을 인과적으로 밝히고 있지는 않다.

③ 특정 도시의 다양한 사회상을 제시하고 있지 않고, 시대적 기준에 따른 분류도 나타나지 않는다.

④ 사적 공간과 공적 공간을 대비하고 있으나, 사적 공간인 실내에 대한 긍정적 측면과 부정적 측면만 제시되어 있다. 공적 공간에 대한 내용은 따로 나타나지 않는다.

02　• 세부 정보 파악　　　　　정답 ①

정답 풀이

㉠은 '실내에 대한 짐멜의 설명'이다. 19세기에는 주거와 여가의 공간을 사적 공간으로, 경제적 활동을 하는 공간을 공적 공간으로 구분하고 있다. 짐멜은 실내 장식에 대해 다양한 양식을 지닌 사물을 취향에 따라 조합함으로써 일상에서 개성을 드러내어 일상의 심미화가 가능하다고

보고 있으나, 주거와 여가를 구분해야 한다고 말하고 있지는 않다.

오답 풀이

② 짐멜은 도시에서 살아가는 개인이 외적 자극의 과잉으로 인해 신경 과민에 빠지게 되는데, 실내는 내면을 지키기에 가장 유리한 공간이라고 말하였다.

③ 짐멜은 다양한 양식을 지닌 사물을 취향에 따라 조합함으로써 일상에서 개성을 드러낼 수 있다고 보았다.

④ 짐멜은 양식이라는 보편적인 표현 형태를 매개로 하는 공예품은 평온함과 안정감을 줄 수 있다고 하였다.

⑤ 짐멜은 도시에서 살아가는 개인이 외적 자극의 과잉으로 인해 신경 과민에 빠지게 되는데, 이에 대응하는 전형적인 방식이 내면으로의 침잠이라고 설명하였다.

03　• 핵심 정보 파악　　　　　정답 ④

정답 풀이

5문단의 '파사주는 새로운 재료를 사용하면서도 과거의 건축 양식들이 절충적으로 혼합되어 지어졌다는 점에서 기술의 발전에 부합하는 건축 양식으로 이어지지 못했다'는 내용을 통해, ④ '최신 기술과 소재에 부합하는 새로운 건축 양식을 사용하여 지어진 공간이다.'는 파사주에 대한 이해로 적절하지 않다는 것을 알 수 있다.

오답 풀이

① 4문단에서 파사주는 '유행의 리듬이 지배하는 최초의 자본주의적 소비 공간'이며, '유행은 새로운 것을 부단히 연출함으로써 상품을 향한 욕망을 재생산한다.'라고 하였으므로, 파사주는 유행의 교체를 통해 상품을 향한 욕망을 재생산하는 공간으로 볼 수 있다.

② 4문단에서 '서로 마주 보는 상점들이 늘어선 구조는 오가는 이들의 시선을 붙잡아 소비를 부추겼다.'라고 말하고 있으므로, 파사주는 소비 심리를 자극하는 방식으로 상점들이 배치된 공간이라고 볼 수 있다.

③ 4문단에서 파사주는 '건축학적으로 거리와 실내 사이에 위치하는 사이공간'이며, 베냐민은 파사주에서는 '외부와 내부가 혼동되는 경험이 가능하다고 보았다'라고 하였다. 다시 말하면, 파사주는 거리와 실내의 경계가 모호해지는 경험을 가능하게 하는 공간이라고 볼 수 있는 것이다.

⑤ 5문단에서 베냐민이 외부로부터 차단된 '그릇 속에서의 삶'이 지배했던 19세기에서 '관계와 투과'의 원리가 지배하는 20세기로 넘어가는 문지방의 의미를 파사주에서 발견하였다고 말하고 있다. 19세기에는 외부로부터 차단된 사적 공간에서 침거하는 시대라면 20세기는 사적 공간과 공적 공간의 통합을 지향하는 시대로 볼 수 있고, 그 사이를 이어 주는 문지방 같은 역할을 파사주가 하고 있는 것으로 볼 수 있다.

04　• 문맥적 의미 파악　　　　　정답 ④

정답 풀이

ⓐ'빠지다'는 '곤란한 처지에 놓이다.'라는 의미로 사용되었고, 이와 같은 의미로 사용된 문장은 '그동안 잘 진행되던 협상이 교착 상태에 빠졌다.'이다.

① '나는 물에 빠진 생쥐 꼴이 되고 말았다.'에서 '빠지다'는 '물이나 구덩이 따위로 떨어져 들어가다.'라는 의미이다.

② '어디서 묻었는지 얼룩이 잘 빠지지 않았다.'에서 '빠지다'는 '빛깔·때·김 등이 씻기거나 없어지다.'라는 의미이다.

③ '중요한 회의니까 오늘은 절대 빠지면 안 된다.'의 '빠지다'는 '참여하지 않다.'라는 의미이다.

⑤ '아무리 찾아보아도 그의 지원 서류가 빠지고 없었다.'에서 '빠지다'는 '일정하게 들어 있어야 할 곳에 들어 있지 않다.'라는 의미이다.

11강 추론적 읽기

개념 익히기
· 본문 90~91쪽

01 ③   **02** 기의, 기표   **03** (1) × (2) ○ (3) ○ (4) ○

04 ⓒ: 기호, ⓒ: 의미 내용   **05** ④

06 융해, 감소, 유지된다   **07** 영서

08 차단, 복사

1-4 한눈에 보기

(사회) 보드리야르의 소비 사회

· **해제** 이 글은 사회학자 보드리야르의 이론을 설명한 글로, 보드리야르는 기호 가치를 경제적 가치로 파악하고 있다. 보드리야르에 따르면 대량 생산 기술이 급속하게 발전한 자본주의 사회에서 소비의 원인은 사물이 상징하는 특정 사회적 지위에 대한 욕구이며, 이러한 욕구는 사실 강제된 욕구에 불과하다. 그의 이론은 소비가 인간에 미치는 영향을 비판적으로 성찰해야 한다는 점을 시사한다.

· **주제** 보드리야르의 (자본주의 사회의) 소비에 대한 이론

01
정답 ③

다를 보면 '소비자는 특정 계층 또는 집단의 일원이라는 상징을 얻기 위해 명품 가방을 소비한다. 이때 사물은 소비자가 속하고 싶은 집단과 다른 집단 간의 차이를 부각하는 기호로서 기능한다.'라고 했다. 여기에서 명품 가방의 상징적 의미가 변화하면 명품 가방에 대한 소비의 욕구도 변화할 것이다. 따라서 이러한 내용을 전제로 하여 ㉠'상징체계 변화에 따라 욕구도 유동적이다.'라는 주장을 하고 있다고 볼 수 있다.

02
정답 기의, 기표

기호 가치는 욕망의 대상으로 어떤 대상에 대한 상징의 기능을 하는 기의와 그에 대한 소비자의 욕구와 관련될 뿐, 구체적인 감각으로 지각되는 기표에 의해 결정되는 것은 아니다.

03
정답 (1) × (2) ○ (3) ○ (4) ○

(1) 기호는 문자나 음성같이 감각으로 지각되는 기표와 의미 내용인 기의로 구성된다고 하였으므로, 기표는 구체성을 띄고 기의는 추상성을 갖는다고 할 수 있다. 따라서 사물은 기표로서의 추상성과 기의로서의 구체성을 갖는다는 것은 옳지 않음을 알 수 있다.

04
정답 ⓒ: 기호, ⓒ: 의미 내용

라에서 대중 매체는 사물의 기의에 영향을 미침으로써 욕구를 강제할 수 있고, 이는 현실이 대중 매체를 통해 전달될 때 현실은 현실 그 자체가 아니라 다른 기호와 조합될 수 있는 기호로서 추상화되기 때문이

라고 말하고 있다. 대중 매체인 텔레비전 속 유명 연예인은 현실 그 자체가 아니라 하나의 기호로 추상화되는 것이고, 유명인이 소비하는 사물은 새로운 의미 내용이 부여되는 것이다.

5-8 한눈에 보기

(과학/기술) 석빙고의 원리
- **해제** 이 글은 석빙고의 개념과 특징을 설명하고, 석빙고에 활용된 과학적 원리에 대해 서술하고 있다. 석빙고를 낮은 온도로 유지하는 과학적 원리와 석빙고의 통풍구의 역할, 석빙고 외부의 흙과 풀의 역할에 대해 설명하고, 건축물로서 석빙고의 의의를 밝히고 있다.
- **주제** 석빙고의 개념과 특징, 석빙고에 활용된 과학적 원리

05
정답 ④

에너지는 항상 높은 쪽에서 낮은 쪽으로 이동하며, 같은 양의 0℃ 얼음보다 0℃ 물이 더 큰 에너지를 갖는다고 했다. 얼음이 녹아 생긴 물은 얼음보다 더 큰 에너지를 가지고 있기 때문에 빨리 제거하지 않으면 물의 에너지가 얼음으로 전달되어 얼음이 녹아 버릴 것이기 때문에 녹은 물을 빨리 제거해야 한다.

06
정답 융해, 감소, 유지된다

얼음이 녹아 물이 될 때는 주변에서 융해열을 흡수하고, 석빙고 안에서 얼음이 상태 변화가 일어날 때 주변 공기는 차가워진다고 했으므로 주변 물질은 에너지가 감소한다. 또한 물질의 상태 변화가 일어나는 동안 온도는 변하지 않는다고 하였으므로 상태가 바뀌는 동안 물질의 온도는 유지된다.

07
정답 영서

밀도가 낮은 공기는 온도가 높은 공기이므로, 위로 이동한다. 밀도가 높은 공기가 온도가 낮고, 이 공기가 아래로 이동하여 차가움을 유지하게 되는 것이다.

08
정답 차단, 복사

에너지는 공기의 흐름을 따라 이동한다고 했다. 석빙고 외부에 흙을 덮은 것은 공기의 흐름을 막아 에너지가 잘 차단되도록 한 것이고, 풀을 심은 것은 석빙고 외부의 벽에 태양의 복사 에너지가 직접 닿지 않게 하려고 한 것이다.

문제로 학습하기
· 본문 92~93쪽

01 ③   02 ③

(수능 개념 마스터)
❶ 야외 시인성   ❷ 명실   ❸ 휘도   ❹ 명실   ❺ 단축

1-2 한눈에 보기

(기술) OLED 스마트폰의 야외 시인성
- **해제** 이 글은 스마트폰의 야외 시인성을 개선하는 기술에 대해 소개하고 있다. OLED 스마트폰에 적용된 편광판의 원리를 통하여 OLED 스마트폰의 야외 시인성을 높이는 기술을 설명하고 있다. 그리고 이러한 기술의 효과와 한계에 대해서도 다루고 있다.
- **주제** OLED 스마트폰의 야외 시인성을 높이는 기술
- **특징** ① 의문문의 형식을 통해 독자의 호기심을 자극하고 있음.
  ② 기술에 대한 소개와 한계를 설명한 뒤, 한계를 극복하기 위한 방법을 제시하고 있음. (화면에서 흰색이 휘도를 높이는 방법의 한계를 극복하기 위해 검은색의 휘도를 낮추는 방법을 사용하고 있다. 등)

01 ● 내용을 바탕으로 한 추론
정답 ③

정답 풀이

7문단에서 '편광판을 사용할 수밖에 없기 때문에 스마트폰 화면이 일정 수준의 명암비를 유지하기 위해서는 OLED가 내는 빛의 세기를 높게 유지해야 한다는 단점이 존재한다.'라고 하였으므로 편광판의 기능에서 ㉠의 이유를 추론하도록 한다.

5문단에서 '빛이 편광판을 통과하면 그중 편광판의 투과축과 평행한 방향으로 진동하며 나아가는 선형 편광만 남고, 투과축의 수직 방향으로 진동하는 빛은 차단된다. 이러한 과정에서 편광판을 통과한 빛의 세기는 감소하게 된다.'라고 하였으므로, ㉠의 이유를 OLED가 내는 빛 중 일부가 편광판에서 차단되기 때문이라고 추론할 수 있다.

오답 풀이

① 4문단에서 OLED가 색을 표현할 때, 출력되는 빛의 세기를 높이면 해당 색의 휘도가 높아진다고 하였으므로, OLED가 내는 빛의 휘도를 조절할 수 없다는 것은 적절하지 않다.

② 4문단에서 강한 세기의 빛을 출력할수록 OLED의 수명이 단축되는 문제가 있다고 하였으므로, OLED가 내는 빛이 강할수록 수명이 길어진다는 것은 적절하지 않다.

④ 2문단에서 명암비는 가장 밝은 색과 가장 어두운 색을 화면이 얼마나 잘 표현하는지를 나타내는 수치로, 흰색을 표현할 때의 휘도를 검은색을 표현할 때의 휘도로 나눈 값이라고 하였다. OLED의 빛의 세기가 변한다고 계산하는 방법이 달라지는 것은 아니므로, OLED가 내는 빛이 약하면 명암비 계산이 어렵다는 것은 적절하지 않다.

⑤ 4문단에서 OLED가 내는 빛의 세기를 높이는 데 한계가 있다고는 하였으나, OLED가 내는 빛의 세기를 높게 유지해야 하는 것과는 관련이 없다.

02 • 세부 내용 파악

정답 ③

정답 풀이

편광판(a)을 통과한 외부광은 선형 편광이며, 이 빛은 위상지연필름(b)을 통과하면 원형 편광이 된다. 이것이 스마트폰 화면의 내부 기판에 반사되어 다시 위상지연필름(b′)을 통과하면 선형 편광이 된다. b를 거친 빛은 원형 편광으로, 내부 기판에 반사되어도 변화가 없다. a를 거쳐 b로 나아가는 빛은 선형 편광이다. 따라서 b를 거친 빛은 기판에 의해 a를 거쳐 b로 나아가는 빛과 같은 형태의 편광으로 바뀌게 된다는 내용은 적절하지 않다.

오답 풀이

① 5문단에서 '빛이 편광판(a)을 통과하면 그중 편광판의 투과측과 평행한 방향으로 진동하며 나아가는 선형 편광만 남게 된다고 하였다.

② 5문단에서 '일반적으로 빛은 진행하는 방향에 수직인 모든 방향으로 진동하며 나아간다. 빛이 편광판을 통과하면 그중 편광판의 투과축과 평행한 방향으로 진동하며 나아가는 선형 편광만 남게 된다고 하였으므로, 선형 편광은 진행하는 방향에 수직인 빛 중 편광판의 투과축과 평행한 방향으로 진동하며 나아가는 빛이다. 따라서 '편광판(a)을 거쳐 위상지연필름(b)으로 나아가는 빛은 진행 방향에 수직인 방향으로 진동한다.'는 내용은 적절하다.

④ 6문단에서 '이 원형 편광은 스마트폰 화면의 내부 기판에 반사된 뒤, 다시 위상지연필름(b′)을 통과하며 선형 편광으로 바뀐다. 그런데 이 선형 편광의 진동 방향은 외부광이 처음 편광판을 통과했을 때 남은 선형 편광의 진동 방향과 수직을 이루게 되어 편광판에 가로막히게 된다.'라고 하였으므로, 내부 기판에 반사되어 '위상지연필름(b′)를 거친 빛의 진동 방향은 처음 편광판(a)을 거쳐 위상지연필름(b′)으로 나아가는 빛의 진동 방향과 수직을 이룬다.'는 내용은 적절하다.

⑤ 6문단에서 화면의 내부 기판에 반사되어 다시 위상지연필름(b′)을 통과한 선형 편광의 진동 방향은 외부광이 처음 편광판을 통과했을 때 남은 선형 편광의 진동 방향과 수직을 이루게 되어 기판에 반사된 외부광은 화면 밖으로 빠져나가지 못하게 된다는 내용을 알 수 있다. 따라서 화면의 내부 기판에 반사되어 '위상지연필름(b′)을 거친 빛의 진동 방향이 편광판(a′)의 투과축과 수직을 이루므로 화면 밖으로 빠져나가지 못하게 된다.'는 내용은 적절하다.

문제로 학습하기 UP   · 본문 94~95쪽

01 ③   02 ⑤   03 ①   04 ③

1-4 한눈에 보기

(사회) 차선의 이론

• **해제** 이 글은 경제 주체들이 일반적으로 효율성을 고려하여 선택하는 차선이 결과적으로는 차선이 아닐 수도 있다는 '차선의 이론'을 소개하고, '사회무차별곡선'과 '생산가능곡선'의 예를 통해 '차선의 이론'에 대해 설명하고 있다.

• **주제** '차선의 이론'의 개념과 예

• **특징** ① 개념에 대한 예를 들어 구체적으로 설명함.
② 그래프와 같은 시각적 자료를 통해 내용을 쉽게 이해할 수 있도록 함.

01 • 세부 내용 파악

정답 ③

정답 풀이

립시와 랭카스터가 차선의 의미에 대해 새로운 관점을 보여 주는 '차선의 이론'을 제시했다는 내용은 제시되어 있으나, 차선의 이론의 한계는 제시되어 있지 않으므로, 이 글에서 '립시와 랭카스터가 입증한 차선의 이론의 한계는 무엇인가?'에 대한 답을 찾을 수 없다.

오답 풀이

① 최적의 결과를 얻기 위한 여러 조건 중 한 가지 이상의 조건이 충족되지 못하는 상황이라면 나머지 조건들이 모두 충족되더라도 그 결과는 차선이 아닐 수 있다는 '차선의 이론'을 통해 차선의 의미에 대해 새로운 관점을 보여 주고 있으므로, '차선의 이론이 갖는 의미는 무엇인가?'의 답을 찾을 수 있다.

② 생산가능곡선 위의 점들은 생산의 효율성을 충족한다는 것을 의미한다는 내용을 통해, '생산가능곡선 위의 점들이 의미하는 것은 무엇인가?'의 답을 찾을 수 있다.

④ 개별 경제 주체들이 최적의 결과를 얻기 어려운 상황에 놓인다면 일반적으로 효율성을 고려하여 차선의 선택을 고민하게 된다는 내용을 통해, '경제 주체들이 차선의 선택을 고민하게 되는 이유는 무엇인가?'의 답을 찾을 수 있다.

⑤ '높은 효용 수준을 누리는 사람의 효용에는 상대적으로 낮은 가중치를 적용하고, 낮은 효용 수준밖에 누리지 못하는 사람들의 효용에는 높은 가중치를 적용해 사회 후생을 계산하는 것이 공평하다는 가치 판단이 반영된 결과이다.'라는 내용을 통해, '사회무차별곡선의 모양이 우하향할수록 기울기가 완만해지는 이유는 무엇인가?'에 대한 답을 찾을 수 있다.

02 • 세부 내용 파악

정답 ⑤

정답 풀이

'사회무차별곡선은 개별 경제 주체가 경제 활동을 통해 얻은 주관적 만족감인 효용 수준을 종합한 사회 후생 수준을 보여 준다.'라고 하였고, '높은 효용 수준을 누리는 사람의 효용에는 상대적으로 낮은 가중치를 적용하고, 낮은 효용 수준밖에 누리지 못하는 사람들의 효용에는 높은 가중치를 적용해 사회 후생을 계산하는 것이 공평하다는 가치 판단이 반영된 결과이다.'라고 하였으므로, '사회무차별곡선에는 높은 효용 수준을 누리는 사람들의 주관적 만족감이 반영되어 있지 않다.'는 것은 적절하지 않다.

오답 풀이

① 4문단에서 '사회무차별곡선 위의 모든 점은 동일한 사회 후생 수준을 나타내는데, 이 곡선이 원점에서 멀리 위치할수록 사회 후생 수준이 높다는 것을 나타낸다.'라고 하였다.

② 4문단에서 '일반적으로 사회무차별곡선의 모양은 원점에 대해 볼록한 곡선으로, 우하향할수록 기울기가 완만해진다.'라고 하였다.

③ 3문단에서 '사회무차별곡선의 모양을 보면 그 사회가 개인의 효용 수준에 대한 평가를 통해 공평성에 대해 어떠한 가치 판단을 하고 있는지 확인할 수 있다.'라고 하였다.

④ 3문단에서 '사회무차별곡선은 개별 경제 주체가 경제 활동을 통해 얻은 주관적 만족감인 효용 수준을 종합한 사회 후생 수준을 보여 준다.'라고 하였다.

03 ● 세부 내용 파악   정답 ①

정답 풀이

㉠에서 '효율성을 달성하기 위한 10개의 조건 중 9개의 조건이 충족되는 것이 8개의 조건이 충족되는 것보다 반드시 더 낫다고 볼 수는 없다'와 같이 말하는 이유는 효율성과 함께 공평성을 고려해야 하기 때문이라는 것을 3문단의 내용에서 찾을 수 있다.

오답 풀이

② 개별 경제 주체가 경제 활동을 통해 얻은 주관적 만족감이 효용 수준이다. 경제 주체들이 스스로 자신의 효용 수준에 대해 평가한다는 내용은 나타나 있지 않다.

③ 효율성을 달성하기 위한 조건들의 중요도가 서로 다르기 때문이라는 내용은 나타나 있지 않다.

④ 낮은 효용 수준을 누리는 사람의 효용에는 가중치를 적용할 수 없는 것이 아니라, 높은 가중치를 적용하여 사회 후생을 계산하는 것이 공평하다는 내용이 나타나 있다.

⑤ '효율성을 달성하기 위한 모든 조건이 충족되지 않는다면 개별 주체의 효용 수준에 영향을 미치지 못하기 때문이다.'와 관련된 내용은 글에서 확인할 수 없다.

04 ● 세부 내용 추론   정답 ③

정답 풀이

생산가능곡선의 안쪽은 생산은 가능하나 비효율적임을 나타낸다고 하였다. I는 생산가능곡선의 안쪽에 위치해 있으므로, 생산은 가능하나 비효율적일 뿐이다. 생산이 가능하지 않은 것은 아니다.

오답 풀이

① 생산가능곡선의 안쪽은 생산은 가능하나 비효율적임을 나타낸다고 하였다. I는 생산가능곡선의 안쪽에 있어 비효율적인데 비해, H는 생산가능곡선 위에 있으므로 생산의 효율성을 충족하므로 H의 생산의 효율성은 I보다 높다.

② 글의 마지막 문장에서 '제약하에서 사회 후생 수준을 고려하면 I 지점이 차선의 선택이 된다.'라고 하였으므로 '선분 FG와 같은 제약이 있는 상황에서 H가 아닌 I가 차선으로 선택되었다면 그 이유는 사회 후생 수준을 고려했기 때문'이라고 생각하는 것은 적절하다.

④ H와 K 모두 생산가능곡선 위에 있으면서 선분 FG 위에 있으므로 둘 모두 생산의 효율성은 충족하고 있다.

⑤ 사회무차별곡선은 '원점에서 멀리 위치할수록 사회 후생 수준이 높다는 것을 나타낸다.'라고 하였다. SIC_3이 나머지 두 곡선보다 원점에서 멀리 위치하고 있으므로 사회 후생 수준이 높은 것이 맞다.

12강 비판적 읽기

개념 익히기

· 본문 98~99쪽

01 차이 자체, 부합하지 않는다   **02** 혜윤

03 (1) × (2) × (3) ○   **04** 수연

05 (1) × (2) ○ (3) ○   **06** ③

1-3 한눈에 보기

(인문) 들뢰즈의 '차이'

· **해제** 이 글은 들뢰즈가 제시한 '차이'에 대한 견해에 대해 설명하고 있다. 들뢰즈는 차이를 어떤 대상과 다른 대상의 상대적 다름을 의미하는 '개념적 차이'와 대상 자체의 절대적 다름을 의미하는 '차이 자체'로 구분하고, 소금과 연주자의 예를 들어 설명하였다.

· **주제** '차이'에 대한 들뢰즈의 견해

01

정답 차이 자체, 부합하지 않는다

한나는 대상의 비교를 통해 두 냉면의 상대적 다름을 알게 된 것이므로 한나가 알게 된 '차이'는 개념적 차이이다. 하지만 성은이는 '한나는 냉면이 지닌 절대적 다름을 알게 된 것이군.' 하고 말하였으므로, 성은이는 한나가 '차이 자체'를 알게 된 것으로 오해한 것이다. 따라서 성은이의 판단은 들뢰즈의 견해에 부합하지 않는다.

02

정답 혜윤

3문단에서 '들뢰즈가 말하는 반복이란 되풀이하여 지각된 강도의 차이를 통해 개별 대상의 차이 자체를 발견해 나가는 과정을 의미한다.'라고 하였고, 〈보기〉에서 앤디 워홀은 같음을 생산하는 과정을 되풀이함으로써 오히려 어떠한 결과물도 같을 수 없음을 보여 준다고 하였다. 따라서 들뢰즈의 관점에서는 앤디 워홀이 같음을 생산하는 과정을 되풀이하여 각 작품마다 서로 다른 강도가 지각될 수 있음을 보여 주려 한 것이라고 생각할 수 있으므로, 동일한 강도가 지각될 수 있음을 보여 주려 한 것이라는 내용은 적절하지 않다.

03

정답 (1) × (2) × (3) ○

소금과 설탕의 맛의 비교는 '개념적 차이'의 예에 해당한다. 일반적으로 반복은 같은 일을 되풀이하는 것을 의미하지만, 들뢰즈에게는 되풀이하여 지각된 강도의 차이를 통해 개별 대상의 차이 자체를 발견해 나가는 과정을 의미한다. 들뢰즈는 개념에 맞추어 세상을 파악함으로써 세상을 오로지 개념의 틀에 가두는 상황을 우려했다.

4-6 한눈에 보기

(사회) 손해보험

· **해제** 이 글은 손해보험의 기본 원칙인 실손보상원칙에 대해 설명하고, 보험가액, 보험금액, 보험금의 개념과 특성에 대해 설명하고 있다. 또한 보험가액과 보험금액이 일치하지 않는 초과보험과 중복보험에 대해 설명하고 예를 들어 이해를 돕고 있다.

· **주제** 손해보험의 특성

04

정답 수연

4문단에서 단순한 중복보험의 경우, 각 보험자가 보험금액의 비율에 따라 연대 책임을 지지만 그 보상액은 각각의 보험금액으로 제한된다고 하였다. 예를 들어 보험가액 100원인 건물에 대하여 각기 다른 세 보험자와 보험금액을 각각 100원, 60원, 40원으로 하여 화재보험 계약을 한 경우, 각 보험자는 보험 사고가 발생할 때 가입 당시 보험금액의 한도 내에서 연대 책임을 진다. 만약 100% 손실을 입으면 피보험자가 100원의 보상을 받을 수 있도록 각 보험자는 보험금액의 비율에 따라 50원, 30원, 20원을 보험금으로 지급하게 된다. 대화에서 피보험자가 100원 상당의 건물이 100% 손실을 입었을 때에는 각 보험자의 비율에 따라 연대 책임을 져서 총 100원의 보상을 해 주면 된다. 대화에는 각 보험자의 비율이 나타나 있지 않지만, 30원, 70원이든 50원, 50원이든 비율에 따라 보험금을 지급하되 총 합이 100원이 되면 되는 것이다.

05

정답 (1) × (2) ○ (3) ○

[A]의 내용에서 보험금액은 변경하지 않는 것이 원칙이고, 보험 기간 중 보험가액은 변동될 수 있음을 알 수 있다. 따라서 '보험금액은 변동될 수 있으나 보험 기간 중 보험가액은 바뀌지 않는 것이 원칙이군.'은 적절하지 않다.

06

정답 ③

2문단에서 '보험가액은 피보험이익의 객관적인 금전적 평가액'이라고 하였으므로, 건물 X의 보험가액은 현재 평가액인 800만 원이다. 3문단에서 '보험 계약 체결 당시엔 초과 보험이 아니었으나 ~ 보험자는 보험금액의 감액을, 보험에 가입한 보험계약자는 보험자에 지급하는 금액인 보험료의 감액을 각각 청구할 수 있다.'라고 하였으므로 단순한 초과보험인 경우 감액을 청구할 수 있을 것이다. 그러나 갑이 ㉮에 가입하지 않았다고 가정하면, ㉯의 보험금액인 400만 원이 변동된 보험가액인 800만 원보다 적기 때문에 초과보험이 아니게 되어 보험금액의 감액을 청구할 수 없게 된다. 따라서 '갑이 ㉮에 가입하지 않았다고 가정하면, ㉯의 보험자는 보험가액의 변동을 근거로 보험금액의 감액을 청구할 수 있었겠군.'이라는 생각은 적절하지 않다.

1-2 한눈에 보기

가 플라톤의 철학적 관점

• 해제 플라톤의 철학적 관점을 바탕으로 예술관을 설명한 글이다. 플라톤은 초월 세계인 이데아계와 감각 세계인 현상계를 구분하고, 이데아계를 형상이 존재하는 곳으로 보았고, 현상계의 모든 사물은 형상을 본뜬 그림자에 불과하다고 보았다. 이러한 관점에서 플라톤은 예술을 감각 가능한 현상의 모방이라고 보았다. 또한 플라톤은 회화와 시가 다르다고 보았는데, 음유시인의 연기는 감각 가능한 외적 특성을 모방해 감각으로 파악될 수 없는 내적 특성을 드러내며 관객을 타락하게 한다고 한다.

• 주제 플라톤의 철학과 예술관

• 특징 ① 이데아계와 현상계를 대조의 방법으로 설명함.
　　　 ② 설명하는 대상에 대한 구체적인 예를 들어 설명함.

나 아리스토텔레스의 철학적 관점

• 해제 아리스토텔레스의 철학적 관점을 바탕으로 예술관을 설명한 글이다. 아리스토텔레스는 이데아계가 존재하지 않으며, 형상은 질료에 내재한다고 보고, 이를 가능태와 현실태라는 개념을 통해 설명하였다. 아리스토텔레스에게 있어 예술의 목적은 개개의 사물에 내재하고 있는 형상을 표현해 내는 것이라 시가 역사보다 우월하다고 주장했다. 또한 인간이 음유시인의 연기와 같은 예술을 통해 쾌감을 느낄 수 있다고 보았다.

• 주제 아리스토텔레스의 철학과 예술관

• 특징 용어에 대한 개념을 정의의 방법으로 제시하고 있음.

01 관점을 바탕으로 한 비판

정답 ①

정답 풀이

나 의 1문단에서 아리스토텔레스는 이데아계가 존재한다고 보지 않았다고 하였다. 그 이유로 사람은 나이가 들며 늙는데, 만약 이데아계의 변하지 않는 어린아이의 형상과 성인의 형상을 바탕으로 각각 현상계의 어린아이와 성인이 생겨났다면, 현상계에서 어린아이가 성인으로 성장하는 것을 설명할 수 없기 때문이라고 했다. 따라서 '현상계의 사물이 형상을 본뜬 것이라면 현상계의 사물이 생성·변화하는 이유를 설명할 수 없다.'는 플라톤의 관점인 ⑤'현상계의 모든 사물은 형상을 본뜬 그림자에 불과하다.'를 비판하는 내용으로 적절하다.

오답 풀이

② ⑤'현상계의 모든 사물은 형상을 본뜬 그림자에 불과하다.'의 관점에서 보면 현상계의 모든 사물은 형상을 본떠 만들어진 것이므로, 현상계에 존재하는 사물들이 모두 제각기 다른 이유를 설명할 수 있다.

③ ⑤'현상계의 모든 사물은 형상을 본뜬 그림자에 불과하다.'로 볼 때, 현상계의 모든 사물은 형상을 모방한 것이므로, 형상과 현상계의 사물이 서로 독립적이지 않음을 알 수 있다.

④ 가 의 1문단에서 '현상계는 이데아계의 형상을 바탕으로 만들어진 세

계로 끊임없이 변화하는 사물이 감각에 의해 지각된다.'라고 하였으므로, 플라톤은 형상이 현상계를 초월하여 존재하는 것이라면 형상을 포함하지 않는 사물을 감각으로 느끼는 것이 가능하다고 본 것이다.

⑤ 가 의 1문단에서 '이데아계는 현상계에 나타난 모든 사물의 근본이 되는 보편자, 즉 형상이 존재하는 곳으로 이성으로만 인식될 수 있는 관념의 세계이다.'라고 하였다. 따라서 플라톤은 현상계의 모든 사물이 형상의 그림자에 불과하다면 그림자만 볼 수 있는 인간이 형상을 인식하는 것이 가능하다고 본 것이다.

02 비판적 읽기

정답 ②

정답 풀이

가 의 4문단에서 '플라톤은 음유시인이 용기나 절제 같은 덕성을 지닌 인간이 아닌 저급한 인간의 면모를 모방할 수밖에 없다고 주장했다.'라고 한 점을 통해 플라톤의 관점에서 '음유시인은 오이디푸스의 덕성을 연기하는 데 주력하겠지만, 관객은 이를 감각으로 파악할 수 없기 때문에 감정과 욕구에 지배되어 타락하게 된다.'는 적절하지 않다. 이를 '음유시인은 오이디푸스의 저급한 면모를 연기하는 데 주력하겠지만, 관객은 이를 감각으로 파악하기 때문에 감정과 욕구에 지배되어 타락하게 된다.'로 고치는 것이 더 적절할 것이다.

오답 풀이

① 가 의 3문단에서 플라톤은 '고대 그리스에서 음유시인은 허구의 허구인 서사시나 비극을 창작하고, 이를 작품 속 등장인물의 성격에 어울리는 말투, 몸짓 같은 감각 가능한 현상으로 연기함으로써 다시 허구를 만들어 냈다.'라고 보았음을 확인할 수 있다. 따라서 플라톤의 관점에서 '오이디푸스는 덕성을 갖춘 현상 속 인물을 본떠 만든 허구의 허구이며, 그에 대한 음유시인의 연기는 이를 다시 본뜬 허구이다.'는 적절한 반응이다.

③ 가 의 3문단에서 '음유시인의 연기는 인물의 성격을 드러내는데, 이는 감각 가능한 외적 특성을 모방해 감각으로 파악될 수 없는 내적 특성을 드러내는 것이다.'라고 했으므로, 플라톤의 관점에서 '음유시인의 목소리와 몸짓을 통해 오이디푸스의 성격이 드러난다면, 감각 가능한 외적 특성을 모방하는 과정에서 감각되지 않는 내적 특성이 표현된 것이다.'는 적절한 반응이다.

④ 나 의 4문단에서 '비극시 속 이야기는 음유시인이 경험 세계의 개별자들 속에서 보편자를 인식해 내어, 그것을 다시 허구의 개별자로 표현한 결과물인 것이다.'라고 했으므로, 아리스토텔레스의 관점에서 '음유시인이 현상 속 인간의 개별적 모습들에서 보편자를 인식해 내어, 이를 다시 오이디푸스라는 허구의 개별자로 표현한 것이다.'는 적절한 반응이다.

⑤ 나 의 4문단에서 아리스토텔레스는 '관객은 음유시인의 연기를 통해 앎의 쾌감을 느낄 수 있을 뿐 아니라 ~ 고통을 받는 인물의 이야기를 통해 그에 대한 연민과 함께, 자신도 유사한 고통을 겪을 수 있다는 공포를 느낀다. 이러한 과정에서 감정이 고조됐다가 해소되면서 얻게 되는 쾌감, 즉 카타르시스를 경험한다.'라고 보았음을 확인할 수 있다. 따라서 아리스토텔레스의 관점에서 '오이디푸스가 숙명에 의해 파멸당하는 것을 본 관객들은 인간 존재의 본질을 이해하는 쾌감을 느낄 뿐 아니라 카타르시스를 경험할 수 있다.'는 적절한 반응이다.

· 본문 102~103쪽

01 ③　　**02** ②　　**03** ③

1-3 한눈에 보기

(인문) 도덕적 갈등 문제를 바라보는 다양한 관점

• **해제** 도덕적 갈등 문제를 바라보는 다양한 가치들 중 어떤 가치를 선택하는가의 문제에 대해 다루고 있는 글로, 도덕적 원칙주의, 도덕적 자유주의, 도덕적 다원주의 관점의 의의와 한계를 서술하였다.

• **주제** 도덕적 갈등 문제를 바라보는 다양한 관점의 의의와 한계

• **특징** 도덕적 원칙주의, 도덕적 자유주의, 도덕적 다원주의의 관점의 의의와 한계를 병렬적 구조로 서술함.

---

01 ● 핵심 정보 파악

정답 ③

정답 풀이

2문단에서 ㉠ '도덕적 원칙주의자'는 갈등 상황에서 도덕 법칙에 따라 행동하라고 말한다고 하였다. 또한 4문단에서 ㉡ '도덕적 자유주의자'는 상위 원리를 통해 법과 같은 현실적인 규범이나 지침을 준수해야 갈등이 해결된다고 주장한다고 하였다. 따라서 두 관점은 모두 도덕적 가치의 우선순위가 있음을 전제로 하고 있다는 것을 알 수 있다.

오답 풀이

① 2문단에서 도덕적 원칙주의자는 도덕 법칙이 선험적이라고 하였는데, 이는 경험에 앞서 선천적으로 도덕 법칙을 갖고 태어난다는 것을 의미한다. 또한 이 도덕 법칙은 모든 인간이 반드시 따라야 하는 것으로 나타나기에 도덕 법칙은 어느 사회에나 모든 구성원들에게 보편적으로 적용된다는 것을 알 수 있다.

② 4문단을 통해 도덕적 자유주의자는 상위 원리를 통해 법과 같은 현실적인 규범이나 지침을 만들면 사람들이 이를 준수함으로써 도덕적 갈등이 해결된다고 보았음을 알 수 있다.

④ 4문단에서 도덕적 자유주의자는 도덕적 원칙주의와 달리 선험적인 도덕 법칙이 존재하지 않는 것으로 보았다고 하였다.

⑤ 2문단을 통해 도덕적 원칙주의자는 선험적인 도덕 법칙에 의해, 4문단을 통해 도덕적 자유주의자는 개인들의 합의를 통해 만든 상위 원리를 바탕으로 도덕적 갈등 상황을 해결할 수 있다는 것을 강조하고 있음을 알 수 있다.

---

02 ● 비판적 읽기

정답 ②

정답 풀이

[A]는 도덕적 다원주의의 관점에 대한 내용으로, 도덕적 다원주의자는 해결 불가능한 도덕적 갈등이 발생할 수 있다고 주장하며, 이는 도덕적 가치의 우선순위를 판단하는 통일된 지표를 마련하는 것이 어려운 경우가 존재한다고 보기 때문이다. |보기|의 ㉮, ㉯에서 판사 C가 서로 다르게 판단한 것은 조건에 따라 가치의 우선순위가 다르기 때문이라고 볼 수 있다.

오답 풀이

① 도덕적 다원주의자는 통일된 지표 마련이 어려운 경우가 존재한다고 보고 있다.

③ ㉮에서 C는 법을 지키는 것을, ㉯에서 C는 친구의 어려운 형편을 배려하는 것을 우선시하고 있으므로, 두 상황에서 C가 우선시한 가치는 동일하지 않다.

④ ㉮, ㉯에서는 조건에 따라 우선시되는 가치가 다르게 나타났으므로, 통일된 지표에 따라 판단하였다고 볼 수 없다.

⑤ ㉮, ㉯ 모두 두 가치 간의 내재적 속성이 상충된다.

---

03 ● 구체적 상황에 적용

정답 ③

정답 풀이

도덕적 자유주의자는 상위 원리를 통해 법과 같은 현실적인 규범이나 지침을 만들면 사람들이 이를 준수함으로써 도덕적 갈등이 해결된다고 보고 있다. 도덕적 갈등 상황에서 법과 같은 규범이나 지침을 준수해야 한다고 생각할 뿐, 다른 사람의 입장을 고려해 양보해야 한다고 생각하는 것은 아니다.

오답 풀이

① 도덕적 원칙주의자는 갈등 상황이 생겼을 때 주관적 욕구나 개인이 처한 상황을 고려하지 말고 도덕 법칙에 따라 행동하라고 말하고 있으므로, 갑이 범죄를 당한 적이 있다는 사실을 고려해서는 안 된다고 생각할 것이다.

② 도덕적 자유주의자는 합의를 통해 만든 상위 원리를 바탕으로 갈등을 해결해야 한다고 주장하므로, 공정한 절차에 따른 합의에 의해 CCTV 설치 확대가 결정된다면 을은 그 결정을 따라야 한다고 생각할 것이다.

④ 도덕적 다원주의자는 도덕적 가치의 우선순위를 판단하는 통일된 지표를 마련하는 것이 어려운 경우가 존재한다고 보기 때문에 해결 불가능한 도덕적 갈등이 있다고 주장한다. 따라서 중재를 통해 타협점을 모색하는 방안을 제시하고 있으므로, 갑과 을의 문제를 이분법적으로 결정하기보다는 갑과 을이 타협할 수 있는 지점을 찾아야 한다고 생각할 것이다.

⑤ 도덕적 다원주의자는 갈등 당사자 간의 인간관계가 훼손되지 않는 것을 중시하므로, 갑과 을 둘 사이의 관계가 나빠지지 않도록 하는 것이 중요하다고 생각할 것이다.

개념 익히기

• 본문 106~107쪽

01 ③　　**02** 증가, 하락　　**03** 소비자
04 (1) ○　(2) ✕　(3) ○　　**05** 부원 4
06 (1) ○　(2) ○　(3) ✕　　**07** 식용유, 방해, 되지 못하게

1-4 한눈에 보기

(사회) 유동성을 늘리는 통화 정책
• **해제** 경기가 침체되면 국가는 유동성을 늘리는 통화 정책을 시행한다. 유동성은 흔히 통화량을 나타내는 말로도 사용된다. 유동성은 금리와 밀접한 관계가 있기 때문에 국가는 정책적으로 금리를 통해 유동성을 조절할 수 있다. 중앙은행은 기준금리를 조절하는 통화 정책을 통해 경기를 안정시키려고 한다.
• **주제** 경기를 살리기 위한 통화 정책

01

정답 ③

4문단에 따르면, 중앙은행이 기준 금리를 인하하면 시중의 유동성이 증가하여, 가계의 소비가 늘고 주식이나 부동산에 대한 투자가 확대된다. 또한 기업의 생산과 고용이 늘고 다양한 분야에 대한 투자가 확대되어 물가가 상승하고 경기가 전반적으로 활성화된다. 회사에서 인원을 감축하는 것은 경기가 침체되었을 때 일어나는 현상이다.

02

정답 증가, 하락

국가의 통화 정책이 정상적으로 작동될 때, 중앙은행이 기준 금리를 내리면 시중의 유동성이 증가하며, 화폐의 가치가 하락한다.

03

정답 소비자

〈보기〉는 경기가 과열되어 기준 금리를 인상하는 정책을 시행한다는 내용의 신문 기사이다. 기준 금리를 올리면 시중의 유동성이 감소하고, 화폐의 가치는 오른다. 이에 따라 가계의 소비가 위축되고, 투자 대신 은행에 예금하려는 경향이 나타난다. 또한 기업의 생산과 고용이 줄어들고, 물가가 낮아지게 된다. 따라서 투자자가 당분간 부동산 투자를 미루겠다는 반응을 보이는 것, 공장장이 재고가 늘어날 것에 대비하는 것, 은행원이 시중 은행에 저축하려는 사람들이 늘어날 수 있다고 예측하는 것 등은 적절하다. 기준 금리를 인상하는 정책은 과열된 경기를 진정시키는 역할을 하므로, 소비자가 위축된 소비 심리가 회복된다고 전망하고 자동차 구매 시기를 앞당겨 소비를 늘리는 것은 적절하지 않다.

04

정답 (1) ○　(2) ✕　(3) ○

금리가 오르면 유동성은 감소하고, 금리가 내려가면 유동성이 증가하므로 금리와 유동성은 반비례 관계가 맞다. 중앙은행은 시중 금리가 아닌 기준 금리를 통해 유동성을 조절한다. 경기가 침체되면 국가는 기준 금리를 인하하여 시중의 유동성을 늘리는 통화 정책을 시행한다.

5-7 한눈에 보기

(과학·기술) 열전달에 관한 과학적 원리
• **해제** 이 글은 음식 조리 과정의 예를 들어 열전달에 관한 과학적 원리를 설명하고 있다. 열전달은 열이 온도가 높은 곳에서 낮은 곳으로 이동하는 현상인데, 조리 과정에서는 전도에 의한 열전달이 많이 일어난다. 전도에 의한 열전달률은 온도 차이와 면적에 비례하고, 거리에 반비례하는 현상을 푸리에의 열전도 법칙이라고 부른다. 튀김의 조리 과정을 푸리에의 열전도 법칙으로 설명하고 있으며, 튀김 요리에서 생기는 수증기 기포들의 역할에 대해 설명하고 있다.
• **주제** 열전달에 관한 과학적 원리

05

정답 부원 4

㉠'푸리에의 열전도 법칙'에 따르면 다른 조건이 같더라도 물질의 열전도도가 높은 경우 열전달률도 높게 나타난다고 하였으므로, 현관문을 통한 열전달률을 낮추려면 열전도도가 낮은 물질을 사용해야 한다. 따라서 부원 4의 '여름철 현관문을 통한 실외 온도의 영향을 최소화하려면 현관문을 통한 열전달률을 낮춰야 하니 같은 두께라도 열전도도가 더 높은 재질의 현관문을 사용하는 것으로 설계해야겠어.'의 의견은 적절하지 않다.

06

정답 (1) ○　(2) ○　(3) ✕

㉮에서는 냄비에서 열이 식용유로 전달되므로, '㉮에서는 서로 다른 물질인 냄비와 식용유 사이에서 열전달이 일어나겠군.'의 내용은 적절하다. ㉯의 결과로 ㉰가 진행되는 것은 식용유에서 튀김 재료에 순간적으로 많은 열이 전달되었기 때문이다. ㉰에서는 열이 전달됨에 따라 튀김 재료 안쪽의 수분이 표면 쪽으로 이동하는 것이므로, '㉰에서는 열이 전달됨에 따라 튀김 재료 표면의 수분이 튀김 재료 안쪽으로 이동하겠군.'의 내용은 적절하지 않다.

07

정답 식용유, 방해, 되지 못하게

3문단에서 '튀김 재료 표면의 기포들은 재료와 식용유 사이에서 일종의 공기층과 같은 역할을 해 식용유가 재료로 흡수되는 것을 막아서 튀김을 덜 기름지게 한다.'라고 했고, '재료 표면에 생성된 기포들을 거쳐 열전달이 일어나기 때문에 기포들은 재료 표면이 빨리 타 버리지 않게 하고 튀김 재료의 안쪽까지 열이 전달되어 재료가 골고루 잘 익게 한다.'라고 하였다. 따라서 학생의 반응은 '맛있는 튀김을 만들기 위해서는 기포들의 역할이 중요해. 기포들이 튀김 재료와 식용유 사이에서 공기층과 같은 역할을 해서 식용유가 재료로 흡수되는 것을 방해하여 튀김을 덜 기름지게 해 줘. 또 식용유에서 튀김 재료로 열이 직접 전도되지 못하게 하여 재료 표면이 타지 않고 골고루 익게 해.'가 적절하다.

1-2 한눈에 보기

(사회) 수요의 가격 탄력성

- **해제** 이 글은 상품의 가격 변화에 따른 수요량의 변화를 나타내는 지표인 수요의 가격 탄력성에 대해 설명하고 있다. 대체재의 존재 여부, 필요성의 정도, 소득에서 지출이 차지하는 비중 등이 수요의 가격 탄력성에 영향을 주는 요인이다. 수요의 가격 탄력성은 수요량의 변화율을 가격의 변화율로 나눈 값으로, 총수입에 큰 영향을 미친다는 내용을 구체적인 예를 들어 설명하고 있다.
- **주제** 수요의 가격 탄력성과 그 영향
- **특징** ① 개념에 대해 구체적인 예를 들어 설명함.
  ② 대체재의 존재 여부와, 필요성의 정도에 따른 수요의 가격 탄력성을 각각 대조의 방법으로 설명함.

01 　구체적 상황에의 적용　　　　　　　　　　정답 ②

정답 풀이

2문단에서 설명한 수요량의 가격 탄력성에 영향을 주는 요인 세 가지 중, 대체재의 존재 여부와 관련한 문제이다. 쌀을 주식으로 하는 나라는 밀을 주식으로 하는 나라보다 쌀을 필수재로 인식할 것이다. 그러므로 쌀을 주식으로 하는 나라는 밀을 주식으로 하는 나라보다 쌀 수요의 가격 탄력성은 '비탄력적(㉮)'이다. 또 오토바이가 주요 이동 수단인 나라에서는 자동차를 '사치재(㉯)'로 인식할 것이므로 자동차 수요의 가격 탄력성은 '탄력적(㉰)'이다.

02 　창의적 읽기　　　　　　　　　　　　　　정답 ⑤

정답 풀이

[A]에서 수요의 가격 탄력성은 수요량의 변화율(수요량 변화분/기존 수요량)을 가격의 변화율(가격 변화분/기존 가격)로 나눈 값이라고 했다. | 보기 |의 김밥 수요의 가격 탄력성은, 김밥 수요량의 변화율인 1/5(20개/100개)을 가격 변화율인 1/4(500원/2,000원)로 나눈 4/5가 된다. 4/5는 1보다 작으므로 김밥 수요의 가격 탄력성은 비탄력적이라는 것을 알 수 있다.

영화 관람권 수요의 가격 탄력성은, 영화 관람권 수요량의 변화율인 2/5(1,000장/2,500장)를 가격 변화율인 1/5(2,000원/10,000원)로 나눈 2가 된다. 2는 1보다 크므로 영화 관람권 수요의 가격 탄력성은 탄력적이라는 것을 알 수 있다.

오답 풀이

① 김밥은 가격의 변화율이 1/4이고, 수요량의 변화율은 1/5이므로, 가격의 변화율이 수요량의 변화율보다 크다.
② 영화 관람권은 가격의 변화율이 1/5이고, 수요량의 변화율이 2/5이므로, 가격의 변화율이 수요량의 변화율보다 작다.

③ 김밥 수요의 가격 탄력성은 4/5로 1보다 작지만, 영화 관람권 수요의 가격 탄력성은 2로 1보다 크므로, '김밥과 영화 관람권 수요의 가격 탄력성은 모두 1보다 작다.'는 적절하지 않다.
④ 김밥의 가격의 변화율에 대한 수요량의 변화율은 4/5이고, 영화 관람권의 가격의 변화율에 대한 수요량의 변화율은 2이므로, '김밥과 영화 관람권은 가격의 변화율에 대한 수요량의 변화율이 같다.'는 적절하지 않다.

1-3 한눈에 보기

(사회) 주택 임대차 보호법

- **해제** 이 글은 주택 임대차에서 임차인의 지위를 보호하여 국민 주거 생활을 안정시키기 위해 제정된 특별법인 주택 임대차 보호법에 대해 설명하고 있다.
- **주제** 주택 임대차 보호법의 의의
- **특징** ① 문제점과 해결 방안을 제시하는 구조가 나타남.
  ② 구체적인 상황의 예를 들어 내용 이해를 도움.

01 　세부 내용 파악　　　　　　　　　　　　정답 ②

정답 풀이

임차한 주택에 전세권을 설정하면 임대차 내용이 등기부에 기재된다. 혹은 임차권등기명령을 통해 종료된 임차권을 법원의 명령으로 등기부에 공시할 수 있도록 할 수 있다. 이와 같이 임대차 내용을 등기부에 기재하기 위해서는 임차인이 따로 신청을 해야 하는 것이지, 주택 임대차가 체결되면 관할 법원이 임대차 내용을 등기부에 기재해야 하는 것이 아니다.

오답 풀이

① 주택 임대차 보호법은 임차인이 주택을 인도받는 것과 전입 신고를 마치는 요건을 갖추었을 경우 임차권에 물권적 효력을 부여하여 임차인의 지위를 강화하는 제도이다.
③ 주택 임대차는 임차인이 주택의 소유자인 임대인에게 보증금을 지급하고 합의한 기간 동안 목적물인 주택을 사용한 후, 기간이 만료되면 보증금을 반환받는 계약으로, 주택 임대차가 만료되면 임차인은 임대인에게 임대차의 목적물을 반환해야 한다.
④ 최우선변제권으로 변제받을 수 있는 금액은 대통령령으로 정해지며 지역에 따라 다르다고 했으므로(정해진 금액까지의 보증금을 우선하여 변제받을 수 있으므로), 최우선변제권이 있는 소액임차인이더라도 보증금의 전부를 반환받지 못할 수도 있다.
⑤ 물권은 누구에게나 주장할 수 있는 권리라고 했으므로, 어떤 물건에 대한 지배권을 모든 사람에게 주장하려면 해당 물건에 대한 물권이 필요하다.

02 ● 세부 내용 파악

정답 ③

정답 풀이

ⓒ '전세권'은 임차권과 내용은 같지만 물권으로서, 임대차 내용을 등기부에 기재하여 제삼자가 내용을 알 수 있도록 한다. 임차인은 임대차 기간 동안 목적물인 주택을 임대하는 것이지, 소유하는 소유권을 갖게 되는 것이 아니다.

오답 풀이

① ⓐ '임차권'은 채권에 해당하며, 채권을 가진 사람은 원칙적으로는 특정한 채무자인 임대인에게만 계약 내용에 따른 행위를 요구할 수 있다.
② ⓒ '전세권'을 설정하기 위해서는 임대인의 동의가 필요하다.
④ ⓐ '임차권', ⓒ '전세권' 모두 보증금을 지급하고 부동산을 약정 기간 동안 이용한 후 부동산을 반환하고 보증금을 돌려받는 권리로 계약 기간 동안 주택에 대한 자신의 권리를 주장할 수 있다.
⑤ ⓐ '임차권'은 채권에 해당하고, ⓒ '전세권'은 물권에 해당한다. 물권은 일반적으로 채권에 우선하는 효력이 인정되므로, 일반적으로 ⓒ은 ⓐ에 우선하는 효력이 인정된다.

03 ● 구체적 상황에의 적용

정답 ⑤

정답 풀이

ㅣ보기ㅣ는 주택 임대차가 만료되었는데 임차인이 임대인으로부터 보증금을 반환받지 못하는 상황으로, 4문단의 내용과 관련이 있다. 이 경우에는 종료된 임차권을 법원의 명령으로 등기부에 공시할 수 있도록 하는 임차권등기명령 제도를 이용한다. 임차권등기명령을 법원에 신청하여 승인이 내려지면, 을이 이사를 가더라도 을이 가지고 있던 임차권이 등기부에 기재되고 물권적 효력이 유지될 수 있다.

오답 풀이

① 임차권등기명령은 임대차가 종료된 후에 신청하는 것이므로, 2년 계약이 종료된 후인, 2023년 2월 5일부터 임차권등기명령을 신청할 수 있다.
② 임차권등기명령을 법원에 신청하면 법원에서 심리하여 결정하는 기간이 필요하다. 또한 임차권등기명령이 승인되어도 갑에게 보증금을 바로 돌려받을 수 있는 것이 아니다.
③ 을은 계약 기간 내내 확정일자를 받지 않았기 때문에 우선변제권을 부여받지 못했으므로, 기존의 우선변제권이 유지되도록 한다는 것은 옳지 않다. 또한 임차권등기명령은 종료된 임차권을 법원의 명령으로 등기부에 공시할 수 있도록 하는 것으로 우선변제권을 새롭게 부여하는 것이다.
④ 1문단에서 매매 등으로 주택의 소유권이 변경되면 새로운 소유주에게는 임차권을 주장하지 못할 수도 있다고 한 내용을 통해 임차권이 존재한 상태에서도 주택의 소유권이 달라질 수 있음을 알 수 있다. 따라서 임차권등기명령이 내려져도 갑은 A 주택을 다른 사람에게 매도할 수 있다.

14 강 음운

개념 익히기
· 본문 114~115쪽

01 음운	**02** 국밥, 걷다	**03** ①	**04** ②
05 ㄷ, ㅌ / ㅈ, ㅊ		**06** 교체, 축약, 애틋한	
07 쌓던	**08** ①	**09** (1) ○ (2) × (3) ○	

01
정답 음운

말의 의미를 구별해 주는 소리의 가장 작은 단위는 음운이다.

02
정답 국밥, 걷다

'국밥[국빱]'과 '걷다[걷따]'는 받침 'ㄱ, ㄷ, ㅂ' 뒤에 'ㄱ, ㄷ, ㅂ, ㅅ, ㅈ'이 올 때 된소리되기가 일어나는 예에 해당한다. 한편 '신고[신ː꼬]'는 어간 받침 'ㄴ(ㄵ), ㅁ(ㄻ)' 뒤에 결합되는 어미의 첫소리 'ㄱ, ㄷ, ㅅ, ㅈ'은 된소리로 발음한다는 규칙에 따른 예이고, '콧등[코뜽/콛뜽]'은 순우리말로 된 합성어로 앞말이 모음으로 끝나고 뒤의 예사소리가 된소리로 발음되는 예에 해당한다. '국물'은 'ㄱ, ㄷ, ㅂ' 뒤에 'ㄴ, ㅁ'이 오면, [ㅇ, ㅁ, ㄴ]으로 소리가 나는 비음화의 예에 해당한다.

03
정답 ①

'굳히다'는 [구티다 → 구치다]로 변한 뒤 [구치다]로 발음한다. 순서상 'ㄷ'과 'ㅎ'이 만나 'ㅌ'으로 축약된 뒤 'ㅌ'과 모음 'ㅣ'가 만나 구개음화가 일어나 'ㅌ'이 'ㅊ'으로 교체된다. '미닫이[미다지]'는 구개음화가 일어났으므로 교체에만 해당된다. '빨갛다[빨가타]'는 'ㅎ'과 'ㄷ'이 만나 'ㅌ'이 되었으므로 축약에만 해당된다. '솜이불[솜니불]'은 'ㄴ' 첨가만 나타난다.

04
정답 ②

②의 '칼날[칼랄]'은 'ㄴ'이 'ㄹ'로 교체되고, '입학[이팍]'은 'ㅂ'이 'ㅎ'과 만나 'ㅍ'으로 축약된다. '쌓아[싸아]'는 'ㅎ'이 탈락된다. 한편 ①의 '맨입[맨닙]'은 'ㄴ' 첨가가 나타나고, '여덟[여덜]'은 'ㄹ'이 탈락되며, '국화[구콰]'는 'ㄱ'이 'ㅎ'을 만나 'ㅋ'으로 축약된다. ③의 '쌓이다[싸이다]'에서는 'ㅎ'이 탈락되고, '국화[구콰]'는 'ㄱ'이 'ㅎ'을 만나 'ㅋ'으로 축약되며, '꽃잎[꼰닙]'은 'ㅊ → ㄷ → ㄴ'과 같은 교체와 'ㄴ' 첨가가 나타난다.

05
정답 ㄷ, ㅌ / ㅈ, ㅊ

구개음이 아닌 자음 'ㄷ, ㅌ'이 모음 'ㅣ'나 반모음 'ㅣ̌'로 시작되는 형식 형태소를 만나 'ㅈ, ㅊ'으로 발음되는 현상을 구개음화라고 한다.

06
정답 교체, 축약, 애틋한

'팥빵[판빵]'은 'ㅌ'이 'ㄷ'으로 교체되고, '많던[만턴]'은 'ㅎ'이 'ㄷ'을 만나 'ㅌ'으로 축약된다. 그리고 '애틋한[애트탄]'은 'ㅅ'이 'ㄷ'으로 교체된 뒤, 'ㄷ'이 'ㅎ'을 만나 'ㅌ'으로 축약된다.

'낯설고[낟썰고]'는 'ㅊ'이 'ㄷ'으로 교체(음절의 끝소리 규칙)된 후, 'ㄷ' 뒤의 'ㅅ'이 'ㅆ'으로 교체(된소리되기)된다. '놓더라[노터라]'는 'ㅎ'이 'ㄷ'을 만나 'ㅌ'으로 축약된다. '맞는지[만는지]'는 'ㅈ'이 'ㄷ'으로 교체(음절의 끝소리 규칙)된 뒤 바뀐 'ㄷ'이 다시 'ㄴ'으로 교체된다(비음화). '먹히는[머키는]'은 'ㄱ'이 'ㅎ'을 만나 'ㅋ'으로 축약된다.

07

정답 쌓던

•보기•의 내용은 'ㅎ'이 탈락하는 경우에 대한 설명이다. '쌓던[싸턴]'은 'ㅎ'과 'ㄷ'이 만나 'ㅌ'으로 축약되는 현상이 일어난다.

08

정답 ①

'가서'는 '가-+-아-+-서'에서 '-아-'가 탈락한 모음 탈락이다. 한편 '끊어라'는 어간의 끝소리 'ㅎ'이 모음으로 시작하는 어미 앞에서 탈락되는 경우의 예에 해당하고, '신고', '담고'는 어간의 끝소리 'ㄴ', 'ㅁ' 뒤에서 어미의 첫소리가 된소리로 교체되는 경우의 예에 해당한다.

09

정답 (1) ○ (2) × (3) ○

(1) 두 개의 형태소나 단어가 결합하여 합성어가 될 때 앞말과 뒷말 사이에 소리가 덧나는 현상을 사잇소리 현상이라 한다.

(2) 순우리말로 된 합성어 또는 순우리말과 한자어로 된 합성어로서 앞의 말이 모음으로 끝난 경우는 사이시옷을 표기한다.

(3) 한자어만으로 구성된 합성어인 '곳간, 셋방, 숫자, 찻간, 툇간, 횟수'는 예외적으로 사이시옷을 표기한다.

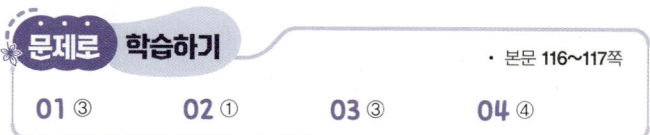

문제로 **학습하기**

• 본문 116~117쪽

| 01 ③ | 02 ① | 03 ③ | 04 ④ |

01 ● 음운의 이해

정답 ③

정답 풀이

최소 대립쌍이란 다른 모든 소리가 같고 단 하나의 소리 차이로 의미가 구별되는 단어의 쌍을 말한다. ㉠의 단어는 '달'과도 최소 대립쌍을 이루고, '굴'과도 최소 대립쌍을 이루어야 한다. '달'과 '굴'은 받침 'ㄹ'을 제외하고 모두 바뀌었다. 따라서 ㉠의 받침에는 'ㄹ'이 들어가야 한다. 그리고 '달'에서 'ㄷ'을 바꿔 '굴'과 최소 대립쌍을 이루기 위해서는 '갈'이 되어야 하고, '달'의 'ㅏ'를 변화시켜 '굴'과 최소 대립쌍을 이루려면 '둘'이 되어야 한다.

오답 풀이

① '꿀'은 '굴'과 최소 대립쌍이지만 '달'과 최소 대립쌍이 아니다.
② '답'은 '달'과 최소 대립쌍이지만 '굴'과 최소 대립쌍이 아니다.
④ '말'은 '달'과 최소 대립쌍이지만 '굴'과 최소 대립쌍이 아니다.
⑤ '풀'은 '굴'과 최소 대립쌍이지만 '달'과 최소 대립쌍이 아니다.

02 ● 된소리되기의 이해

정답 ①

정답 풀이

'옷고름[옫꼬름]'은 '옷'의 받침 'ㅅ'이 'ㄷ'으로 교체된 뒤 'ㄱ'을 만나 된소리로 발음되므로 제23항에 해당한다. '젊고[점:꼬]'는 '젊'의 'ㅁ(ㄼ)'이 'ㄱ'을 만나 된소리로 발음되므로 제24항에 해당한다.

오답 풀이

② '문고리[문꼬리]'는 제23항, 제24항과 관련이 없다. 이는 표준 발음법 제28항(표기상으로는 사이시옷이 없더라도, 관형격 기능을 지니는 사이시옷이 있어야 할 합성어의 경우에는, 뒤 단어의 첫소리 'ㄱ, ㄷ, ㅂ, ㅅ, ㅈ'을 된소리로 발음한다.)에 해당한다. 그리고 '감고[감:꼬]'는 제24항에 해당한다.

③ '갈등[갈뜽]'은 제23항, 제24항과 관련이 없다. 표준 발음법 제26항(한자어에서 'ㄹ' 받침 뒤에 연결되는 'ㄷ, ㅅ, ㅈ'은 된소리로 발음한다.)에 해당한다. '앉다[안따]'는 제24항에 해당한다.

④ '덮개[덥깨]'는 제23항에 해당한다. 한편 '언짢게[언짠케]'에서는 된소리되기가 아니라 'ㅎ'이 'ㄱ'을 만나 'ㅋ'으로 축약되는 현상이 일어난다.

⑤ '술잔[술짠]'은 제23항, 제24항과 관련이 없다. 표준 발음법 제28항(표기상으로는 사이시옷이 없더라도, 관형격 기능을 지니는 사이시옷이 있어야 할 합성어의 경우에는, 뒤 단어의 첫소리 'ㄱ, ㄷ, ㅂ, ㅅ, ㅈ'을 된소리로 발음한다.)에 해당한다. '더듬지[더듬찌]'는 제24항에 해당하는 예이다.

03 ● 구개음화의 이해

정답 ③

정답 풀이

구개음화는 받침의 'ㄷ', 'ㅌ'이 'ㅣ'나 반모음 'ㅣ'로 시작하는 형식 형태소와 만나 [ㅈ], [ㅊ]으로 발음되는 현상이다. '끝인사'에서 '인사'는 실질 형태소이므로 '끝인사'는 음절의 끝소리 규칙이 일어나 [끝인사 → 끄딘사]로 발음된다. '곧이'의 '-이'는 접사로 형식 형태소이기 때문에 구개음화가 일어나서 [고지]로 발음된다. '곧이어'에서 '이어'는 부사로 실질 형태소에 해당하므로 구개음화 현상이 일어나지 않는다. 따라서 '곧이어'의 표준 발음은 [고디어]이다.

04 ● 음운 변동의 이해

정답 ④

정답 풀이

'독서[독써]'는 교체 현상 중 하나인 된소리되기가 일어나 [독써]로 발음된다. 'ㅅ'이 'ㅆ'으로 교체된 것이므로 음운 개수에는 변동이 없다. 그리고 [써]의 음절 유형은 '자음(ㅆ) + 모음(ㅓ)'이다.

오답 풀이

① '놓인[노인]'은 'ㅎ'이 탈락하면서 음운의 개수가 1개 줄었고, [노]는 음절 유형이 '자음(ㄴ) + 모음(ㅗ)'이다.

② '한여름[한녀름]'은 'ㄴ'이 첨가되어 음운의 개수가 1개 늘었고, [녀]는 음절 유형이 '자음(ㄴ) + 모음(ㅕ)'이다.

③ '읽기[일끼]'는 'ㄺ'의 'ㄱ'과 'ㄱ'이 만나 교체 현상 중 하나인 된소리되기가 일어난 뒤, 자음군 단순화로 인해 'ㄺ'의 'ㄱ'이 탈락하여 음운의 개수가 1개 줄었고, [일]은 음절 유형이 '모음(ㅣ) + 자음(ㄹ)'이다.

⑤ '맞는[만는]'은 'ㅈ'이 'ㄴ'과 만나 교체 현상 중 하나인 비음화가 일어

나 'ㄴ'으로 발음되므로 음운의 개수는 변동이 없다. [만]은 음절 유형이 '자음(ㅁ) + 모음(ㅏ) + 자음(ㄴ)'이다.

· 본문 118~119쪽

01 ①	02 ①	03 ①	04 ③

01 ● 음운 변동의 이해
정답 ①

정답 풀이

'좋고[조ː코]'는 'ㅎ'과 'ㄱ'이 만나 'ㅋ'으로 축약되므로 ㉮의 예로 적절하고, '닿아[다아]'는 'ㅎ'이 탈락되므로 ㉯의 예로 적절하다.

오답 풀이

② '좋고[조ː코]'는 'ㅎ'과 'ㄱ'이 만나 'ㅋ'으로 축약되므로 ㉮의 예로 적절하지만, '쌓네[싼네]'는 [싼네 → 싼네]로 변동된 것으로, 'ㅎ'이 음절의 끝소리 규칙으로 인해 'ㄷ'으로 교체된 후, 'ㄴ'과 만나 'ㄴ'으로 교체되는 비음화 현상이 일어났다. 따라서 ㉯의 예로 적절하지 않다.

③ '넣는[넌ː는]'은 [넏ː는 → 넌ː는]으로 변동된 것으로, 'ㅎ'이 음절의 끝소리 규칙으로 인해 'ㄷ'으로 교체된 후, 'ㄴ'과 만나 'ㄴ'으로 교체되는 비음화 현상이 일어났다. 따라서 ㉮의 예로 적절하지 않다. '닿아[다아]'는 'ㅎ'이 탈락되므로 ㉯의 예로 적절하다.

④ '넣는[넌ː는]'은 [넏ː는 → 넌ː는]으로 변동된 것으로, 'ㅎ'이 음절의 끝소리 규칙으로 인해 'ㄷ'으로 교체된 후, 'ㄴ'과 만나 'ㄴ'으로 교체되는 비음화 현상이 일어났다. 따라서 ㉮의 예로 적절하지 않다. '쌓네[싼네]'도 '[싼네 → 싼네]로 변동된 것으로, 'ㅎ'이 음절의 끝소리 규칙으로 인해 'ㄷ'으로 교체된 후, 'ㄴ'과 만나 'ㄴ'으로 교체되는 비음화 현상이 일어났다. 따라서 ㉯의 예로 적절하지 않다.

⑤ '좁힌[조핀]'은 'ㅂ'과 'ㅎ'이 만나 'ㅍ'으로 축약되므로 ㉮의 예로 적절하다. 그리고 '닳지[달치]'도 'ㅎ'과 'ㅈ'이 만나 'ㅊ'으로 축약되므로 ㉯가 아닌 ㉮의 예로 적절하다.

02 ● 음운 변동의 이해
정답 ①

정답 풀이

'달님[달림]'은 한 음운 'ㄴ'이 '앞'의 음운인 'ㄹ'의 영향을 받아 '유음'으로 바뀌어 비음에서 유음으로 '조음 방법'이 바뀐 것이다.

오답 풀이

③, ④ '공론[공논]'은 한 음운 'ㄹ'이 '앞'의 음운인 'ㅇ'의 영향을 받아 '비음'으로 바뀌어 유음에서 비음으로 '조음 방법'이 바뀐 것이다.

⑤ '논리[놀리]'는 한 음운 'ㄴ'이 '뒤'의 음운인 'ㄹ'의 영향을 받아 '유음'으로 바뀌어 비음에서 유음으로 '조음 방법'이 바뀐 것이다.

03 ● 음운 변동의 이해
정답 ①

정답 풀이

'값만[감만]'은 [갑만 → 감만]의 음운 변동이 일어난다. 겹받침으로 끝나는 '값'이 자음군 단순화로 [갑]이 되고, [감만]에서 'ㅂ'이 'ㅁ'과 만나 'ㅁ'이 되는 비음화가 일어나 [감만]으로 발음된다. 그리고 '흙과[흑

꽈]'는 [흑과 → 흑꽈]의 음운 변동이 일어난다. '흙'이 자음군 단순화로 '[흑]'이 되고, [흑과]에서 'ㄱ'이 'ㄱ'을 만나 된소리되기가 일어나 [흑꽈]로 발음된다. 따라서 '값만[감만]은 자음군 단순화와 비음화가 함께 적용된 경우에 해당하고, '흙과[흑꽈]'는 자음군 단순화와 된소리되기가 함께 적용된 경우에 해당한다.

오답 풀이

② '잃는[일른]'은 [일는 → 일른]의 음운 변동이 일어난다. '잃-'이 자음군 단순화로 '[일]'이 되고, [일는]에서 'ㄴ'이 'ㄹ'과 만나 'ㄹ'이 되는 유음화가 일어나 [일른]으로 발음된다. '읊고[읍꼬]'는 [읊고 → 읍고 → 읍꼬]의 음운 변동이 일어난다. '읊-'이 자음군 단순화로 [읖]이 되고, 음절의 끝소리 규칙에 의해 [읍]이 된다. 그리고 [읍고]에서 'ㅂ'이 'ㄱ'을 만나 된소리되기가 일어나 [읍꼬]로 발음된다. 따라서 '잃는[일른]'은 ㉠, ㉡에 모두 해당하지 않고, '읊고[읍꼬]'는 ㉡에 해당한다.

③ '덮지[덥찌]'는 [덥지 → 덥찌]의 음운 변동이 일어난다. '덮-'이 음절의 끝소리 규칙에 따라 '[덥]'이 되고, [덥지]에서 'ㅂ'이 'ㅈ'을 만나 된소리되기가 일어나 [덥찌]로 발음된다. '밝혀[발켜]'는 '밝-'의 'ㄱ'이 'ㅎ'과 만나 'ㅋ'으로 축약되는 거센소리되기가 일어나 [발켜]로 발음된다. 따라서 '덮지[덥찌]'와 '밝혀[발켜]'는 ㉠, ㉡에 모두 해당하지 않는다.

④ '밟는[밤ː는]'은 [밥ː는 → 밤ː는]의 음운 변동이 일어난다. '밟-'이 자음군 단순화로 [밥]이 되고, [밥는]에서 'ㅂ'이 'ㄴ'을 만나 'ㅁ'이 되는 비음화가 일어나 [밤는]으로 발음된다. '닦다[닥따]'는 [닥다 → 닥따]의 음운 변동이 일어난다. '닦-'이 음절의 끝소리 규칙에 따라 '[닥]'이 되고, 'ㄱ'이 'ㄷ'을 만나 된소리되기가 일어나 [닥따]로 발음된다. 따라서 '밟는[밤ː는]'은 ㉠에 해당하고, '닦다[닥따]'는 ㉠, ㉡에 모두 해당하지 않는다.

⑤ '젊어[절머]'는 '젊'의 'ㅁ'이 뒤 음절로 연음되어 [절머]로 발음된다. '짧지[짤찌]'는 [짧찌 → 짤찌]의 음운 변동이 일어난다. '짧-'의 'ㅂ'이 'ㅈ'과 만나 된소리되기가 일어나 [짧찌]가 되고, 'ㅂ'은 탈락하는 자음군 단순화가 일어나 [짤찌]가 된다. 따라서 '젊어[절머]'는 ㉠, ㉡에 모두 해당하지 않고, '짧지[짤찌]'는 ㉡에 해당한다.

04 ● 사이시옷의 이해
정답 ③

정답 풀이

'콧날[콘날]'은 '코'와 '날'이 결합한 합성어로, |보기|의 둘째에 해당하는 뒷말의 첫소리 'ㄴ, ㅁ' 앞에서 'ㄴ' 소리가 덧나는 경우에 해당한다.

오답 풀이

① '아래웃[아래옫]'은 덧나는 소리가 없어 사이시옷이 필요 없지만, '아랫마을[아랜마을]'은 뒷말의 첫소리 'ㄴ, ㅁ' 앞에서 'ㄴ' 소리가 덧나는 경우에 해당하여 사이시옷이 표기된 것이다.

② 사이시옷이 표기되는 경우는 합성어의 앞말이 모음으로 끝나고, 일정한 음운론적 현상이 나타나야 한다. '해장국'은 된소리가 나타나지만, '해장'이 자음으로 끝나기 때문에 사이시옷을 표기하지 않는다.

④ '우윳빛'은 한자어(우유)와 고유어(빛)의 결합에 해당하여 사이시옷이 표기되었고, '오렌지빛'은 외래어(오렌지)가 포함된 합성어이기 때문에 사이시옷이 표기되지 않는다.

⑤ '모랫길[모래낄/모랟낄]'은 '뒷말의 첫소리가 된소리로 바뀌는 경우'에 해당하여 사이시옷이 표기된 것이다.

15강 단어

개념 익히기

• 본문 122~123쪽

01 ㉠ 자립 형태소 ㉡ 의존 형태소 ㉢ 실질 형태소 ㉣ 형식 형태소
02 (1) ○ (2) ○ (3) × (4) ×
03 수사 – ㉢ / 명사 – ㉣ / 대명사 – ㉠ / 동사 – ㉡ / 형용사 – ㉻
감탄사 – ◎ / 조사 – ㉧ / 부사 – ㉦ / 관형사 – ㉤
04 동사, 형용사 **05** (1) ㉢ (2) ㉠ (3) ㉠ **06** ①
07 형태가 변하지 않는다, 실질적 의미 **08** ⓑ, ⓓ

---

01 정답 ㉠ 자립 형태소 ㉡ 의존 형태소 ㉢ 실질 형태소 ㉣ 형식 형태소

형태소는 자립성 여부에 따라 홀로 쓰일 수 있으면 자립 형태소, 홀로 쓰일 수 없으면 의존 형태소로 나눌 수 있다. 그리고 실질적인 의미 여부에 따라 실질적인 의미를 지녔으면 실질 형태소, 그렇지 않으면 형식 형태소로 나눌 수 있다.

02 정답 (1) ○ (2) ○ (3) × (4) ×

(1) '우리'를 나누면 뜻이 사라지므로, '우리'는 하나의 형태소이다.
(2) '맨발'은 접두사 '맨–'과 명사 '발'로 나눌 수 있으므로 두 개의 형태소이다.
(3) '잔디밭'은 명사 '잔디'와 명사 '밭'으로 나눌 수 있으므로 두 개의 형태소이다.
(4) '놀았다'는 어간 '놀–', 과거 시제 선어말 어미 '–았–', 평서형 어말 어미 '–다'의 구조로 나눌 수 있으므로 세 개의 형태소이다.

03 정답 해설 참고

• 수사(㉢) – 사물의 수량이나 순서를 나타내는 말
• 명사(㉣) – 사물이나 사람의 이름을 나타내는 말
• 대명사(㉠) – 명사를 대신하여 나타내는 말
• 동사(㉡) – 대상의 동작이나 작용을 나타내는 말
• 형용사(㉻) – 사람이나 사물의 성질이나 상태를 나타내는 말
• 감탄사(◎) – 부름, 느낌, 대답 등을 나타내는 데 쓰이면서, 다른 성분들에 비하여 비교적 독립성이 있는 말
• 조사(㉧) – 체언이나 부사, 어미 등에 붙어 그 말과 다른 말과의 문법적 관계를 표시하거나 그 말의 뜻을 도와주는 말
• 부사(㉦) – 용언이나 다른 부사, 혹은 문장 전체 등을 꾸며 주는 단어
• 관형사(㉤) – 체언 앞에서 주로 그 체언을 꾸며 주는 말

04 정답 동사, 형용사

'용언'은 문장에서 주어를 서술하는 기능을 하는 단어로, 활용을 하며 동사, 형용사가 이에 해당한다.

05 정답 (1) ㉢ (2) ㉠ (3) ㉠

(1) '비가 오는데 바람까지 분다.'에서의 '까지'는 이미 어떤 것이 포함되고 그 위에 더함의 뜻을 의미하는 보조사이다.
(2) '우리 동아리에서 학교 축제에 참가하였다.'에서의 '에서'는 (단체를 나타내는 명사 뒤에 붙어) 앞말이 주어임을 나타내는 주격 조사이다.
(3) '신이시여, 우리를 보살피소서.'에서의 '이시여'는 '이여'의 높임말로 어떤 대상을 정중하게 부르는 호격 조사이다.

06 정답 ①

ⓐ의 '이'는 '아니다'와 함께 쓰여 앞말이 보어의 자격을 갖게 하는 보격 조사이고, ⓑ의 '이니'는 앞말이 서술어의 자격을 갖게 하는 서술격 조사이며, ⓓ의 '의'는 앞말이 관형어의 자격을 갖게 하는 관형격 조사이다.
ⓔ의 '랑'은 같은 자격으로 이어 주는 접속 조사이다.
ⓒ의 '도'는 부사 '많이'에 붙어 강조의 뜻을 더해 주는 보조사이다.

07 정답 형태가 변하지 않는다, 실질적 의미

'높다'에서 '높–'은 단어가 활용될 때 형태가 변하지 않는다는 점에서 '어간', 단어를 구성할 때 실질적 의미를 나타낸다는 점에서 '어근'이라고 할 수 있다.

08 정답 ⓑ, ⓓ

ⓐ '뜨는곳'은 '용언의 관형사형 + 체언'의 형태로 통사적 합성어에 해당한다.
ⓑ '깜짝출연'은 '부사 + 체언'의 형태로 비통사적 합성어에 해당한다.
ⓒ '생각그물'은 '체언 + 체언'의 형태로 통사적 합성어에 해당한다.
ⓓ '덮지붕'은 '용언의 어간 + 체언'의 형태로 비통사적 합성어에 해당한다.

문제로 학습하기

• 본문 124~125쪽

01 ②   **02** ③   **03** ②   **04** ①

01  동사와 형용사의 판단 정답 ②

정답 풀이

㉡의 '밝는다'는 현재 시제 선어말 어미 '–는–'이 결합하였으므로 동사임을 알 수 있다. |보기|에서 동사는 동작이나 작용을 나타내는 단어라고 했으므로, ㉡의 '밝는다'는 대상의 상태를 나타내는 형용사가 아니라, 대상의 작용을 나타내는 동사이다.

오답 풀이

① ㉠의 '던졌다'는 '지훈이가 야구공을 던진' 동작을 나타내므로 동사이다.
③ ㉢의 '아는'은 어간 '알–'에 현재 시제의 관형사형 어미 '–는'이 결합하였으므로 동사이다.
④ ㉣의 '입어라'는 어간 '입–'에 명령형 어미 '–어라'가 결합하였으므로 동사이다.

⑤ ⑩의 '건강하자'의 기본형 '건강하다'는 청유형 종결 어미 '-자'가 결합하면 비문법적인 문장이 되므로 형용사이다.

02 ● 단어의 의미 이해   정답 ③

정답 풀이

'치밀한 계획 아래'에서 '아래'는 '지배·영향을 받는 처지나 범위'의 의미로 쓰였으므로, '열등함'의 의미를 갖고 있다고 볼 수 없다.

오답 풀이

① '한 수 위다'에서 '위'는 '신분·지위나, 연령, 정도 등이 더 높은 쪽'이라는 의미로, '우월함'의 의미를 갖고 있다고 볼 수 있다.
② '앞서다'는 '남보다 뛰어나거나 높은 수준에 있다.'라는 의미로, '우월함'의 의미를 갖고 있다고 볼 수 있다.
④ '뒤떨어지다'는 '남이나 다른 것의 수준에 미치지 못하다.'라는 의미로, '열등함'의 의미를 갖고 있다고 볼 수 있다.
⑤ '뒷걸음질'은 '본디보다 못하거나 뒤떨어짐.'이라는 의미로, '열등함'의 의미를 갖고 있다고 볼 수 있다.

03 ● 수 관형사의 이해   정답 ②

정답 풀이

'세 권'에서 '세'는 의존 명사 '권'을 수식하고 있다. '세'는 수 관형사로만 쓰이는 단어이다. 해당하는 수사는 '셋'이 있다.

오답 풀이

①, ③ '하나'는 | 보기 2 |에서 조사 '를'과 결합한 것으로 보아 수사로만 쓰이는 단어이다. 해당하는 수 관형사는 '한'이 있다.
③, ⑤ '여섯'은 | 보기 2 |에서는 의존 명사 '명'을 수식하는 수 관형사로 쓰였지만, '여기 사람들이 여섯이 모였다.' 등의 문장에서는 조사와 결합하여 수사로 사용될 수 있다.
④, ⑤ '둘째'는 의존 명사 '주'를 꾸며 주는 수 관형사로 쓰이고 있으나, '첫째로는 하고~, 둘째로는 ~해야 한다.' 등의 문장에서는 수사로 사용될 수 있다.

04 ● 단어의 의미 이해   정답 ①

정답 풀이

㉠의 '열어'는 '닫히거나 막히거나 잠긴 것을 터놓거나 벗기다.'라는 중심적 의미로 사용되었고, ㉡의 '열어'는 '어떤 모임이나 회의 따위를 시작하다.'라는 주변적 의미로 사용되었다.

오답 풀이

② ㉠의 '먹고'는 '어떤 마음이나 감정을 품다.'라는 주변적 의미로 사용되었고, ㉡의 '먹지'는 '음식 등을 입을 거쳐 배 속으로 들여보내다.'라는 중심적 의미로 사용되었다.
③ ㉠의 '잡고'는 '주인·집 또는 직장 따위를 골라 정하거나 차지하다.'라는 주변적 의미로 사용되었고, ㉡의 '잡았다'는 '일, 기회 따위를 얻다.'라는 주변적 의미로 사용되었다.
④ ㉠의 '갔다'는 '직책이나 자리를 옮기다.'라는 주변적 의미로 사용되었고, ㉡의 '갔다'는 '한곳에서 다른 곳으로 장소를 이동하다.'라는 중심적 의미로 사용되었다.

⑤ ㉠의 '멀었다'는 '시간적으로 사이가 길거나 오래다.'라는 주변적 의미로 사용되었고, ㉡의 '멀었다'는 '서로 거리가 많이 떨어져 있다.'라는 중심적 의미로 사용되었다.

문제로 학습하기 UP   · 본문 126~127쪽
01 ③   02 ④   03 ⑤   04 ④

01 ● 단어의 구조 파악   정답 ③

정답 풀이

'놀이터'는 의미상 어근 '놀이'와 어근 '터'로 먼저 나뉘는 합성어이다. '놀이'는 다시 어근 '놀-'과 접미사 '-이'로 나뉜다. 따라서 '놀이터'는 '(어근 + 접미사) + 어근'의 구조로 된 합성어이다.

오답 풀이

① '집안일'은 의미상 어근 '집안'과 어근 '일'로 먼저 나뉜다. '집안'은 다시 어근 '집'과 어근 '안'으로 나뉜다. 따라서 '집안일'은 '(어근 + 어근) + 어근'의 구조로 된 합성어이다.
② '내리막'은 어근 '내리-'와 접사 '-막'으로 나뉘는 '어근+접미사'의 구조로 된 파생어이다.
④ '코웃음'은 의미상 어근 '코'와 어근 '웃음'으로 먼저 나뉜다. '웃음'은 다시 어근 '웃-'과 접사 '-음'으로 나뉜다. 따라서 '코웃음'은 '어근 +(어근+접미사)'의 구조로 된 합성어이다.
⑤ '울음보'는 의미상 어근 '울음'과 접사 '-보'로 먼저 나뉜다. '울음'은 다시 어근 '울-'과 접사 '-음'으로 나뉜다. 따라서 '울음보'는 '(어근 + 접미사) + 접미사'의 구조로 된 파생어이다.

02 ● 조사의 중첩 파악   정답 ④

정답 풀이

㉣에서는 부사격 조사 '에게'와 부사격 조사 '로'가 결합하고 있다. 부사격 조사와 보조사의 결합이 아니다.

오답 풀이

① ㉠에서 주격 조사 '가'와 목적격 조사 '를'을 겹쳐 쓴 문장이 비문으로 표시되어 있으므로, 주격 조사 '가'와 목적격 조사 '를'은 겹쳐 쓸 수 없음을 확인할 수 있다.
② ㉡에서는 보조사 '만'과 보격 조사 '이'가 결합할 때 보격 조사 '이'가 뒤에 쓰였음을 알 수 있다.
③ ㉢에서는 부사격 조사 '에서'와 관형격 조사 '의'가 결합할 때 관형격 조사 '의'가 뒤에 쓰였음을 알 수 있다.
⑤ ㉤에서는 보조사 '만'과 '도'를 겹쳐 쓴 문장이 비문으로 표시되어 있으므로, 유일함을 뜻하는 '만'과 더함을 뜻하는 '도'의 의미가 모순되어 겹쳐 쓰기 어렵다는 것을 알 수 있다.

03 ● 관형사의 이해   정답 ⑤

정답 풀이

ㄴ의 '새로'는 '산'(동사)을 꾸며 주는 부사로, 성상 관형사가 아니다.

04 · 통사적 합성어의 이해

정답 ④

정답 풀이

'돌다리'는 명사 '돌'과 '다리'가 결합된 합성어로, '돌로 된 다리'와 같은 우리말의 어순이나 단어 배열법과 일치한다. '하얀색'은 '하얀'과 '색'이 결합된 합성어로, 관형사형인 단어가 체언을 꾸며 주는 형식이므로 우리말의 어순이나 단어 배열법과 일치한다. '잘생기다'는 부사 '잘'이 용언 '생기다'를 꾸며 주는 형식이므로 우리말의 어순이나 단어 배열법과 일치한다. 따라서 '돌다리', '하얀색', '잘생기다'는 통사적 합성어이다.

오답 풀이

①, ③, ⑤ '높푸르다'는 어간 '높-'과 어간 '푸르-'가 연결 어미 없이 직접 결합한 말로 우리말의 어순이나 단어 배열법에 일치하지 않는 비통사적 합성어이다.

②, ③ '덮밥'은 어간 '덮-'과 명사 '밥'의 결합으로 우리말의 어순이라면 '밥을 덮다'의 순서가 되어야 하거나 관형사형 어미가 결합한 '덮은밥'의 형태가 되어야 하는데, 관형사형 어미 없이 우리말 어순과 반대로 결합하고 있으므로 비통사적 합성어이다.

16강 문장

01

정답 홑문장, 겹문장

문장에서 주어와 서술어의 관계가 한 번만 나타나는 문장을 홑문장이라고 하고, 주어와 서술어의 관계가 두 번 이상 나타나는 문장을 겹문장이라고 한다.

02

정답 주성분 – ㉠, ㉡, ㉤, ㉯ / 부속 성분 – ㉣, ㉵ / 독립 성분 – ㉢

주성분에 해당하는 것은 주어, 목적어, 보어, 서술어이고, 부속 성분에 해당하는 것은 관형어와 부사어이며, 독립 성분에 해당하는 것은 독립어이다.

03

정답 ㉠ – ⓑ / ㉡ – ⓐ / ㉢ – ⓓ / ㉣ – ⓔ / ㉤ – ⓒ

ⓐ는 '친구'를 꾸며 주는 역할을 하는 관형절, ⓑ는 목적어의 기능을 하는 명사절, ⓒ는 친구의 말을 인용하는 인용절, ⓓ는 서술어 '약속해서'를 수식하는 부사절, ⓔ는 '나'의 상태를 서술하는 서술절이다.

04

정답 ③

ⓐ~ⓒ의 안긴문장은 모두 명사절로, ⓐ의 안긴문장은 주어의 기능을, ⓑ의 안긴문장은 부사어의 기능을, ⓒ의 안긴문장은 목적어의 기능을 하고 있다.

05

정답 ②

①, ③, ④의 밑줄 친 부분은 각각 '사촌 동생의 지나친 장난은 달갑지 않다.', '당신을 믿기에 이번 도전도 두렵지 않다.', '작지만 소소한 행복이 있다면 남부럽지 않다.'의 '-지 않다'를 줄여 '-잖다'로 적은 부정 표현이다. 한편 '그때 거기 소나무 한그루가 있었잖아.'는 '그때 거기 소나무 한 그루가 있었지 않다.'로 적으면 표현이 어색해진다. 이는 ②의 '-잖다'가 부정을 표현하는 것이 아닌 사실을 확인하는 의미로 사용되었기 때문이다.

06

정답 피동, 사동

주어가 다른 주체에 의해 동작을 당하는 것을 '피동' 표현이라 하고, 주어가 동작을 남에게 시키는 것을 '사동' 표현이라 한다.

07
정답 그가 벌에 쏘였다.

능동문이 피동문으로 바뀔 때, 능동문의 주어는 피동문의 부사어가 되고, 능동문의 목적어는 피동문의 주어가 된다. 따라서 '벌이 그를 쏘았다.'는 '그가 벌에 쏘였다.'라는 피동문으로 고쳐 쓸 수 있다.

08
정답 목적어

'선생님께서 제자로 삼으셨다.'의 서술어 '삼다'는 주어와 목적어, 필수적 부사어를 요구하는 세 자리 서술어이다. 현재 문장은 주어인 '선생님께서'와 필수적 부사어인 '제자로'를 갖추고 있지만, 목적어가 갖추어지지 않았으므로 '나를'과 같은 목적어가 들어가야 한다.

09
정답 (1) 종속 (2) 대등 (3) 종속 (4) 대등 (5) 종속

(1)은 종속적으로 이어진 문장(조건)이고, (2)는 대등하게 이어진 문장(나열)이다. (3)은 종속적으로 이어진 문장(목적)이고, (4)는 대등하게 이어진 문장(대조)이다. (5)는 종속적으로 이어진 문장(원인)이다.

문제로 학습하기
• 본문 132~133쪽

| 01 ⑤ | 02 ④ | 03 ④ | 04 ⑤ |

01 ● 중의적 문장의 이해
정답 ⑤

정답 풀이

ㄷ의 수정 문장 '민우는 나와 둘이서 윤서를 불렀다.'는 '민우와 나'가 주체가 되어 '윤서'를 불렀음을 의미한다. 전달 의도처럼 '나와 윤서'를 부른 사람이 '민우'임을 표현하기 위해서는 '민우는 혼자서 나와 윤서를 불렀다.'로 문장을 수정해야 한다.

오답 풀이

①, ② ㄱ의 중의적 문장은 '관객 중 일부가 도착하지 않음.'과 '관객 중 누구도 도착하지 않음.'의 의미로 모두 해석될 수 있다. 수정 문장은 중의성 해소를 위해 조사 '는'을 추가하여 부정 표현의 범위를 한정한 것으로, '관객 중 일부가 도착하지 않음.'으로 해석된다.

③, ④ ㄴ의 중의적 문장은 '전학 온 친구와 만난 때가 어제임.'과 '친구가 전학 온 것이 어제임.'의 의미로 모두 해석될 수 있다. 수정 문장은 중의성 해소를 위해 '어제'의 위치를 변경해 '어제'의 수식 범위를 한정한 것으로, '전학 온 친구와 만난 때가 어제임.'으로 해석된다.

02 ● 부정 표현 파악
정답 ④

정답 풀이

'다행히 소풍을 가는 날 비가 내리지 않았다.'는 '-지 아니하다.'를 사용한 긴 부정문(㉠)으로, 비가 내리는 사실이나 상태를 부정하는 의미로 해석된 것(㉡)에 해당한다.

오답 풀이

① '우리가 묵은 방은 두 평이 채 못 된다.'는 '못'을 사용한 짧은 부정문으로 ㉠이 적용된 예로는 적절하지 않지만, 단순한 사실 부정에 해당

하여 ㉡이 적용된 예로는 적절하다.

② '나는 저녁을 먹으려고 간식을 안 먹었다.'는 '안'을 사용한 짧은 부정문으로 ㉠이 적용된 예로 적절하지 않고, 간식을 먹으려는 의지를 부정한 것으로 의지 부정에 해당하여 ㉡이 적용된 예로도 적절하지 않다.

③ '그는 용기가 없어서 발표를 잘하지 못했다.'는 '-지 못했다.'를 사용한 긴 부정문으로 ㉠이 적용된 예로는 적절하지만, 능력의 부정에 해당하므로 ㉡에 적용된 예로는 적절하지 않다.

⑤ '동생은 숙제를 한다며 놀이터에 나가지 않았다.'는 '-지 아니하다'를 사용한 긴 부정문으로 ㉠이 적용된 예로는 적절하지만, 의지 부정에 해당하므로 ㉡이 적용된 예로는 적절하지 않다.

03 ● 안긴문장 파악
정답 ④

정답 풀이

ⓐ의 안긴문장 '소리도 없이'는 용언인 '나갔다'를 수식하는 부사절이고, ⓒ의 안긴문장 '어머니께서 시장에서 산'은 체언인 '수박'을 수식하는 관형절이다.

오답 풀이

① ⓐ의 안긴문장에는 주어가 생략되어 있지 않다. 부사절 '소리도 없이'에서 '소리도'가 주어이다.

② ⓑ의 안긴문장 '그가 이 사건의 범인임'은 명사절로 조사 '을'과 결합하여 목적어의 기능을 하고 있다.

③ ⓒ의 안긴문장 속에는 용언 '사다'를 수식하는 부사어 '시장에서'가 있을 뿐, 체언을 수식하는 관형어는 없다.

⑤ ⓑ의 안긴문장 '그가 이 사건의 범인임'은 주어, 관형어, 서술어로 구성되어 있고 목적어는 없다. ⓒ의 안긴문장 '어머니께서 시장에서 산'에는 목적어 '수박을'이 생략되어 있다.

04 ● 관형어와 부사어의 이해
정답 ⑤

정답 풀이

'그는 노력한 만큼 좋은 결과를 얻었다.'에서 '노력한'은 의존 명사 '만큼'을 수식하고 있는 관형어이고, '나는 꽃꽂이를 취미로 삼았다.'에서 '취미로'는 서술어 '삼았다'가 필수적으로 요구하는 부사어로 생략할 수 없다. 따라서 '노력한'은 ㉠에, '취미로'는 ㉡에 해당한다.

오답 풀이

① '작은 것이 아름답다.'에서 '작은'은 의존 명사를 수식하는 관형어로 ㉠에 해당하지만, '내가 회장으로 그 회의를 주재하였다.'에서 '회장으로'는 생략이 가능한 부사어이므로, ㉡에 해당하지 않는다.

② '그 집은 주변 풍경과 잘 어울린다.'에서 '그'는 일반 명사 '집'을 수식하는 관형어로 ㉠에 해당하지 않고, '이 그림은 가짜인데도 진짜와 똑같다.'에서 '진짜와'는 서술어 '똑같다'가 필수적으로 요구하는 부사어로 ㉡에 해당한다.

③ '친구에게 책을 한 권 선물 받았다.'에서 '한'은 의존 명사 '권'을 수식하므로 ㉠에 해당하지만, '강아지들이 마당에서 뛰논다.'에서 '마당에서'는 생략이 가능한 부사어이므로 ㉡에 해당하지 않는다.

④ '자라나는 어린이들은 나라의 보배이다.'에서 '나라의'는 일반 명사 '보배'를 수식하는 관형어로 ㉠에 해당하지 않고, '이삿짐을 바닥에

가지런히 놓았다.'에서 '바닥에'는 생략이 가능한 부사어이므로 ⓒ에 해당하지 않는다.

• 본문 134~135쪽

01 ④ **02** ② **03** ② **04** ①

01 안긴문장의 이해 정답 ④

정답 풀이

ⓒ의 안긴문장인 '수업이 끝나기'에는 생략된 필수 성분이 없다. ⓒ의 안긴문장인 '조종사가 된'에는 안은문장과 공통되는 요소인 주어 '소년이'가 생략되어 있다고 볼 수 있다. '조종사가'는 '되다' 앞에 쓰인 보어이다. 따라서 ⓒ의 안긴문장에만 필수 성분인 주어가 생략되어 있다.

오답 풀이

① ㄱ의 안긴문장인 '여행을 가기'에는 주어 '내가'가 생략되어 있는데, 이는 안은문장의 주어 '나'와 공통으로 사용되었기 때문이다.
② ㄴ의 안긴문장인 '그녀가 착함'의 주어는 '그녀가'이고, 안은문장의 주어는 '우리는'이다.
③ ㄴ의 안긴문장인 '그녀가 착함'과 ㄷ의 안긴문장인 '수업이 끝나기'는 모두 목적격 조사 '을/를'과 결합하여 목적어로 쓰이고 있다.
⑤ ㄱ의 안긴문장인 '여행을 가기'는 명사절로 안긴 문장으로 의존 명사 '전'을 수식하는 관형어의 기능을 하고 있고, ㄹ의 안긴문장인 '조종사가 된'은 관형절로 안긴 문장으로 '소년'을 수식하는 관형어의 기능을 하고 있다. 따라서 ㄱ과 ㄹ의 안긴문장은 종류는 다르지만 안은문장에서 모두 관형어로 쓰이고 있다.

02 높임 표현의 이해 정답 ②

정답 풀이

ⓒ에서 선어말 어미 '-으시-'는 주어의 지시 대상을 높이는 주체 높임에 해당하는 표현으로, 문장에 생략된 '어머니'를 높이기 위해 쓰였다. 또한 조사 '요'는 청자를 높이거나 낮추는 상대 높임에 해당하며, 청자인 '점원'을 높이기 위해 쓰였다.

오답 풀이

① ⓒ에서는 문법적 수단인 조사 '께'와 어휘적 수단 '드릴'을 통해 부사어가 지시하는 대상인 '어머니'를 높이고 있다.
③ ⓒ에서 동사 '모시다'는 '부모님'을 높이기 위해, 조사 '께서'는 '손님들'을 높이기 위해 쓰였다.
④ ⓒ에서는 문법적 수단인 종결 어미 '-ㅂ니다'를 통해 대화의 상대방인 '손님'을 높이고 있다.
⑤ ⓒ에서는 어휘적 수단인 '뵙다'를 통해 목적어가 지시하는 대상인 '어머니'를 높이고 있다.

03 피동 표현의 이해 정답 ②

정답 풀이

지문에 따르면 형용사에 '-아/어지다'가 결합되면 동사화되어 상태의

변화를 나타낼 뿐 피동의 의미를 나타내지 않는다고 했다. '(소리가) 작아지다'는 형용사 '작다'의 어간 '작-'에 '-아지다'가 결합하여 동사화된 것으로 상태의 변화를 나타내고 있을 뿐, 피동의 의미를 나타내지 않는다.

오답 풀이

① 지문에서는 피동사 피동이 나타날 때, 동사의 불규칙 활용 형태로 나타나는 경우도 있다고 했다. '(물건이) 실리다'는 동사 '싣다'의 어간 '싣-'이 피동 접미사 '-리-'와 결합할 때 어간의 받침 'ㄷ'이 'ㄹ'로 바뀌는 동사의 불규칙 활용 형태로 나타난 것이다.
③ 지문에서 피동사는 능동사의 어간을 어근으로 하여 피동 접미사 '-이-, -히-, -리-, -기-'가 붙어 만들어진다고 했다. '(줄이) 꼬이다'는 능동사 어간 '꼬-'에 피동 접미사 '-이-'가 결합하여 피동사로 파생되었다.
④ 지문에서는 능동문이 피동문으로 바뀔 때 능동문의 주어는 피동문의 부사어가 되고, 능동문의 목적어는 피동문의 주어가 된다고 했다. 능동문인 '경찰이 도둑을 잡다.'가 피동문인 '도둑이 경찰에게 잡히다.'로 바뀔 때 능동문의 목적어 '도둑을'이 피동문의 주어인 '도둑이'로 바뀐다.
⑤ 지문에서 '만나다'나 '싸우다'와 같이 대칭되는 대상이 필요한 동사는 피동사로 파생되지 않는다고 하였다. '(아버지와) 닮다'는 대칭되는 대상이 필요한 동사로 피동 접미사와 결합하여 파생되지 않는 능동사이다.

04 시제 표현의 이해 정답 ①

정답 풀이

'지난번에 먹은 귤이 맛있었다.'에서 '먹은'의 관형사형 어미 '-은'과 '맛있었다'의 선어말 어미 '-었-'은 모두 과거 시제를 나타낸다.

오답 풀이

② '이것은 내일 내가 읽을 책이다.'에서 시제와 관련한 표현은 시간 부사어인 '내일'과 '읽을'의 관형사형 어미 '-을'이다. '내일'과 '-을'은 발화시보다 사건시가 나중인 미래 시제를 나타내고 있다.
③ '이미 한 시간 전에 집에 도착했다.'에서 시제와 관련한 표현은 시간 부사어인 '이미'와 '도착했다'의 선어말 어미 '-았-'이다. '이미'와 '-았'은 발화시보다 사건시가 앞서는 과거 시제를 나타내지만, 과거 시제를 나타내는 관형사형 어미는 사용되지 않았다.
④ '작년에는 겨울에 함박눈이 왔었다.'에서 시제와 관련한 표현은 시간 부사어인 '작년에는'과 '왔었다'의 선어말 어미 '-았었-'으로 발화시보다 사건시가 앞서는 과거 시제를 나타내지만, 과거 시제를 나타내는 관형사형 어미는 사용되지 않았다.
⑤ '친구는 지금 독서실에서 공부를 한다.'에서 시제와 관련한 표현은 시간 부사어인 '지금'과 '한다'의 선어말 어미 '-ㄴ-'이다. '지금'과 '-ㄴ'은 발화시와 사건시가 일치하는 현재 시제를 나타내고 있다.

10개년 기출의 핵심만 모은 **수 능 국 어 기 본 서**

국어 상위 1%는 기본 무게 **부터 다르다!**

GYM

수능 국어를 시작하는 모두의 기본서 · 2022 개정 교육과정
수능 국어 트레이닝북 GYM

3 ZONE
3 TEACHER
3 COACHING

문법

수능 국어를 시작하는 모두의 기본서 · 2022 개정 교육과정
수능 국어 트레이닝북 GYM

문학

3 ZONE
3 TEACHER
3 COACHING

수능 국어를 시작하는 모두의 기본서 · 2022 개정 교육과정
수능 국어 트레이닝북 GYM

독서

3 ZONE
3 TEACHER
3 COACHING

문법

모든 문제 적용 가능한
필수 문법 개념 100

예문 분석 및
집중 적용 연습

문학

필수 **문학 개념 100**
교재 및 **영상 학습**

실전 지문 풀이로
개념 원리 반복 학습

독서

원리 독해로 지문을
읽는 방법 학습

주제 독해로 영역별
배경지식 습득

이 책을 집필하신 선생님

김화경

이 책을 검토해 주신 선생님

강원

박경원 성균관국어논술학원
서장원 으뜸장원학원
신명선 전인기독학교
이강욱 반전팩토리학원
이기연 더와이(The Y)국어논술학원
이창선 으뜸장원학원
이현준 최용훈국어학원
전광표 대성고등학교

경기

강영애 강영애국어
강전석 일산네모국어학원
강 찬 새강학원
고슬기 고선생국어논술학원
고유미 이투스247 일산서구점
고재영 오산google1230
고창우 이룸입시학원
곽기범 곽기범국어학원
곽현주 평택고등학교
구찬미 맨투맨학원
김경태 최용훈국어전문학원 수원정자원
김광진 이매고등학교
김남준 연세나로국어학원
김다솔 다솔국어
김다영 다채움국어학원
김명선 명샘국어교습소
김명훈 배지희국어학원 고3관
김명희 분당연세나로국어학원
김병찬 아라국어전문학원
김봉관 오늘의국어학원
김빛나 성남여자고등학교
김연진 국어의샘학원
김영대 수성고등학교
김영민 오늘부터
김유정 김태영국어
김정욱 김정욱국어논술학원
김정일 비전국어
김주선 국어의샘
김주예 단지,국어
김준옥 김준옥국어학원
김지선 성주중학교
김지윤 롯데공부방
김채연 국어김채연
김혜인 국풀국어전문학원 용인동백원
김 흙 김흙국어전문학원
김희진 시소국어논술학원
문민호 슬공학원
민석훈 감자국어
박두선 공부의정석학원
박영숙 패러다임국어교습소
박유진 찔레샘국어
박윤조 양서고등학교
박진록 박진록국어전문학원
박진선 평촌에듀플렉스
박현종 초당필탑학원
방수정 독서논술라임국어학원
배다안 배다안국어
백수미 쌤국어교습소
백승미 백프로국어
봉정훈 시그니처학원

설 란 화성고등학교
송예림 남양중학교
신범선 와이티학원
신병선 국신신병선학원
신영은 돼감신쌤국어
신혜원 필즈학원
안유신 토평고등학교
유 준 진성고등학교
윤여권 양서고등학교
윤은규 전문과외
윤채림 서로국어논술학원
이경재 아름다운11월학원
이미연 서로국어 남동탄원
이병준 이강학원
이보라 이룸공감
이상진 이상진국어
이성우 오디세이국어교실
이송훈 이상국어학원
이숙연 김포여자중학교
이순형 늘찬국어학원
이승우 강남플러스학원
이영완 로고스멘토학원
이영지 영지퍼펙트국어논술학원
이용수 이용수국어전문학원
이재경 연세나로학원
이정우 이정우국어학원
이지영 에스포국어영수전문학원 소사벌점
이진영 올킬영어국어학원
이채림 전문과외
이하늘 전문과외
이혜정 한우리통합논리학원
인창교 클래스가다른학원
장인숙 언어비전국어전문학원
전선영 전쌤국어
전희재 더나은국어전문학원2관
정경은 김정욱국어논술학원
정재홍 엔터스카이2관학원
정지성 고선생국어논술학원
정지윤 봉쌤국어학원
조성오 과천사막여우국어/논술
조양숙 경기 조양숙국어교실
주예림 후니홀릭수능작전소
지강현 필에듀입시학원
차성만 차오름국어교습소
최 후 로고스멘토
최고운 베리타스나의빛, 지혜의숲국어논술
최보선 제이엠학원
최영재 야탑고등학교
최유경 날개달기학원
최재하 해오름국어학원
편준호 안성탑클래스본원
한성오 G1230 금촌
허성완 S4고덕국제점
홍승억 전문과외

경남

강인식 가림토강인식국어논술전문학원
계동진 창신고등학교
김미란 학이당학원
김상연 창원사파고등학교
김연우 비상한 국어논술전문학원

김현수 영광의아침국어학원
남상호 정음국어학원
박용범 앎삶YB국어
백승재 우리모두의학원
송유진 삼천포고등학교
송진호 삼현여자고등학교
송화진 송화진국어논술학원
여경미 창원성민여자고등학교
유승기 양산제일고등학교
유찬근 YK국어수학전문학원
이경화 공감국어수학학원
이다운 전문과외
이상덕 프린스턴입시학원
이애리 삼성장학학원
전현주 경상국립대학교사범대학부설고등학교
차민기 비상한국어논술전문학원
최윤기 혜윤국어논술학원
하영아 전문과외
한지담 지담국어학원

경북

문정선 아우름국어학원
박진홍 경주중학교
배금조 대성초이스학원
성민경 포항중앙여자고등학교
염도경 3030영어학원
이나련 울진고등학교
이대일 멘사수학과연세국어학원
이승우 포항제철고등학교
이현수 이현수날개달기국어
정수진 석적고등학교
조동윤 GOS학원
조인규 아우름국어학원
황병식 하양여자고등학교

광주

김서령 서령국어교습소
박보서 보서샘국어교실
박윤선 규장각국어학원
윤경희 대광여자고등학교
윤기한 박선생국어논술
이신화 중고등학교
이영조 와와학습코칭센터 치평점
이태희 올스터디학원
장미경 리리국어
장미진 박선생교육문화원
정찬용 일취월장국어학원
차은보 금호고등학교
최성진 생각의빛국어논술학원

대구

강정복 강선생국어교실
금정원 전문과외
김나혜 한결국어교습소
김철홍 계성고등학교
김현우 명륜국어논술학원
김혜정 국어의훈련테크노학원
박노덕 건미재
박성민 박샘국어학원
박창면 전문과외
서동민 계피맛국어학원
유숙희 훈민정음국어
유진아 채움국어교습소

이정현 봉국어학원
이정희 이정희국어학원
이지영 샘이깊은국어교습소
정수연 클라쎄입시학원
조승희 전문과외
주월돈 송원학원 독학재수전문관
지상훈 도원고등학교
최은미 잉글과한글영어국어학원
최인정 나무와숲국어교실
한주연 전문과외
황윤철 정인국어

대전

강영기 강영기바른교육학원
김원석 달곰국어
김지연 일품인재학원
김태호 중일고등학교
박소연 국어의정원학원
박인수 박인수수능연구소
유은재 일취월장입시학원
이은영 리샘국어논술
장현철 연세나로국어
정몽주 서일고등학교
정지은 청명대입학원
정평숙 옹골쌤국어옹골찬영어학원
조승연 호연지기학원
최경옥 청담프라임학원
한용현 보문고등학교

부산

강용용 수어재강원용학원
강재윤 해운대고등학교
강현우 금정여자고등학교
김명호 김샘국어전문학원
김혜정 야호국어
박가연 박가연국어교습소
박경아 시너지학원
박두일 배정고등학교
박상준 필(必)통(通)국어
박여진 리만국어학원
박은지 이투스247 해운대점
박정임 올바른국어
신정근 바른국어
신혜영 수오재
안정화 전문과외
유정희 유정희언어논술교습소
유현주 유선생부산대국어
이혜원 청어람학원
정서은 정서은국어논술
조용범 부산장안고등학교
최동수 정음국어학원
최은희 최선생국어학원
홍성훈 큰뜻국어

서울

강경희 뿌리학원
강상훈 지성과감성
강인진 광문고등학교
강인혜 연세나로국어
권로사 입시전문코벤트
권민서 연하늘국어
권지혜 창동고등학교
김도연 조지형국어논술학원